中国学习型城市建设发展报告

(2013—2023)

主编　中国成人教育协会

中国教育出版传媒集团
高等教育出版社·北京

内容简介

本书由中国成人教育协会组织编写，旨在全面反映近十年来我国学习型城市建设的重要进展与成就，积累的主要经验与做法，面临的挑战与发展趋势。

全书由中国学习型城市建设发展总报告、城市发展报告和典型案例组成。总报告内容包括宏观背景、相关法律与政策、重要举措、主要进展、成效与经验,以及学习型城市建设面临的挑战与展望；城市发展报告由北京等11个城市的发展报告组成；典型案例主要介绍了14个城市中的典型做法与亮点。

本书读者以从事和关注学习型城市建设的各级、各领域行政管理人员、教师、科研人员和实践工作者为主，也可供热心终身教育、全民终身学习和学习型社会建设的有关人士阅读参考。

图书在版编目（CIP）数据

中国学习型城市建设发展报告. 2013—2023 / 中国成人教育协会主编. -- 北京：高等教育出版社，2024. 12. --ISBN 978-7-04-063495-2

Ⅰ. F299.21

中国国家版本馆 CIP 数据核字第 2024QT6827 号

Zhongguo Xuexixing Chengshi Jianshe Fazhan Baogao（2013—2023）

策划编辑 梅 咏　责任编辑 刘剑波　封面设计 李卫青　版式设计 李彩丽

责任绘图 黄云燕　责任校对 张 薇　责任印制 高 峰

出版发行	高等教育出版社	网　　址	http://www.hep.edu.cn
社　　址	北京市西城区德外大街4号		http://www.hep.com.cn
邮政编码	100120	网上订购	http://www.hepmall.com.cn
印　　刷	固安县铭成印刷有限公司		http://www.hepmall.com
开　　本	787mm×1092mm 1/16		http://www.hepmall.cn
印　　张	28.25		
字　　数	510千字	版　　次	2024年12月第1版
购书热线	010-58581118	印　　次	2024年12月第1次印刷
咨询电话	400-810-0598	定　　价	128.00元

本书如有缺页、倒页、脱页等质量问题，请到所购图书销售部门联系调换

物 料 号　63495-00

《中国学习型城市建设发展报告(2013—2023)》编辑委员会

序　一

建设包容、繁荣与可持续发展的学习型城市是现代人类社会发展的重要命题和必然趋势。

党的十八大以来，党和国家高度重视学习型社会、学习型城市建设，把完善终身教育体系、建设学习型社会作为实现“两个一百年”奋斗目标和中华民族伟大复兴中国梦的重要内容和有力支撑，视为全面建成社会主义现代化强国重大战略任务的根本保障。

党的二十大报告提出“建设全民终身学习的学习型社会、学习型大国”。这是新时代我国经济社会发展的现实诉求，是建设高质量教育体系、建成教育强国的应有之义，是关系中华民族能否持续发展、能否实现民族复兴伟业的重大战略问题，是坚持以人民为中心的发展思想，促进人的全面发展和终身成长的基本需求。党的二十大报告发出了全面建设社会主义现代化国家新的总动员令，为建设全民终身学习的学习型社会、学习型大国指明了方向。可以预见，推进学习型社会和学习型大国建设，必将为新时代实现人的全面发展和经济社会可持续发展，全面建成社会主义现代化强国、实现第二个百年奋斗目标注入不竭的强大动力。

建设学习型城市是推进学习型社会建设的基石，是建设富强、民主、文明、和谐的社会主义现代化国家的内在要求，是践行科学发展观，落实“科教兴国”“人才强国”“教育强国”战略的重要体现。推进学习型城市建设对于提升国家核心竞争力和社会文明程度，推动城市经济发展、产业结构升级，推进以人为核心的新型城镇化，促进城市建设和治理创新，增强社会凝聚力，提高全民终身学习质量，满足人民群众学有所教的终身学习需求，提升个人能力，促进人的全面发展和经济社会可持续发展具有极其重要的意义和作用。

建设学习型城市是促进全民终身学习，确保包容、公平的优质教育，促进全民享有终身学习权利的重要举措。学习型城市的功能、原理最本质的一条是提升城市群体的学习力，培养城市群体的创新能力，从而提高城市的竞争力。推进学习型城市建设，需要坚持以人民为中心，强化政策、规划、立法与制度，重视公平、全纳和性别平等，关注质量和学习，推广应用现代数字化学习技术，增强个人能力和社会凝聚力，培育终身学习文化。事实上，推进学习型城市建设已经成为国际社会促进全民终身学习的一种有效途径。

建设学习型城市是应对我们所面临的一个复杂的、快速变化的世界和城市化所带来的一系列多方面挑战的重要举措与策略。推进学习型城市建设从根本上决定了这是一项宏大的社会系统工程，它需要地方各级政府的高度重视和社会各方面力量及广大民众的积极参与，协同推进城市各项事业改革发展。

建设学习型城市不可能一蹴而就，也不会一劳永逸。促进人的全面发展和经济社会可持续发展是学习型城市提出的根本动因和最终目的。国际经验表明，学习型城市建设是一个持续宣传、促进和能力建设的过程。从我国的基本国情和现实需要出发，推进学习型城市建设，需要在为提高全体国民的整体素质、促进人的全面发展服务，为加快转变城市发展模式、促进城市高质量发展服务，为建设人力资源强国、发展创新型国家服务，为全面建成社会主义现代化强国、推进中华民族复兴伟业服务的伟大实践中不断赋予新的内涵，提升到新的更高境界，走出一条新时代有中国特色的学习型城市发展之路，是当前和今后一个时期相关领域研究和实际工作者面临的重大课题。

为了贯彻党的十八大以来历次会议精神，在各地政府的推动下，十年来，全国已有100多个城市开展了学习型城市建设工作，探索出了富有中国特色的创建途径和发展模式；形成政府主导、社会广泛参与、协同推进的良好格局；着力构建服务全民终身学习的教育体系；坚持以人民为中心的发展理念，满足不同群体多样化的学习需求；加强各类学习资源的统筹共享；营造全民终身学习社会氛围，实现城市的包容和谐，激发创造潜能，提升市民自身发展的能力，建设富有韧性的城市，促进城市的繁荣和可持续发展。

党的二十大报告指出："新时代十年的伟大变革，在党史、新中国史、改革开放史、社会主义发展史、中华民族发展史上具有里程碑意义。"学习贯彻党的二十大精神，牢牢把握新时代十年伟大变革的重大意义，对坚定历史自信、增强历史主动，激励全党全军全国各族人民奋进新征程、建功新时代，全面建设社会主义现代化国家、全面推进中华民族伟大复兴而团结奋斗具有十分重要的意义。

为了全面总结过去十年我国学习型城市建设的历史经验与成就，深刻认识推进学习型城市建设对于建设全民终身学习的学习型社会、学习型大国的重要意义和作用，广泛宣传中国学习型城市建设对世界作出的重要贡献，中国成人教育协会精心策划、组织撰写了《中国学习型城市建设发展报告(2013—2023)》。本书从21世纪人类社会发展趋势和我国贯彻落实党的十八大以来历次全会精神、建设全民终身学习的学习型社会、学习型大国的战略高度，论述了建设学习型城市的重大意义和主要途径，全面总结十年来我国学习型城市建设取得的重要进展，系统梳理我国学习型城市建设的发展过程，取得

序　二

党的二十大报告指出，“推进教育数字化，建设全民终身学习的学习型社会、学习型大国”。城市是国家经济、政治、文化、社会等方面活动的中心。根据第七次全国人口普查数据，全国有 63.89%人口居住在城市。为构建起城市区域内服务市民终身学习的教育体系，学习型城市建设深度融入城市发展，汇聚各级各类教育、文化、科技等学习资源，增加教育资源供给，营造开放共享的学习环境，完善学习型教育组织建设，是学习型社会和学习型大国建设的重要基础。

学习型城市理念发端于联合国教科文组织在 1965 年世界成人教育会议上提出的“终身教育”理念。教科文组织于 1972 年发布的《富尔报告》呼吁继续扩大教育，提出了“终身学习”“学习化社会”等重要理念。1996 年发布的《德洛尔报告》进一步强调终身学习的重要性，将学习同经济、社会、文化和环境联系在一起，进一步明确和发展了学习型城市理念，推动了各国共同参与学习型城市建设的进程。近年来，国际社会更加重视城市作为人类政治、经济和社会生活的中心在推动落实联合国 2030 年可持续发展目标 4——“确保包容、公平的优质教育，促进全民享有终身学习机会”中的关键作用。联合国秘书长古特雷斯在 2022 年教育变革峰会发布的《愿景声明》中呼吁各国确保构建支持所有学习者发展的学习环境，并利用数字革命助力公共教育变革。

我国政府高度重视发展终身教育和终身学习，随着城市化进程的发展，在开展社区教育实验区、创建学习型社区的基础上提出建设学习型城市，在理论、政策、实践等方面开展学习型城市建设的积极探索。党的十八大以来，党和国家对建设学习型社会提出更加明确的要求，学习型城市建设进入全新阶段。2013 年 7 月，中国联合国教科文组织全国委员会秘书处、中国成人教育协会和首批 33 个城市共同成立了“全国学习型城市建设联盟”，截至目前共有 7 个批次 105 座城市参与。此后，教育部牵头印发多个学习型城市建设指导性文件，多轮组织地方开展学习型城市建设和监测实践。为落实党的二十大有关精神，教育部于 2023 年 9 月发布了《关于印发〈学习型社会建设重点任务〉的通知》，为学习型城市建设谋划新蓝图。

我国的学习型城市建设高度参与以联合国教科文组织为重要平台的国际交流合作。

教育部、北京市人民政府和联合国教科文组织于2013年10月在北京召开"首届国际学习型城市大会"。大会通过了《建设学习型城市北京宣言》和《学习型城市关键特征》两项成果文件,明确学习型城市的基本特征,提出建设学习型城市的主要战略,至今仍是指导全球学习型城市建设的重要指南。联合国教科文组织终身学习研究所(UNESCO Institute for Lifelong Learning,UIL)同年发起成立全球学习型城市网络,成为全球学习型城市建设交流合作最重要的平台。截至2024年2月我国有12座城市加入该网络,北京、杭州、成都、上海等4座城市曾获联合国教科文组织学习型城市奖,学习型城市建设成果受到国际社会关注和认可。

本书全面总结了近十年来中国学习型城市建设的探索历程,系统梳理了实践经验,精心选取了建设案例,为充分认识学习型城市建设对建设全民终身学习的学习型社会、学习型大国的深刻意义,推进学习型城市建设在新的历史起点上再出发提供了重要借鉴。面向未来,我们将围绕"建设全民终身学习的学习型社会、学习型大国"总目标,健全各方参与的协调机制,充分运用以数字技术为代表的现代科技,满足广大市民群体学习需要,深入参与全球交流合作,协同推动学习型城市建设,共绘人与社会可持续发展新图景。

中国联合国教科文组织全国委员会秘书处

2024年4月

序　三

学习型社会这一概念可以适用于不同的地理区域，例如国家、省、市、区、县等。但是，国际社会近年来重点关注的是城市，因为城市越来越成为实现人的全面发展和社会价值的主要区域。随着全球城市化进程的快速推进，城市在各国和国际事务中所起的作用日趋重要。预计到2030年，全世界将有超过60%的人口居住在城市。在全球化的大潮中，随着城市规模的不断扩大和人口密度的增加，如何应对科技进步和知识经济所带来的快速变革，如何在经济发展的同时促进社会的包容性和文化的多元化发展，如何实现环境的可持续发展等一系列问题，已经成为城市管理者面临的新挑战。

在这样的大背景下，建设学习型城市成为经济和社会发展的必然要求。所谓学习型城市，简言之，就是能够为公民个人能力的提升、社会凝聚力的增强、经济和文化的繁荣和可持续发展提供原动力和良好条件的城市。

联合国教科文组织终身学习研究所（UIL）是致力于推进成员国全民学习、终身学习、教育发展的专门研究机构。根据中国政府与联合国教科文组织达成的协议，本人于2008年2月到2014年1月，到UIL借调工作，担任高级项目专家，并任该所终身学习政策与策略研究部主任。在时任所长Arne Carlsen的支持下，本人任职期间的一项重要工作，就是发起和组织"全球学习型城市网络"（Global Network of Learning Cities，GNLC）项目的建设工作。

"全球学习型城市网络"建设项目的最终目的是创建一个活跃的国际交流和分享平台，帮助正在或有志于向学习型城市转型的所有城市，优化学习设施建设，高效使用资源，实现全体公民个人能力的提升和发展，促进社会的公平和正义，提升社会的和谐程度和凝聚力，实现经济和就业的可持续繁荣。

在充分准备的基础上，2013年10月，联合国教科文组织会同我国教育部和北京市人民政府在北京召开了"首届国际学习型城市大会"，来自102个国家的500多名代表探讨了学习型城市相关概念，分析了学习型城市建设的组成部分，讨论了学习型城市建设的主要策略。会议通过的《建设学习型城市北京宣言》，记载了与会代表在国际社会推进学习型城市建设上纲领性的政治意愿、政策方向和向联合国教科文组织、国家政府、城市政府和企业界采取行动的呼吁。

建设学习型城市是一个持续不断的过程，并且在一般城市和学习型城市之间也没有一个明确的界限。衡量一个城市是否为学习型城市，更重要的是看这个城市做出了什么样的努力。为了使建设学习型城市不是一个抽象的概念而是一系列具体政策、措施，在联合国教科文组织终身学习研究所专家组通过反复分析和论证的基础上，大会通过了《学习型城市关键特征》，明确列出了在建设现代化的学习型城市的广泛效益、学习型城市的构建模块和建设学习型城市的基本条件等三个领域共计42个关键特征和60个可能的衡量指标。这为有兴趣的城市采取有意义的措施推进全民终身学习提供了具体思路，也为各个城市之间进行比较和互相学习提供了一个框架。2013年底，联合国教科文组织已经将上述两个会议成果文件正式提供给195个成员国的政府。

自此以后的十年来，"全球学习型城市网络"项目已被联合国教科文组织确认为重点发展项目，联合国教科文组织终身学习研究所在积极推进项目的实施中，一是深化学习型城市关键特征的研究和发展；二是扩大全球学习型城市网络，吸收更多城市的参与；三是为成员城市的学习型城市建设提供专家资源支持；四是每两年召开一次学习型城市建设国际会议，交流分享优秀实践经验。到2024年，已有79个国家的356个城市加入"全球学习型城市网络"中来，我国加入这一网络的城市数量增至12个，成为世界上发展最快的国家。

令人十分高兴的是，在实现"人人皆学、时时可学、处处能学"的全民终身学习目标中，越来越多的城市和社区正在进行积极的探索和努力，我国也建立了全国学习型城市网络，共有80个城市加入。这些城市的努力，为我们提供了丰富的素材和宝贵的经验。

本书旨在总结和分享我国学习型城市建设的有效做法和经验，并通过具体案例分析，揭示这一过程中的成功要素与面临的挑战。从政策制定到实施细节，从理论探讨到实际操作，全面覆盖了学习型城市建设的各个方面，以期为读者提供一个立体化、多角度的认识视角。

在此，我要向参与本书编写的每一位作者，以及那些在实践中不断探索、勇于创新的城市管理工作者和教育工作者表示崇高的敬意，正是他们的不懈努力，才有了今天值得记录和传播的好经验、好做法。

愿本书能启发更多的思考与讨论，为中国乃至全球的学习型城市建设提供借鉴和启示。在知识更新换代日益加速的今天，只有全民终身学习，我们的城市和社区才能更加充满活力，我们的社会才能更加和谐进步，才能实现建成教育强国的战略目标。

中国常驻联合国教科文组织原大使衔代表、

联合国教科文组织终身学习研究所理事会成员 杨进

2024年6月

前　　言

推进终身教育和终身学习是现代教育发展的总趋势。20 世纪 60 年代，法国成人教育家保罗·朗格朗和美国芝加哥大学校长罗伯特·梅纳德·赫钦斯对终身教育和学习型社会理论作出了重大贡献。1972 年，由联合国教科文组织国际教育发展委员会完成的报告《学会生存：教育世界的今天和明天》提出了“学习化社会”的概念。1996 年，由雅克·德洛尔任主席的国际 21 世纪教育委员会向联合国教科文组织提交的报告《教育：财富蕴藏其中》提出了既通过学校，又通过经济、社会和文化生活，提供多样化学习机会，提出 21 世纪教育的四大支柱——学会认知、学会做事、学会共同生活、学会生存，对当今世界教育乃至整个社会生活产生了深远影响。2015 年，联合国教科文组织国际高级专家组提交的报告《反思教育：向“全球共同利益”的理念转变?》重申了人文主义教育观，提出了“教育作为全球共同利益”的愿景。同年，联合国发展峰会通过的《变革我们的世界：2030 年可持续发展议程》设定了未来 15 年全球教育发展目标(SDG4)“确保包容、公平的优质教育，促进全民享有终身学习机会”。据此，联合国教科文组织制定的《2030 年教育行动框架》确定了到 2030 年实现教育发展的总体目标和策略方法，强调“重视公平、全纳和性别平等，关注质量和学习，促进终身教育和终身学习”。2021 年，联合国教科文组织“教育的未来”国际委员会完成的报告《一起构想我们的未来：为教育打造新的社会契约》，主张每个人终身享有优质教育的权利，强调教育对建设可持续未来的变革性力量，并将教育作为公共利益加以治理并推动形成新的教育社会契约的关键。2022 年，第七届国际成人教育大会通过的《马拉喀什行动框架》提出：终身学习对实现可持续发展目标至关重要，成人学习与教育作为终身学习的核心内容，是实现这些目标的关键。与此同时，世界许多国家已经认识到终身学习的重要性，开始努力建设学习型社会。

中国政府高度重视发展终身教育和终身学习。党的十八大以来历次党的全国代表大会始终强调完善终身教育体系，建设学习型社会。习近平总书记在党的二十大报告中提出的“建设全民终身学习的学习型社会、学习型大国”这一战略部署，不仅是提升全体国民素质、促进人的全面发展的客观需要，更关系中华民族的复兴伟业。当前，我们正处于一个大变革的时代，面对急速变化并充满希望和挑战的世界，比以往任何时候更需要赋予城乡居民接受教育和学习的权利,为他们提供终身学习的机会,保持教育可持续发展的生机和活力,以应对当今世界所面临的多方面的机遇和挑战。为此,贯穿生命过程且持续不断的教育和学习正在成为每个社会成员生活方式的重要选择,成为我国和国际社会教育发展的普遍共识。

建设学习型城市是实现学习型社会的基石。城市是国家的基本单元,是快速增长的社会文化和人类文明的结晶。城市作为人类政治、经济和社会生活的中心,居住了全球一半以上的人口。城市化趋势,特别是在发展中国家,正在以前所未有的速度迅速增长。据预测,到 2030 年,60%的世界人口将居住在城市①;到 2050 年,全球城市人口将增长 22 亿人②,城市化仍然是 21 世纪一个重要趋势。城市的发展,一方面促进了经济和社会发展,不断增强城市在国际、国内事务中的影响,发挥着越来越重要的作用;另一方面,随着城市经济社会的快速发展,人口向城市的快速聚集,使城市特别是大城市面临着一系列严峻挑战:资源短缺、气候变化、环境污染、就业机会不足、贫富差距拉大与不平等给城市可持续发展带来一系列严重问题,"大城市病"正在成为阻碍城市发展的桎梏,并在不同城市间快速"传递"。解决城市发展之困的根本在于有效发挥城市与市民的双向激励与促进作用,激发并实现市民学习的潜能和参与城市及社区治理的内生动力,通过持续不断地推进终身教育和全民终身学习,建设学习型城市,为促进人的全面发展,推动城市经济社会和环境的可持续发展奠定基础。事实上,目前全球有 1 000 多个城市已经成为或正在建立学习型城市,表明将学习放在城市建设和发展的战略优先位置已成为国际社会的普遍认同和一致行动,建设学习型城市成为推动城市包容、繁荣和可持续发展的必由之路。

一、学习型城市概念及其建设意义

学习型城市概念源于 20 世纪 70 年代初由经济合作与发展组织提出的"教育型城市"。经过多年的发展,该组织于 1992 年明确提出"建设学习型城市",试图通过实施一系列终身学习项目,促进城市个体、社会、经济、文化、环境等方面的发展;强调促进城市内所有相关机构间的联系与协作,协调以工作和休闲为导向的教育和培训,鼓励各年龄

① 国际学习型城市大会. 全民终身学习:城市的包容、繁荣与可持续发展概念文件[C]. 北京:2013,10:21-23.

② 联合国人居署《城镇化仍势不可挡,2050 年全球城镇人口将占 68%》。

层人群共同学习、相互学习，将建设学习型城市、共同学习视为改变城市未来的途径。①

20世纪90年代末，欧盟委员会在"走向学习型社会的欧洲"计划中提出，学习型城市关注城市和社会以及个人发展过程中学习的重大作用。学习型城市能够尽最大能力激发市民的学习能力，将市民的潜能予以最大限度地发挥。

进入21世纪，联合国教科文组织认为，世界各个城市在文化和民族构成、文明传承，以及社会结构等方面呈现出不同特点，然而，所有的学习型城市却具有共通的特质，并在其推进学习型城市倡议的框架中对学习型城市作了如下说明：一个学习型城市是一个能动员和运用各个方面资源的城市，旨在提高从基础教育到高等教育的包容性；激发家庭和社区中的学习；促进为工作和在工作场所中的学习；扩展现代学习技术的应用；改善并优化学习质量；营造终身学习文化。通过这些措施，学习型城市会提升个人能力和促进社会融合，促进经济和文化繁荣，并实现可持续发展。②

目前，国际社会普遍认为，建设学习型城市有利于动员区域内资源的开发和利用，同时对促进个人发展、维护社会稳定和创造社会繁荣有重要作用。越来越多的城市采纳学习型城市建设这一举措来创建和巩固个人权利、社会凝聚力、经济和文化繁荣以及可持续发展。任何一座城市建设学习型城市均需基于城市自身情况来构建基础条件，采用符合城市情况的方法来建设学习型城市。

国内学者基于对终身教育、终身学习和学习型社会的建设认为，在一个城市内构建学习型社会，就是构建学习型城市（马仲良，2005）。从其内涵出发认为，建设学习型城市是以建设学习型组织为基础、以全面开发人力资源能力和提高市民综合素质为途径、以提升城市竞争能力和城市文明程度为目的、以构建协调和谐城市为宗旨的新型城市发展道路（时龙，蔡宝田，2005）。从促进人与社会发展视角认为，学习型城市超越传统的教育制度，突破以往的生活方式，既是一座结合人与社会发展不同阶段需要、动态性与可能性兼备的城市，又是一座结合人与社会发展不同方面需要、覆盖性与便利性兼具的"人人皆学、时时能学、处处可学"之形态的全新城市（高志敏，2009）。学习型城市指的是以知识经济和知识社会为生存背景和发展空间，以学习和教育为最本质职能，以社会化的终身学习和教育体系为基础，能保障和满足城市市民学习基本权利和终身学习需求，从而有效地促进城市人的全面发展和城市的可持续发展的城市。学习型城市是以终身教育的体制实施为基本特征，以不断更新和开发劳动力的潜能和提高人的素质为基本任

---

① 徐小洲，孟莹，张敏. 学习型城市建设：国际组织的理念与行动反思[J]. 教育研究，2014，35(11)：131-138.

② 联合国教科文组织《全球学习型城市网络指导性文件》。

务，以保持和不断增进城市经济、社会、文化的可持续发展，不断提高城市人民生活和生命质量，促进城市和谐与文明、促进人的全面发展为根本目的的城市发展类型与管理创新途径。基于教育与学习发展认为，学习型城市的提出与推动终身教育、终身学习体现的是一个从教育理论向教育实践逐渐嬗变的过程。学习型城市是在城市范围内，调动所有的人力、财力和物力来贯彻并落实终身学习的理念，从而促进个体潜能的挖掘与全面发展、提升市民的生活质量与思维品质、维护社会的融合与稳定、推动城市各方面可持续发展与繁荣的学习型社会缩影（蒋亦璐，2017）。

综上，可以看出，学习型城市是城市发展进程中的一种崭新的理想发展模式，其形成是一个持续宣传、促进和能力建设的过程。学习型城市是以践行终身教育和全民终身学习为核心理念，以学习型组织和学习共同体、社会化的终身学习和教育体系为基础，以数字智能技术为支撑，保障市民终身学习权利，满足城市居民日益增长的多样化的学习需求，从而有效提升城市居民的学习力和创新能力，促进人的全面发展和城市的可持续发展的一种开放、创新及和谐发展的现代城市。学习型城市包括三个层面的含义，其一，从社会层面看，应形成一种良好的氛围，使终身教育和终身学习理念得到广泛的普及和认同；城市提供能满足人们各种学习需要的资源和场所。其二，从组织层面看，城市内的各类组织都能积极推动学习活动在本组织内的开展，形成学习型组织。其三，从个体层面看，城市内所有成员都能自觉地将学习作为一种生活方式，成为自己一生的实践活动。①

建设学习型城市具有极其重要的意义。

1. 建设学习型城市是建设全民终身学习的学习型社会、学习型大国的战略要求

党的二十大报告强调，要“建设全民终身学习的学习型社会、学习型大国”。构建服务全民终身学习的教育体系，形成全民学习、终身学习的学习型社会，促进人的全面发展，这是关系中华民族能否持续发展、能否实现民族复兴大业的战略问题。

建设学习型城市是建设学习型社会的基石，也是建设学习型社会、学习型大国的重要内容和途径。正如联合国教科文组织指出的，各国政府在发展学习型社会中发挥着至关重要的作用，然而我们知道，这种愿景必须扎根在地区、城市和社区，因此，只能通过一个一个省、一个一个城市、一个一个社区来建设学习型社会②。

党的二十大报告为建设学习型城市指明了方向。大力发展各级各类教育，完善全民

---

① 学习型社会建设研究课题组. 学习型社会建设的理论与实践——学习型社会建设研究子课题报告集[M]. 北京：高等教育出版社，2010：105.

② 国际学习型城市大会. 全民终身学习：城市的包容、繁荣与可持续发展概念文件[C]. 北京：2013，10：21-23.

终身学习推进机制，强化教育系统和社会各界通力合作，促进教育公平、教育质量和教育服务等综合实力的提升，加快教育数字化转型，形成面向每个人、适合每个人、更加开放灵活的教育体系和学习方式，通过提升城市群体的学习力，促进城市发展模式的转型，协同推进教育强国和人才强国建设，谱写构建人人皆学、处处能学、时时可学的学习型社会、学习型大国的新篇章。

2. 满足城市居民多样化的学习需求，提高市民的整体素质，促进人的全面发展

随着经济社会的迅速发展和科学技术进步，人们越来越感受到学习的重要性，并日益呈现出多样化的学习需求。建设学习型城市，以促进人的全面发展和经济社会可持续发展为目标，通过推动各级普通教育特别是高等教育、职业教育、继续教育统筹协调发展和协同创新，增强各类教育与学习服务能力，实现教育与社区之间的资源共享，为社区居民提供就近、便捷的学习场所和教育服务，不断满足人民群众学有所教的多样化的终身学习需求，在思想道德、科学文化、生产生活技能等方面不断提高市民的整体素质，提升城市群体的学习力和居民生活质量，增强市民的归属感、幸福感，促进人的全面发展。

3. 建设学习型城市能够为经济社会发展，提升城市竞争力提供不竭动力

当今国际竞争的核心是创新能力的竞争。就一个城市而言，谁在经济、社会、环境、资本等方面居前，谁就会在竞争中领先一步。城市的发展已经不限于物质经济财富的量性增长，而全民学习、终身学习、增强学习能力已经成为城市提高自身竞争力所必不可少的因素。将学习置于城市发展的核心地位，有助于促进社会创新和经济持续发展。

党的二十大报告提出，加快城市发展方式的绿色转型，实施城市更新行动，加快推进市域社会治理现代化，打造宜居、韧性、智慧城市。建设学习型城市，是促进经济社会发展，产业结构升级，提高城市发展水平，增强发展后劲和综合竞争力的重要标志，通过建设学习型城市，可以更好地发挥城市的引领性、辐射性、服务性、基础性功能，促进城市治理的民主化、科学化，形成和谐、文明的现代城市文化，为提升城市竞争力注入不竭的动力。

二、我国学习型城市建设十年发展的简要回顾

20 世纪 90 年代，随着终身教育、终身学习理念的广泛传播，相关研究日益深入，我国在此领域的发展开始由理论研究转向实践探索。

为了适应经济社会转型发展，满足市民日益增长的多样化学习需要，在国际社会开展终身教育、学习型社会和学习型城市建设推动下，1999 年上海市率先提出创建学习型城市目标。同年，北京市委、市政府提出“率先基本实现以建立终身学习制度和进入学习

型社会为主要标志的教育现代化”目标。此后，大连、常州、杭州、青岛、郑州、西安、济南、太原、天津、武汉、广州、长沙、深圳、南京、成都、重庆等一批城市也相继提出建设学习型社会、学习型城市的目标或规划，自此开启了我国学习型城市建设实践探索的先河，为此后我国进一步推进学习型城市建设奠定了基础。

2012 年 11 月，党的第十八次全国代表大会召开。为了贯彻党的十八大报告精神，落实党和国家关于建设学习型社会要求，2013 年 7 月，经教育部领导同意、职业教育与成人教育司复函，由中国联合国教科文组织全国委员会秘书处、中国成人教育协会和首批 33 个城市共同成立了“全国学习型城市建设联盟”（以下简称“联盟”），旨在组织协调“联盟”城市，总结交流创建经验与成果，开展学习型城市建设理论研究与实践探索，推进学习型城市建设发展。

为了推进国际学习型城市建设，促进全民终身学习，2013 年 10 月，由联合国教科文组织、教育部和北京市人民政府在北京联合举办首届国际学习型城市大会，会议的主题是“全民终身学习：城市包容、繁荣与可持续发展”，目的在于建立一个世界各城市参与学习型城市建设、交流与合作平台，探讨如何利用城市资源推动全民终身学习，促进社会和平、平等、和谐及创造城市可持续发展的未来。大会通过了《建设学习型城市北京宣言》和《学习型城市的关键特征》两项重要成果文件，明确学习型城市的基本特征，提出建设学习型城市的主要战略，以推动世界范围内的学习型城市建设。

作为首届国际学习型城市大会的后续工作，2014 年 9 月，教育部、中央文明办、国家发展改革委、民政部、财政部、人力资源社会保障部、文化部等七部门联合印发了《教育部等七部门关于推进学习型城市建设的意见》（以下简称《意见》），《意见》就我国学习型城市建设工作作出了全面部署，首次提出我国学习型城市建设的指导思想、总体目标、基本原则，重点阐释了我国学习型城市建设的主要任务，明确提出了推进学习型城市建设的政策措施。由此，标志着我国学习型城市建设开始进入了一个新的发展阶段。在此阶段中，根据发展的不同形式和内容，大体可分为“联盟”发展阶段（2013—2019）、监测项目实践探索阶段（2017—2022）和新时代学习型城市建设阶段（2023—　）等三个时期，其间工作有所交叉。

1. “联盟”发展阶段（2013—2019）

“联盟”成立后，为了落实《意见》提出的学习型城市建设目标，推动各地城市开展创建工作，先后分 7 批共有 105 个城市加入“联盟”，有力地推动了各地学习型城市建设工作。“联盟”工作委员会和中国成协配合教育部职成司在每年举办“全民终身学习活动周”全国总开幕式的同时，召开学习型城市建设年会，总结部署创建工作，交流各地建设经验；多次举办学习型城市建设工作推进会、研讨会、研修班，通过学习研讨，交流经验，互通信息，相互促进。同时，组织各地联盟城市广泛开展学习型城市建设理论研究与实践探索，取得了一批研究成果，产生了广泛的社会影响。

2. 监测项目实践探索阶段（2017—2022）

为了落实《意见》要求，教育部职成司分别于 2017 年 9 月和 2019 年 10 月印发《关于开展学习型城市建设监测项目实践的通知》和《关于进一步开展学习型城市建设监测项目工作的通知》，决定在前期研究和自愿申报的基础上，先后组织北京、上海、杭州、成都、武汉、长沙、宁波、太原等 8 个城市和天津、西安、青岛、合肥、芜湖、安庆、蚌埠、阜阳、滁州、亳州、淮北、淮南、宿州等 13 个城市分两批开展学习型城市建设监测实践工作，通过核查各城市相关监测指标，分析其学习型城市建设自查报告，形成了学习型城市建设监测总报告，探索并完善了监测指标体系和监测工作机制，引导并加快推进我国学习型城市建设，有效促进了各地学习型城市建设质量和水平的提高。

3. 新时代学习型城市建设阶段（2023— ）

为深入贯彻党的二十大精神和习近平总书记关于继续教育与学习型社会建设的重要指示精神，加快推进学习型社会建设，构建人人皆学、处处能学、时时可学的全民终身学习服务体系，2023 年 9 月，教育部发布了《关于印发〈学习型社会建设重点任务〉的通知》（以下简称《通知》）。《通知》指出，要把建设学习型社会、学习型大国作为建设教育强国的战略举措，把教育数字化作为推进学习型社会建设的“倍增器”，集中部署了加强新时代学习型城市建设的重点任务。提出新时代学习型城市建设的目标是：2023 年以加入全球学习型城市网络的 10 个城市为示范，全面启动；2024 年以直辖市、省会城市和计划单列市为引领，稳步扩面；2025 年提质扩面，覆盖东中部地区 50%左右、西部地区 30%地市级城市。后续将持续深入推进。

过去的十年，我国学习型城市建设得到了较大的发展，不断加快学习型城市建设步伐，并取得了一系列重要进展，为建设学习型社会，推进国际学习型城市发展作出了重要贡献，在国内外产生了广泛影响。

三、本书撰写的缘起、目的、主要内容及创新之处

为了贯彻落实习近平总书记有关教育的重要指示和党的二十大精神，全面总结我国学习型城市建设十年来取得的一系列重要进展、主要成就和历史经验，广泛宣传我国学习型城市建设在推进全球学习型城市建设中的突出贡献和重要作用，充分认识推进学习型城市建设对于发展终身教育和全民终身学习，促进人的全面发展和经济社会可持续发

展的重要意义和作用，中国成人教育协会决定组织撰写《中国学习型城市建设发展报告(2013—2023)》，以便全面总结、真实反映我国学习型城市建设十年发展的历史全貌，展现我国学习型城市建设实践探索的新进展、新特点、新成效，为在新的历史时期进一步加快推进我国学习型城市建设，实现学习型城市建设的高质量发展作出新的贡献。

本书作为宏观层面上的重大社会建设研究成果，在撰写过程中，坚持以习近平新时代中国特色社会主义思想为指导，贯彻落实党的十八大以来历次全国代表大会报告精神，坚持以人民为中心的发展思想，践行终身教育和全民终身学习理念，从国家经济社会发展的基本国情和学习型城市建设实际出发，结合国际社会关于终身教育、终身学习、学习型社会和学习型城市建设的基本理念和最新发展，以建设全民终身学习的学习型社会、学习型大国，建设教育强国为引领，紧紧围绕学习型城市建设这个主题，沿着学习型城市是什么、为什么建设学习型城市、怎样建设学习型城市，以及学习型城市建设的现状、未来与发展的内在逻辑和技术路线全面展开。其中，学习型城市是什么、为什么建设学习型城市是本书研究的理论基础，而怎样建设学习型城市、学习型城市建设的现状、未来与发展则是本书研究的重点和主要价值所在。

本书内容主要分为3个部分：

第一部分为我国学习型城市建设发展总报告，共分6章，包括宏观背景、相关法律与政策、重要举措、主要进展、成效与经验、面临的挑战与展望等内容。

第二部分为城市发展报告，展示了11个城市推进学习型城市建设工作的经验与成就。

第三部分为典型案例，体现不同城市具有特色亮点的具体做法。

本书的创新之处：

1. 目标定位上的新拓展

作为全国宏观层面上的研究报告，第一次全面总结了党的十八大以来我国学习型城市建设取得的重要进展，系统分析了我国学习型城市建设及发展的全过程、全要素，展现了我国学习型城市建设十年发展全貌。力图揭示我国学习型城市建设的内在规律，形成中国特色的学习型城市建设的成功案例，为进一步深入开展学习型城市建设及其相关决策提供依据。

2. 研究方法上的新突破

本书的撰写力求理论研究与实践探索相结合，定性研究与定量研究相结合，整体研究与个案研究相结合。综合运用文献研究、案例分析、经验总结等方法，并利用数字化网络技术进行信息传递、成果交流。通过对实际问题的分析比较、研究论证，最后完成本书的撰写工作。

3. 内容结构上的新亮点

本书以我国学习型城市建设十年发展为主题，以三大部分（总报告、城市报告和典型案例）、六项专题（六章）为主框架，首次展示了我国加入全球学习型城市网络成员城市和有关城市在推进学习型城市建设工作中的经验做法和典型案例，重在反映学习型城市建设的创新实践，为我国率先开展城市间的相关研究和进行类似的国际比较奠定基础。

本书在撰写过程中，得到了教育部职业教育与成人教育司、中国联合国教科文组织全国委员会秘书处的大力支持与指导，得到了中国教育科学研究院、国家开放大学、北京市教育科学研究院、上海市教育科学研究院、上海开放大学、浙江开放大学、中国教育发展战略学会终身学习专业委员会、上海市老年教育协会等单位和机构参与撰写工作的专家学者的大力支持，得到了各有关城市政府和教育行政部门，有关省、市成人教育协会（学会）支持和多方帮助；本书的出版得到了高等教育出版社的大力支持和帮助。在此一并表示诚挚的感谢！

关于学习型城市建设的研究，还是一项崭新的、有待进一步开拓和深入研究的新领域，由于撰写时间紧促，有些问题未及深入、细致研讨，本书难免存在不够成熟、甚至不妥之处，恳请同行专家、学者、一线工作者和广大读者提出批评指正。

中国成人教育协会
2024 年 6 月

目　　录

第一部分　中国学习型城市建设发展总报告

第二部分　城市发展报告

第三部分　典型案例

第一部分

中国学习型城市建设发展总报告

第一章　宏观背景

党的十八大以来，以习近平同志为核心的党中央带领全党全国各族人民团结奋斗，迈上全面建设社会主义现代化国家新征程。在习近平新时代中国特色社会主义思想科学指引下，中国经济、社会发展迅速，取得了历史性成就，书写了经济、社会和教育、文化、科技等领域全面快速发展的新篇章。在此背景下，迫切需要满足快速增长的城市居民的学习需求，将学习型城市建设作为促进经济、社会和人的发展的关键战略，实现有质量的全民教育和终身学习，以学习型城市建设的高质量发展推进社会主义现代化强国建设，促进全民终身学习的学习型社会、学习型大国和学习强国建设。

一、国内背景

（一）经济持续保持快速、稳定发展

党的十八大以来，中国政府采取了多项积极的经济政策来促进中国经济走向新的发展阶段。一是，中国政府实施了一系列扩大内需的政策，通过增加基础设施、扩大消费市场、提高居民收入等举措，有效刺激了国内需求并拉动经济增长。二是，中国深化推进改革开放，促进市场化、国际化和法治化，为企业提供了更多的机会和自由度，推动创新发展。三是，通过“一带一路”倡议，加强与合作伙伴的经济联系和合作，在为这些国家提供发展机遇的同时也促进了自身的经济发展。四是，通过推行降低企业税负、提高个人所得税起征点等减税降费政策来减轻企业和个人的负担，促进投资和消费。此外，中国经济结构调整不断深化，从传统制造业向高端制造业、服务业等方向转型，这些举措也有助于中国经济持续稳定发展。

从国内生产总值增长率来看，世界银行（World Bank）统计数据显示，2012—2022 年中国国内生产总值呈现不断增长的趋势。其中，2012 年的国内生产总值为 8.53 万亿美元，而 2022 年的国内生产总值则达到了 17.96 万亿美元。① 具体来看，中国经济增长率在 2012—2022 年间呈现出了波动增长的趋势（图 1-1-1）。2020 年，受新冠肺炎疫情影

① 数据来源：《The World Bank. GDP（current US＄）-China》。

响,中国经济增速下降至 2.2%。然而,政府通过一系列举措来刺激经济增长,使中国经济增长率在 2021 年回升至 8.4%,达到了近十年国内生产总值增长率的峰值。①

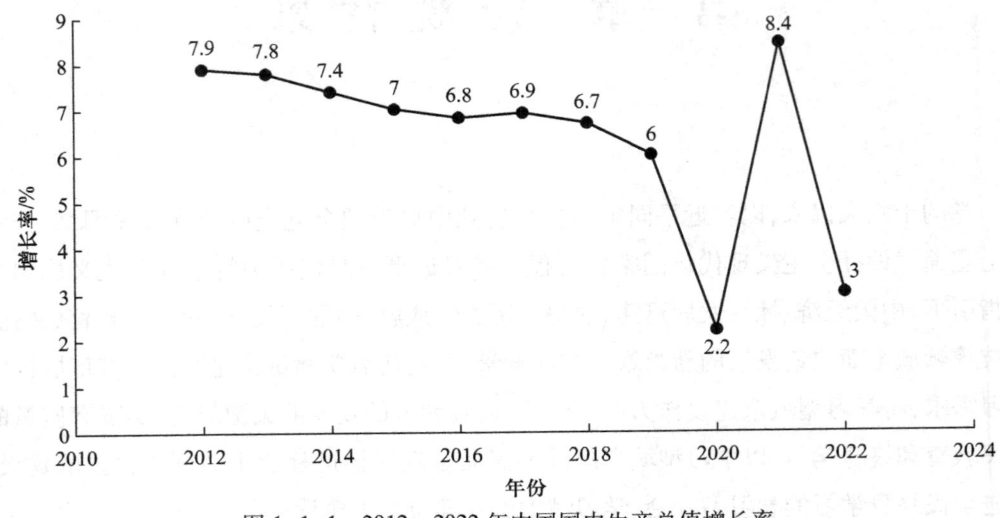

图 1-1-1　2012—2022 年中国国内生产总值增长率

数据来源:The World Bank

从就业方面来看,2012—2022 年,中国城镇新增就业人数累计达到了 14 249 万人,平均每年新增就业人数为 1 295 万人(图 1-1-2)。虽然受疫情影响,2020 年的年末,全

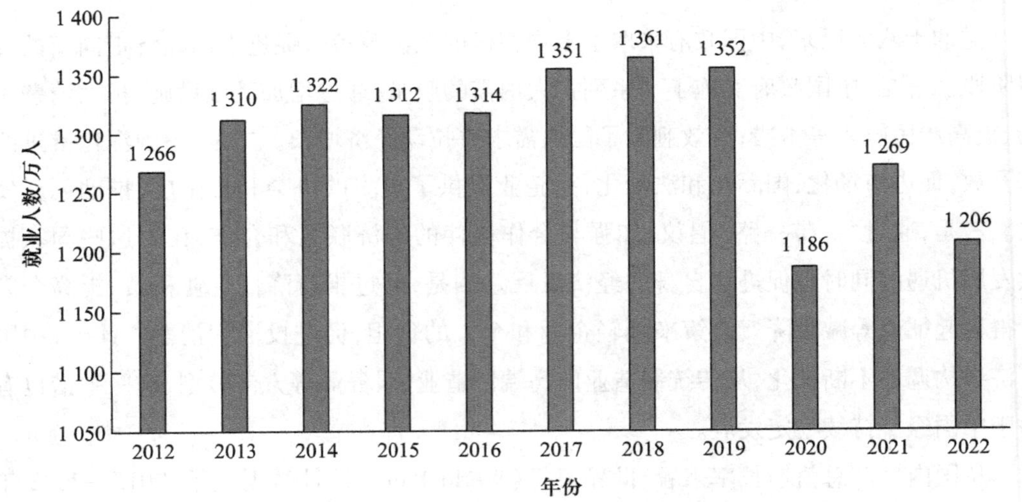

图 1-1-2　2012—2022 年国内城镇新增就业人数

数据来源:《国民经济和社会发展统计公报》

① 数据来源:The World Bank《GDP Growth(annual%)-China 2023》。

国城镇失业率达到了5.2%①,但是在政府的积极应对下,失业率已经逐步下降。同时,随着中国经济的转型升级,新兴产业的快速发展也为就业提供了更多机会。

从居民消费来看,2012—2021年,中国居民消费水平稳步提高(图1-1-3)。尽管受疫情影响,2020年消费增速有所下降,但是随着疫情逐渐得到控制,消费市场逐渐回暖。2021年的年中,常住人口人均居民消费支出31 072元,相比上一年增长13.24%②。此外,中国政府积极推进以国内大循环为主体的国内国际双循环战略,进一步扩大内需并促进消费升级。

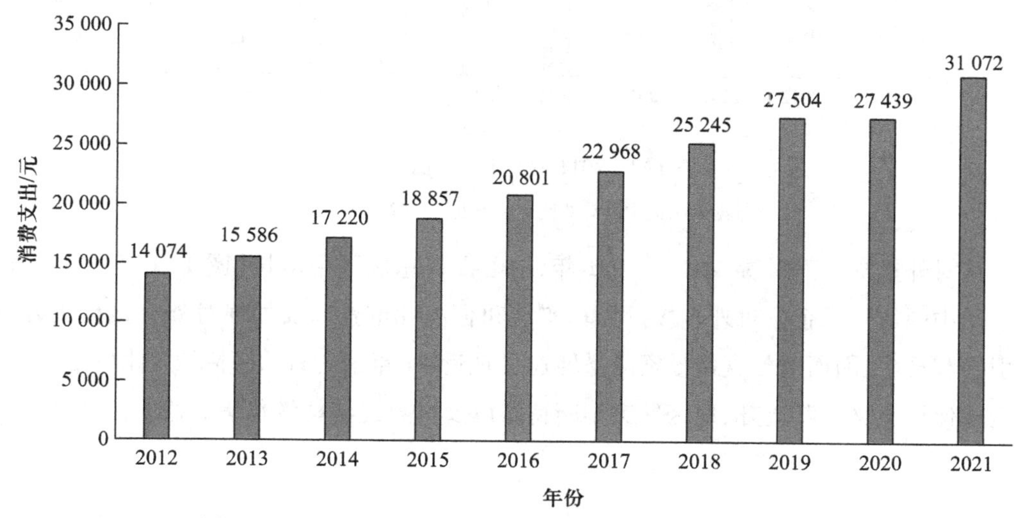

图1-1-3　2012—2021年的年中常住人口人均居民消费支出

数据来源:《中国统计年鉴》

从对外贸易方面看,2012—2021年,中国对外贸易规模不断扩大,贸易体量也达到了历史最高水平,并不断增长(图1-1-4)③。2020年受疫情冲击,进口总额下降1.1%,但在国内市场积极应对之下,使得进出口总额相比上一年增长1.5%④。随着疫情逐步得到控制,根据2023年发布的最新数据,2023年1至5月进出口总额已达到2.4万亿美元⑤,实现平稳开局,对外贸易展现较强韧性。未来紧紧围绕构建以国内大循环为主体、国内国际双循环相互促进的新发展格局,大力推动"五个优化"和"三项建设",实现外贸创新发展。

① 国家统计局《中华人民共和国2020年国民经济和社会发展统计公报》。

② 国家统计局《中国统计年鉴(2022)》。

③ 中华人民共和国商务部《中国对外贸易形势报告(2023年春季)》。

④ 中华人民共和国商务部《中国对外贸易形势报告(2021年春季)》。

⑤ 中华人民共和国商务部《中国对外贸易形势报告(2023年春季)》。

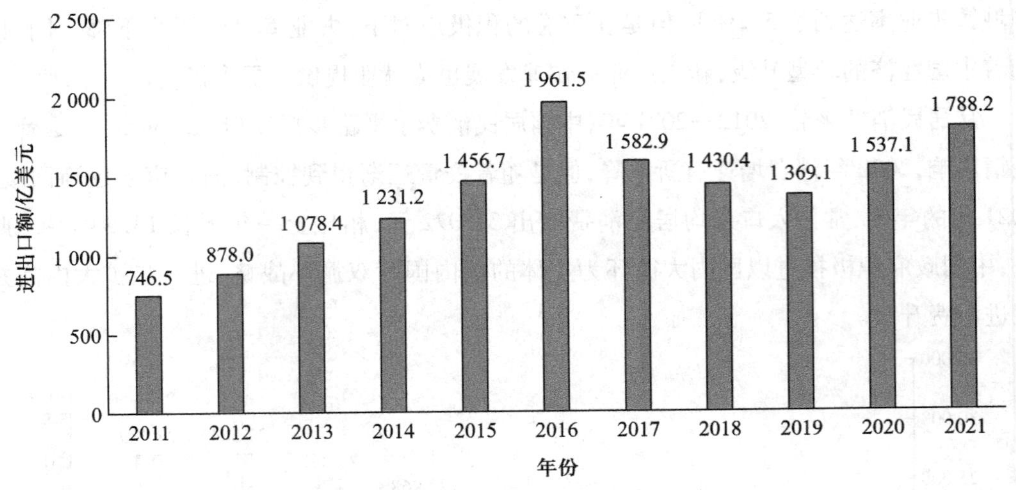

图 1-1-4　2011—2021 年中国进出口额

数据来源:《中国对外贸易形势报告(2023 年春季)》

从对外投资方面来看,2011—2021 年,中国投资总额平稳增长(图 1-1-5)①。2017 年开始中国加强了企业对外直接投资真实性和合规性审查以及加强对外直接投资方向的引导和规范,因而对外直接投资流量增速呈现近 14 年来的首次下降②。此后三年,由于全球保护主义不断上升、地区冲突不断持续以及世界经济持续低迷，对外直接投资流

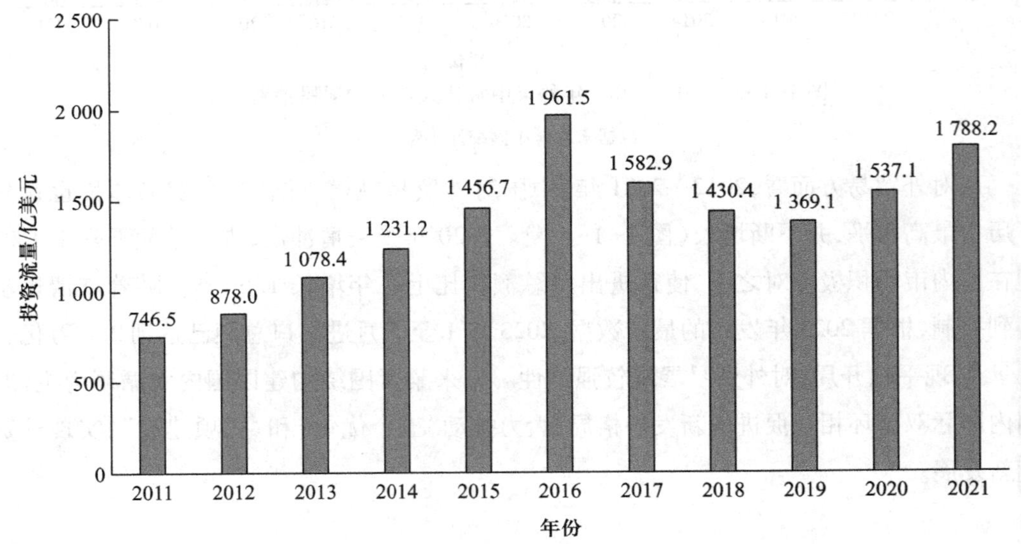

图 1-1-5　2011—2021 年中国对外直接投资流量

数据来源:《中国对外投资合作发展报告》

---

① 中华人民共和国商务部《中国对外投资合作发展报告 2022》。

② 中华人民共和国商务部《中国对外投资合作发展报告 2018》。

量呈现出下滑趋势，但中国对外投资全球排名仍居于前三名，并于2018年重回第二位，投资比重均超过10%①。在新冠病毒疫情反复持续下，2021年中国对外直接投资继续保持两位数增长，流量达1 788.2亿美元，位列全球第二，同比增长16.3%，占全球的10.5%②。此外，政府通过积极开拓对外投资合作新空间，发挥双循环优势对外投资以及持续深化“一带一路”经贸合作等，推动未来对外直接投资平稳发展，对外投资大国地位更加稳固。

从固定资产投资来看，2012—2022年，国内固定资产投资逐步增长（图1-1-6）③。2019年以来，受投资和消费均疲软与对外经济贸易摩擦的影响，全国固定资产投资出现下滑趋势。而在疫情的进一步冲击下，2020年全国固定资产总投资为最近6年的最低水平。但随着疫情好转，经济回暖，政府采取一系列措施刺激消费与投资，在2022年，全国固定资产投资达到579 556亿元，比上年增长4.8%，固定资产投资进入了快速增长时期。其中，基础设施投资增长9.4%，制造业投资增长9.1%。④ 未来在“四项举措”⑤“新

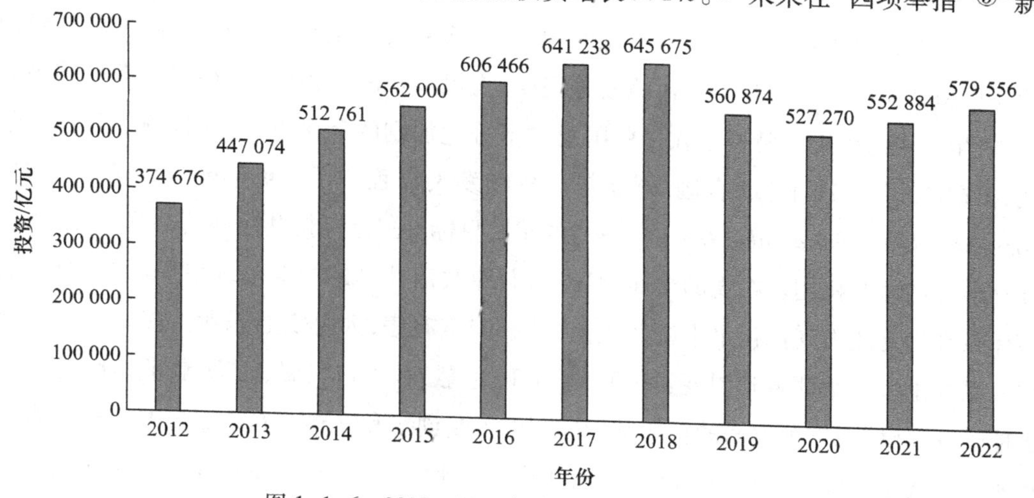

图1-1-6 2012—2022年全国固定资产投资总额

数据来源：国家统计局

---

① 中华人民共和国商务部《中国对外投资合作发展报告2019》。

② 中华人民共和国商务部《中国对外投资合作发展报告2021》。

③ 国家统计局《全国年度统计公报2023》。

④ 国家统计局《全国年度统计公报2022》。

⑤ “四项举措”：指2021年4月国务院常务会议提出的着力优化营商环境的四大举措，包括：一要鼓励东部地区、省会城市对标国际先进先行先试，支持中西部和东北地区、非省会城市以改革促进营商环境明显改善。二要推广“一业一证”“一企一证”“证照联办”等创新举措，催生更多新市场主体，按市场规则运行。三要促进公平竞争，推进政府项目招投标市场化改革，规范中介服务，加大信贷中增加企业融资成本“潜规则”的查处力度。四要着力提升监管效能，放得开又管得住，进一步增强事中事后监管的针对性有效性，推行综合监管、联合执法，对涉及群众生命健康安全等领域实现全覆盖重点监管。

基建”①以及“双循环”等政策的推动下，固定资产投资仍有望保持高速增长。

近十年来，中国政府通过一系列积极的经济政策，使经济保持快速、稳定发展的态势，并且在疫情期间也得到了有效应对。未来，在政府政策的引导下和各行各业的共同努力下，中国经济有望继续保持快速、稳定发展的趋势。

（二）社会发展取得新的进步

1. 创新和推进社会治理取得显著成效

党的十八大开启了中国特色社会主义新时代。十年来，习近平总书记着眼于新时代坚持和发展中国特色社会主义、推进和拓展中国式现代化，提出了一系列加强和创新社会治理的新思想、新观点、新论断，形成了内涵丰富、有机统一、逻辑严密的理论体系。②在习近平新时代中国特色社会主义思想的指导下，中国社会治理发生了深刻变革、取得了显著成效。

一是在社会治理领域全面加强党的领导，各级党委的领导力不断增强，基层党组织战斗堡垒作用显著。二是大力保障改善民生，人民群众的获得感、幸福感和满足感显著增强，生活更有保障。特别是在一些国家贫富分化加剧的背景下，中国打赢了脱贫攻坚战，提前 10 年实现了《联合国 2030 年可持续发展议程》（*Transforming our World*: *The 2030 Agenda for Sustainable Development*）的减贫目标。三是坚持共建共治共享，不断完善社会治理的体制机制。在党的全面领导下，共建共治共享的社会治理格局不断优化，治理体系和治理能力现代化水平显著提高，社会安定有序，人民安居乐业。四是在党和国家一系列重大决策部署和制度安排下，医疗卫生、教育、人口发展、住房、就业、社会保障、土地管理、环境保护等方面的重要基础性制度不断创新和完善。五是加强国家安全体系和能力现代化建设，全面提升立法、司法和执法水平。根据公安部的数据，我国群众安全感由 2012 年的 87.55%上升到 2021 年的 98.62%；全国连续五年未发生暴恐案事件；2021 年我国八类主要刑事犯罪立案数比 2012 年下降 64.4%，全国现行命案破案率达 99%，我国长期处于全球命案发案率最低国家行列③。全国公安机关深入贯彻落实党中央决策部署，以反有组织犯罪法实施为牵引，以夏季治安打击整治“百日行动”为抓手，持续推动扫黑除恶斗争向纵深发展。2022 年共打掉涉黑组织 160 余个、恶势力犯罪

---

① 新基建：指新型基础设施建设。包括 5G 基站建设、特高压、城际高速铁路和城市轨道交通、新能源汽车充电桩、大数据中心、人工智能、工业互联网七大领域。

② 魏礼群. 新时代十年我国推进社会治理现代化的重大创新与成就[J]. 行政管理改革，2023(4)：4-10.

③ 人民公安报. 数读平安中国背后的公安非凡十年[N]. 2022-07-26.

集团 1 520 余个，破获各类刑事案件 2 万余起，有力巩固了扫黑除恶专项斗争成果①。同时，中国政府还积极推进社会信用体系建设，加强对违法失信行为的惩戒力度。此外，在城乡基层社会治理和市域社会治理等方面，我国不断探索创新、扎实推进，相关工作取得了重要进展和显著成效。

2. 城镇化进程取得长足进展

第七次全国人口普查数据显示，中国城镇居住人口为 90 199 万人，占 63.89%。与 2010 年第六次全国人口普查相比，城镇人口增加 23 642 万人，城镇人口比重上升 14.21 个百分点。② 在城市规模和数量方面，中国城市不断扩大。根据国家统计局公布的数据，2021 年底，中国城市数量已经达到了 697 个③。且截至 2022 年末，全国常住人口城镇化率为 65.22%，比上年末提高 0.50 个百分点④。同时，城市居民人均住房面积也在不断提高。2012 年，城市居民人均住房面积为 32.9 $m^2$⑤，而到 2020 年已经提高到了 38.6 $m^2$⑥。这一进展得益于中国政府在城镇化方面的积极推进。

首先，中国政府加大了基础设施建设的投资力度，特别是加快了城市基础设施建设的步伐。例如，大力发展高速铁路、地铁、公路等交通基础设施，提高城市交通运输效率，缩短城市间距离；加快推进城市供水、供电、供气等公用事业建设，提高城市生活质量。这些措施有效地改善了城市基础设施的瓶颈问题，为城镇化提供了有力的支持。其次，中国政府采取了一系列政策措施鼓励农村人口向城市转移。例如，在城市落户政策上不断放宽限制，降低落户门槛；在城市人才引进方面提供优惠政策，吸引优秀人才到城市发展；在农村土地制度改革方面，允许农民流转土地等。这些措施有效地促进了农村人口向城市转移和农村劳动力市场化，推动了城镇化进程。最后，中国政府积极推进新型城镇化。新型城镇化强调以人为本、可持续发展、智能化和绿色化等理念，推动城镇化进程更加科学、合理、可持续。例如，在城市规划和建设方面，注重人文环境和生态环境建设；在推进智慧城市建设方面，加强信息技术应用和数据管理；在推进绿色发展方面，加强环境保护和资源节约利用。这些措施有效地促进了城镇化

---

① 中华人民共和国公安部《公安机关纵深推进常态化扫黑除恶斗争打掉涉黑组织 160 余个、恶势力犯罪集团 1 520 余个》，见公安部网站。

② 国家统计局《第七次全国人口普查公报 2021》。

③ 国家统计局《中国统计年鉴（2022）》。

④ 国家统计局《中华人民共和国 2022 年国民经济和社会发展统计公报》。

⑤ 新华社《2013 年国务院政府工作报告》。

⑥ 新华社《共建大美城乡 同圆安居梦想——“中国这十年”系列主题新闻发布会聚焦新时代住房和城乡建设发展成就》2022 年 9 月 15 日。

进程更加健康、可持续。中国城镇化的显著进展得益于政府积极推进城镇化进程，采取一系列政策措施促进城镇化发展，同时新型城镇化方面也取得了很大成就。在新时代大力推进新型城镇化进程中，党的十九大适时地提出了乡村振兴战略，旨在高质量地发展好农村，真正实现一体化发展。① 实现乡村振兴战略与新型城镇化战略的融合发展，将会成为城乡融合发展的战略选择，也将具有创新地推进我国新型城镇化的发展。

（三）文化建设取得新成就

文化建设是中国特色社会主义“五位一体”总体布局的重要组成部分，是满足人民精神生活，衡量美好生活的重要维度。近十年，中国在文化建设方面取得了诸多新的成就。

从文化产业方面来看，中国文化产业规模不断扩大，成了中国经济增长的重要支柱之一。2022 年，中国文化产业实现营业收入 165 502 亿元，比上年增加 1 698 亿元，增长 1.0%。② 中国文化产业增加值从 2012 年的 18 071 亿元增长到 2021 年的 52 385 亿元③，占同期国内生产总值的比重从 3.36%上升到 4.56%，文化产业已经成为经济增长的新动能和新引擎，中华文化国际影响力进一步提升。④ 据对全国 7.2 万家规模以上文化及相关产业企业调查，2023 年上半年，文化企业实现营业收入 59 357 亿元，比上年同期增长 7.3%，文化产业延续回升向好态势。其中影视、动漫、数字等文化新业态特征较为明显的 16 个行业小类实现营业收入 23 588 亿元，比上年同期增长 15.0%，成为中国文化产业中最具代表性和最具潜力性的领域之一⑤。

从文化交流方面来看，中国积极推动国际文化交流合作，积极参与国际文化活动和展览，并向世界介绍中国的优秀传统文化和现代文化成果。积极与不同国家开展文化和旅游方面的交流，对外表达中国的文化主张，形成了覆盖全球的政府间合作网络。全面加快海外中国文化中心建设步伐，在多个国家派驻文化和旅游机构，与 157 个国家签订

---

① 文丰安. 乡村振兴战略与新型城镇化建设融合发展：经验、梗阻及新时代方案[J]. 东岳论丛，2020，41(5)：70-77.

② 国家统计局《2022 年全国文化及相关产业发展情况报告》。

③ 国家统计局《2021 年全国文化及相关产业增加值占 GDP 比重为 4.56%》。

④ 廖新风. 从十年文化建设看未来中国推进文化自信自强[J]. 广东省社会主义学院学报，2022(S1)：123-126.

⑤ 国家统计局《2023 年上半年全国规模以上文化及相关产业企业营业收入增长 7.3%》。

政府间文化和旅游合作协定。[①] 根据文化和旅游部数据，截至 2022 年末，在全球设有 45 家海外中国文化中心，20 家驻外旅游办事处，并推动世界旅游联盟总部落户杭州，举办中国国际旅游交易会、“发现中国之旅”“东亚文化之都”等活动。联动开展“中国影像节”全球展映活动、“海外中国旅游文化周”“非遗减贫展”。组织举办 2022 年“欢乐春节”系列活动，策划“经典文化”“魅力冰雪”“乐享生活”3 个版块 14 个文化和旅游精品线上项目，境外浏览量超过 6 261 万人次。[②] 种种加强文化交流的对外举措，助力中国文化“走出去”，增强中华文化的国际影响力，为构建人类命运共同体奠定坚实的文化基础。

就现代公共文化服务体系方面而言，中国持续推进公共文化服务的均等化发展。截至 2022 年底，我国共有广播电视播出机构 2 527 个，[③]公共图书馆 3 303 个，文化馆 3 503 个，博物馆 6 565 个，乡镇（街道）文化站 4 万多个，村级综合性文化服务中心 57 万多个，农家书屋 58 万余家，[④]所有公共图书馆、文化馆（站）、美术馆、综合文化站和大部分博物馆实行免费开放。在不断完善文化服务基础设施的同时，相关制度也为保障人民群众的基本文化权益提供了保障，例如《中华人民共和国公共文化服务保障法》《中华人民共和国图书馆法》《国家基本公共文化服务指导标准（2015—2020 年）》等。通过深入实施文化惠民工程，不断完善城乡公共文化服务设施网，推进公共文化服务的均等化。在此基础上，未来将结合国家文化数字化战略，进一步着眼于提高文化服务的质量。

就文化遗产保护与利用方面而言，持续加强文物保护利用与文化遗产继承工作。截至 2022 年末，全国共有各类文物机构 11 340 个，比上年末增加 795 个，其中，文物保护管理机构 2 663 个，占 23.5%；文物系统管理的国有博物馆 3 782 个，占 33.4%。全国文物机构藏品 5 630.43 万件，各类文物机构共举办陈列展览 32 357 个。国家级非遗代表性项目 1 557 项，共有在世国家级非遗代表性传承人 2 433 名。列入联合国教科文组织人类非物质文化遗产代表作名录（名册）项目 42 个，位居世界第一。全国共有非物质文化遗产保护机构 2 425 个。在不断健全文化遗产保护机构的同时，围绕

---

① 刘江红. 党的十八大以来文化建设的主要成就和发展经验——“奋进新征程 建功新时代 · 非凡十年”系列党课[J]. 党课参考，2022(18)：10-28.

② 中华人民共和国文化和旅游部《中华人民共和国文化和旅游部 2022 年文化和旅游发展统计公报》。

③ 国家广播电视总局《2022 年全国广播电视行业统计公报》。

④ 中华人民共和国文化和旅游部《中华人民共和国文化和旅游部 2022 年文化和旅游发展统计公报》。

加强文物保护利用和文化遗产保护传承,也出台了相应政策,例如《"十四五"考古工作专项规划》《关于让文物活起来扩大中华文化国际影响力的意见》《关于鼓励和支持社会力量参与文物建筑保护利用的意见》《国家非物质文化遗产保护资金管理办法》《关于推动传统工艺高质量传承发展的通知》等。① 党中央高度重视文物保护利用和文化遗产保护传承,加强顶层设计和规划部署,相关部门通力协作,各地积极作为,社会各界踊跃参与,未来文物保护利用和文化遗产保护传承必将更上一层楼,推动文物事业高质量发展。

(四) 教育的发展与变革

教育是国之大计、党之大计。十年来,在以习近平同志为核心的党中央坚强领导下,中国的教育取得了历史性的发展与变革。

1. 增加教育投入,推进教育公平

近年来,中国政府不断加大对教育事业的投入,保证教育经费占国内生产总值的比重。根据教育部的数据,2012 年②到 2022 年③,财政对教育的支出不断增加,例如,2012 年全国财政性教育经费支出为 22 236.23 亿元,而到 2022 年已经增长到了 48 478 亿元。同时,国家财政性教育经费投入占国内生产总值的比重,连续十年保持在 4%以上④。在推进教育公平方面,取得了显著进展。一方面,政府加大了对农村地区教育事业的支持力度,推动城乡教育均衡发展。例如,近年来我国不断加强乡村学校建设,2022 年预计累计新建幼儿园 8 000 所以上、新建中小学 1 600 所以上。同时,不断加大原深度贫困地区农村学校基础建设投入。2021 年,教育强国推进工程已分别安排中央预算内投资 71.92 亿元、21.87 亿元支持义务教育学校和公办幼儿园建设。⑤ 同时,政府还加大了对贫困地区学生的资助力度,增加了贫困地区学生接受高等教育的机会。例如,我国十年累计资助学生近 13 亿人次,资助金额累计超过 2 万亿元,年资助人次从 2012 年的近 1.2 亿人次,增加到 2021 年的 1.5 亿人次,资助范围逐步扩大、规模稳步增长,实现了资助政

---

① 中华人民共和国文化和旅游部《中华人民共和国文化和旅游部 2022 年文化和旅游发展统计公报》。

② 中华人民共和国教育部《2012 年全国教育经费执行情况统计公告》。

③ 中华人民共和国教育部《2022 年全国教育经费执行情况统计公告》。

④ 刘佳《数说十年 · 教育发展 | 我国各级教育普及程度达到或超过中高收入国家平均水平》,见中国网。

⑤ 侯梦菲《加大对农村教育投入 多渠道增加优质教育资源供给》。

策“所有学段、所有学校、所有家庭经济困难学生”三个全覆盖①。此外，政府还加强了教育公平监测和评估工作，制定了一系列措施确保教育资源的合理配置和使用，以便及时发现和解决问题。

2. 提升教育普及率，保障人民受教育机会

2022 年②，全国共有各级各类学校 51.85 万所，在校生 2.93 亿人，与 2012 年③相比，在校生增加 3 000 余万人。具体而言，截至 2022 年，全国共有幼儿园 28.92 万所，在园幼儿 4 627.55 万人，毛入学率 89.7%，较 2012 年提高 25.2 个百分点；义务教育阶段学校 20.16 万所，在校生 1.59 亿人；高等教育阶段有学校 3 013 所，在学总规模 4 655 万人，相较 2012 年增加 1 330 余万人，毛入学率 59.6%，相比 2012 年提高了 29.6 个百分点。总体而言，中国各级教育普及程度达到或超过中高收入国家平均水平。

3. 建成世界规模最大的教育体系，迈向教育强国

中国的教育体系规模庞大，覆盖面广。根据教育部最新数据，2022 年，全国幼儿园数量为 28.92 万所，小学数量为 14.91 万所，初中数量为 5.25 万所，高中数量为 1.5 万所，高等教育阶段学校数量为 3 013 所④。在党中央、国务院坚强领导下，教育系统自信自强、守正创新，加快推进教育现代化进程，推动我国教育事业取得历史性成就、发生历史性变革，中国特色社会主义教育制度体系主体框架基本确立，教育总体发展水平跃居世界中上行列，教育面貌正在发生格局性变化⑤。

一是，学前教育普及普惠安全优质发展。相比之前学前教育阶段出现的“入园难、入园贵”“小学化倾向”等问题，目前学前教育致力于推动数量上的普及普惠和质量上的优质安全，让更多的适龄儿童都能公平地享受优质安全的学前三年教育。二是，义务教育实现县域基本均衡发展。党的二十大报告强调，“加快义务教育优质均衡发展和城乡一体化”⑥。在党中央和国务院的全面部署下，通过《关于统筹推进县域内城乡义务教育一体化改革发展的若干意见》《关于深化教育改革全面提高义务教育质量的意见》《关于进一步减轻义务教育阶段学生作业负担和校外培训负担的意见》等一系列重要文件的颁布，从多个方面为义务教育提供了政策保障。三是，普通高中多样化有特色发展。普通

---

① 新华社《教育：我国十年来累计资助学生近 13 亿人次》。

② 中华人民共和国教育部《2022 年全国教育事业发展统计公报》。

③ 中华人民共和国教育部《2012 年全国教育事业发展统计公报》。

④ 中华人民共和国教育部《2022 年全国教育事业发展统计公报》。

⑤ 怀进鹏《胸怀国之大者 建设教育强国 推动教育事业发生格局性变化》，教育部网站，2022。

⑥ 习近平《高举中国特色社会主义伟大旗帜 为全面建设社会主义现代化国家而团结奋斗——在中国共产党第二十次全国代表大会上的报告》，中国政府网，2022。

高中在各自基础上强调特色办学，推动普通高中的错位、差异和个性化发展。2022 年，教育部印发《普通高中学校办学质量评价指南》，既与时俱进、高屋建瓴，又守正创新、求真务实，是促进普通高中多样化有特色发展和深化高中教育评价改革的指南针、路线图、助推器①。四是，职业教育建成全世界规模最大的职业教育体系。2022 年，高职学校招生（不含五年制高职转入专科招生）538.98 万人，比上年增加 31.59 万人，增长 6.23%；中职学校（不含技工学校）招生 484.78 万人，招生规模企稳回升。中高职学校每年培养 900 万左右的高素质技术技能人才，为我国经济发展提供人才支撑。五是，高等教育实现历史性跨越，进入世界公认的普及化阶段。我国建成世界最大规模的高等教育体系，在学总人数达 4 655 万人，高等教育毛入学率从 2012 年的 30%提高至 2022 年的 59.6%，提高了 29.6 个百分点②。六是，特殊教育普惠高质量发展。为了贯彻落实《国家中长期教育改革和发展规划纲要（2010—2020 年）》（以下简称《教育规划纲要》），完善特殊教育体系，文件提出到 2020 年，基本实现市（地）和 30 万人口以上、残疾儿童少年较多的县（市）都有一所特殊教育学校。各级各类学校要积极创造条件接收残疾人入学，不断扩大随班就读和普通学校特教班规模，促使特殊教育普及率大幅提升。③ 2021 年④，我国特殊教育学校共有 2 288 所，在校生人数 91.98 万人，招生 14.91 万人；2022 年，特殊教育学校数量达到 2 314 所，招生数量 14.63 万人，在校生人数达到 91.85 万人⑤。七是，终身教育基本形成了更加完备的体系。《教育规划纲要》提出构建“体系完备的终身教育”这一重要战略目标。通过十年的努力，人民教育机会不断拓展，终身教育制度不断完善，形成了具有中国特色的终身教育发展之路，促进我国全民终身学习，为我国终身教育进一步发展积累宝贵经验，为构建服务全民终身学习的现代教育体系奠定坚实基础，并为世界提供有益启示。⑥

（五）现代信息技术蓬勃发展

近十年，中国现代信息技术蓬勃发展，在数字化、移动互联网、人工智能、大数据和 5G 等方面取得了显著成就。这些成就不仅推动了中国经济社会的发展，也为全球信息

---

① 中华人民共和国教育部《促进高中多样化有特色发展》。

② 中华人民共和国教育部《2022 年全国教育事业发展统计公报》。

③ 中华人民共和国教育部《国家中长期教育改革和发展规划纲要（2010—2020 年）》。

④ 中华人民共和国教育部《2021 年全国教育事业发展统计公报》。

⑤ 中华人民共和国教育部《2022 年全国教育事业发展统计公报》。

⑥ 王宪平，周向伟. 我国建设更加完备终身教育体系的战略取向与发展脉络——《教育规划纲要》十年回眸与展望之五[J]. 中国教育学刊，2021（1）：23-27.

技术的发展作出了重要贡献。

1. 数字化在多领域快速发展

在过去的十年中,中国数字化技术得到了快速发展,涉及多个领域。例如,在数字化文化方面,中国政府推进了数字文化遗产保护和数字文化产业的发展。根据国家统计局的数据,2021 年,中国文化产业增加值达到了 52 385 亿元,占国内生产总值的 4. 56%①。2022 年,我国文化及相关产业实现营业收入 165 502 亿元,以数字化、网络化、智能化为主要特征的文化新业态行业快速发展,文化新业态行业营业收入占比超过 30%②。同时,在数字化经济方面,中国政府积极推进数字经济发展,加快数字化转型升级。根据统计数据,2022 年,中国数字经济规模达到 50. 2 万亿元,总量稳居世界第二,同比增长 10. 3%,占国内生产总值比重提升至 41. 5%③。这些数据表明,中国数字化技术得到了快速发展,为经济和文化发展注入了新的活力。

2. 移动互联网发展迅速

移动互联网是中国信息技术快速发展的重要标志之一。根据中国互联网络信息中心(China Internet Network Information Center,简称 CNNIC)的数据,2012 年 12 月底,中国移动互联网用户规模为 5. 64 亿,互联网普及率为 42. 1%,手机网民规模为 4. 2 亿,网民中使用手机上网的人群占 74. 5%④。到 2022 年 12 月,中国移动互联网用户规模已经达到了 10. 67 亿,互联网普及率达 75. 6%,手机网民规模为 10. 65 亿,占全国网民总数的 99. 8%⑤。同时,中国移动互联网用户的使用时间也在不断增加。2012 年,中国移动互联网用户平均每天使用时间为 2 小时,而到 2022 年已经增加到了 5 小时左右。移动互联网改变了人们的生活方式,在人们生活中的重要性日益凸显。随着 5G 时代的到来以及移动智能终端的快速普及,移动互联网到了高速发展的阶段,并催生了新的业务,引发了新的产业革命,推动传统的电信业、出版业、金融业、制造业等产业发生深刻变革。

3. 智能化为发展注入新动力

智能化是现代信息技术的另一个重要组成部分。在过去的十年中,中国智能化技术得到快速发展,涉及多个领域。例如,在智能制造方面,中国政府大力推进“中国制造 2025”计划,旨在加快制造业转型升级。根据中国政府的数据,2013 年至 2021 年,装备

---

① 国家统计局《2021 年全国文化及相关产业增加值占 GDP 比重为 4. 56%》。

② 国家统计局《2022 年全国文化及相关产业发展情况报告》。

③ 网信办《数字中国发展报告(2022 年)》。

④ 中国互联网络信息中心《第 31 次中国互联网络发展状况统计报告》。

⑤ 中国互联网络信息中心《第 51 次中国互联网络发展状况统计报告》。

制造业和高技术制造业增加值年均分别增长 9. 2%和 11. 6%，增速分别高于规模以上工业 2. 4 和 4. 8 个百分点[①]。2022 年，中国制造业增加值达 33. 5 万亿元，占全球比重近 30%，连续 13 年位居世界首位，为构建新发展格局提供了有力支撑[②]。同时，在智能交通方面，中国政府积极推进智能交通建设，加强城市交通管理。根据中国政府的数据，2012 年至 2022 年期间，全国高速公路通车里程从 6. 8 万 km[③] 增加到了 17. 7 万 km[④]，城市智能交通千万级项目数量从 2011 年的 195 个[⑤]增加到了 2022 年的 1 745 个[⑥]。这些数据表明，中国智能化技术得到了快速发展，为经济和社会发展注入新的动力。

4. 大数据技术和产业快速发展

根据互联网数据中心（Internet Data Center，简称 IDC）的数据，2022 年我国大数据产业规模达 1. 57 万亿元，同比增长 18%，成为推动数字经济发展的重要力量[⑦]。从 2012 年[⑧]至 2022 年[⑨]，中国数字经济规模从 11 万亿元增长到 50. 2 万亿元，数字经济占国内生产总值比重由 21. 6%提升至 41. 5%。同时，中国大数据企业数量也在不断增加。目前，数字经济相关企业超 159. 9 万家，2022 年新增 53. 3 万家，增速达到 52. 67%[⑩]。近年来，中国大数据技术在金融、医疗健康、交通运输、教育和零售等多个领域都得到了广泛应用。政府高度重视大数据技术和产业的发展，出台了一系列政策和支持措施，提出要推进工业大数据发展。同时，政府还出台了多项财税、金融和人才等方面的扶持政策，鼓励企业加强大数据技术研发与应用。

5. 建成全球最大 5G 网

5G 是近年来中国信息技术发展的热点之一。截至 2022 年底，5G 基站数量达 231. 2 万个，总量全球占比超 60%；5G 网络覆盖全国所有地级市城区、县城城区以及 96%的乡镇镇区，5G 用户达 5. 61 亿。[⑪] 同时，中国还在不断推进 5G 网络升级和扩容。例如，2020 年中国启动了“超级宽带”计划，旨在加快 5G 网络建设和升级，提高网络速度和质

---

① 新华社《报告显示我国制造业增加值连续多年稳居世界第一》。

② 新浪财经《工信部规划司副司长常国武：2022 年中国制造业占全球比重近 30%，连续 13 年位居世界首位》。

③ 中国政府网《截至 2012 年底我国国家级干线公路通车里程 17. 3 万公里》。

④ 中国政府网《截至 2022 年底综合交通运输网络总里程超 600 万公里》。

⑤ 梁伶俐. 物联网技术在智能交通领域的创新与应用［J］. 中国安防，2012（11）：41-44.

⑥ 中国安全防范产品行业协会《2022 城市智能交通市场千万项目企业前十强》。

⑦ 人民日报《2022 年我国大数据产业规模达 1. 57 万亿元　同比增长 18%［N］. 2023-02-22.

⑧ 人民网《中国数字经济规模超 45 万亿元》。

⑨ 新华社《2022 年我国数字经济规模达 50. 2 万亿元》。

⑩ 封面新闻《我国数字经济相关企业超 159. 9 万家，2022 年新增 53. 3 万家》。

⑪ 国家互联网信息办公室. 数字中国发展报告（2022 年）［R］. 202304.

量。随着5G技术的不断发展和应用,其被广泛地应用于工业互联网、智慧城市、医疗健康、教育、农业等领域,深刻影响中国经济社会的发展。

综上所述,近年来,中国现代信息技术领域蓬勃发展,数字化、智能化和人工智能等技术不断被突破和应用。这些技术的快速发展为经济和社会发展注入了新的活力和动力。

二、国际背景

(一)国际格局正面临百年未有之大变局

当今世界正在经历百年未有之大变局。政治层面:地缘政治因素呈现上升势头;经济层面:在逆全球化背景下,单边主义、保护主义抬头,世界经济复苏前路艰难;全球治理层面,大国从合作走向竞争乃至对抗状态,过去国际"大家庭"的稳定共存局面正在消失。①

1. 全球化和多边主义受到挑战

在过去的十年中,"逆全球化"思潮涌动,多边主义处于"弱化轨道",由大国主导的、彼此间歧视加剧的多个联盟正在出现。在贸易领域,由于贸易保护主义抬头,导致贸易摩擦不断升级。世界银行发布的一期《全球经济展望》报告将2023年全球经济增长预期下调至1.7%,较2022年6月预测值低1.3个百分点,为近30年来第三低水平。报告指出,全球经济增长正急剧放缓到"危险地接近陷入衰退的程度"。② 这些数据表明,全球化和多边主义受到了挑战,国际合作面临着严峻的考验。当全球经济面临低速增长之际,维护全球化、加强全球合作至关重要,各国需团结一致共同应对。不通过多边合作,就无法真正应对挑战。

2. 新兴经济体崛起

在过去的十年中,新兴经济体崛起成为国际格局变化的重要因素。在经济领域,中国、印度、巴西等新兴经济体的经济总量不断增长,成为全球经济增长的重要引擎。根据国际货币基金组织(International Monetary Fund,简称IMF)的数据,2022年,中国的国内生产总值达到了18.1万亿美元,印度的国内生产总值达到3.39万亿美元,③巴西的国内

---

① 廖勤. 2023年:世界变乱交织,变局中孕育变革[N]. 解放日报,2023-01-03(004).

② 新华社《世界经济论坛呼吁以多边主义应对全球挑战》。

③ 环球时报《印媒:印度GDP与美中的差距正"惊人地扩大"》。

生产总值达到了 1.9 万亿美元[①]。IMF 预测,2023 年新兴经济体和发展中国家国内生产总值将增长 3.9%,2024 年将增长 4.2%。[②] 预计到 2035 年,发展中国家国内生产总值规模将超过发达经济体,在全球经济和投资中的比重接近 60%。[③] 这些数据表明,新兴经济体正在成为全球经济的重要力量,且正重新成为世界经济增长的中心,推动国际经济格局发生改变。

3. 全球治理面临挑战

在过去的十年中,全球化发展和全球性问题日趋复杂,全球治理的不公正不合理之处愈加凸显,全球治理将面临巨大的挑战。例如,在经济领域,2022 年全球通货膨胀率持续上升,从不足 2%上升到超过 6%,创 2008 年以来的最高水平。在政治领域,地缘政治冒头,全球治理面临挑战。大国博弈加剧,世界进入新的动荡变革期。在气候变化领域,全球治理进程受到影响。这些问题表明,全球治理需要更加有效地应对挑战。

4. 新冠疫情对国际格局的影响

新冠疫情是近年来对国际格局影响最大的事件之一。疫情暴发后,各国采取了一系列措施应对疫情,但新冠疫情仍对全球经济和贸易造成了重大影响。例如,受新冠疫情影响,全球债务水平居高不下,虽然多国政府出台大规模支持政策,但是全球私人和公共债务仍处于多年来较高水平。同时,国际贸易也深受影响,陷入低速增长阶段。根据联合国贸易和发展会议的数据,2022 年全球贸易额将达到约 32 万亿美元新高;货物贸易总额预计将达到近 25 万亿美元,比 2021 年增长约 10%;服务贸易总额预计将达到近 7 万亿美元,比 2021 年增长约 15%。报告认为,这主要受益于全球贸易在今年上半年的强劲增长,而三季度以来全球贸易增长持续低迷。并预计,2022 年第四季度全球货物和服务贸易额都将下降。同时,受经济增速放缓、贸易品价格走高、对债务可持续性担忧上升等因素影响,2023 年贸易增长放缓的趋势可能持续。[④]

(二) 和平与可持续发展是当今世界发展的时代主题

和平与可持续发展是当今世界发展的总趋势。习近平总书记指出,“和平是人民的永恒期望。和平犹如空气和阳光,受益而不觉,失之则难存。没有和平,发展就无从谈

---

① 新华社《巴西 2022 年国内生产总值增长 2.9%》。

② 中华人民共和国商务部《中国对外投资合作发展报告 2022》。

③ 中国网《未来国际经济格局十大变化趋势》。

④ 国际组织《联合国贸易和发展会议发布全球贸易更新报告》。

起"①。和平与可持续发展是相辅相成的。只有在和平稳定的环境下，才能实现可持续发展；而实现可持续发展也是维护和平稳定的重要手段。例如，在经济发展方面，只有实现经济可持续发展，才能减少贫困、促进社会稳定；而实现社会稳定也是维护经济可持续发展的重要保障。因此，和平与可持续发展两者相互促进、相辅相成。

1. 和平发展是国际社会的共同追求

当前，全球性问题加剧、局部冲突频发，不稳定、不确定性成为常态，如何在变乱交织、充满挑战的国际形势下谋求共识、促进合作成为共同的国际关切。② 当今世界，虽然挑战不断增多，但和平与发展仍然是各国，特别是广大发展中国家的共同追求。例如，在区域合作方面，亚洲、非洲等地区的国家积极推进区域一体化进程，增强了地区间的相互依存和合作。"一带一路"项目遍布全球，经贸合作成效显著，贸易关系更加紧密，③有效地促进了世界和平与各国共同发展。

2. 可持续发展是国际社会的共同目标

全球性的环境问题，如气候变化、水资源短缺等，已经成为世界各国共同面临的挑战。而解决这些问题需要全球范围内各国的通力合作和共同努力。可持续发展作为全球性的战略，可以通过协调各国的发展需求和环境保护的要求，实现经济、社会和环境的可持续发展。例如，在环境保护方面，联合国积极推进气候变化治理进程，采取了一系列措施减少温室气体排放。根据联合国环境规划署的数据，2022 年全球二氧化碳排放量达到 368 吨，比上年增加 3.21 亿吨，增幅为 0.9%，全球二氧化碳排放量并未如预期般大幅增加④。同时，在经济发展方面，联合国积极推进可持续发展目标(Sustainable Development Goals，简称"SDGs")的实现，促进经济、社会和环境的协调发展。根据联合国的数据，2015 年至 2030 年期间，SDGs 共包括 17 个目标、169 个具体指标，旨在实现全球可持续发展。2023 年 6 月 20 日，中国国际发展知识中心编写的《全球发展倡议落实进展报告》在北京发布。全球发展倡议坚持以行动为导向，为推动落实联合国 2030 年可持续发展议程注入"强心针"。⑤ 这些措施都有效地推进了可持续发展。可持续发展是未来的发展趋势，可以推动世界经济向前发展。

---

① 中国共产党新闻网《和平与发展是世界各国人民的共同事业》。

② 中国经济网《合作构建新型国际关系》。

③ 中华人民共和国商务部《中国对外贸易形势报告(2023 年春季)》。

④ 新华网《国际能源署：2022 年全球与能源相关碳排放同比增 0.9%》。

⑤ 中国一带一路网《〈全球发展倡议落实进展报告〉在北京发布》。

（三）国际学习型城市建设方兴未艾

在全球学习型城市建设的推进过程中，国际组织发挥着重要的作用。2012 年 11 月，在杭州举办的“国际视野下的社区教育国际论坛”上，时任联合国教科文组织终身学习研究所所长的阿奈·卡尔森（Arne Carlsen）提到，“迄今，全球有千余座城市已经成为或正在建设成为学习型城市”。十年间，在联合国教科文组织的持续推动下，越来越多的城市加入学习型城市建设的队伍，不同的利益相关主体积极参与，协同推进学习型城市的可持续发展。

1. 召开国际学习型城市大会

2013 年至今，为推动实现终身学习、建设学习型城市，联合国教科文组织已连续组织召开五届国际学习型城市大会（International Conference on Learning Cities）。该会议每两年召开一次，来自政府部门、国际组织、私营企业、非政府组织、高校及科研机构等与会城市代表，分享推进终身学习面临的挑战、解决方法和最佳做法。

首届大会于 2013 年 10 月在中国北京召开，会议通过了《建设学习型城市北京宣言》（*Beijing Declaration on Building Learning Cities*）和《学习型城市的关键特征》（*Key Features of Learning Cities*）两项重要成果文件，明确了学习型城市的基本特征，提出了学习型城市的主要战略，对于推动世界范围内的学习型城市建设具有深远意义。第二届大会于 2015 年 9 月在墨西哥墨西哥城召开，会议利用联合国发布《变革我们的世界：2030 可持续发展议程》（*Transforming our World：The 2030 Agenda for Sustainable Development*，简称《2030 可持续发展议程》）的契机，发布了《建设可持续发展的学习型城市墨西哥城声明》（*Mexico City Statement on Sustainable Learning Cities*），再次确认了面向全民的终身学习对一个城市的经济、文化、艺术、社会发展等方面的重要价值，积极倡导世界各地将推进终身学习，建设学习型城市作为实现可持续发展的重要路径。此外，该届大会正式成立了联合国教科文组织全球学习型城市网络（UNESCO Global Network of Learning Cities，简称 GNLC），并授予了包括北京、墨西哥城等在内的 12 座城市“联合国教科文组织学习型城市奖”（UNESCO Learning City Award）。第三届大会于 2017 年 9 月在爱尔兰共和国科克市召开，大会通过了《学习型城市科克行动宣言》（*Cork Call to Action for Learning Cities*），确认了教育和终身学习对于实现可持续发展的重要价值，明确了可持续发展的内涵与目标，强调了地方政府和当地社区是发展学习型社会、实现可持续发展目标的主要推动力。第四届大会于 2019 年 10 月在哥伦比亚麦德林市举行，会议的主要成果《麦德林宣言：学习型城市促进包容》（*Medelin Manifesto：Learning Cities for Inclusion*），承诺在未来几年促进社区的包容，实现了对包容内涵的认识具体化与进一步拓展。第五届大会于2021年10月在韩国仁川延寿区举行，会议发布《学习型城市延寿宣言：通过终身学习建设健康而富有韧性的城市》(*Yeonsu Declaration for Learning Cities: Building Healthy and Resilient Cities Through Lifelong Learning*)，除了肯定学习型城市对于《2030可持续发展议程》中目标4与目标11的实现，还提出加强学习型城市建设对于可持续发展目标3(良好健康和福祉)、可持续发展目标5(性别平等)、可持续发展目标8(就业与体面工作)以及可持续发展目标13(应对气候变化)的促进作用。①

2. 建立全球学习型城市网络

全球学习型城市网络(UNESCO Global Network of Learning Cities，简称GNLC)将已经成为或者正在建设中的学习型城市及利益相关者联系起来，是一个以政策为导向的国际网络，分享理念、专门知识和最佳实践。② 该网络的搭建是联合国教科文组织在学习型城市建设方面的主要实践举措，是对《建设学习型城市北京宣言》行动呼吁的响应，并以《学习型城市的关键特征》为行动依据。GNLC的工作要点包括：创建合作网络、监控关键特征、传播实践经验、组织交流活动、提供发展项目、扩展信息来源、执行沟通战略，致力于让学习型城市建设的理念辐射更多的城市，不断壮大学习型城市建设队伍。

联合国发布《2030可持续发展议程》是全球范围内一项重要的转型计划，倡导建设一个没有贫穷、饥饿、暴力和战争的世界。对此，联合国与各国政府、企业及民间组织正在动员各方力量来实现该议程中阐述的愿景，国家在这个过程中扮演主体角色。鉴于地方层面更为接近民众，城市成为了实现可持续发展目标的重要阵地。据统计，当今世界一半以上的人口居住在城市，到2030年，这一数字预计将升至60%。③ 在此背景下，UIL发起建立GNLC，汇集世界各地致力于实施终身学习的当地社区。截至2023年1月，共有294座城市成员④加入，并且这个数量正在不断增加。

3. 颁发学习型城市奖

联合国教科文组织学习型城市奖的设立旨在表彰和展示在地方层面促进优质教育

---

① 苑大勇，刘茹梦. 从中国北京到韩国延寿：联合国教科文组织学习型城市的传承与创新[J]. 开放学习研究，2022(1)：1-8.

② UIL《UNESCO Global Network of Learning Cities》。

③ UNESCO《UNESCO Global Network of Learning Cities(Strategy，2021-2023)》。

④ UIL《Members of the UNESCO Global Network of Learning Cities》。

和终身学习机会的良好做法。① 该奖项每两年评选一次,从 2015 年至 2023 年已评选 4 次。GNLC 成员中有 48 座城市获此殊荣,其中,我国有 4 座城市先后获得该奖项,分别为北京、杭州、成都和上海。

2015 年,联合国教科文组织发布 GNLC 的指导文件,解释了学习型城市在可持续发展中的概念和作用,并明确该网络的建立基于的两份重要文件,即第一次全球学习型城市大会通过的《建设学习型城市北京宣言》和《学习型城市的关键特征》。联合国教科文组织学习型城市奖获奖城市的挑选标准主要依据这个指导文件,在此基础上,还设置了更为明确和细化的参照标准。以 2021 年该奖项依据的标准为例,申报城市需要具备:一、学习城市计划的进展;二、建立一个涉及所有利益相关者的协调机构(如委员会);三、有效调动和利用资源;四、确保所有公民都可以学习;五、组织庆祝活动,以促进和维持建设学习型城市的进展;六、建立监测和评价机制;七、示范可供其他城市采纳的学习型城市建设最佳做法。② 申报该奖项的城市需要展现自身的学习型城市建设保持着一种持续推进状态,并且在一些领域已经取得了显著的进展。

4. 制定学习型城市评价指标体系

2012 年底,联合国教科文组织颁布《学习型城市评价指标体系的初步框架》(*A Preliminary Framework of UNESCO Global Learning City Index*),确立了由 3 个一级指标、12 个二级指标和 80 个三级指标所构成的指标框架。在此基础上,2013 年的第一届国际学习型城市大会通过的《学习型城市的关键特征》用以监测全球学习型城市建设情况,为具体实践提供参照,力求将学习型城市建设工作落到实处。

《学习型城市的关键特征》提供了一个由 3 个一级指标、12 个二级指标和 42 个三级指标构成的指标框架。一级指标和二级指标构成了建设学习型城市的基本框架:一级指标包含三项内容,分别为学习型城市的广泛裨益、主要任务和基本条件;二级指标进一步对一级指标进行细化,展现了学习型城市建设的 12 个重点领域。相比之前的《学习型城市评价指标体系的初步框架》,该指标框架在三级指标上进一步聚焦,内容涉及学习型城市的 42 个主要特征。这些特征指标大部分是定量指标,需要由相关城市政府提供统计数据,而定性指标的统计结果可以由独立机构通过调查获取,以及一些城市提供的报告由专家审查来衡量。其中,就监测指标数据来源而言,联合国教科文组织根据具体的指标内容列举了不同的数据来源渠道,包括城市地方政府提供的官方数据、调查、专家审

---

① UIL《UNESCO Learning City Award》。

② UIL《The UNESCO Learning City Award 2021:Concept Note》。

查。基于联合国教科文组织自身的特性及宗旨，满足成员国的诉求，该指标体系基于综合性、普适性等层面的考虑，强调包容性、可持续、终身学习，注重学习型城市建设围绕人、教育和社会三个层面形成的积极作用。

（执笔人：蒋亦璐）

第二章　相关法律与政策

为了推动终身教育、促进全民终身学习、建设学习型社会，自20世纪90年代以来，党和国家始终把“完善终身教育体系”，建设学习型社会和学习型大国，促进人的全面发展作为一项大政方针纳入经济和社会发展的战略目标，并在相关法律、法规和政策文件中加以明确。各地政府也制定了相应的地方性法规、政策和规划，大力推进学习型城市建设。

一、党和国家高度重视学习型社会建设

（一）国家立法保障公民的受教育权和学习权

接受教育是公民的一项基本权利。保障公民的学习权是现代国家的重要标志。1982年制定、历经4次修正的《中华人民共和国宪法》都明确规定：中华人民共和国公民有受教育的权利和义务。① 1995年第八届全国人民代表大会第三次会议通过的《中华人民共和国教育法》（以下简称《教育法》）确立了终身教育在整个教育体系中的合法地位。该法第十一条、十九条及四十一条均对终身教育做出了相关规定：“公民不分民族、种族、性别、职业、财产状况、宗教信仰等，依法享有平等的受教育机会”“国家适应社会主义市场经济发展和社会进步的需要，推进教育改革，促进各级各类教育协调发展，建立和完善终身教育体系”“国家鼓励学校和其他教育机构、社会组织采取措施，为公民接受终身教育创造条件”。正式将“建立与完善终身教育体系”列入法律规范性范畴，以保障公民依法享有受教育权和终身学习权。

2015年12月27日《教育法》通过了专项修正，将原法第十一条“建立和完善终身教育体系”的表述修改为“完善现代国民教育体系，健全终身教育体系”，表明国家期待通过立法的顶层引领推进终身教育体系建设；立法内容中增加了学前教育和继续教育的相关规定，对终身教育体系的建立健全具有积极意义。

---

① 《中华人民共和国宪法》，2018年3月11日第十三届全国人民代表大会第一次会议通过的《中华人民共和国宪法修正案》修正第四十六条。

（二）党中央提出建设学习型社会的目标

为推进中国的经济、社会深入改革，加快创新发展，加强人力资源开发，提高全体国民的综合素质和生活品质，党和政府将构建完备的终身教育体系，把建设学习型社会纳入国家发展战略和中长期发展规划之中，并制定相关政策加以保障。

党的全国代表大会是党的最高领导机构，享有最高决策权，每次党代会都会研究和解决党所面临的重大问题，确定国家发展方向和目标。第一次将终身教育、学习型社会纳入党和国家发展战略目标的是党的十六大报告。党的十六大报告提出“人民享有接受良好教育的机会，基本普及高中阶段的教育，消除文盲，形成全民学习、终身学习的学习型社会，促进人的全面发展”，并把它作为全面建成小康社会的奋斗目标。党的十七大报告进一步强调了这一目标。

2012 年 11 月，党的十八大召开。党的十八大报告在“努力办好人民满意的教育”的要求中，进一步明确积极发展继续教育，完善终身教育体系，建设学习型社会的战略目标，并在“全面提高党的建设科学化水平”部分，提出“推进学习型党组织创建，教育引导党员、干部矢志不渝为中国特色社会主义共同理想而奋斗”“建设学习型、服务型、创新型的马克思主义执政党，确保党始终成为中国特色社会主义事业的坚强领导核心”的要求。

2015 年 11 月，党的十八届五中全会召开，中共中央在关于制定国民经济和社会发展第十三个五年规划的建议中，明确提出建立个人学习账号和学分累计制度，畅通继续教育、终身学习通道。

2017 年 10 月，党的十九大报告在优先发展教育事业部分强调：“办好继续教育，加快建设学习型社会，大力提高国民素质”。在加强党建、“全面增强执政本领”中要求：我们党既要政治过硬，也要本领高强。要增强学习本领，在全党营造善于学习、勇于实践的浓厚氛围，建设马克思主义学习型政党，推动建设学习大国。

2019 年 10 月，党的十九届四中全会召开，发布了《中共中央关于坚持和完善中国特色社会主义制度，推进国家治理体系和治理能力现代化若干重大问题的决定》，在“坚持和完善统筹城乡的民生保障制度，满足人民日益增长的美好生活需要”部分，描绘了“构建服务全民终身学习的教育体系”的宏伟蓝图，明确“发挥网络教育和人工智能优势，创新教育和学习方式，加快发展面向每个人、适合每个人、更加开放灵活的教育体系，建设学习型社会”的战略目标和实施路径。

2021 年 11 月，党的十九届六中全会通过的《中共中央关于党的百年奋斗重大成就和历史经验的决议》中明确:在全面从严治党上,要用党的创新理论武装全党,推进学习型政党建设;在文化建设上,要深化群众性精神文明创建,建设新时代文明实践中心,推动学习大国建设。

2022年10月,党的二十大提出"全面建成社会主义现代化强国、实现第二个百年奋斗目标,以中国式现代化全面推进中华民族伟大复兴"具有了实现中国式现代化的战略地位。在"办好人民满意的教育"部分,报告强调了"推进教育数字化,建设全民终身学习的学习型社会、学习型大国"的要求。在党建部分,明确"全面加强党的思想建设,坚持用新时代中国特色社会主义思想统一思想、统一意志、统一行动,组织实施党的创新理论学习教育计划,建设马克思主义学习型政党"(表1-2-1)。

表1-2-1　党的十六大以来大会报告及全会公告对建设学习型社会的要求

历届党代会报告	对学习型社会的表述
十六大报告	形成全民学习、终身学习的学习型社会,促进人的全面发展
十七大报告	发展远程教育和继续教育,建设全民学习、终身学习的学习型社会
十八大报告	完善终身教育体系,建设学习型社会
十九大报告	办好继续教育,加快建设学习型社会,大力提高国民素质
十九届四中全会	加快发展面向每个人、适合每个人、更加开放灵活的教育体系,建设学习型社会
二十大报告	推进教育数字化,建设全民终身学习的学习型社会、学习型大国

从党的十八大以来历届党代会报告的内容看,促进终身学习、建设学习型社会,从国家发展的目标逐步成为实现中国式现代化的战略支柱;从一种号召逐步明确了实施路径;从教育系统性改革的原则,深化为"构建服务全民终身学习的教育体系";从建设学习型社会到建设学习型党组织、学习型政党,从建设学习型社会延伸为建设学习型大国,无论从理念、目标、战略规划还是到实施路径,促进终身学习、建设学习型社会的政策始终随社会的变化和改革的深化而加深,体现了党中央决策的一以贯之、高瞻远瞩和与时俱进。

(三)纳入国民经济和社会发展规划

根据宪法和法律赋予的职责,全国人民代表大会发布的国民经济和社会发展计划是指导国民经济发展的纲领性文件。从进入21世纪起,构建终身教育体系、建设学习型社会就被纳入历次五年发展计划中。

2001年发布的《中华人民共和国国民经济和社会发展第十个五年规划纲要》提出要

“逐步形成大众化、社会化的终身教育体系。”

2006年,《国民经济和社会发展第十一个五年规划纲要》首次将建设学习型社会纳入五年规划:“加快教育结构调整,促进教育全面协调发展,建设学习型社会”。

2011年,《中华人民共和国国民经济和社会发展第十二个五年规划纲要》更完整地表述了建设目标:“发展继续教育,建设全民学习、终身学习的学习型社会”。

2016年3月,全国人民代表大会发布《中华人民共和国国民经济和社会发展第十三个五年规划纲要》,其第十四篇“提升全民教育和健康水平”中的第五十九章提出“推进教育现代化”的目标和任务,并专设“加快学习型社会建设”一节阐述具体的建设内容和建设路径:“大力发展继续教育,构建惠及全民的终身教育培训体系。推动各类学习资源开放共享,办好开放大学,发展在线教育和远程教育,整合各类数字教育资源向全社会提供服务。建立个人学习账号和学分累计制度,畅通继续教育、终身学习通道,制定国家资历框架,推进非学历教育学习成果、职业技能等级学分转换互认。发展老年教育。”这是历次五年计划、规划中对建设学习型社会的目标、内容、方法阐述最详细、全面的文件。

2021年3月,《中华人民共和国国民经济和社会发展第十四个五年规划和2035年远景目标纲要》发布,其“深化教育改革”专题中明确:“发挥在线教育优势,完善终身学习体系,建设学习型社会。推进高水平大学开放教育资源,完善注册学习和弹性学习制度,畅通不同类型学习成果的互认和转换渠道。”虽然对建设学习型社会的内容、途径等表述文字不多,但这份规划描述了2035年的远景发展目标,因此有着更强的引领与指导意义(表1-2-2)。

表1-2-2 国家“十五”至“十四五”国民经济和社会发展

五年计划、规划纲要中提出的建设学习型社会的目标和任务

时间	发布部门	文件名称	相关内容
2001	全国人大	中华人民共和国国民经济和社会发展第十个五年计划纲要	逐步形成大众化、社会化的终身教育体系
2006	全国人大	中华人民共和国国民经济和社会发展第十一个五年规划纲要	加快教育结构调整,促进教育全面协调发展,建设学习型社会
2011	全国人大	中华人民共和国国民经济和社会发展第十二个五年规划纲要	发展继续教育,建设全民学习、终身学习的学习型社会
2016	全国人大	中华人民共和国国民经济和社会发展第十三个五年规划纲要	加快学习型社会建设。大力发展继续教育,构建惠及全民的终身教育培训体系

续表

时间	发布部门	文件名称	相关内容
2021	全国人大	中华人民共和国国民经济和社会发展第十四个五年规划和2035年远景目标纲要	发挥在线教育优势，完善终身学习体系，建设学习型社会

2010年10月，中共中央、国务院发布《国家中长期教育改革和发展规划纲要（2010—2020年）》，将未来10年教育改革的战略目标确定为：到2020年，基本实现教育现代化，基本形成学习型社会，进入人力资源强国行列。将“基本形成学习型社会”作为教育系统性改革发展的长期战略目标，标志着我国教育无论是理念还是实践都向着现代化方向迈进了一大步。《纲要》第八章“加快发展继续教育”部分，明确“继续教育是面向学校教育之后所有社会成员的教育活动，特别是成人教育活动，是终身学习体系的重要组成部分”，要“重视老年教育。倡导全民阅读。广泛开展城乡社区教育，加快各类学习型组织建设，基本形成全民学习、终身学习的学习型社会”。

2019年6月，中共中央、国务院印发《中国教育现代化2035》，这是党和国家在明确国民经济和社会发展“十四五”和到2035远景目标后，制定的教育中长期发展目标和实施策略，意义重大。

《中国教育现代化2035》提出了推进教育现代化的八大基本理念：更加注重以德为先，更加注重全面发展，更加注重面向人人，更加注重终身学习，更加注重因材施教，更加注重知行合一，更加注重融合发展，更加注重共建共享。终身学习成为指导今后一个时期教育改革和发展的八大理念之一。

《中国教育现代化2035》不但明确了推进教育现代化的总体目标是到2035年，总体实现教育现代化，迈入教育强国行列，推动我国成为学习大国、人力资源强国和人才强国，为到本世纪中叶建成富强民主文明和谐美丽的社会主义现代化强国奠定坚实基础，而且提出2035年的主要发展目标是建成服务全民终身学习的现代教育体系、普及有质量的学前教育、实现优质均衡的义务教育、全面普及高中阶段教育、职业教育服务能力显著提升、高等教育竞争力明显提升、残疾儿童少年享有适合的教育、形成全社会共同参与的教育治理新格局。

二、教育部等有关部门印发有关政策文件

建设学习型社会，是世界范围内教育改革发展的重要趋向，是社会文明进步和现代化的重要标志，是建设教育强国的战略举措，是实现中国式现代化的重要支撑。为贯彻

党中央、国务院关于教育改革的精神，落实党和国家在发展规划等提出的发展终身教育、构建服务全民终身学习的教育体系、建设学习型社会的战略目标、战略部署和主要任务，教育部积极组织力量，对相关问题进行调查研究，推进终身教育（学习）立法的相关准备工作，制定政策，推进构建服务全民终身学习的教育体系、建设学习型社会的相关工作。

（一）颁布学习型社会和学习型城市建设相关政策

学习型社会是以知识经济为基础，实现教育社会化、社会教育化，全民学习和终身学习的社会，是把学习与教育作为社会发展的前提、基础和关键环节，以促进人的全面发展为社会发展的根本目标、以提高人的素质为社会发展的根本途径的社会。在一个城市范围内建设学习型社会，就是建设学习型城市。

学习型城市是调动一切资源，促进从基础教育到高等教育的包容性学习，重振家庭和社区学习活力，促进工作场所学习，推广运用现代学习技术，提高学习质量，培育终身学习文化，以提升个人能力、增强社会凝聚力、促进经济和文化繁荣，并为可持续发展奠定基础的城市。要建设学习型城市，必须由政府各部门通力合作、共同推动。

1. 七部门发布《关于推进学习型城市建设的意见》

2014 年 8 月，教育部、中央文明办、国家发展和改革委员会、民政部、财政部、人力资源社会保障部、文化部等七部门联合发布《关于推进学习型城市建设的意见》，强调建设学习型社会是实现“两个一百年”奋斗目标和中华民族伟大复兴中国梦的重要内容和有力支撑。建设学习型城市是实现学习型社会的重要基石。

文件指出，建设学习型城市的指导思想是“全面贯彻党的十八大和十八届三中全会精神，着力培育和践行社会主义核心价值观，以服务全面建成小康社会和满足人民群众对美好生活的新期盼为宗旨，把全民终身学习作为城市发展的重要基础，以改革创新为动力，以信息技术为支撑，努力构建灵活、开放的终身教育体系，积极推进城市各类学习资源的建设与共享，创造人人皆学、时时能学、处处可学的社会环境，促进全民学习、终身学习，促进城市的包容、繁荣与可持续发展”。

明确学习型城市建设有七项主要任务：大力培育和践行社会主义核心价值观，凝聚全社会价值共识；构建终身教育体系，促进各类教育融合开放；加强企事业单位职工教育培训，提高从业人员能力素质；广泛开展城乡社区教育，推动社会治理创新；推进各类学习型组织建设，增进社会组织活力；统筹开发社会学习资源，促进学习资源开放共享；有效应用现代信息技术，拓展学习时空。制定了五项保障推进学习型城市建设的保障措施：建立健全领导管理体制；推进法规制度建设；加强队伍建设；加大多渠道投入力度；营造终身学习文化氛围。

2. 九部门发布《关于进一步推进社区教育发展的意见》

社区教育是学习型城市建设的重要基础,为加快实现教育规划纲要关于基本形成学习型社会的目标,服务全面建成小康社会的战略要求,推进社区教育的健康、深入发展,2016 年 6 月,教育部、民政部、科技部、财政部、人力资源和社会保障部、文化部、国家体育总局、共青团中央、中国科学技术协会等九部门联合印发了《关于进一步推进社区教育发展的意见》(以下简称《意见》)。

《意见》在指导思想中明确:要"以促进全民终身学习、形成学习型社会为目标,以提高国民思想道德素质、科学文化素质、健康素质和职业技能为宗旨,以建立健全社区教育制度为着力点,统筹发展城乡社区教育,加强基础能力建设,整合各类教育资源"。

《意见》明确了推进社区教育的五项主要任务,例如,在"加强基础能力建设"任务中,强调了"推动各类学习型组织与学习共同体建设。广泛开展学习型乡镇(街道)、学习型社区、学习型家庭等各类学习型组织创建活动,推动学习型城市建设";在"整合社区教育资源"中,提出要"充分利用社会资源。提高图书馆、科技馆、文化馆、博物馆和体育场馆等各类公共设施面向社区居民的开放水平。鼓励相关行业企业参与社区教育";在"提高服务重点人群的能力"中,提出要"将老年教育作为社区教育的重点任务,结合多层次养老服务体系建设,改善基层社区老年人的学习环境,完善老年人社区学习网络。建设一批在本区域发挥示范作用的乡镇(街道)老年人学习场所和老年大学。努力提高老年教育的参与率和满意度",并重视农村居民的教育培训、重视开展农村留守儿童、老人和各类残疾人的培训服务。

(二) 印发开展学习型城市建设监测的通知

为了落实《国家中长期教育改革和发展规划纲要(2010—2020 年)》提出的"基本形成学习型社会建设"的战略任务,根据《教育部等七部门关于推进学习型城市建设的意见》关于"建立健全终身学习的统计信息体系,研制监测评估指标体系"的要求,实现到 2020 年,东中西部地区市(地)级以上城市学习型城市建设工作覆盖率分别达到 90%、80%和 70%的目标。2017 年 9 月,教育部职业教育与成人教育司印发了《关于开展学习型城市建设监测项目实践的通知》以及《全国学习型城市建设监测指导性指标体系(试行)》,决定在前期研究和自愿申报的基础上,启动首批监测工作,探索学习型城市测评工作机制,验证监测指标体系,引导并加快推进我国学习型城市建设。2020 年 10 月,教育部印发《关于进一步开展学习型城市建设监测项目工作的通知》进一步明确了开展学习型城市建设监测项目的目标任务以及组织实施，要求"各省（自治区、直辖市）教育行政部门和学习型城市建设联盟城市，要高度重视，加强组织领导，采取有力措施，做好统筹协调和组织实施工作"。

三、各地政府制定有关政策、规划

促进终身学习、建设学习型社会，是世界范围内教育改革乃至社会发展的重要趋向，是社会文明进步和现代化的重要标志。随着我国改革开放、城镇化速度的加快，城市现代化发展的步伐也越来越快。为适应经济、社会、科技、生态环境等复杂、快速的变化，完善终身教育体系、促进终身学习、建设学习型城市成为城市实现跨越式发展、建设和谐社会、率先实现小康社会目标的可靠途径。因此，越是发达、挑战越大的城市越早地提出了建设学习型社会、学习型城市的目标。例如，1999 年 12 月，北京市委、市政府在《关于深化教育改革全面推进素质教育的意见》中明确提出了"率先基本实现以建立终身学习制度和进入学习化社会为主要标志的教育现代化目标"。2000 年《北京市国民经济和社会发展十五计划纲要》提出要在全国"率先构建起终身学习和学习型社会的基本框架"。2001 年，上海市提出了 2015 年基本建成与现代化国际大都市相匹配的"学习型城市"的远景目标。

（一）制定学习型城市建设的纲领性文件

2001 年 5 月，江泽民在亚太经合组织人力资源能力建设高峰会议上提出"构筑终身教育体系，创建学习型社会"。为响应江泽民的号召，2001 年 6 月，中共大连市委九届一次全体会议讨论通过了《关于建设学习型城市的决定》；2001 年 8 月，中共常州市委九届二次会议通过了《关于建设学习型城市的决定》；2002 年，杭州市政府下发《杭州市关于构建终身教育体系建设学习型城市的实施意见》；同年，青岛市委、市政府下发了《关于创建学习型城市的意见》。以上都是国内地方政府最早针对学习型城市建设出台的专项规章，这些城市也是我国最早一批创建学习型城市的城市。

2002 年，党的十六大召开，建设"学习型社会"被列入小康社会的重要目标，激发了各地创建学习型社会、学习型城市的积极性。例如，2004 年 10 月，中共郑州市委、郑州市人民政府《关于建设学习型城市的意见》发布；2006 年，上海市委、市政府印发《关于推进首都学习型社会建设的指导意见》；2007 年，北京市委、市政府发布《关于大力推进学习型城市建设的决定》。上述学习型城市建设规划文件的出台，是学习型城市建设政策化的重要标志，是学习型社会（城市）从理念转向实践的标志。党的十六大、十七大之后,全国有几十个城市提出创建学习型城市的目标。

在上述学习型城市建设的纲领性、指导性文件中,各市党委和政府都结合城市自身发展的目标和战略阐述建设学习型城市的重要性和必要性,明确学习型城市建设的目标、建设框架及实施路径,并明确建立学习型城市建设的领导管理体制、组织、人员、经费保障制度。例如,北京市委、市政府在《关于大力推进首都学习型城市建设的决定》中明确:大力推进学习型城市建设是应对知识经济挑战,适应经济全球化,增强城市综合竞争力的必然选择;是建设创新型城市的基础和前提;是落实科学发展观,实现“新北京、新奥运”战略构想,建设社会主义新农村,构建社会主义和谐社会首善之区的重要保证;是构建全民学习和终身学习的现代教育体系,提高广大市民素质,促进人的全面发展的现实需要。要求要加快建立首都终身教育体系和终身学习服务体系,大力推进各类学习型组织的创建活动,并加强领导,完善建设学习型城市的保障机制。上海在《关于推进学习型社会建设的指导意见》中强调,一个充满生机和活力的城市,必然是一个以提高人的素质、实现人的全面发展为目标的学习型城市。青岛也在相关文件中要求成立创建领导机构,建立创建学习型城市工作联席会议制度。明确了经费投入渠道,将终身教育经费纳入财政预算,并鼓励社会力量共同参与终身教育。西安、武汉、成都、重庆等中西部城市在出台推进学习型城市建设的政策方面也十分突出。

(二)制定学习型城市发展规划、实施计划

进入21世纪第二个10年之后,全国越来越多的城市走上快速、创新发展的轨道。学习型城市建设对城市现代化发展的支撑作用日益凸显。党的十八大报告进一步强调要“完善终身教育体系,建设学习型社会”的战略目标;2013年,由联合国教科文组织、中国教育部、北京市政府共同举办的“首届国际学习型城市大会”圆满召开,会议发表了《建设学习型城市北京宣言》(以下简称《北京宣言》),在此背景下,越来越多的城市提出建设学习型城市的目标,已经对学习型城市建设提出要求的城市,进一步强化要求或者将理念和目标通过规划、实施计划落到实处。例如,为进一步贯彻党的十八大精神,将国际学习型城市大会的《北京宣言》转化为实施行动,北京市发布了《北京市学习型城市建设行动计划(2016—2020)》和《北京市学习型城市建设行动计划(2021—2025年)》,这既是北京学习型城市建设的规划,也是具体的实施方案。2013年11月,南京市召开全市教育与学习型城市建设工作会议,发布了《关于打造世界教育名城、建设学习型城市、促进人的现代化的意见》及《加快终身教育体系和学习型城市建设的实施意见》等配套文件,既结合城市发展定位绘制了学习型城市发展蓝图,又对建设工作进行了全面部署。

深圳市也结合城市特色细化学习型城市建设的任务，发布《关于深入开展全民阅读活动加快推进学习型城市建设的若干意见》和《深圳市全民素质提升计划（2013—2020）》。天津市在印发《市教委等七部门关于推进天津市学习型城市建设的意见》之后，相继发布有关社区教育和老年教育发展等专项文件，创新社区教育、老年教育发展模式，夯实学习型城市建设的基础。杭州市2016年发布《关于构建市民学习圈大力推进终身教育工作的意见》，要求认真落实市委关于"各区、县（市）要按照不少于万分之零点五的比例配备专职社区教育工作者"以及"各区、县（市）要按规定保证各部门各类培训经费。各区按常住人口数安排的社区教育经费不得少于4元/人，各县（市）不得少于2元/人，并应根据社区教育事业发展需要逐步提高标准"。为其他城市解决社区教育专职工作者配备、社区教育经费拨付等方面问题提供了很好的经验。此外，2017年浙江省教育厅印发《关于推进学习型城市建设的实施意见》，2019—2020年安徽省教育厅组织全省所有地级市参加教育部组织的第二批学习型城市建设监测。这些都为省级层面推动全域学习型城市建设作出了良好的示范（表1-2-3）。

表1-2-3　进入21世纪以来部分城市发布的推进学习型城市建设的纲领性文件

城市	学习型城市建设政策
大连	《关于建设学习型城市的决定》（2001.06）
常州	《关于建设学习型城市的决定》（2001.08）
杭州	《关于构建终身教育体系建设学习型城市的实施意见》（2002）、《杭州市人民政府关于构建市民学习圈大力推进终身教育工作的意见》（2016）
青岛	《关于创建学习型城市的意见》（2002）、《青岛市教育局等7部门关于加快推进学习型社会建设的若干措施》（2016）
郑州	《关于建设学习型城市的意见》（2004）、《建设终身教育体系实施意见》（2005）、《推进学习型党组织建设的实施意见》（2010）、《大力发展社区教育加快推进学习型城市建设的意见》（2013）
西安	《西安市建设学习型城市规划纲要》（2005）
上海	《关于推进学习型社会建设的指导意见》（2006/2016）
北京	《关于大力推进首都学习型城市建设的决定》（2007）、《北京市学习型城市建设工作"十二五"规划》（2012）、《北京市学习型城市建设行动计划（2016—2020）》（2016）、《北京市学习型城市建设行动计划（2021—2025年）》（2021）
济南	《济南市关于建设学习型城市的意见》（2007）
太原	《关于创建学习型城市的实施意见》（2008）、《关于成立终身教育与学习型社会建设促进委员会的通知》（2013）

续表

城市	学习型城市建设政策
天津	《市教委等七部门关于推进天津市学习型城市建设的意见》《天津市教委等九部门关于进一步推进天津市社区教育发展的意见》(2017)、《市教委等六部门关于进一步推进天津市老年教育发展的意见》(2022)
武汉	《关于推进学习型城市建设的若干意见》(2011)、《关于推进文化科技创新,加快文化和科技融合发展的意见》(2012)
广州	《广州市推进新型城市化建设的决定》(2012)
长沙	《关于推进学习型城市建设的意见》(2013)、《关于推进全市学习型党组织建设的实施意见》(2010)、《长沙市社区教育工作实施意见》(2010)
深圳	《关于深入开展全民阅读活动加快推进学习型城市建设的若干意见》(2010)、《深圳市全民素质提升计划(2013—2020)》(2013)
南京	《关于打造世界教育名城、建设学习型城市、促进人的现代化的意见》(2013)、《加快终身教育体系和学习型城市建设的实施意见》(2013)
成都	《成都市关于推进学习型城市建设的意见》(2015)
重庆	《关于深入推进学习型城市建设的实施意见》(2016)

四、有关省市推进地方终身学习立法

随着中国改革开放的不断深入,人作为经济社会发展的核心要素,其自身素质和发展的重要性日益突出,终身学习、终身成长,成为现代社会的重要标志和迫切需要。20世纪90年代之后,许多省市根据现代化建设的需求,开始接受国际终身教育、终身学习的理念,大力发展终身教育、促进终身学习和学习型社会建设,在政策制定和实践方面积累了大量经验。由于促进终身学习、建设学习型社会是一种新的理念和实践,并涉及多元推动主体和社会方方面面,推进难度大,面临问题多,已有的成功实践急需通过法律固定为行为规范体系,以保障这一事业长期、稳定发展。而法律是由国家制定或认可并依靠国家强制力保证实施的,以确认、保护和发展一定社会的社会关系和社会秩序为目的的行为规范体系。《中华人民共和国教育法》的颁布,极大地推动了中国教育法制建设进程,依法治教全面推进。特别是将完善终身教育体系纳入教育法条款当中,同时启动《成人教育法》立法论证,揭开了通过制定相关法律来促进终身教育、全民终身学习和学习型社会、学习型城市建设的帷幕。

（一）省市终身教育（学习）促进法

2005 年 7 月 29 日，福建省人民代表大会常务委员会发布公告，《福建省终身教育促进条例》已由福建省第十届人民代表大会常务委员会第十八次会议通过，自 2005 年 9 月 28 日起施行。该条例对该法规的目的、实施范围、政府在推进终身教育中的职责等方面进行了明确的规定。福建省首开先河，成为最早完成终身教育立法的省份。对全国促进终身教育体系和学习型社会建设实践有极大的借鉴意义和深远的影响。

2011 年 1 月 5 日，上海市第十三届人民代表大会常务委员会第二十四次会议通过了《上海市终身教育促进条例》，同年 5 月 1 日正式实施。该条例总共 35 条，涉及社区（老年）教育、职工培训、农村教育、开放大学建设、学分银行、民办培训机构的规范、社会力量参与等不同方面，从法律层面对终身教育的实践予以推进和保障。这是上海市贯彻落实国家教育规划纲要、加强终身教育工作、促进学习型社会建设的重大举措，标志着上海终身教育工作在依法治教、依法办学方面又上了一个新台阶。终身教育的主体部分——成人继续教育在该条例中处于突出地位，并且包含了在职人员、事业人员、农民、进城就业农村劳动者、老年人、残疾人、社区居民等各类人群，从而解决了成人继续教育无法可依的状况。随着经济社会的迅速变化，终身教育实践的不断丰富、深化，上海市人民政府随后又将该条例立法修订纳入 2022 年立法工作计划。

2012 年 8 月 22 日，太原市第十三届人民代表大会常务委员会第四次会议通过、2012 年 9 月 28 日山西省第十一届人民代表大会常务委员会第三十一次会议批准《太原市终身教育促进条例》，自 2012 年 12 月 1 日起施行。太原市是全国推进终身教育、开展学习型城市建设较早、取得成绩突出的省会城市，该条例的颁布，是对太原实践的总结和肯定。也为全国终身教育（学习）立法提供了经验。

十余年来，随着构建终身教育体系、建设学习型社会理念的普及以及各地区、城市实践的逐步扩大和深化，各省市相关的立法进程明显加快。

2014 年 5 月 30 日，河北省第十二届人大常委会第八次会议通过《河北省终身教育促进条例》。同年 7 月 1 日，该条例开始实施。该条例就终身教育组织管理做出规定，要求县级以上政府加强对终身教育工作的领导，将终身教育工作纳入国民经济和社会发展规划，将终身教育经费列入政府教育经费预算，并逐步增长。按照条例要求，全省普遍加强组织领导，推动终身教育的开展。

2014 年 11 月 28 日，经浙江省第十二届人民代表大会常务委员会第十四次会议批准，《宁波市终身教育促进条例》公布，并自 2015 年 3 月 1 日起施行。这是继福建、上海、太原、河北之后，作为第一个计划单列市制定的关于终身教育的地方性法规。该条例对社区教育、农民教育、在职人员教育、老年教育和社会弱势群体教育五个大类进行了重点规范；明确了建立学分管理体系的发展目标；规制了终身教育经费的筹措机制和保障措施；明确了终身教育人员配备要求和创制了终身教育专职教师的职称晋升渠道；丰富了终身教育资源的供给方式。

2022 年 12 月 30 日，苏州市第十七届人民代表大会常务委员会第五次会议通过、2023 年 1 月 12 日江苏省第十三届人民代表大会常务委员会第三十四次会议批准，《苏州市终身学习促进条例》发布。该条例的制定和发布，是贯彻落实党中央和习近平总书记提出的“要建设全民终身学习的学习型社会、学习型大国，促进人人皆学、处处能学、时时可学，不断提高国民受教育程度，全面提升人力资源开发水平，促进人的全面发展”的决策部署，将终身学习融入法治建设的必然要求，也是高水平推进学习型城市建设，提升苏州经济社会发展“软实力”的重要举措。该条例是全国第一部以“终身学习”为名称、以促进终身学习为核心内容的地方性法规，从终身教育到终身学习，是理念与认识的一次跃升，契合了国际国内的发展主流。

为了贯彻落实党的二十大报告明确提出的“推进教育数字化，建设全民终身学习的学习型社会、学习型大国”要求，许多地区和城市在加快推进终身教育（学习）的立法进程。例如，2023 年 8 月 2 日，武汉市十五届人大常委会第十一次会议分组审议了《武汉市终身学习促进条例（草案）》。同年，北京市人大也将制定《北京市终身学习促进条例》列入“十四五”立法规划，有关终身学习的立法已纳入立法日程。

（二）省市社区教育、老年教育促进法

随着一些省、市终身教育促进条例的陆续出台，有关社区教育、老年教育地方性法规建设也提上了议事日程，有力地推进了本地区社区教育、老年教育和学习型城市建设。

1. 社区教育立法

2016 年 8 月 31 日，经成都市第十六届人民代表大会常务委员会第二十五次会议通过，2016 年 11 月 30 日四川省第十二届人民代表大会常务委员会第二十九次会议批准，《成都市社区教育促进条例》正式发布。该条例明确了立法目的是“促进社区教育发展，满足社区居民终身学习需求，促进人的全面发展，推进城乡社区建设和治理”。成都成为全国第一个就终身教育的重要基础——社区教育进行立法的城市，成为结合自身实践和需求进行立法的城市典型。

2019 年 6 月 28 日，经西安市第十六届人民代表大会常务委员会第二十五次会议通过，2019 年 7 月 31 日陕西省第十三届人民代表大会常务委员会第十二次会议批准，《西安市社区教育促进条例》正式发布。该条例明确立法目的是“促进社区教育事业发展，满足社区居民终身学习需求，推进城乡社区治理，创建学习型社会”，对社区教育的组织实施、服务保障、监督管理进行了详细规定。该条例比“成都条例”增加了创建学习型社会的目标，这从一个侧面反映了全国学习型社会、学习型城市建设更加普遍、更加深入的现状。

2. 老年教育立法

2002 年 7 月 18 日，天津市第十三届人民代表大会常务委员会第三十四次会议审议通过了《天津市老年人教育条例》，于同年 9 月 1 日起施行。该条例第一条明确规定：“为适应老龄化社会的发展要求，保障老年人继续受教育的权利，促进老年人教育事业的发展，完善终身教育体系，根据《中华人民共和国教育法》《中华人民共和国老年人权益保障法》，结合本市实际，制定本条例。”天津市成为我国第一个针对老年教育进行立法的城市，并为其他省市进行老年教育立法提供了样本。

2007 年 7 月，由徐州市第十三届人民代表大会常务委员会第四十次会议制定，经江苏省第十届人民代表大会常务委员会第三十一次会议批准，《徐州市老年教育条例》正式公布，并于同年 10 月 1 日起施行。

十余年来，随着我国老龄化速度的加快，地方老年教育立法的步伐也在加快。一些省市也在陆续发布《老年教育条例》。

2020 年 11 月 13 日，安徽省第十三届人民代表大会常务委员会第二十二次会议通过《安徽省老年教育条例》，自 2021 年 1 月 1 日起施行。

2021 年 9 月 30 日，山东省第十三届人民代表大会常务委员会第三十次会议通过《山东省老年教育条例》，自 2022 年 1 月 1 日起施行。

2022 年 10 月 14 日，贵州省第十三届人民代表大会常务委员会第三十五次会议通过《贵州省老年教育条例》，自 2023 年 1 月 1 日起施行。

十余年来各省市相关立法的实践探索，体现了各地政府对终身教育、社区教育、老年教育法治建设的重视，有力地推动了各地终身教育、全民终身学习和学习型城市建设，为国家层面的相关立法奠定了基础（表 1-2-4）。

表 1-2-4　省市终身教育(学习)相关法规

序号	时间	名　称	实施时间
终身教育(学习)促进条例			
1	2005. 07	福建省终身教育促进条例	2005. 09
2	2011. 01	上海市终身教育促进条例	2011. 05
3	2012. 09	太原市终身教育促进条例	2012. 12
4	2014. 05	河北省终身教育促进条例	2014. 07
5	2014. 11	宁波市终身教育促进条例	2015. 03
6	2023. 01	苏州市终身学习促进条例	2023. 06
社区教育促进条例			
1	2016. 11	成都市社区教育促进条例	2017. 02
2	2019. 07	西安市社区教育促进条例	2020. 01
老年(人)教育条例			
1	2002. 07	天津市老年人教育条例	2002. 09
2	2007. 07	徐州市老年教育条例	2007. 10
3	2020. 11	安徽省老年教育条例	2021. 01
4	2021. 09	山东省老年教育条例	2022. 01
5	2022. 10	贵州省老年教育条例	2023. 01

(执笔人:张翠珠)

第三章　重要举措

2014 年 9 月，教育部等七部门联合印发的《关于推进学习型城市建设的意见》指出："建设学习型城市是实现学习型社会的重要基石。20 世纪末以来，中国已有近百个市（地）级以上城市先后提出建设学习型城市的目标并进行了实践探索，积累了宝贵的经验，取得了可喜的成绩，受到国际社会高度关注。"十余年来，为了进一步推进学习型城市建设，从国家层面坚持以终身教育和全民终身学习理念为指导，采取多种措施，不断推动学习型城市建设迈向新的阶段。

一、成立全国学习型城市建设联盟

建设学习型城市是建设学习型社会、学习型大国的重要基石。世纪之交，随着我国经济社会发展，终身教育和终身学习理念日益深入和国际学习型城市建设发展，上海、北京等一些城市率先开展了学习型城市建设工作，开启了中国学习型城市建设的先河。

为了贯彻落实党的十八大提出的"积极发展继续教育，完善终身教育体系，建设学习型社会"的战略目标，落实《国家中长期教育改革和发展规划纲要（2010—2020 年）》提出的目标任务，适应国家经济社会发展战略，促进现代城市发展，中国成人教育协会拟建立全国学习型城市建设联盟（以下简称"联盟"），旨在组织协调"联盟"城市，总结交流创建经验与成果，开展学习型城市建设理论研究与实践探索，推进中国终身学习和学习型城市建设发展。

2012 年 12 月，中国成人教育协会将《关于成立全国学习型城市建设联盟的请示报告》呈送时任教育部副部长的鲁昕同志并得到批示："同意，请按有关规定办。"为了落实部领导的批示，在教育部职业教育与成人教育司支持、指导下，中国成人教育协会和中国联合国教科文组织全国委员会秘书处及有关城市共同发起成立全国学习型城市建设联盟。

（一）组织并落实成立"联盟"的筹备工作

在教育部职成司和中国教科文全委会秘书处的支持、指导下，中国成人教育协会着手开展“联盟”的组织建设，组织起草了《关于全国学习型城市建设联盟章程（讨论稿）》《全国学习型城市建设联盟宣言（讨论稿）》和《全国学习型城市建设联盟 2013 年工作实施方案（草案）》，以及《关于筹备全国学习型城市建设联盟成立大会实施方案》等有关文件。同时，在已经开展学习型城市建设并取得一定进展和成效的直辖市、计划单列市、省会城市和部分地、县级城市中，启动首批加入“联盟”成员城市的征集和遴选工作。经各省、自治区、直辖市教育行政部门推荐，各被推荐城市的教育行政部门申报，共有 33 个城市（其中包括 4 个直辖市、3 个计划单列市、16 个省会城市和 10 个地级市）的教育行政部门复函，表示积极参加全国学习型城市建设联盟的意愿，以推进中国学习型城市建设，为建设学习型社会作出应有的贡献。

在开展“联盟”筹备工作的基础上，中国成人教育协会将筹备工作情况和起草的有关文件分别呈送教育部领导，同时致函教育部职成司和中国教科文全委会秘书处，并分别收到有关领导批示和复函：“支持你会牵头成立学习型城市联盟”“按部领导批示办”，同时对有关内容提出了指导意见。

（二）召开“联盟”成立大会

经教育部领导批准，在教育部职成司的支持指导下，2013 年 7 月 8 日，“全国学习型城市建设联盟成立大会”在北京隆重举行。会议由中国成人教育协会和中国教科文全委会秘书处主办、北京市教育委员会和北京市西城区人民政府承办。中国成人教育协会原会长郑树山、教育部职成司原司长葛道凯、中国教育发展战略学会原会长郝克明、时任中国教科文全委会副秘书长秦昌威等有关领导出席了会议。各省、自治区、直辖市教育厅（教委）有关领导、参加“联盟”的 33 个地级以上城市教育行政部门主管领导、北京市有关区县代表及有关专家参加了会议。

葛道凯司长代表鲁昕副部长在会上讲话。他指出，成立全国学习型城市建设联盟是促进学习型社会建设的重要举措，也是各城市展示创建经验的交流平台。要充分认识建设学习型城市的重要意义，进一步明确建设学习型城市的基本思路，积极发挥“联盟”作用，推动学习型城市创建工作不断迈上新的台阶。他强调，要以建立全国学习型城市建设联盟为契机，解放思想，开拓创新，凝聚力量，扎实工作，不断开创学习型社会建设的新局面，为全面建成小康社会作出新的、更大贡献！

会议推举并宣布了全国学习型城市建设联盟领导机构成员，由时任教育部党组成员、副部长的鲁昕同志担任“联盟”工作委员会主任，会议推举了“联盟”工作委员会其他领导成员。会议确认了 33 个城市为“联盟”首批成员单位，并向各成员单位颁发证书。

会议发布了《全国学习型城市建设联盟宣言》，审议通过了《全国学习型城市建设联盟章程》和《全国学习型城市建设联盟2013年工作方案》。北京、上海、太原、常州、沈阳、武汉等城市有关领导分别在会上做了创建学习型城市经验交流。会议还安排了分组讨论，研讨“联盟”的重点工作，征求各城市对“联盟”工作的意见与建议。最后，郑树山会长做大会总结讲话。会议取得圆满成功。

建立全国学习型城市建设联盟，并以此为契机，以教育为切入点，认真总结经验、探索规律、交流成果，加强国际交流与合作，积极推进各地学习型城市建设工作，充分发挥各城市的特色和优势，集中力量，形成合力，开拓创新，扎实工作，使之成为推进学习型城市建设的重要平台，争取有更多的城市加入“联盟”中来，为积极发展继续教育，完善终身教育体系，建设全民学习、终身学习的学习型社会不断作出新贡献。

（三）全国学习型城市建设联盟为推进中国学习型城市建设发挥了重要作用，产生了广泛的社会影响

1. 召开“联盟”年会

“联盟”成立后，“联盟”工作委员会和中国成人教育协会连续多年召开“联盟”年会或工作推进会，总结“联盟”工作，交流各地经验，专家予以指导推动。时任教育部党组成员、副部长、“联盟”工作委员会主任的鲁昕同志分别出席了2014年在重庆召开的“联盟”年会和2015年由教育部职成司在苏州召开的全国学习型城市建设工作推进会并讲话，鲁昕副部长充分肯定了“联盟”及各成员单位所做的大量工作，积累了丰富经验，有力地促进了我国学习型城市建设；强调新形势下推进学习型城市建设的重要意义，总结了学习型城市建设的新进展，提出了新时期推进学习型城市建设的主要任务。中央文明办、国家发展改革委、民政部、财政部、人力资源社会保障部、文化部等有关部门领导也出席了会议，并在会上介绍了推进学习型城市建设工作情况；与会的部分城市代表做了关于推进学习型城市建设经验交流。2018年“联盟”年会与同年在浙江宁波市举办的全民终身学习活动周全国总开幕式一并举行，会议公布了第六批加入“联盟”成员城市名单，发布了《全国学习型城市建设联盟宁波宣言》。

2. 组织开展学习型城市建设课题研究

为开展学习型城市建设理论研究与实践探索，中国成人教育协会和“联盟”秘书处确定了十项重大研究课题，委托有关城市和单位组织攻关（表1-3-1）；同时组织“联盟”城市开展群众性科学研究活动，取得了一系列研究成果。

表 1-3-1　全国学习型城市建设联盟专项委托课题

序号	课题名称	承担城市、单位
1	中国特色学习型城市建设的目标、推进政策和保障要素研究	上海市
2	中国建设学习型城市的主要特征及行动对照指标研究	北京市
3	国际学习型城市建设比较研究	中国成协成人外语专委会
4	市民终身学习认证、积累、转换制度研究	上海开放大学
5	学习型城市建设中教育治理体系和治理能力的现代化研究	沈阳市
6	营造充满活力的社会终身学习文化研究	太原市
7	促进工作场所学习：学习型组织与学习共同体研究	广州市
8	构建和完善城市终身教育与学习服务体系研究	天津市
9	现代学习技术应用：城市的学习资源、网络平台建设研究	国家开放大学
10	推进学习型城区建设研究	武汉市

3. 不断扩大“联盟”成员单位

2013—2019 年，“联盟”先后组织开展了 7 批次征集和遴选“联盟”成员城市工作，由最初的首批 33 个“联盟”城市扩大到全国 105 个城市加入“联盟”，覆盖全国除港、澳、台和西藏自治区外的 30 个省(自治区、直辖市)和新疆生产建设兵团。其中包括 4 个直辖市(北京、天津、上海、重庆)，4 个计划单列市(大连、青岛、宁波、深圳)，23 个省会城市(含全部 10 个副省级城市)，70 个其他地级城市和 4 个县级市。上述“联盟”城市覆盖了全国近千个县级区划。“联盟”城市的不断扩大，有力推动了各地学习型城市建设和“联盟”工作深入发展。

4. 产生了广泛的社会影响

“联盟”成立后，各“联盟”城市在推进学习型城市建设过程中，充分利用各类媒体，包括各城市的人民政府网、教育在线、各类学习资源平台，以及有关报纸、杂志等媒体，进行广泛宣传，大力传播学习型城市建设的重要意义、开展的主要工作，取得的重要成就与经验，展现各地推进学习型城市建设的特色与亮点，营造终身教育和全民终身学习的社会氛围，得到了社会广泛关注，产生了积极的社会影响。

成立全国学习型城市建设联盟，推进学习型城市建设，是贯彻落实党的十八大以来历次全会精神，推进学习型社会建设的重要举措，对于培育和践行社会主义核心价值观，提升国家核心竞争力和社会文明程度，推动终身教育和全民终身学习，促进人的全面发展和经济社会可持续发展，提高城市竞争力具有重要意义和作用。成立全国学习型城市建设联盟，推进学习型城市建设，迫切需要更多的城市积极参与和大力推动，通过建立和发展“联盟”平台，激发城市创新活力，为创建学习型城市，形成全民学习、终身学习的学习型社会，实现中华民族伟大复兴的中国梦而共同努力奋进！

二、建立学习型城市建设领导协调机制

2014年，教育部等七部门联合印发《关于推进学习型城市建设的意见》明确要求“建立健全领导管理体制”，“要建立多部门共同参与的学习型城市建设领导协调机制，指导和推进相关工作，广泛动员社会力量，形成党委领导、政府统筹、行业部门联动、社会协同、全民参与的学习型城市建设工作格局。”该意见还进一步明确了教育部门、精神文明建设指导部门、发展改革部门、民政部门、财政部门、人力资源和社会保障部门、文化部门在参与学习型城市建设工作中的具体职责。

全国各地积极贯彻落实教育部文件要求，陆续出台指导意见、实施方案、行动计划等文件，研究制定相关部门和单位参与学习型城市建设的协调联动机制，支持政府教育行政部门与其他相关部门加强联系，明确推进学习型城市建设工作领导小组各成员单位作为协作部门的工作职责。全国东、中、西部地区的城市不断完善学习型城市建设领导协调机构，广泛探索学习型城市建设协作联动工作机制，主要以联席工作会议方式进行学习型城市建设工作的合作沟通，明确了参与机构在建设工作中的职责，促进学习型城市建设举措的落实落地。

2015年12月，四川省成都市教育局等七部门联合印发《成都市关于推进学习型城市建设的意见》，2017年2月，颁布实施全国首部社区教育地方性法规——《成都市社区教育促进条例》。在该条例框架下，2017年3月，《成都市人民政府办公厅关于建立成都市学习型城市建设与社区教育联席会议制度的通知》决定建立成都市学习型城市与社区教育联席会议，其主要职责是“负责我市学习型城市建设与社区教育的统筹管理和议事协调，制定工作计划并督促落实。整合各级各类学习型城市建设与社区教育资源，研究解决全市学习型城市建设与社区教育重大问题，协调、汇总发布各成员单位提供的年度社区教育资源及教育培训服务清单”。

2012年，湖北省武汉市成立了推进学习型城市建设工作领导小组，由市委分管副书记任组长、市政府分管副市长任副组长，市委组织部、市委宣传部、市文明办、市教育局、市民政局等三十二个部门为成员单位，负责组织领导和协调全市学习型城市建设工作。2017年，印发了《关于调整市推进学习型城市建设工作领导小组组成人员的通知》，进一步加强了对学习型城市建设的统筹、协调和领导。

2016年，北京市十四个委办局联合发布《北京市学习型城市建设行动计划(2016—

2020)》,要求"充分发挥北京市建设学习型城市工作领导小组的作用,充分发挥其宏观规划和综合协调职能,进一步加强市区各部门统筹协调和资源整合力度"。2021 年,中共北京市委教育工作委员会、北京市教育委员会等十六部门印发《北京市学习型城市建设行动计划(2021—2025 年)》,要求"进一步加强市区各部门统筹协调和资源整合力度。明确责任分工,强化过程管理、目标管理、监测评价、督导考核,保障规划有效落实"。

2016 年,浙江省教育厅等七部门联合印发《关于推进学习型城市建设的实施意见》,在"建立健全领导管理体制"中,要求"各级党委、政府要把建设学习型城市作为一项长期的事关全局的战略任务,纳入重要议事日程,加强领导,明确责任。成立推进学习型城市建设工作指导委员会,建立工作联席会议制度。"

2016 年,安徽省滁州市"十三五"规划纲要提出:"积极发展社区教育、继续教育,建设市民终身教育平台,推进终身教育开放互动发展。倡导全民阅读,建设学习型城市。"2017 年,根据《滁州市人民政府办公室关于成立社区教育(老年教育)工作领导小组的通知》,成立了滁州市社区教育(老年教育)工作领导小组统筹全市社区教育(老年教育)、学习型城市建设工作,由主管教育工作的市委常委、市政府副市长任组长,14 个市直单位和 8 个县(市、区)为成员单位。

2020 年,天津市教委印发《关于开展学习型城市建设监测项目工作的通知》,明确由市教委、市委组织部等 14 个部门和各区政府分管负责同志为工作机制成员,秘书处设在市教委,市教委领导负责秘书处工作,建立了推进天津市学习型城市建设的工作机制。完善并确认了《推进天津市学习型城市建设工作机制成员单位职责分工》,加强部门协同、区域协作,促进各类学习资源开放共享,服务全民终身学习,推进落实学习型城市建设的工作任务。

十余年间,各地许多城市广泛建立各级学习型城市建设领导协调机构,不断提高对学习型城市建设重要性和紧迫性的认识,将学习型城市建设列入当地经济社会发展规划,明确和细化学习型城市建设的目标、任务、路径。浙江省宁波市 2014 年颁布实施《宁波市终身教育促进条例》,先后发布《关于创建学习型城区的决定》《创建学习型社区的实施意见》等文件。2016 年,山东省青岛市教育局等七部门联合制定了《关于加快推进学习型社会建设的若干措施》,文件内容主要包括建立健全管理体制机制、创建学习型组织、统筹整合学习资源、建立督导评价机制等方面。上海市教育委员会发布《关于进一步推进本市学习型社会建设的若干意见》《关于进一步推进本市学习型组织建设工作的通知》等文件,鼓励相关教育机构与学习者参与到学习型城市建设的进程中。

三、加强政府对学习型城市建设工作的督导检查

开展学习型城市建设工作的督导检查，是引导和推动学习型城市建设不断深入的重要抓手。组织开展学习型城市建设督导检查工作，探索学习型城市督导工作机制，是引导和推动学习型城市建设的重要举措，对于建设全民终身学习的学习型社会具有十分重要的意义。

2015 年，安徽省宣城市教育体育局等七部门印发《关于推进学习型城市建设的实施意见》，要求“强化考核评价”，“研究制定科学、合理的学习型城市评价指标体系，建立完善各类学习型组织创建工作的评估标准。把推进学习型城市建设的任务层层分解落实到各级各部门，工作绩效纳入目标考核，建立主要领导‘第一责任人’制度”。

2015 年 12 月 16 日，成都市教育局、成都市精神文明建设办公室、成都市发展和改革委员会、成都市民政局、成都市财政局、成都市人力资源和社会保障局、成都市文化广电新闻出版局印发《成都市关于推进学习型城市建设的意见》，提出建立督导评估机制，各有关部门要将学习型城市建设工作纳入目标管理，由市政府教育督导委员会办公室开展专项督导。建立健全终身学习的统计信息体系和监测评估指标体系，支持第三方专业机构开展学习型城市建设满意度调查，评估监测学习型城市建设发展状况。

2016 年，浙江省教育厅等部门联合印发《关于推进学习型城市建设的实施意见》，明确“建立评估督导机制”，要求“各级各类政府部门要将学习型城市建设工作纳入目标管理，组建学习型社会建设督导委员会开展专项督查工作。建立健全终身学习信息统计系统，研制区域性学习型城市建设指标体系，研究制定学习型组织的考核评估和保障奖励机制；鼓励支持社会组织等第三方开展学习型城市建设与发展状况评价和监测活动，适时发布各地学习型城市建设情况。”

为贯彻落实《教育部等七部门关于推进学习型城市建设的意见》和国家有关“构建服务全民的终身学习体系”“推动各类学习型组织建设”等要求，2020 年 6 月，深圳市人民政府教育督导室印发《关于组织开展 2020 年深圳市学习型街道督导评估试评工作的通知》，决定对深圳市南山区南头街道等 6 个街道开展学习型街道督导评估试评工作，旨在加快推进该市学习型街道创建步伐。要求各区（新区）高度重视，采取有力措施在政策、经费、人员等方面为学习型街道的创建工作提供保障。各区（新区）教育主管部门对创建工作严格把关，对参加试评的街道做好创建迎评指导工作。督导评估工作经费由市政府教育督导室解决。

在上述文件指导下，2023 年 1 月，深圳市督导评估组一行 8 人，以及深圳市教育局、

深圳市宝安区教育局，宝安区职业训练中心（城市学院），航城街道领导和街道相关部门工作人员、居民代表共同对深圳市宝安区航城街道开展学习型街道督导评估工作。通过听取汇报、实地考察、访谈座谈等方式，全面评估航城街道创建学习型街道工作。经过集体研讨，评估组专家认为航城街道工作扎实、成效显著，一致同意航城街道通过“深圳市学习型街道”督导评估。航城街道以此次督导评估为契机，努力提升教育培训的品质和内涵，打造一支爱学习、会学习、善组织的学习型队伍，营造更加便捷、舒适、人性化的全民终身学习环境氛围，不断丰富辖区居民文化生活，提升文化素质和文化品质，为实现高质量发展提供支撑。

2023 年 9 月 13 日，武汉市推进学习型城市建设工作领导小组制定《武汉市推进学习型城市建设三年行动计划（2023—2025）》，提出要建立各类学习型组织和学习共同体评价体系，制定监测评估制度，推动各类学习型组织有序发展。同时提出，要进一步加强市区各部门协调和资源整合力度，明确责任分工，强化过程管理、目标管理、监测评价、督导考核，保障规划有效落实。

推进学习型城市建设督导评估是学习型城市建设的重要组成部分，建立长期有效的督导评估机制，使督导评估工作常态化，才能加快学习型城市建设的整体进程，提升我国学习型城市建设的整体水平。

四、持续开展全民终身学习活动周活动

全民终身学习活动周（以下简称“活动周”）是由中国成人教育协会和中国联合国教科文组织全国委员会秘书处发起并组织，与相关城市一起共同举办的一项群众性终身学习活动，旨在通过举办活动周大力宣传终身教育、终身学习的思想和理念，促进更多的人和学校及社会组织机构积极参与终身学习，使学习成为人们生活的一部分，实现党和国家提出的建设全民终身学习的学习型社会战略目标。

（一）全民终身学习活动周的创办与发展

为了贯彻落实党的十六大提出的“全面建设小康社会”“形成全民学习，终身学习的学习型社会，促进人的全面发展”和“构建社会主义和谐社会”的奋斗目标，2005 年 10 月 15 日，由中国成人教育协会、中国联合国教科文组织全国委员会秘书处发起组织，福建省和北京、天津、上海、哈尔滨、南京、杭州、宁波、武汉、广州、深圳等全国 1 省 10 城市共同举办“2005 年全民终身学习活动周”，活动周的主题是“全民学习，终身学习，造就人生，振兴中华”，活动周总开幕式在北京市西城区举行。时任教育部党组成员、人事司司

长的李卫红、中国成人教育协会会长朱新均出席开幕式并讲话。开幕式上，中国成人教育协会与1省10城市联合发布《全民终身学习倡议书》。

自2005年首次举办"全民终身学习活动周"以来，该活动每年连续举办，产生了积极、广泛的社会影响。活动周已成为中国推进学习型社会建设的重要载体和特色品牌，也是建设"人人皆学、处处能学、时时可学"的学习型社会的一项重要制度设计。

为了加大政府对推动这项活动的力度，吸引更多的城市参加，自2009年起，每年举办活动周的《通知》开始由教育部办公厅印发，《通知》明确活动周主办单位为：教育部职业教育与成人教育司、中国成人教育协会、中国教科文全委会秘书处和各参与城市，并成立全民终身学习活动周领导小组，活动周领导小组办公室设在中国成人教育协会秘书处，具体工作由中国成人教育协会组织实施。此举标志着"全民终身学习活动周"进入由教育部推动阶段。

为了进一步推动全民终身学习活动周的开展，自2012年起，教育部将开展"全民终身学习活动周"纳入教育部年度工作要点，对各地开展全民终身学习活动周发挥了重要的推动和指导作用。

2017年1月10日，国务院印发《国家教育事业发展"十三五"规划》（以下简称《规划》），在《规划》的第四部分"协调推进教育结构调整"中的"（五）大力发展继续教育"中明确规定："持续开展'全民终身学习活动周'，倡导全民阅读"。将持续开展"全民终身学习活动周"纳入《国家教育事业发展"十三五"规划》，标志着全民终身学习活动周已列入国家继续教育事业重要工作，对办好全民终身学习活动周提出了更高的要求。

2023年6月15日，教育部办公厅印发《关于广泛开展全民终身学习活动的通知》（以下简称《通知》）。《通知》指出，为深入学习贯彻党的二十大精神，落实"推进教育数字化，建设全民终身学习的学习型社会、学习型大国"要求，教育部决定广泛开展全民终身学习活动。将举办"全民终身学习活动周"作为开展全民终身学习活动的重要组成部分，并从2024年起，各地活动周的举办时间由各省申请、教育部统筹、全年安排，力争形成"周周有活动、省省有特色、学习有成效"的良好氛围，不断提高全民学习的自觉性、主动性，将全民终身学习引向深入。

（二）拓展活动周内容，将展示"百姓学习之星""终身学习活动品牌""优秀成人继续教育院校（培训机构）"纳入活动周内容

2013年，中国成人教育协会参照北京市的做法，开展推荐认定百名"百姓学习之星"活动，并在总开幕式上发布名单、宣传展示他们的事迹，推动全民终身学习。此后，逐年

拓展到遴选展示“终身学习品牌项目活动”“优秀成人继续教育院校(培训机构)”,以丰富活动周内容,增强其吸引力。

根据《教育部办公厅关于举办2013年全民终身学习活动周的通知》要求,2013年全民终身学习活动周全国总开幕式于当年10月13日在天津滨海新区举行。活动周的主题是:“为实现中国梦——终身学习,人人成才”。教育部职成司、中国教科文全委会秘书处、中国成人教育协会、天津市教委等有关方面领导出席开幕式并讲话,来自全国各地约600位代表参加了开幕式。

此次活动周总开幕式内容丰富:一是首次展示了104名“百姓学习之星”,现场重点展示了其中10位“事迹特别感人的百姓学习之星”学习风采。二是推出了“第二届全国社区教育特色课程(通识课程)”优秀教学资源70多种,社区教育学习资源建设越来越受到各地的重视。三是面向社区居民举办了摄影、书法篆刻作品、茶具创意设计、音乐活动、中国画、百姓理财等竞赛活动。四是举办了“为实现中国梦——终身学习,人人成才”主题报告会。五是总开幕式东道主天津市多方位展示了近年来该市在发展社区教育、推动全民终身学习方面取得的丰硕成果。据统计,此次活动全国有27个省、自治区、直辖市890个县(区、市)以上城市(单位)举办了活动周。

2014年11月4日,2014年全民终身学习活动周全国总开幕式在重庆市渝中区举行,活动周的主题是:“全民终身学习,创造出彩人生”。活动周在各省市推荐的基础上,评选出110位“百姓学习之星”,其中“事迹特别感人的百姓学习之星”12位;首次评选展示了百个“终身学习活动品牌”,现场重点展示了其中的“特别受百姓喜爱的终身学习品牌”项目10个;举办了“全国学习型城市建设联盟年会”,为百姓终身学习提供更好更多学习项目。

2015年和2016年全民终身学习活动周全国总开幕式分别在江苏省苏州市和广东省深圳市举行,两次活动周的主题分别为:“发展全民终身学习,推进法治社会建设”和“推进全民继续教育,建设学习型社会”。教育部有关领导分别出席总开幕式并讲话。两次活动周分别展示了“百姓学习之星”120位和112位,其中“事迹特别感人的百姓学习之星”分别为12位和10位;2016年活动周展示了“终身学习品牌”项目78项,其中“特别受百姓喜爱的终身学习活动品牌”项目13个。同时,在苏州市举办的活动周上开通了全民终身学习公共服务平台,与苏州市共同举办终身教育博览会;在深圳市举办了“教育资源进社区网上博览会”“新闻会客厅”,以及“2016年全民终身学习活动周论坛”等活动。

2017年11月13日,2017年全民终身学习活动周全国总开幕式在安徽省合肥市举行。活动周的主题是："推动全民终身学习，加快建设学习型社会"。活动周邀请了民政部、人力资源和社会保障部、农业部、全国老龄办、国家体育总局、中国科学技术协会、团中央等部门（单位）参加。各地教育行政部门、有关院校和继续教育协会等600余人参加了总开幕式活动。总开幕式推出了2017年各地遴选的143位"百姓学习之星"和209个"终身学习活动品牌"，其中"事迹特别感人的百姓学习之星"11位、"特别受百姓喜爱的终身学习活动品牌"12个；首次评选出"优秀成人继续教育院校（培训机构）"179所，其中"事迹特别突出的优秀成人继续教育院校（培训机构）"15所。总开幕式启动了教育资源进社区行动、老年教育资源共享行动、推进学习型城市建设行动、东西部地区社区教育学院结对行动等四大联合行动；成立了"全国社区教育实验区、示范区联盟""全国农村职业教育与成人教育示范县建设联盟"；开通了全民终身学习活动周官网，加大对各地终身学习活动的宣传，营造了全民终身学习的社会氛围。

2018年10月25日，以"服务国家重大战略，推动全民终身学习"为主题的2018年全国终身学习活动周总开幕式在浙江省宁波市举行。教育部职成司和中国成人教育协会领导，以及浙江省、市有关领导出席开幕式并讲话。开幕式上宣布了2018年全国154名"百姓学习之星"、256个"终身学习活动品牌"和147所"优秀成人继续教育院校（培训机构）"名单，其中"事迹特别感人的百姓学习之星"11位，"特别受百姓喜爱的终身学习活动品牌"12个，"事迹特别突出的优秀成人继续教育院校（培训机构）"15所。活动现场启动了社区教育大讲堂100讲、社区教育和老年教育资源共享行动、校企合作开展高铁和轨道交通人才培训工作联合行动等活动，举办了东西部地区社区学院结对仪式，公布了第六批学习型城市名单并发布《学习型城市建设联盟宁波宣言》。

2019年11月8日，2019年全民终身学习活动周全国总开幕式在河南省郑州市举行。活动周的主题是："推动全民终身学习，加快建设学习大国"。教育部职成司、中国教科文全委会秘书处、中国成人教育协会、国家发改委社会发展司、国家开放大学，以及河南省、郑州市等有关领导出席开幕式并讲话。开幕式上，教育部联合多部门启动了全国社区教育和老年教育资源共享行动。同时，启动了100个城市参加的学习型城市建设监测实践项目；宣布了149位"百姓学习之星"、208个"终身学习活动品牌"和130所"优秀成人继续教育院校（培训机构）"名单，其中"事迹特别感人的百姓学习之星"13位，"特别受百姓喜爱的终身学习活动品牌"11个，"事迹特别突出的优秀成人继续教育院校（培训机构）"15所。

（三）抗击疫情，创新方式举办全民终身学习活动周

2020年，波及全球的新冠病毒疫情给举办全民终身学习活动周带来严重影响。为

克服困难，在保证安全、健康的前提下，2020 年全民终身学习活动周以“全民智学，助力‘双战双赢’”为主题，于当年 11 月 1 日在上海市复旦大学举办，同时在各省、自治区、直辖市教育厅（教委）、计划单列市教育局及新疆生产建设兵团教育局设立了 36 个分会场，通过线上线下共 1 500 余位代表参加了总开幕式。教育部职成司、中国教科文全委会秘书处、中国成人教育协会、国家开放大学、上海市人民政府、上海市教育委员会、复旦大学等有关单位领导出席了总开幕式，联合国教科文组织终身学习研究所所长 David 先生远程致辞。活动周推荐认定了 155 位“百姓学习之星”和 159 个“终身学习活动品牌”，其中“事迹特别感人的百姓学习之星”15 位，“特别受百姓喜爱的终身学习活动品牌”16 个。

2021 年全民终身学习活动周结合疫情防控有关要求，紧紧围绕“庆建党百年华诞，谱终身学习新篇”主题，引导各地结合实际广泛开展线上线下各种终身学习活动。总开幕式于 2021 年 11 月 23 日举行，采用“主会场+分会场”视频会议方式，通过线上线下相结合形式，主会场设在教育部机关，在各省、自治区、直辖市教育厅（教委），各计划单列市教育局及新疆生产建设兵团教育局设分会场。教育部职成司、中国教科文全委会秘书处、中国成人教育协会、国家开放大学等有关单位领导在主会场出席总开幕式并讲话。活动周推介了 162 位“百姓学习之星”和 169 个“终身学习活动品牌”，其中“事迹特别感人的百姓学习之星”和“特别受百姓喜爱的终身学习活动品牌”各 17 个；交流展示了社区教育“能者为师”特色课程推介共享行动进展情况。

2022 年 11 月 30 日，2022 年全民终身学习活动周总开幕式在湖南省长沙市举行，活动周的主题是：“学习贯彻二十大，终身学习向未来”。开幕式上，联合国教科文组织驻华代表处主任夏泽翰（Prof. Shahbaz Khan）发表视频致辞，教育部职成司、中国成人教育协会、湖南省教育厅、长沙市人民政府等单位领导出席开幕式并讲话。活动周开幕式以总结、宣传和展示十年来全民终身学习发展成就，宣传推广全民终身学习理念为目标，共推介了 159 位“百姓学习之星”和 160 个“终身学习活动品牌”，其中“事迹特别感人的百姓学习之星”和“特别受百姓喜爱的终身学习活动品牌”各 13 个。展示了教育部“智慧助老”优质工作案例、教育培训项目及课程资源推介进展情况。各地教育行政部门负责人、社区教育、老年教育工作者，以及“百姓学习之星”“终身学习品牌项目”等项目代表通过视频参会。根据疫情防控形势，总开幕式采取录播+直播形式举行，通过线上方式面向全国直播。

2023 年 11 月 14 日，2023 年全民终身学习活动周全国总开幕式在重庆市隆重举行。活动周的主题是“让学习成为一种生活方式”。教育部、中共中央宣传部、民政部等有关司局和直属单位负责同志，中国成人教育协会领导出席了开幕式并讲话。活动周共推介了177位全国新时代“百姓学习之星”和174个全国新时代“终身学习品牌项目”，其中“事迹特别感人的百姓学习之星”和“特别受百姓喜爱的终身学习品牌项目”各16个。广泛开展了主题阅读、数字阅读分享、线上社会大讲堂、“社长（总编）荐书”等活动，推动全民阅读进学校、进社区、进乡村，营造全民学习氛围、打造全民学习生态。同时，举办了“2023年学习型城市建设经验交流及培训会”，会议强调要深刻领会学习型社会建设的重要意义，全力推进新时代学习型城市建设。会议就《2023年度学习型城市建设监测工作方案》《学习型城市建设监测工作细则》进行了讲解。有关专家分享了“国际学习型城市建设发展趋势”“学习型城市建设监测指标体系的设计与实践”。上海、重庆、武汉、成都、苏州、滁州、岳阳等城市代表分享了地方学习型城市建设的工作经验。

（四）19年来活动周成绩斐然，成为我国学习型城市和学习型社会建设的重要载体和特色品牌

自2005年首次举办活动至2023年，共连续举办了19届活动周，旨在倡导全民学习、终身学习。19年来，活动周举办范围不断扩大，参与人数不断增加。据统计，2013年全国有27个省、自治区、直辖市举办活动周，包括890个县级以上单位的1 067万群众参加活动周学习活动。到2023年，全国31个省（自治区、直辖市）和新疆生产建设兵团举办活动周实现全覆盖，其中包括289个地级市、1 920个县级单位。北京、天津、上海、江苏、浙江、四川、河北、云南、广东等省、直辖市举办活动周基本实现了县级以上单位全覆盖；吉林、内蒙古、河南、广东、湖南等省、自治区实现了地级以上单位全覆盖。据不完全统计，从2013年至2023年，通过全民终身学习活动周累计带动4亿多群众参与活动和教育培训。活动周正在成为推动继续教育高质量发展、构建服务全民终身学习的教育体系、建设学习型社会和学习大国的重要载体和特色品牌。

回顾历史，宣传推介“百姓学习之星”“终身学习品牌”项目这两项活动已经成为全民终身学习活动周的制度安排，成为百姓对活动周的关注点、兴奋点和品牌项目。2013年至2023年，全民终身学习工作小组已累计宣传推介“百姓学习之星”1 545位，其中“事迹特别感人的百姓学习之星”140位；“终身学习品牌”项目1 513个，其中“特别受百姓喜爱的终身学习品牌”项目120个，优秀成人继续教育院校（培训机构）456所，其中特别突出的院校45所（表1-3-2）。

通过连续多年举办活动周，宣传推广了全民终身学习的理念和做法，树立了大批百姓学习之星、终身学习品牌和优秀成人继续教育院校，扩大了市民接受终身学习的机会，

提升了从业人员的就业技能和社区居民的幸福感,全民终身学习活动周已成为新时代我国推动继续教育高质量发展,构建服务全民终身学习的教育体系、建设学习型社会的重要活动和特色品牌。

表 1-3-2　历届全民终身学习活动周情况一览表

年份	主　题	总开幕式举办城市	百姓学习之星人数/位	终身学习品牌项目个数/项	优秀成人继续教育院校个数/所
2005	全民学习,终身学习,造就人生,振兴中华	北京	—	—	—
2006	为了每一位学习者	北京	—	—	—
2007	全民共同学习,推进教育公平,关爱困难群体,提高生活质量	上海	—	—	—
2008	学习、奉献、快乐	杭州	—	—	—
2009	人人学习、促进发展	太原	—	—	—
2010	推动全民学习,让生活更加美好	沈阳	—	—	—
2011	人人终身学习,创建学习型城市	武汉	—	—	—
2012	加快发展继续教育,努力建设学习型社会	成都	—	—	—
2013	为实现中国梦——终身学习,人人成才	天津	104	—	—
2014	全民终身学习,创造出彩人生	重庆	110	100	—
2015	发展全民终身学习,推进法治社会建设	苏州	120	—	—
2016	推进全民继续教育,建设学习型社会	深圳	112	78	—
2017	推动全民终身学习,加快建设学习型社会	合肥	143	209	179
2018	服务国家重大战略,推动全民终身学习	宁波	154	256	147

续表

年份	主　题	总开幕式举办城市	百姓学习之星人数/位	终身学习品牌项目个数/项	优秀成人继续教育院校个数/所
2019	推动全民终身学习，加快建设学习大国	郑州	149	208	130
2020	全民智学，助力“双战双赢”	上海	155	159	—
2021	庆建党百年华诞，谱终身学习新篇	教育部线上线下	162	169	—
2022	学习贯彻二十大，终身学习向未来	长沙	159	160	—
2023	让学习成为一种生活方式	重庆	177	174	—
合　计			1 545	1 513	456

五、开展学习型城市建设监测工作

2013 年 7 月，“全国学习型城市建设联盟成立大会”在北京召开，会议通过了《全国学习型城市建设联盟章程》和《全国学习型城市建设联盟宣言》，全国学习型城市建设联盟正式成立，上百个城市加入联盟。同年 10 月，由教育部、联合国教科文组织和北京市人民政府联合举办的首届国际学习型城市大会召开，会议提出“建设学习型城市不仅需要坚定的意愿和承诺，还需要一套关键指标，以监测建设过程”。学习型城市监测是对学习型城市建设过程、质量、水平进行的持续性检验和策略，是学习型城市建设新进程重要推动力量。

（一）开展学习型城市建设监测的意义与政策

2014 年，教育部等七部门共同发布《关于推进学习型城市建设的意见》，提出“建立健全终身学习的统计信息体系，研制监测评估指标体系”的要求，以监测为抓手，推动和促进全国学习型城市建设发展。2017 年，教育部职成司印发《关于开展学习型城市建设监测项目实践的通知》，对开展学习型城市建设监测项目的重要意义、目的任务、组织实施等做了明确要求。启动首批监测工作，组织北京、上海、杭州、成都、武汉、长沙、宁波、太原八个城市参加了学习型城市监测实践项目，探索学习型城市测评工作机制，验证监测指标体系，引导并加快推进我国学习型城市建设。2019 年，在首批学习型城市监测实践项目基础上，进一步完善了学习型城市建设监测指标体系和监测工作机制，教育部职成教司印发《关于进一步开展学习型城市建设监测项目工作的通知》，要求组织更多地级城市参加学习型城市监测项目，组建好监测工作专家团队，积极推进监测项目工作。天津、西安、青岛、合肥、芜湖、安庆、蚌埠、阜阳、滁州、亳州、淮北、淮南、宿州等 13 个城市参加了此次学习型城市监测。

建设学习型社会是全面建成小康社会的重要内容。学习型城市建设是加快构建终身教育体系和建设全民学习、终身学习的学习型社会的重要支撑。组织开展学习型城市建设监测项目，探索建立学习型城市监测工作机制，对于健全服务全民终身学习的现代教育体系，提高学习型城市建设质量和水平，推动学习型城市建设创新发展具有重要的促进作用。

（二）制定学习型城市建设监测指标体系

2017 年，教育部发布《全国学习型城市建设监测指导性指标体系（试行）》（表 1-3-3）。指标体系共有 5 个一级指标，15 个二级指标，62 个三级指标，三级指标中有 18 个为定性测评指标，44 个为定量测评指标。一级指标包括保障、终身教育与终身学习服务体系建设、学习型组织建设、城市可持续发展、成果与创新；二级指标涵盖学习型城市建设的关键方面；三级指标对二级指标进一步细化，确定 62 项关注点，并明确每个三级指标的信息性质说明。这一指标体系体现出终身教育体系、终身学习服务体系和学习型组织建设是学习型城市建设的关键支柱，以及规划、组织、队伍、经费和机制建设的重要保障作用。

表 1-3-3 《全国学习型城市建设监测指导性指标体系（试行）》一级、二级指标

宏观框架	结构要素
1. 保障	1.1 认识
	1.2 组织
	1.3 制度
	1.4 经费
2. 终身教育与终身学习服务体系建设	2.1 学校教育
	2.2 继续教育
	2.3 学习服务
	2.4 信息化学习资源与利用

续表

宏观框架	结构要素
3. 学习型组织建设	3.1 区域学习型组织创建
	3.2 法人单位学习型组织创建
4. 城市可持续发展	4.1 综合发展
	4.2 社会治理
	4.3 人的发展
5. 成果与创新	5.1 制度创新
	5.2 重大成果及获得奖励

首批学习型城市监测实践项目进一步完善了学习型城市建设监测指标体系和监测工作机制。2019 年,教育部发布了《全国学习型城市建设监测指导性指标体系(试行)》修订版,进一步调整了框架结构,优化了指标内容,提高了可操作性。2019 年版监测指标体系包含背景性指标、基础性指标、发展性指标和特色性指标 4 个主要维度,以及 42 项二级指标。

从两次发布的监测指标来看,监测指标的关键调整主要体现在聚焦背景条件、优化基础建设、明确发展目标、强调特色引领。一是聚焦背景条件,2019 年版“背景性指标”部分是对 2017 年版“城市可持续发展”的聚焦与补充。二是优化基础建设,2019 年版“基础性指标”将 2017 年版的“保障”“终身教育与终身学习服务体系建设”和“学习型组织建设”三项指标内容进行精简与合并。三是明确发展目标,2019 年版“发展性目标”突出了具体的建设目标,为建设过程提供更有利抓手。四是强调特色引领。2019 年版指标体系多处强调在建设过程中的各方面要形成特色亮点和典型案例。在此基础上,学习型城市监测实践项目专家团队将关键指标进行细化,制定监测细分表,按 ABCD 四个等级赋予权重量化(表 1-3-4)。通过监测可以全面把握各城市的建设情况,明确各城市处于不同的建设阶段,更好地对各城市实施宏观管理和分类指导,提高建设质量。

表 1-3-4 《全国学习型城市建设监测指导性指标体系(试行)》2019 年修订版

宏观框架	关键指标	A 级	B 级	C 级	D 级
1. 背景性指标	1.1 城市人均国内生产总值	大于 9 万元人民币	8 万元人民币	7 万元人民币	低于 7 万元人民币
	1.2 城镇化率	80%以上	70%	60%	60%以下

续表

宏观框架	关键指标	A级	B级	C级	D级
1. 背景性指标	1.3 城市社区养老服务机构建设情况（建议填写平均万名老年人的养老机构床位数）				
	1.4 社会组织的数量及工作者所占人口比例				
	1.5 新增劳动力平均受教育年限	高于15年	14年	13.8年	低于13.8年
	1.6 学前三年毛入园率	大于90%	87%	83%	低于83%
	1.7 义务教育辍学率	低于0.05%	同C	小学净入学率99.94%	小学净入学率低于99.94%
	1.8 高中阶段教育入学率	大于98%	94%	91%	低于91%
	1.9 高等教育毛入学率	70%以上	60%	54.4%	低于54.4%
	1.10 城市公共教育经费支出占GDP的比例	大于4.04%	同C	4.04%	低于4.04%
	1.11 全市市民人均教育、文化消费支出数	3 500元	3 000元	2 513元	低于2 513元
2. 基础性指标	2.1 市委、市政府将学习型城市建设列入当地经济社会发展规划	列入当地经济社会发展规划，并有专项规划（或意见、决定）	列入当地经济社会发展规划	仅有专项规划（或意见、决定）	未列入规划，且无专项规划
	2.2 对学习型城市建设工作广泛宣传	载体多样，内容丰富效果好，知晓率高	载体多样，内容丰富效果较好，知晓率较高	载体多样，有一定效果	向公众开展了宣传活动
	2.3 建有多部门共同参与的推进学习型城市建设的领导、管理和组织机构	成立领导小组，市主要领导任组长；下设办公室或专门管理机构	成立领导小组，市分管领导任组长；下设办公室或专门管理机构	市分管领导主抓，多部门配合	教育部门主抓

续表

宏观框架	关键指标	A 级	B 级	C 级	D 级
2. 基础性指标	2.4 建有推进学习型城市建设工作指导服务机构	有专门指导服务机构	有兼管机构（一套人马两块牌子）	有机构明确代管职责	没有明确职责机构
	2.5 颁布了有关促进终身学习的条例或指导性政策文件	有专门的学习型城市建设意见（决定、规划）、终身教育或终身学习专门文件	有专门的学习型城市建设意见（决定、规划）	有专门终身教育或终身学习或社区教育专门文件	有市民教育与学习的相关文件
	2.6 建立了学习型城市建设评价、督导、激励等相关制度	建立了学习型城市建设评价、督导、激励等相关制度，执行效果很好	建立了学习型城市建设评价或督导或激励等相关制度，执行有一定效果	建立了学习型城市建设相关制度	没有相关文件
	2.7 职业教育经费占城市教育费附加的百分比	达到 40%	达到 35%	达到 30%	低于 25%以下
	2.8 用于城乡社区教育的经费占城市公共教育经费的百分比或人均社区教育经费（业务经费）	人均 5 元以上	人均达到 3 元	人均达到 1 元	人均低于 1 元
	2.9 企事业单位职工教育和培训情况	达到 55%以上	达到 50%	达到 45%	低于 40%
	2.10 城乡居民社区教育年参与情况	达到 40%以上	达到 30%	达到 25%	低于 25%
	2.11 社区老年教育发展情况	市级和各区（县）具有老年大学	市级有老年大学	市内有老年大学	市内没有老年大学

续表

宏观框架	关键指标	A级	B级	C级	D级
2. 基础性指标	2.12 新型职业农民培训情况	各县、乡镇每年均有新型职业农民培训，社会效益显著	各乡镇每年均有相关培训，效果好	大部分乡镇每年有相关培训	大部分乡镇有时有相关培训
	2.13 对农民工、失业者、低技能者、残疾人等弱势群体的学习支持	每年积极开展对农民工、失业者、低技能者、残疾人等弱势群体的学习支持活动，效果显著，社会反响好	能积极开展对农民工、失业者、低技能者、残疾人等弱势群体的学习支持活动，效果较好	能积极开展对某几类弱势群体的学习支持活动，有一定效果	仅开展了一类弱势群体的学习支持活动
	2.14 建立健全区（市、县）—街（镇、乡）—居（村、社）社区教育培训学校（中心）三级社区教育网络，社区老年教育体系	已建立健全基层三级社区教育网络，社区老年教育体系	已建立健全基层三级社区教育网络	已建立健全基层区（市、县）—街（镇、乡）两级社区教育网络	尚未建立健全基层区（市、县）—街（镇、乡）两级社区教育网络
	2.15 每百万人拥有公共图书量；每百万人拥有文化（艺术）馆、博物馆、科技馆数量及其参观人次；资源共享情况				
	2.16 平均每万名城市居民拥有专用社区学习场所面积	90%以上的社区（村）都有专用社区学习场所	75%以上的社区（村）都有专用社区学习场所	50%以上的社区（村）都有专用社区学习场所	其他

续表

宏观框架	关键指标	A级	B级	C级	D级
2. 基础性指标	2.17社区教育专职队伍总人数占常住人口中的万人占比;社区志愿者队伍的总人数占常住人口的万人占比	市、区、街道(乡镇)、社区(村)四级都建有社区教育专职队伍和社区志愿者队伍	市、区、街道(乡镇)、三级都建有社区教育专职队伍和社区志愿者队伍,且具有一定规模	市、区、街道(乡镇)、三级都建有社区教育专职队伍和社区志愿者队伍,但数量很低	近市、区层面建有社区教育专职队伍和社区志愿者队伍
	2.18举办全民终身学习活动周情况;培育学习品牌数量	每年举办本市全民终身学习活动周;培育出一批学习品牌数量	每年举办本市全民终身学习活动周;培育出若干学习品牌数量	每年举办本市全民终身学习活动周	尚未举办本市全民终身学习活动周
	2.19近五年学习型区(县)、街道(乡镇)及学习型社区(新村)等学习型区域创建率、评估认定率	近五年连续开展了创建与评估(创建率、评估认定率较高)	开展了三年的创建与评估	开展了创建与评估	无评估
	2.20近五年学习型机关、企业、事业单位、学校及社会组织等法人单位学习型组织的建设和评价标准;评估表彰率	有评价标准,连续五年开展了评价或表彰活动(评估表彰率)	连续五年开展了评价或活动	开展了评价或表彰活动	未开展评价或表彰活动

续表

宏观框架	关键指标	A 级	B 级	C 级	D 级
3. 发展性指标	3.1 职业院校年度校均开展继续教育培训人天数或职业院校学历教育与培训学生比例	达到 1.8 倍	达到 1.7 倍	1.6 倍	低于 1.5 倍
	3.2 城市普通高等学校年度校均面向企业、社区居民开展继续教育培训人天数				
	3.3 残疾儿童（包括听障、智障、肢体残疾等）入学率	97%以上	96%	95%	低于 95%
	3.4 各级各类学校面向社会开放比例				
	3.5 人均阅读量（按人均几本纸质书和“学习强国”得分）	7 本以上	6 本以上	4.7～5 本以上	低于 4.7 本
	3.6 探索建立学分积累、转换和认证制度，促进不同类型学习成果互认和衔接	有理论研究和实践探索，形成较好的成果	有理论研究和实践探索，形成一定的成果	有实践探索	没有行动
	3.7 市、区二级市民学习网建设水平（课程门数，资源数量，学时量，网站点击量）	市、区二级市民学习网建设水平较高。（课程门数较多，资源数量较多，学时量较多，网站点击量较多）	建有市、区二级市民学习网。（课程门数较多，资源数量较多，学时量较多）	建有市级市民学习网	未建立市级市民学习网
	3.8 近五年各部门创建各类学习型组织所取得的经验做法及特色亮点	每年有各部门创建各类学习型组织的经验做法及特色亮点总结	每年有部门创建学习型组织的经验做法及特色亮点总结	有创建学习型组织的经验做法及特色亮点总结	没有专门总结

续表

宏观框架	关键指标	A级	B级	C级	D级
3. 发展性指标	3.9 近五年各类法人单位对创建各类学习型组织所取得的经验做法及特色亮点	每年有各类法人单位对创建各类学习型组织所取得的经验做法及特色亮点总结	每年有法人单位对创建各类学习型组织所取得的经验做法及特色亮点总结	有法人单位对创建学习型组织所取得的经验做法及特色亮点总结	没有专门总结
4. 特色性指标	4.1 在学习型城市建设法规、制度、体制、机制等方面创新与发展的典型案例、创新项目及相关理论研究与实践成果	有在法规、制度、体制、机制等方面创新与发展的典型案例、创新项目及相关理论研究与实践成果	有创新项目及相关理论研究与实践成果	有创新实践成果	没有显著成果
	4.2 近五年来城市获得国际、国家、有关部委的荣誉称号	获得国际或国家、有关部委的荣誉称号	获得省委省政府的荣誉称号	获得省委省政府有关部门的荣誉称号	没有获得省级部门以上的荣誉称号

（三）组织实施学习型城市建设监测工作

2017年，参与首批学习型城市建设监测项目的八个城市根据教育部职成司印发的《关于开展学习型城市建设监测项目实践的通知》要求，结合各城市实际，加强领导，统筹协调，建立了学习型城市建设监测工作机制，分阶段分任务，多部门合作联动，认真落实、有序推进学习型城市建设监测工作。参与城市认真组织对教育部相关文件和全国学习型城市建设监测指导性指标体系的学习理解，提高对监测工作和创建工作的认识。相应成立学习型城市建设监测工作领导小组和工作小组，建立起监测工作保障体系。八个城市均制定了学习型城市监测工作实施方案和相关工作制度，规范学习型城市监测工作,形成工作机制。学习型城市建设监测内容涉及宣传、教育、人社、财政、民政、文广新、科技、统计、城调、妇联等多个部门以及终身学习体系的方方面面。在监测工作中,建立跨部门协作的组织方式和工作流程等。各城市认真对照《监测指导性指标体系》要求,组织多部门合作做好数据材料的收集。坚持数据的客观性和权威性。例如北京、上海、杭州、成都等城市委托专业机构承担具体监测工作。八城市都认真梳理总结完成了监测报告。

根据监测结果,八城市在学习型城市建设中结合城市建设和发展实际采用不同的建设策略和方法积极推进,取得了显著的成效。第一,把做好顶层设计作为建设学习型城市的先导举措。各城市均出台了学习型城市建设相关文件,全面规划设计。建立管理体制,提供组织保障。加强制度建设,形成工作机制。例如,北京市委、市政府坚持从战略高度系统设计、科学规划学习之都建设工作。2007 年 4 月,市委、市政府颁布《关于大力推进首都学习型城市建设的决定》,确定了建设目标、指导思想、工作思路和保障措施。上海市印发《上海市终身教育促进条例》,细化学习型社会发展目标和路径,并建立了一系列工作制度。第二,完善体系建设、提供市民终身学习服务。建立健全社区教育网络,形成市—区(市、县)—街(镇乡)—居(村、社区)社区教育培训学校(中心)四级网络体系。整合学习资源,建立学习基地。例如,杭州市推出富有特色的公共文化学习点,为市民提供便捷的学习体验。联合有关高校,结合辖区历史沿革和文化特色,充分发挥自身优势,开展以尊师重教为主题的国学弘扬活动,挖掘、培育和形成市民大学堂、国学一字堂等百个国学传承基层点,打造市民好学、爱学、乐学优秀传统文化的基地。探索建立学分积累、转换和认证制度。例如,宁波市初步探索建立了学分积累、转换和认证制度,各县(市)区也积极依托区域终身学习平台推进线上与线下老年互动学习模式构建,其中慈溪市的“99 学吧”和市民学分银行在这方面做了大胆的探索,被教育部和中国成协授予全国首家“城乡数字化学习示范建设点”,并成为国内学分银行先行先试的一个典型实践案例。第三,创新学习载体,营造全民终身学习氛围,形成了一些特色项目与学习品牌。例如,北京学习之星评选活动、上海创建市民终身学习体验基地、杭州学习节、杭州社区学习共同体、武汉“书香江城——全民读书月”、最成都·市民课堂、太原市“年年有学习周,月月有大讲堂,天天有学习课堂”发展模式。为广大市民搭建起终身学习的平台,为市民提供终身学习服务,有力推动了城市可持续发展。第四,大力推动各类学习型组织建设。8 个城市在这方面取得了很好的经验和成效。如学习型组织建设与评估是北京学习型城市建设的起步点和突破点,以评促建、以评促发展是北京经验的特色内容。

2019 年 10 月,教育部职成司印发《关于进一步开展学习型城市建设监测项目工作的通知》，继续扩大学习型城市建设城市数量，提升创建水平，总结推广经验，展示创建成果，推动学习型城市和学习型社会建设。天津、西安、青岛、合肥等13个城市参加了此次学习型城市监测。2020年3月，在教育部职成司指导下，中国成人教育协会与北京教育科学研究院联合组成了学习型城市建设和监测专家团队，启动了监测工作。

参加第二次监测的13个城市根据城市特点与发展实际，形成不同的建设机制和方法，充分重视学习型城市建设的顶层设计，建立组织制度保障，推进资源融合，创新培训模式，搭建学习平台，激励终身学习，健全服务全民终身学习的教育体系，大力提升市民素质和城市文明程度，高标准建设学习型城市。加强终身学习地方性法规建设，为学习型城市建设提供法治保障。例如，天津市在2002年率先出台《天津市老年人教育条例》；2019年西安市颁布《西安市社区教育促进条例》。其他城市也积极开展立法调研及论证工作，推进终身教育法治化进程。在推进学习型城市建设过程中，天津、安庆、亳州、淮北、淮南等城市不仅把创建学习型城市作为教育改革范畴，更是将学习型城市建设与城市发展重心紧密结合，纳入城市发展规划当中。各城市还印发了系列政府规章，明确建设框架、建设思路和实施办法等，为推进学习型城市建设提供政策指导与保障。建立由市委、市政府主要领导负责，多部门组织的领导体制。积极完善体系建设，提供终身学习服务。各城市重视为流动人口、残障人员、就业困难人员及老年人等群体提供学习服务，大力发展成人继续教育，为各类群体提供学习服务。建立健全社区教育网络，助力终身学习体系建设。各城市不断积极探索和尝试学分积累、转换和认证制度，例如，天津市各区社区教育学分银行建设依托“终身学习网”平台，建立居民终身学习档案库及成果转换管理体系，为居民提供学习成果认证、累积、转换服务，可以实现学分认定、学分积累、学分互认。天津城市职教集团制定了《学分认定暂行办法》。另外，各城市力促各类优质公共文化和教育资源开放共享，面向市民积极提供教育和学习服务。各城市积极推进学习型组织建设，例如青岛市形成纵横贯通的学习型组织创建模式，完善学习型组织创建标准。在学习型组织建设上，坚持横向拓展，纵向延伸，做到无死角、全覆盖，加强内涵建设，全面提升学习型组织创建质量。持续开展“全民终身学习活动周”活动，宣传全民学习、终身学习的理念，凝聚社会共识，营造学习氛围。各城市还充分利用现代信息技术搭建数字化学习平台，为市民提供便捷的终身学习服务，推进学习型城市智慧化水平。例如，天津市充分利用广播电视大学信息化技术优势，建设多层级终身学习公共服务平台和51个社区数字化学习中心；青岛市依托青岛广播电视大学组织建设青岛全民学习网点，形成“一库多网”的全民学习资源体系。

根据监测结果，从创建工作取得的成效看，参与城市把建设学习型城市与创新型城市、生态型城市和城乡统筹示范区、人文法治示范区等结合起来。例如，在创建过程中坚持社会主义核心价值体系，让学习成为一种生活方式，让全民终身学习的理念深入人心，在全市范围内形成“人人皆学、时时可学、处处能学、按需选学、终身在学”的学习之风。充分发挥核心价值观的引领作用，以学习大众化、普及化为着力点，充分发挥科学理论的先锋作用、文艺作品的熏陶作用、传统美德的传承作用、先进典型的示范作用、法律法规的约束作用、市民群众的自律作用、社会宣传的渗透作用。同时，创建学习型城市推动了城市综合发展，为城市经济持续稳定增长、产业结构优化升级、文化事业文化产业加快发展提供了动力；提升了城市发展的软实力；提升了社会治理水平，促进了人的全面发展。

（四）相关监测数据分析与结论

十年来，经过不断探索、实践，中国学习型城市建设取得了重大进展。以第一批和第二批共 21 个监测试点城市为代表的全国学习型城市建设取得了显著成绩，尤其是参与第一批监测的 8 个城市整体建设水平较高。例如，北京、杭州等城市将学习型城市建设与城市的生态文明建设、可持续发展结合起来，确立了可持续发展的学习型城市建设目标。在首批监测试点城市中，北京、杭州、上海、成都、武汉、太原等城市先后成为联合国教科文组织学习型城市网络成员单位。其中，北京、杭州、成都、上海分别于 2015 年、2017 年、2019 年和 2021 年先后荣获联合国教科文组织颁发的“全球学习型城市奖”。

通过对试点城市开展监测实践，也应看到，在上述开展监测试点城市依然存在许多困难和问题。

1. 可持续性指标在监测中落实不够

第四届国际学习型城市大会中提出了包容——建设可持续发展的学习型城市的原则，这也是国际主要学习型城市监测指标关注的重点内容之一。但是中国对相关指标的落实明显不足，还不具备真正意义上的动态长效监测与可持续性的能力。而“包容、可持续”的范畴应包含对各层面人群的包容和多种学习资源的可持续性，投入的可持续也未能涵盖包容、可持续的全部内涵，仍然需要拓展指标的范围和测量的动态性。

2. 各监测试点城市的建设特色挖掘不足

由于不同城市的经济社会发展、文化背景不同，学习型城市建设监测应因城市而异，应在共性指标下寻求学习型城市建设的差异性、特色性，而非传统的“一刀切”式进行统一硬性的规定。在制定学习型城市监测指标和综合监测学习型城市建设情况时，更要通过监测，促使城市提炼特色，挖掘典型，形成发展亮点。

3. 监测工作的辐射作用发挥不强

通过监测工作，可以发掘各城市典型建设方法和有效举措，探索与总结相结合，创建与交流相促进，但是目前缺少监测工作信息化交流和服务平台，无法有效共享经验教训。应构建开放务实的长效机制，及时反映学习型城市建设的进度和地区差异，促进全国学习型城市建设的全面发展。

（执笔人：张竺鹏、彭海虹、史枫、王琰、林世员、张翠珠）

第四章　主要进展

为贯彻党的十八大以来历次中央会议精神，落实《教育部等七部门关于推进学习型城市建设的意见》，国家和各地城市采取多种措施，不断加快推进学习型城市建设步伐，取得了一系列重要进展。

一、构建各级各类教育相互衔接、沟通的终身教育体系

（一）促进各级各类学校教育协调发展

2014 年，《教育部等七部门关于推进学习型城市建设的意见》明确将“构建终身教育体系，促进各类教育融合开放”列为建设学习型城市的主要任务。2018 年，习近平总书记在全国教育大会上进一步强调要更加注重教育改革与发展的系统性、整体性和协同性，要加快建成伴随每个人一生的教育，加快建成平等面向每个人的教育。2019 年，《中国教育现代化 2035》又进一步确立了“建成服务全民终身学习的现代教育体系”的发展目标，强调了将终身教育理念贯穿于各级各类教育改革和发展的旨向。

近十年来，中国各大城市在探索和加快学习型城市建设实践中，始终以终身教育的理念，将学校教育协调发展列入学习型城市建设的重要任务之一，全面推动从学前教育、义务教育、特殊教育、高中阶段教育，到职业教育、高等教育、继续教育的协调发展，基本实现了各级各类教育纵向衔接、横向沟通。

根据教育部公布的《2021 年全国教育事业发展统计公报》，全国共有各级各类学校 52.93 万所，各级各类学历教育在校生 2.91 亿人。其中，共有幼儿园 29.48 万所，毛入园率 88.1%，比上年提高 2.9 个百分点；义务教育阶段学校 20.72 万所，九年义务教育巩固率 95.4%；普通高中 1.46 万所，高中阶段毛入学率 91.4%；中等职业学校 7 294 所；高等学校 3 012 所，各种形式的高等教育在学总规模 4 430 万人，其中成人本专科在校生 832.65 万人、网络本专科在校生 873.90 万；各级各类民办学校 18.57 万所，在校生 5 628.76 万人，占全国各级各类在校生总数的比例 19.34%。在终身教育理念的引领下，全国各级教育普及程度均达到或超过中高收入国家平均水平，其中，学前教育、义务教育普及程度达到世界高收入国家平均水平，高等教育进入国际公认的普及化阶段，教育总

体发展水平跃居世界中上行列①。

全国各大城市在促进各级各类学校教育协调发展方面，探索形成了实践理念和特色举措。例如，上海市率先提出“为了每一个学生的终身发展”的核心理念，并以此来引领改革传统的学校教育，注重培养学习者的终身学习能力，有效发挥基础教育在全民终身学习中的基础作用，发挥高等教育和职业教育在终身教育体系构建中的人才培养、科学研究、社会服务等方面的重要作用，并依托开放大学建立覆盖全市、资源丰富、品质优异、泛在可及的市民终身学习服务体系，促进学校教育与工作场所教育、社区教育之间、学历教育与非学历教育之间、组织学习与自主学习之间的协调发展。

浙江省杭州市打造形成以开放性、包容性、创新性和可持续性为核心特征的“3L”（Life-long，学习时间全覆盖；Life-wide，学习地点全覆盖；Life-deep，学习内容全覆盖）终身教育体系，打造纵贯学前教育、基础教育、高等教育、成人教育与特殊教育，覆盖社区、工作单位、家庭等全方位学习平台，为学龄儿童、外来务工人员、老年人、残疾人等各类群体提供学习机会和保障。

四川省成都市在学校教育协同发展方面努力实现“优教成都”，建设了幼儿园 2 366 所、中小学 1 280 所、高等学校 56 所，学前教育三年毛入园率达 98. 8%，小学学龄儿童入学率达 100%，初中达 99. 9%，高中阶段毛入学率达 97. 1%，超过中高收入国家平均水平；高等教育毛入学率达 49. 4%。近年来，成都教育发展指数连续在全国副省级城市中位列第一，基础教育在全市公共服务满意度测评中蝉联第一。

湖北省武汉市各级各类学校教育普及取得成效。2016 年全市学前三年教育毛入园率达 88. 95%；义务教育辍学率 0. 091%；高中阶段毛入学率达 97. 17%；高等教育毛入学率达到 54. 61%。进城务工人员子女在公办学校就读的比例达到 97. 90%；三类残疾儿童少年入学率连续 3 年达到 100%。

浙江省宁波市在推进各级各类学校教育协调发展中，推动了学前教育快速拓展，基本实现普惠均衡，小升初比例达 100%；基础教育均衡化发展，基本实现教育公平，初升高比例达 99. 18%；高等教育平稳发展，基本实现优质提升，普职比为 52 ∶ 48，高等教育毛入学率超过 60%；职业教育领先发展，获得全国瞩目，全国职业院校技能大赛连续四年居全国金牌榜第二位。

山西省太原市以“百校兴学”工程为抓手推进各级各类学校教育协调发展，仅用四年时间就新建扩建学校 875 所，总建筑面积 382. 34 万 m^2，新增教育用地 4 032 亩，确保

---

① 中共教育部党组．奋力谱写新时代新征程教育改革发展新篇章[J]．求是，2022(18)．

了学前教育普及发展、义务教育均衡发展、中等教育协调发展、高等教育快速发展。在抓好学前教育、义务教育、高中教育、职业教育、高等教育等学校教育发展的同时，高度重视社区教育、职工教育与农村成人教育，强力推动成人继续教育全面发展，从而构建起“系统化发展，整体性衔接”的终身教育体系和终身学习服务体系，使其成为学习型城市建设的有力支撑。①

学校教育协调发展的全方位跃升带来中国人力资源开发水平显著提升。据统计，2021 年全国劳动年龄人口平均受教育年限达到 10.9 年，新增劳动力平均受教育年限达到 13.8 年，拥有大学文化程度的人口超过 2.18 亿②，劳动力素质结构发生重大变化，全民族素质极大提高。站在新的历史起点上，着力促进各级各类教育协调发展，在固根基、扬优势、补短板、强弱项上下功夫，持续扩大优质教育资源供给，为每个人成长成才创造条件，不断提升全民受教育程度。

（二）推进高等教育、职业教育与继续教育的相互融通

党的十八大以来，完善终身教育体系，建设学习型社会的时代呼唤对高等教育、职业教育和继续教育的融通发展提出更高要求，关于三教融通发展的政策框架日益完善，三教融通实践日益丰富，成为办好人民满意的教育的重要途径。

1. 党和国家的政策保障

发布了一系列关于加强高等教育、职业教育与继续教育融通的政策文件。2014 年《教育部等七部门关于推进学习型城市建设的意见》提出，“构建终身教育体系，促进各类教育融合开放。通过深化教育综合改革，推进学历教育与非学历教育协调发展，职业教育与普通教育相互沟通，职前教育与职后教育有效衔接，有效发挥学校教育在全民终身学习中的基础作用。”2019 年，党的十九届四中全会明确提出，完善职业教育、高等教育、继续教育统筹协调发展机制。《中国教育现代化 2035》提出“强化职业学校和高等学校的继续教育与社会培训服务功能，开展多类型多形式的职工继续教育。”2021 年，中共中央办公厅、国务院办公厅印发《关于推动现代职业教育高质量发展的意见》，明确提出“要强化职业教育类型特色，通过推动不同层次职业教育纵向贯通，促进不同类型教育横向融通，健全职普并行、纵向贯通、横向融通的培养体系。因地制宜、统筹推进职业教育与普通教育协调发展。”2022 年，新修订的《中华人民共和国职业教育法》（以下简称“新职教法”）规定：“明确职业教育是与普通教育具有同等重要地位的教育类型。职业教育

① 中国成人教育协会，北京教育科学研究院．八城市学习型城市建设监测报告[R]. 2019-3.

② 教育部．全国拥有大学文化程度的人口超过 2.18 亿[EB/OL]. 教育部网站.

与普通教育相互融通，不同层次职业教育有效贯通，服务全民终身学习的现代职业教育体系。”党的二十大报告强调加快建设高质量教育体系，“统筹职业教育、高等教育、继续教育协同创新，推进职普融通、产教融合、科教融汇，优化职业教育类型定位。”2023 年 5 月 29 日，在中央政治局就建设教育强国进行第五次集体学习时，习近平总书记再次强调要推进职普融通。关于高等教育、职业教育、继续教育的融通政策已上升到支持高质量教育体系建设、教育强国建设、支撑引领中国式现代化的高度，创造了高等教育、职业教育和继续教育融通的良好发展环境。

2. 深化三教融通，建设学习型社会

不断深化高等教育、职业教育和继续教育相互融通，支撑全民终身教育体系和学习型社会建设。一是融通规模稳步增长，促进劳动力素质不断提升。高等学历继续教育是高等教育、职业教育和继续教育融通的基本途径，服务大批有高等学历需求的社会学习者。2021 年高等学历教育（包括普通本专科+成人本专科+网络本专科）的毕业生为 1 363 万余人，与过去五年统计数据相比，呈现稳步增长的趋势。新职教法颁布后，明确高职院校可举办本科及以上教育层次，高等学历继续教育供给渠道增加，2021 年职业本科的在校生人数达到了 12.93 万人。高等学历继续教育规模的稳步增长，促进我国劳动年龄人口受教育水平不断提升。普通高等学校和成人高等学校的非学历教育培训也日益丰富，依托优质教育资源，为大量在职人群提供适需的职业培训，推动高等教育与职业教育、继续教育的协同发展。

二是融通形式灵活丰富，推动人才发展通道更加畅通。首先是纵向贯通模式多样。广东省试点高职院校和本科高校协同育人，以本科高校名义招生，采用“2+2”和“4+0”两种模式，培养四年制应用型本科人才，促进职业教育与普通高等教育贯通。上海市开展“中职—大专”立交桥项目，采用“2+3”模式，2-3 年中专或高中后接读 2.5-3 年的专科或本科，实现中等职业教育与高等职业教育或成人高等教育无缝衔接。其次是横向沟通转换灵活。2012 年起，各省市建立学分银行，建立个人学习账号和学分累计制度，推进各类高等学校之间的学分认证转换和非学历教育、非正规学习的学习成果认证转换，促进高等教育与继续教育的沟通衔接，畅通终身学习通道。

三是融通内涵日益多元，开放大学和职业院校发展空间增大。2014 年起，各地全面实施《关于加快发展现代职业教育的意见》，推动职业教育与普通教育融通。2022 年，新职教法颁布，职业教育进入新的发展阶段，与高等教育、继续教育的融通进一步增强，各地推出各类融通项目或活动等。天津市发挥“国家现代职业教育改革创新示范区”的优势，率先确立了“职继协同 · 双周推进”工作方略，将“职业教育活动周”“全民终身学习活动周”活动作为重要抓手，以四个职业教育集团为载体，推动职业院校向社会开放学习资源，建立职业院校与社区、职业教育与继续教育联动机制，推进学习型城市建设。开放大学发挥融通高等教育、职业教育、继续教育方面的体制优势（兼有中等/高等职业学校、学分银行），融通实践取得明显成效。上海开放大学依托学分银行开展了学历教育证书和职业培训证书间的“双证融通”，组织开展了“学分认可型双证融通”和“证书认可型双证融通”试点。广东开放大学在多方协同机制下开展面向新时代农民工的继续教育实践，探索形成了“四方联动，双证融通，能力学历双提升”的继续教育模式，对促进新时代农民工向高质量技能型劳动者转型，畅通个人终身学习和职业发展通道等方面具有重要意义。

四是融通机制日益完善，形成多方协作推进格局。一方面，逐步形成政府、学校、企业、行业多方协作的融通推进机制。天津市探索“区校联合体”，由各行政区的普通高校与社区教育联合办学、开展终身学习服务，促进高等教育与职业教育、继续教育协同创新服务。上海市发布《关于推进新时代职工继续教育创新发展的意见》，探索由政府多部门统筹推进、各级各类继续教育机构供给丰富、各行业和企业需求对接精准、上海特色“双元制”模式普遍建立的新时代职工继续教育新体系。另一方面，逐步形成重点区域的合作机制。伴随区域教育的互联互通不断深入，重点区域如长三角地区、粤港澳大湾区已依托区域学分银行推动教育融通。2020 年，沪苏浙皖一市三省共同签署《关于成立长三角地区开放教育学分银行管理委员会的决议》，构建了长三角地区的学分银行管理体系，统一进行学分认证和转换。2021 年，教育部职成司宣布，粤港澳大湾区依托学分银行开展学历教育与非学历教育学习成果认定、积累和转换，实现学分和技能等互认互通。

（三）加快学分银行制度建设，搭建终身学习“立交桥”

在社会经济快速转型升级的大背景下，终身学习渗透人们的日常工作和生活，学习成果的认证、积累与转换需要得到支持。在教育内部，基于终身学习理念的教育教学改革进入深水区，教育体系需要面向适应终身学习社会的需求，因此，在内外因素的交织下，学分银行成为解决问题的一条重要途径和关键支柱，受到社会各界的关注①。“学分银行”就是在终身学习理念的推动下，在不同类型教育间（包括不同形式学历教育、非学历教育的不同课程）以学分认定、累积和转换为主要内容的一种新型的学习制度和教育

① 吴南中，夏海鹰，姜伯成．区域性终身学习学分银行：功能厘定，业务模型与推进策略[J]．中国远程教育，2020（8）：9-14，76.

管理制度①,能够打破个体接受教育时间以及空间上的限制,成为连接学历教育、职业培训、非学历教育等各级各类教育形式之间的"桥梁"和"纽带"②。作为一种新的教育制度安排,学分银行有助于克服传统教育体制的弊端,加强教育机构的沟通与协作,促进各级各类学习成果的沟通和衔接,推进学习型社会建设③,为我国学习型城市建设提供了必要的保障。

中国政策文件首次提出"学分银行"概念是在2004年教育部发布的《关于在职业学校逐步推行学分制的若干意见》中,提出"探索和建立职业学校学分累积与转换信息系统('学分银行')。依托教育信息化平台,逐步建立职业学校学习者的学习和职业实践经历信息库,为学习者转换学分、取得学历、终身学习和就业提供服务",突出了学分银行推进学分互认的作用。2010年,《国家中长期教育改革和发展规划纲要(2010—2020年)》颁布,明确提出"构建灵活开放的终身教育体系";同时,强调"建立继续教育学分积累与转换制度,实现不同类型学习成果的互认和衔接"。在宏观纲要的指导下,学分银行在中国的建设从理论迈向实践,第一家省级学分银行在上海落地,上海市政府将学分银行作为建设终身教育体系和学习型社会的有力措施之一加以推进。

在中国,作为新生事物的学分银行,从无到有已经经历了20年的发展历程,在近10年里更是由实践落地开始实现了建设数量和辐射力度的全面腾飞。作为学习型城市建设的基础之一,截至2022年,国家开放大学在开大办学体系基本完成学习成果认证分中心建设,上海市等16个省(自治区、直辖市)先后发文成立省(自治区、直辖市)级学分银行,基本形成了国家层面学分银行与省级层面学分银行建设同步探索、交叉建设现状。全国各地学分银行建设呈不断增长趋势,存在着多种建设类型(包括学校、行业、区域和国家层面的,或者服务于职业教育领域,或者服务于继续教育领域,或者服务于市民社会学习领域,更多地服务于终身教育领域)④。除省级学分银行外,长三角三省一市建立了"长三角地区开放教育学分银行",开创了区域学分银行建设的先河,为长三角区域一体化发展提供了助力。《中国学分银行建设进展调查报告》显示,目前全国已经有34家学分银行独立开展业务工作,其中9成学分银行有明确的建设规划方案,8成学分银行建

---

① 郝克明. 终身学习与"学分银行"的教育管理模式[J]. 开放教育研究,2012,18(1):12-15.

② 连赟,吕有伟,汪倩雯. 共同富裕背景下终身教育学分银行2.0的构建及实施路径[J]. 中国成人教育,2023(9):16-21.

③ 王宏. 上海市终身教育学分银行十年发展报告(2012—2022)[M]. 上海:上海教育音像出版社,2022:6.

④ 张璇,邵文莎."十四五"时期我国学分银行建设的实施策略研究[J]. 终身教育研究,2021,32(1):36-42,49.

立了信息管理系统,4 成学分银行已建立合作机构联盟,超过 7 成的学分银行为用户存入了学习成果,4 成学分银行建立了 2 级或者 3 级的支持服务系统,3 成学分银行的学习成果存入数量超过 10 万条,其中 4 家学分银行存入的学习成果超过千万条①。

十年来,中国学分银行建设取得了丰硕成果,在顶层设计方面,在国家构建终身教育体系、推进学习型社会建设的方向指引下,国家层面的宏观制度框架逐渐完善。党中央、国务院、教育部和地方政府的政策文件中,多次提出推进各类教育形式的沟通衔接、建设学分银行制度②。2019 年 2 月,国务院印发《国家职业教育改革实施方案》,提出"加快推进职业教育国家学分银行建设",推动学分银行建设进入新一轮热潮③。2020 年 3 月,教育部印发《关于做好职业教育国家学分银行建设相关工作的通知》,提出"建立符合中国国情的职业教育国家学分银行",标志着学分银行建设在国家层面统筹推进。同年,国务院《深化新时代教育评价改革总体方案》再一次明确,"探索建立学分银行制度,推动多种形式学习成果的认定、积累和转换,实现不同类型教育、学历与非学历教育、校内与校外教育之间互通衔接,畅通终身学习和人才成长渠道"。2020 年 9 月,教育部等九部门联合发布《职业教育提质培优行动计划(2020—2023 年)》,将"健全服务全民终身学习的职业教育制度,加快建设职业教育国家'学分银行'"作为重点开展的三项工作之一④。2022 年,《中华人民共和国职业教育法》修订,"职业教育体系"一章要求"国家建立健全各级各类学校教育与职业培训学分、资历以及其他学习成果的认证、积累和转换机制,推进职业教育国家学分银行建设,促进职业教育与普通教育的学习成果融通、互认"⑤,标志着学分银行建设上升至国家法律层面。

在地区组织方面,各级地方政府积极响应,将学分银行的试点逐步纳入各项教育改革计划。2021 年,浙江省制定《浙江高质量发展建设共同富裕示范区实施方案(2021—2025 年)》,从共同富裕示范区建设的高度,指出"健全'学分银行'制度,实现终身教育丰富便捷,满足人民群众时时处处学习的需要"⑥。2023 年,安徽省印发《安徽省人民政府关于印发支持技工强省建设若干政策的通知》,针对技能人才培养,提出"有序推进学

---

① 江苏省终身教育学分银行 . 2021 年中国学分银行建设进展调查报告[EB/OL].(2019-02-13)[2023-07-16].

② 王海东 . 学习成果认证制度研究[M]. 北京:中国人民大学出版社,2017:277.

③ 国务院关于印发国家职业教育改革实施方案的通知[EB/OL].(2019-02-13)[2020-06-16].

④ 教育部等九部门关于印发《职业教育提质培优行动计划(2020—2023 年)》的通知[EB/OL].(2020-09-23)[2020-10-15].

⑤ 中华人民共和国职业教育法[EB/OL].(2022-04-21)[2023-07-04].

⑥ 中共浙江省委,浙江省人民政府 . 浙江高质量发展建设共同富裕示范区实施方案(2021—2025年)[EB/OL].(2021-07-20)[2023-07-01].

历证书、职业资格证书、职业技能等级证书衔接互通，建设安徽省‘学分银行’，推动普通教育、职业教育、继续教育学分或课程互认，培养“技能+学历”的复合型技能人才”①。越来越多城市也探索建设地市级学分银行，如曾获得联合国教科文组织学习型城市奖的成都，2018 年就建立了成都市终身教育学分银行，为学习型城市建设提供助力。整体来看，在实践探索中，我国学分银行形成了形式多样、丰富多彩的制度创新和实践样态。

在操作实践方面，围绕学分银行的核心功能，开展了不同形式之间的学分认定、累积和转换活动，为支持群体成员的终身学习活动发挥了积极作用。如上海市终身教育学分银行，自 2012 年成立到 2023 年中，已经有 6.63 万人进行了学分转换，转换学分 68.41 万分。各学分银行根据自身的需求，面向不同类型的学习者，制定了认定规则，构筑形式灵活的服务平台，部分学分银行开始探索基于区块链的线上平台建设，通过技术手段提高学习成果的安全性，保障学习者能够顺利实现学分认定、累积和转换。

（四）推动学校教育、家庭教育和社会教育相结合

学校教育、家庭教育和社会教育是现代教育的三大基石。推动学校教育、家庭教育和社会教育相结合，是建设学习型社会，构建良好教育生态，推进教育现代化，建立高质量教育体系的关键举措。2018 年，习近平总书记在全国教育大会上指出：“办好教育事业，家庭、学校、政府、社会都有责任。教育、妇联等部门要统筹协调社会资源支持服务家庭教育。全社会要担负起青少年成长成才的责任。”2021 年 3 月，“十四五”规划明确提出要“健全学校家庭社会协同育人机制”，“完善终身学习体系，建设学习型社会”，表明家校社协同育人除了具有满足学校教育发展的传统价值外，还具有完善终身学习体系、建设学习型社会的新价值。2021 年 10 月 23 日，第十三届全国人民代表大会常务委员会第 31 次会议通过了《中华人民共和国家庭教育促进法》，这是我国首次通过的关于家庭教育的专门立法，明确家庭教育应当符合家庭教育、学校教育、社会教育紧密结合、协调一致的要求，“各级人民政府指导家庭教育工作，建立健全家庭学校社会协同育人机制”。党的二十大报告提出，要“健全学校家庭社会协同育人机制”。2023 年 1 月 13 日，教育部等 13 部门联合印发《关于健全学校家庭社会协同育人机制的意见》，提出到 2035 年形成定位清晰、机制健全、联动紧密、科学高效的学校家庭社会协同育人机制。学校充分发挥协同育人主导作用，家长切实履行家庭教育主体责任，社会有效支持服务全员育

---

① 安徽省人民政府．安徽省人民政府关于印发支持技工强省建设若干政策的通知[EB/OL]．(2022-08-29)[2023-07-02].

人，全面构建协同育人新格局。

在建设高质量教育体系、加快建设学习型社会、全面推进家庭教育、实施“双减”政策等教育发展的新形势下，家校社协同育人的重要性被提到前所未有的高度。在家校社协同育人机制建设取得一定进展的情况下，社会各方面、各相关单位逐步展开落实相关工作，党委领导、部门协作、学校主导、家庭尽责、社会参与的联动工作格局基本建立，形成了有各地特色和优势的协同育人实践探索。

为健全家校社协同育人机制，北京市通过多平台多举措聚合资源，统筹建设家庭教育信息化共享服务平台。于 2008 年 1 月开通运行的“北京市网上家长学校”是健全家校社协同育人机制、构建“互联网+”家庭教育指导模式的重要举措。“1+X”网上家庭教育指导服务供给体，以“北京市网上家长学校”为主体，整合“首都女性终身学习平台”“北京市社区（村）家长学校线上平台”等网上资源，充分发挥线上优势，提供更具可及性、便捷性、互动性、有效性的网上家庭教育指导服务。目前，“北京市网上家长学校”已形成多部门协同，分工明确，多主体、多渠道参与的开放型资源建设机制，成为家庭教育网上资源共享中心。

上海在家校社协同育人方面，走出了一条特色之路。《上海市家庭教育指导大纲（修订）》的制定等均走在全国前列。上海的家校社协同实践，带有海派文化开放多元的特征。如黄浦区构建了家校社协同育人的五大空间（公共空间、文化空间、社区空间、网络空间和智库空间），形成了具有区域特色的家庭教育和儿童工作的路径、载体和平台。静安区设有区级家庭教育指导中心，直接受区教委、教育局领导，具备独立法人资质。集研究、指导、培训于一体，面向区域内中小学校、3～18 岁的儿童家庭提供专业的家庭教育指导服务。除了区域特色以外，上海还有一些典型案例。例如，上海开放大学于 2020 年成立上海家长学校，依托上海开放大学系统，搭建起“市—区—街镇”三级家长学校网络。整合多种资源，提供多样化家庭教育社会支持。编制了体系化、科学化的“家庭教育指导师课程方案”，将家庭教育指导纳入了全员导师制。上海开放大学通过创新家庭教育服务模式，促进了学校教育、家庭教育、社会教育的深度融合。

浙江省杭州市作为学习型城市建设的先行城市，其以家校成长共同体为主要特征的家庭教育服务体系，为家校社协同育人提供了丰富的经验。在杭州市滨江区，各学校普遍建立学校、年级、班级三级协同运行的家校管理共同体，不断尝试将当地科技资源融入教育，开拓青少年新的学习空间，积极探索具有“高新”烙印的家校社协同育人新机制，通过制定五大“开放”策略——课程开放、体育场所开放、图书开放、治理开放、心理健康服务开放，并联合妇联等部门加强家长学校制度建设，努力提高家庭教育的科学化专业化水平。

四川省成都市青羊区将家庭教育纳入社会公共服务体系，形成政策推动、专业带动、评价促动、平台联动“四轮”驱动的“青羊模式”，对区域推进家庭教育服务机制的建立、构建有地方特色的家校社协同育人模式进行了有益又有效的探索。青羊区坚持新人文教育理念，关注学校与家长、社区、政府形成教育合力，实现学生、教师、家长等各教育相关因素的共同成长和发展。为提升服务能力，青羊区提出“家、校、社、政”协同共进的指导服务框架，组建“家庭教育共同体”，统筹推进家庭教育指导服务。创设“家长+家委会+学校”家庭教育星级评价机制，督促家长在平时生活中注重言传身教，提高家长在家庭教育中的责任主体意识。另外，建立健全“区级、校级、年级、班级”四级家委会组织架构，将星级家长评价、星级家委会评价结果纳入学校办学绩效评估体系，激发学校提供家庭教育指导服务的主动性和积极性。

湖南省长沙市开福区建立了社区家长学校，周末组织学生参与公益综合素养课程学习和实践活动，邀请国家级非遗项目江永女书传人为学生上女书非遗手工课。长沙市芙蓉区浏正街小学成立了“好父母成长营”，并在孩子们的建议下确定了《我的“好爸爸、好妈妈”十条标准》，指向学习型家庭建设、高质量亲子关系、全方位育人行动等主要指标，并设计了一系列亲子同频课程，包括参观华为科技展厅、体验冰上运动等，旨在引导家长高质量地参与孩子成长，引领和谐美好的家庭建设。

二、开展全民阅读，建设书香城市

走向阅读社会，是全球的共同倡导。1972 年，联合国教科文组织向全世界发出“走向阅读社会”的召唤。1995 年，联合国教科文组织宣布每年 4 月 23 日为世界读书日，全称“世界图书与版权日”，又称“世界图书日”。希望借此向全世界推广阅读、出版和对知识产权的保护，鼓励每一个人，尤其是年轻人，去发现和享受阅读的快乐，去尊重和感谢为人类文明作出过巨大贡献的文学、文化、科学、思想大师们，保护知识产权。

阅读是人类获取知识、增长智慧的重要方式，是一个国家、一个民族精神发育、文明传承的重要途径。中华民族自古崇尚读书，有“耕读传家”的优良传统。党和国家高度重视文化建设，开展全民阅读已成为我国的一项基本公共文化政策，并逐步上升为国家文化发展战略。

（一）党和国家高度重视全民阅读

党的十八大发出“开展全民阅读活动”的号召，党中央、国务院高度重视推动全民阅读，建设书香中国。

1. 习近平总书记身体力行，率先垂范，倡导全民阅读

2019 年 8 月，习近平总书记在甘肃读者出版集团有限公司考察时指出，要提倡多读书，建设书香社会，不断提升人民思想境界、增强人民精神力量，中华民族的精神世界就能更加厚重深邃[①]。同年 9 月，他在给国家图书馆老专家的回信中特别强调：“图书馆是国家文化发展水平的重要标志，是滋养民族心灵、培育文化自信的重要场所。”[②]希望国图“创新服务方式，推动全民阅读，更好满足人民精神文化需求，建设社会主义文化强国再立新功。”。

2022 年 4 月 23 日，习近平总书记致信祝贺首届全民阅读大会指出，阅读是人类获取知识、启智增慧、培养道德的重要途径，可以让人得到思想启发，树立崇高理想，涵养浩然之气。“希望全社会都参与到阅读中来，形成爱读书、读好书、善读书的浓厚氛围。”[③]习近平总书记对深入推进全民阅读、建设书香中国寄予厚望。全国人民认真学习贯彻习近平总书记重要指示精神，持续在全社会加强阅读引领，涵育阅读风尚，构建覆盖城乡的阅读推广服务体系，推动全民阅读扩大覆盖、提升品质、增强实效，以建设书香中国促进文化强国建设，为奋进新征程、建功新时代注入强大精神力量。

2. 制定国家发展规划，推进“全民阅读”

党的十八大以来，以习近平同志为核心的党中央高度重视全民阅读，全面部署，深入推进全民阅读。2012 年 11 月，党的十八大报告历史性地写入“开展全民阅读活动”。2014 年 3 月，国务院政府工作报告提出“倡导全民阅读”。2016 年 3 月，《中华人民共和国国民经济和社会发展第十三个五年规划纲要》要求“推动全民阅读”，并将全民阅读工程列为“十三五”时期文化重大工程之一。随后发布《全民阅读“十三五”时期发展规划》，将全民阅读上升为国家战略。2020 年 10 月，中共中央宣传部印发《关于促进全民阅读工作的意见》深入推进全民阅读。2021 年 3 月，“十四五”规划明确提出“深入推进全民阅读，建设书香中国”，从多个方面指明了深入推进全民阅读，建设“书香中国”的方向。2022 年 10 月，在党的二十大报告中再次强调，“加强国家科普能力建设，深化全民阅读活动。”此外，中央多次下发文件，从文化改革、公共文化服务等多角度对全民阅读提出明确要求。

---

① 满足人民文化需求，提升人民思想境界，增强人民精神力量：习近平总书记在读者出版集团考察调研时的重要讲话精神在出版界引起强烈反响[N]. 中国新闻出版广电报，2019-08-26.

② 习近平给国家图书馆老专家的回信[EB/OL]. 新华网，2019-09-09.

③ 习近平致首届全民阅读大会举办的贺信[EB/OL]. 新华网，2022-04-24.

3. “全民阅读”连续十年写入政府工作报告

从2014年政府工作报告中的“倡导全民阅读”，到2023年政府工作报告强调“深入推进全民阅读”，“全民阅读”在国务院政府工作报告中连续亮相，以更加丰富饱满的姿态落地，迈出了更具实质性的一步，开启了全民阅读新境界(表1-4-1)。

表1-4-1　2014—2023年政府工作报告对全民阅读提出明确要求

年份	历年政府工作报告对倡导全民阅读的表述
2014	促进基本公共文化服务标准化均等化……倡导全民阅读
2015	提供更多优秀文艺作品，倡导全民阅读，建设学习型社会，提高国民素质
2016	深化群众性精神文明创建活动，倡导全民阅读，普及科学知识，弘扬科学精神，提高国民素质和社会文明程度
2017	大力推动全民阅读，加强科学普及
2018	倡导全民阅读，建设学习型社会
2019	倡导全民阅读，推进学习型社会建设
2020	加强公共文化服务，筹办北京冬奥会、冬残奥会，倡导全民健身和全民阅读，使全社会充满活力、向上向善
2021	推进城乡公共文化服务体系一体建设，创新实施文化惠民工程，倡导全民阅读
2022	丰富人民群众精神文化生活，深入推进全民阅读
2023	深入推进全民阅读

为进一步推动全民阅读活动持续发展，国家积极推进全民阅读立法。2017年3月，《中华人民共和国公共文化服务保障法》正式施行；2018年1月，《中华人民共和国公共图书馆法》正式施行，这两部法律都列入了全民阅读的内容，对开展全民阅读提出明确要求。江苏、湖北、辽宁等17个省份先后完成了全民阅读的地方立法工作，全民阅读步入法治化轨道。一系列重磅举措，共同助力公共文化事业和全民阅读事业加速推进。“全民阅读”正在成为实现中华民族伟大复兴中国梦的助力器，政府主导，社会参与，让每个人享有平等的阅读条件和机会，共享阅读的快乐。

（二）广泛开展全民阅读活动

提倡全民阅读和终身学习，推动学习型城市建设，顺应了人类社会的发展规律，是个人、民族与国家实现“以创新引领可持续发展”的前提和基础。十余年来，全民阅读活动取得显著成效，特别是党的十八大以来，全民阅读蔚然成风，爱读书、读好书、善读书的氛围日益浓厚，阅读日渐成为广大人民群众丰富精神生活的重要内容。

1. 举办全民阅读大会

2022 年 4 月 23 日，首届全民阅读大会在北京开幕，阅读大会以“阅读新时代、奋进新征程”为主题，包括系列论坛、展览展示、发布和主题活动等环节。大会推出的现场活动、线上互动、场景再现等形式，引入优质阅读活动和阅读品牌，集中展现全民阅读活动的新方式、新形态。书香中国 · 北京阅读季启动式暨“点亮读书灯”主题活动是首届全民阅读大会重要组成部分，该活动分为“阅北京”“读中国”“向未来”三个篇章。书香中国 · 北京阅读季联动北京“16+1”区，通过每区一场精品活动，营造“阅读无处不在”的浓厚氛围。

2023 年 4 月 23 日，第二届全民阅读大会在浙江杭州举行，主题为“深化全民阅读 建设书香中国”。大会设置主论坛和 12 个分论坛，围绕主题阅读、数字阅读、阅读权益、阅读与城市、阅读与乡村振兴等话题，面向青少年、老年人、家庭亲子、特殊群体等不同读者人群，开展研讨交流，议题广泛，内容多元。“全民阅读大会 · 书香中国展”全面反映近年来我国全民阅读工作取得的成绩，展示各地全民阅读重点内容、品牌活动及亮点成果；“中国历代绘画大系特展”集中展示的 318 幅画作，带领观众在典籍中读古画、在古画里读典籍；“之江好书节”以宋韵和经典阅读两大主题为核心，展示销售 2 万种新书；国铁集团精心打造了“第二届全民阅读大会 · 书香列车”，让旅客们坐着高铁品书香，一路芬芳、一路徜徉；杭州三大火车站设置的“第二届全民阅读大会 · 书香驿站”，打造书香铁路风景线，让人们在旅途中体验阅读便利；云论坛、云看展、云发布、云活动，让参观者通过多元互动、自由探索，沉浸式、跨时空感受云上全民阅读的魅力。

2. 加强“全民阅读”品牌建设

开展“书香中国”系列活动，动员各方力量，加强品牌建设，推出了精彩纷呈的全民阅读品牌活动，“书香中国 · 北京阅读季”“书香中国 · 上海周”“书香安徽阅读季”“书香荆楚 · 文化湖北”“书香江苏”“书香湖南”“书香辽宁”“书香龙江”“书香宁夏”“书香青海”“书香八闽”“书香岭南”“书香八桂”“书香燕赵”“书香赣鄱”“三秦书月”“书香天府”“书香齐鲁”“书香陇原”“书香天山”以及“深圳读书月”“苏州读书节”等丰富多彩的阅读活动让中华大地充盈书香。“中国好书”年度盛典、“新时代乡村阅读季”等阅读活动的持续开展，点燃大众阅读热情。“追寻光辉足迹”“书香中国万里行”“全民阅读红沙发”等品牌项目，推动全民阅读走向深入。据第二十次全国国民阅读调查统计，全国 400 多个城市常设读书节、读书月等活动，全国 80%的县级以上城市都举行了全民阅读活动①。调

---

① 第二十次全国国民阅读调查结果显示，2022 年我国成年国民综合阅读率为 81.8% 大江南北书香浓浓[N]. 人民日报，2023-04-24.

查显示，全民阅读品牌活动知晓度和参与度都有所提高，2022 年，我国成年国民对全民阅读品牌活动的知晓率达 73.7%，参与度达 66.7%，居民对阅读活动的满意度保持较高水平，参与过全民阅读品牌活动的成年国民中，七成以上（72.2%）的人对其参加过的阅读活动表示满意①。

3. 完善全民阅读基础设施和服务体系

十余年来，全民阅读活动持续时间长，覆盖人群广，项目种类繁多，推动了阅读服务各环节发展，日渐完善的公共文化服务体系，提升了公共文化服务能力和质量，为全民阅读活动提供了坚实的保障。从东部沿海到西部边陲，从北国极地到南疆岛屿……全国已建成约 3 300 家公共图书馆、10 万多家实体书店，形式多样、触手可及的阅读空间，极大丰富了人民群众的阅读体验和精神文化生活，构建起涵育文明风尚的精神家园。2008 年，中华全国总工会为保障广大职工特别是一线职工、农民工的基本文化权益，丰富基层职工精神文化生活，在工人集中的企业、工业园区、重点建设项目工地建立"职工书屋"，由全国总工会统一命名，把职工书屋和阅读活动作为职工思想政治引领的重要平台。职工书屋从无到有、从小到大，十多年来取得很大成效，全国工会职工书屋示范点已达 1.5 万家，带动各地工会建成职工书屋超过 15 万家，覆盖职工 9 000 多万人，电子职工书屋为 2 000 多万职工提供学习服务②。为满足农民文化需求，全国共建成农家书屋 58.7 万家农家书屋，覆盖了全国有基本条件的行政村，累计配送图书超过 13 亿册，开展数字化建设的农家书屋达 18 万多家，免费提供数字阅读内容上百万种，在保障农民基本文化权益、巩固农村思想文化阵地、助力乡村全面振兴等方面发挥了重要作用。城市书吧、文化驿站、社区书屋等新型阅读空间如雨后春笋般快速增长，活跃城市文化生态，释放城市创新活力。

4. 提高数字化阅读服务的质量和水平

近十年来，随着信息化和数字技术的迅速发展，数字阅读已经成为全民阅读最主要的增长点，不断改变和影响着全民阅读形态，推动阅读服务向数字化、个性化发展。从纸质阅读到数字阅读，从 PC 阅读到移动阅读，从读书时代到读屏时代，新技术引领"智慧阅读"，让更多热爱阅读的人从数字阅读中受益。据《2022 年度中国数字阅读报告》显示，2022 年全国数字阅读市场规模达 463.52 亿元，数字阅读用户规模达 5.30 亿。

面对数字阅读的新变化和新挑战，不断创新公共服务方式，加强数字化和网络建设，

---

① 第二十次全国国民阅读调查结果发布 2022 年成年国民综合阅读率持续稳定增长[EB/OL]. 中国青年网，2023-04-23.

② 全国工会职工书屋建设十五周年庆祝活动举行[N]. 工人日报，2023-04-26.

提升服务效能。各类图书馆突破实体图书馆的诸多限制，搭建起覆盖全国的数字图书馆服务网络，使读者得以通过个人计算机、移动终端、有线电视等渠道，随时随地查阅书籍、收看讲座、参与培训、参观展览，同时通过微信、微博等新媒体获取图书馆的优质资源与服务。书屏并重，适应读者多载体、多媒介、多渠道阅读的习惯和需要，把纸质阅读和数字阅读结合起来，丰富数字阅读载体和场景，打造互联网+全民阅读，实现“电子图书阅读和听书融合的模式”“24 小时无边界立体式的阅读”。例如，2023 年，济南市图书馆借助丰厚的资源和新技术，全新打造大型沉浸式特色“融阅读”体验活动——七彩泉绘剧场首场绘本京剧秀开演，“融阅读”系列创新服务以传统文化为切入点，将阅读、艺术、演出、互动等多种元素有机融合，拓宽了传统纸质阅读的边界，丰富了数字阅读的形式和内涵，营造出浓厚的阅读氛围，加强了对中华优秀传统文化的挖掘、阐释、传承与创新。

数字阅读，消弭城乡阅读鸿沟，助力脱贫攻坚。2018 年，掌阅策划了“全民阅读 · 文化筑梦”社会公益项目，项目启动至今，累计送出电子书阅读器 300 余台、电子书几十万册、纸质书 1 万余册，书架文具若干，建成乡村爱心阅览室 80 余间。2019 年，中国音像与数字出版协会发起了“公益性阅读资源捐助活动”，10 家数字出版企业集体向四川省甘孜藏族自治州部分中小学捐赠电子阅读器、在线听书机、电子书等数字图书资源。

数字阅读，打通文化盲道，对视障人群更具特殊意义。据中国残疾人联合会统计，截至 2022 年，中国各级公共图书馆共设立盲文及盲文有声读物阅览室 1 377 个。走进淄博市图书馆的视障阅览室，盲文书籍、电子助视器、扩视软件、盲文点显器、读屏软件、有声读物、听书机等软硬件数字设备一应俱全。贵州盲人数字图书馆整合电子图书、期刊及音视频资源，通过微信小程序和手机 APP 提供学习平台。湖南湘潭市盲人数字图书馆以智能听书机、盲文电脑等载体，让更多盲人读者共享“阅读之美”①。

科技赋能数字阅读，让阅读内容更丰富、时间更自由、场景更多元、体验更有趣。

（三）开展全民阅读调查

全民阅读水平是衡量城市文明程度的重要标志。自 1999 年起，由中国新闻出版研究院组织实施的全国国民阅读调查已持续开展了 20 次。2023 年 4 月，在第二届全民阅读大会上，中国新闻出版研究院发布了第二十次全民阅读调查结果。据 2023 年第二十次全国国民阅读调查数据显示，我国成年国民各媒介综合阅读率持续稳定增长，2022 年，我国成年国民综合阅读率为 81.8%，较 2013 年的 76.7% 提升了 5.1 个百分点

---

① 数字阅读赋能“书香中国”[N]新华社，2023-04-23.

(图 1-4-1)。

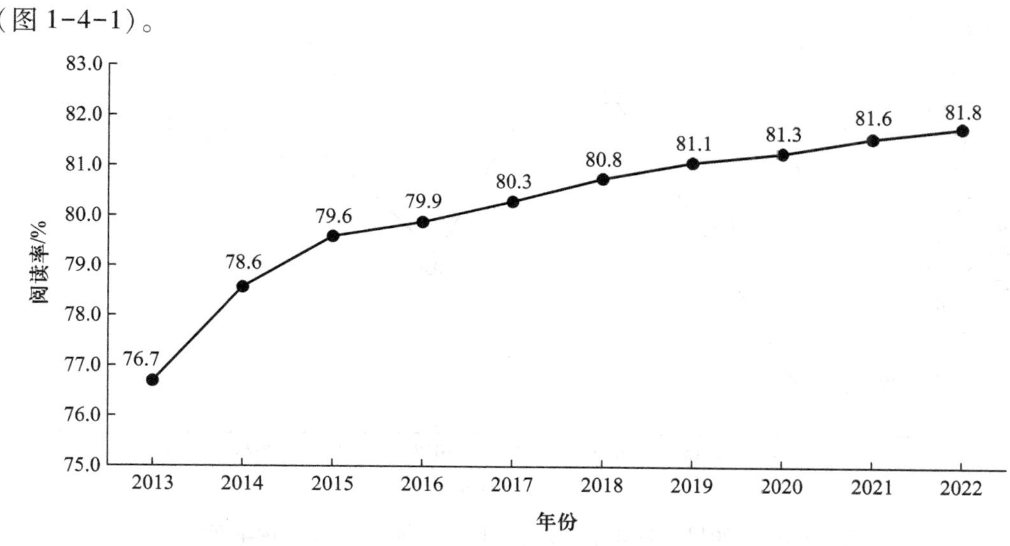

图 1-4-1　2013—2022 年成人综合阅读率变化

资料来源:中国新闻出版研究院 2014—2023 年全国国民阅读调查

2022 年,中国成人国民图书阅读率为 59.8%,较 2013 年的 57.8 增长了 2.0 个百分点;数字化阅读方式(网络在线阅读、手机阅读、电子阅读器阅读等)的接触率为 80.1%,较 2013 年 50.1%提升了 30.0 个百分点(图 1-4-2)。

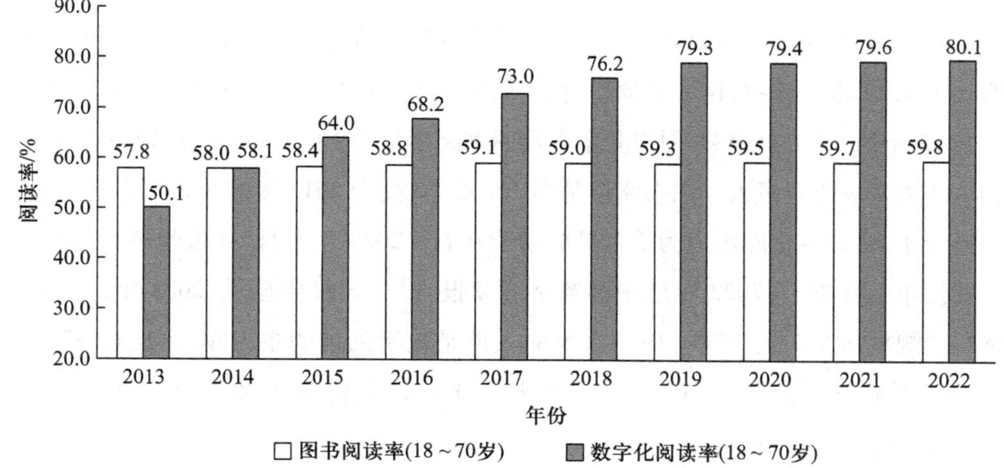

图 1-4-2　2013—2022 年成人图书阅读率和数字化阅读率变化比较

资料来源:中国新闻出版研究院 2014—2023 年全国国民阅读调查

2022 年,中国 0～17 周岁未成年阅读能力平稳提升,阅读率和阅读量均有所增加。2022 年中国 0～17 周岁未成年人图书阅读率为 84.2%,较 2013 年的 76.1%提高了 8.1

个百分点(图 1-4-3)。

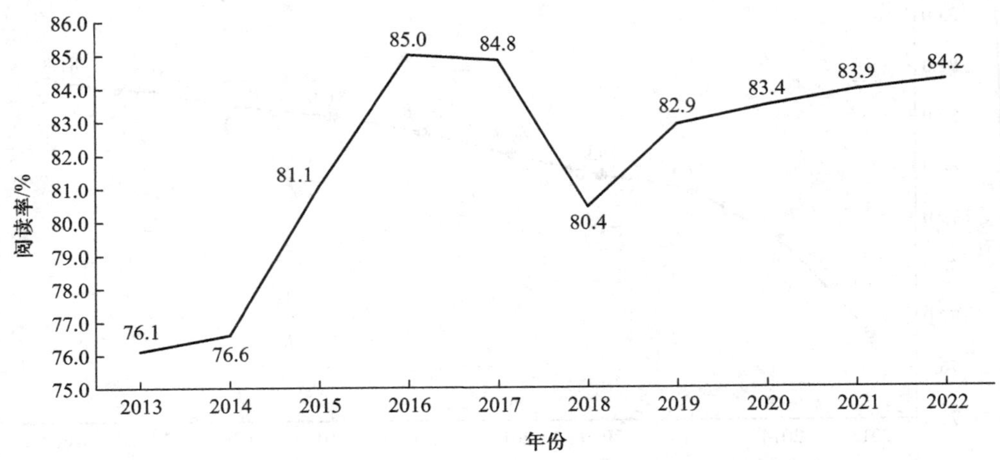

图 1-4-3　2013—2022 年未成年人(0~17 周岁)图书阅读率变化

资料来源:中国新闻出版研究院 2014—2023 年全国国民阅读调查

从未成年人的图书阅读率来看,2022 年 0~8 周岁儿童图书阅读率为 73.5%,较 2013 年的 66.0%提高了 7.5 个百分点;9~13 周岁少年儿童图书阅读率为 99.2%,较 2013 年的 93.5%提高了 5.7 个百分点;14~17 周岁青少年图书阅读率为 90.4%,较 2013 年的 79.1%提高了 11.3 个百分点(图 1-4-4)。

2022 年,中国 0~17 周岁未成年人的人均图书阅读量为 11.14 本,比 2013 年的 6.97 本增加了 4.17 本。其中,14~17 周岁青少年课外图书的人均阅读量最大,为 13.15 本,高于 2013 年的 8.97 本;0~8 周岁儿童人均图书阅读量为 10.56 本,高于 2013 年的 5.25 本;9~13 周岁少年儿童人均图书阅读量为 10.32 本,高于 2013 年的 8.26 本。

近十年来,数字化阅读成为更常见的阅读状态。2023 年 4 月,在杭州举行的第九届数字阅读年会发布了《2022 年度中国数字阅读报告》。该报告显示,2022 年,全国数字阅读用户规模达 5.3 亿,其中,19~45 岁的人群是数字阅读的主力军,占比达 67.15%。数字阅读不断向“银发族”和青少年延伸。60 岁以上群体占数字阅读用户比例为 2.74%,成为亮点之一①。

成年国民数字化阅读倾向进一步增强,手机移动阅读成为主要形式。2022 年有 77.8%的成年国民进行过手机阅读,较 2017 年的 71.0%上升了 6.8 个百分点;有 71.5%的成年国民进行过网络在线阅读,较 2017 年的 59.7%增长了 11.8 个百分点;有 26.8%

① 我国数字阅读用户规模达 5.3 亿[N]. 人民邮电报,2023-04-25.

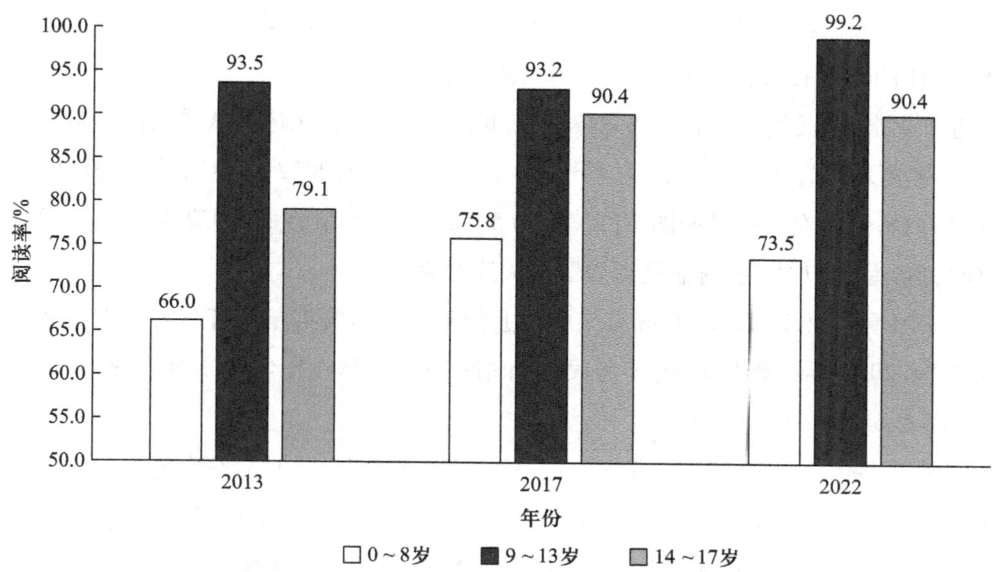

图 1-4-4　2013 年、2017 年与 2022 年未成年人(0～17 岁)分年龄段图书阅读率变化比较

中国新闻出版研究院 2014—2023 年全国国民阅读调查

的成年国民在电子阅读器上阅读,较 2017 年的 14.3%增加了 12.5 个百分点;有 21.3%的成年国民使用 Pad(平板电脑)进行数字化阅读,比 2017 年的 12.8%提高了 8.5 个百分点(图 1-4-5)。

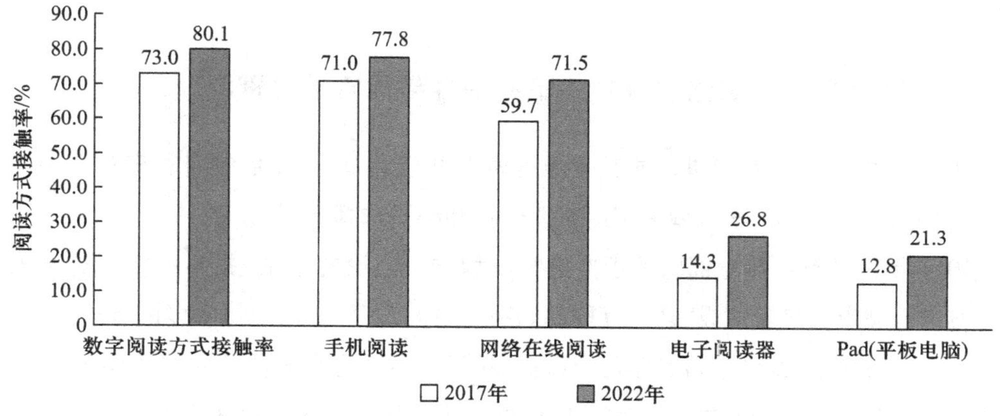

图 1-4-5　2017 年与 2022 年成人各类数字化阅读方式接触率变化比较

中国新闻出版研究院 2017 年、2023 年全国国民阅读调查

通过“听书”和“视频讲书”方式读书成为新的阅读选择。从成年国民倾向的阅读形式来看,2022 年,有 45.5%的成年国民倾向于“拿一本纸质图书阅读”,与 2021 年的 45.6%总体持平;有 32.3%的成年国民倾向于“在手机上阅读”;有 8.1%的成年国民倾

向于“在电子阅读器上阅读”;有6.8%的成年国民倾向于“网络在线阅读”;有8.2%的成年国民倾向于“听书”;有2.8%的成年国民倾向于“视频讲书”。

近十年来,全民阅读发展态势总体向好,但发展不平衡,无论是纸质阅读还是数字阅读,城乡差距均比较明显。从城乡对比来看,阅读率方面,2022年中国城镇居民的图书阅读率为68.6%,农村居民的图书阅读率为50.2%。阅读量方面,2022年城镇居民纸质图书阅读量为5.61本,农村居民纸质图书阅读量为3.77本。

听书习惯方面,2022年,我国有三成以上(35.5%)的成年国民有听书习惯。从城乡对比来看,2022年我国城镇成年居民的听书率为37.1%,比农村成年居民的听书率31.5%高5.6个百分点。

国民听书介质方面,选择“移动有声APP平台”听书的国民比例较高,为21.6%;有13.5%的人选择通过“微信公众号或小程序”听书;有10.5%的人选择通过“智能音箱”听书;分别有8.5%和5.2%的人选择通过“广播”和“有声阅读器或语音读书机”听书。

城乡阅读鸿沟非一日之寒,究其原因,有经济收入差距、观念意识的偏差、社会环境、家庭教育影响等多方面原因,城乡文化资源配置也是不可忽视的重要因素。政府、企业、社会等要通力合作,借助新媒介的功能,整合并合理配置文化资源,积极弥合城乡之间的阅读鸿沟,让“全民阅读”的“全民”更有普遍意义,让乡村实现物质脱贫同时精神一样“脱贫”。

三、整合共享数字化学习公共服务平台与优质学习资源

加强资源平台建设,促进优质数字教育资源共建共享,是发展终身教育和全民终身学习,建设学习型城市、学习型大国的重要途径和必然选择。

2014年,《教育部等七部门关于推进学习型城市建设的意见》指出:“将促进全民终身学习纳入城市信息化建设,建立互联网、移动电话、数字电视、卫星等多网合一、优势互补的远程学习网络、服务平台和学习资源库,拓展优质教育资源覆盖面。”2016年,《教育部等九部门关于进一步推进社区教育发展的意见》提出:“推进社区教育信息化。结合实施‘宽带中国’战略和‘互联网+城市’‘互联网+科普’计划,充分利用现代远程教育体系,结合或依托社区公共服务综合信息平台建设,建立覆盖城乡、开放便捷的社区数字化学习公共服务平台及体系”。

十年来,中国在创建学习型城市过程中,整合各类资源,逐步形成了不同类型的终身学习公共服务平台,推进终身学习服务资源建设,满足个人多样化的学习和发展需求。

（一）建立国家开放大学，发展远程开放教育

2012年6月，《教育部关于同意在中央广播电视大学基础上建立国家开放大学的批复》标志着广播电视大学向开放大学的转型正式启动。该文件指出，“国家开放大学坚持非学历继续教育和学历继续教育并举。学校应以课程为单位建设学习资源，充分利用高校优质教育资源，促进学习资源的共建共享。积极推进‘学分银行’建设，通过建立学习成果的互认和学分的累积、转换制度，探索搭建终身学习‘立交桥’”。2012年7月31日，国家开放大学正式揭牌。同年，北京、上海、江苏、广东、云南5所省级开放大学更名为地方开放大学。目前，开放大学系统已形成由1个总部、45个分部、3 735个学习中心组成，覆盖全国城乡的办学体系。

十年来，国家开放大学坚持以习近平新时代中国特色社会主义思想为指导，落实立德树人根本任务，坚持学历教育与非学历教育并举并重发展，大力推进现代远程开放教育，加强开放教育课程建设，致力于“没有围墙的互联网”新型大学发展，实现“一路一网一平台”、推进国家职业教育学分银行，积极促进教育公平，牢牢抓住提高质量这条生命线，通过线上线下融合的教学模式，累计培养本专科学生891.8万人，服务老年学员超过703万人，培训社区居民及社区教育工作者数以亿计。国家开放大学正在成为我国终身教育的主要平台、在线教育的主要平台、灵活教育的平台和对外合作的平台，是服务全民终身学习的重要力量和技能型社会的有力支撑。

（二）将数字化智能技术融入教育教学领域

20世纪90年代，互联网的迅速发展为远程共享信息和人际的交互提供了巨大潜力，成为远程开放教育教学中的主流技术。近年来，人工智能技术逐渐在教育教学领域应用，使人们的学习活动更加便捷，更有利于服务学习者的个性化学习需求，有针对性地帮助学习者提升思想品德和认知能力。

在中国，基于现代远程教育试点项目的高等学历继续教育是较早开始探索数字化智能技术与教育融合的领域，普通高校的继续教育学院以及国家开放大学，在互联网和人工智能技术的教育教学规模化应用方面取得了一定成绩。具体来讲，在教育教学环境、学习资源、教学过程、教学管理、学习支持服务、教育评价等方面取得了成果，直接推动了教学改革，提升了继续教育的发展水平。

一是在数智融合的教育教学环境方面，将新的技术元素融入既有平台，推出移动学习和移动服务，学习者可以通过智能手机、Pad等移动设备随时随地登录学习。还与各

大电信运营商合作,建立了包括门户网站、学生平台、教师平台、总部教务平台、学习中心平台、移动学习平台的技术支撑系统,形成了强大的网络教学环境。

二是在数字化学习资源方面,基于自身特色和办学方向,建设了涵盖网络课程、移动课程、微课程等多种类型的学习资源,所有的课程都配备有自测题库。虚拟实验实训软件、视频资源、数字教材、AR与VR等一系列的数字化资源,在内容、形式等方面最大限度地满足学习者个性化、自主性的学习需求。随着移动智能终端普及和移动学习兴起,开发了各类移动学习资源,更好地满足学习者随时随地的学习。

三是在教学过程方面,采取以"网上导学+网络课程学习+在线答疑"为主的教学模式,整个模式的各个环节都依赖于信息技术的支撑。教师教学主要通过在线课程来实现,教学内容在开课前设计制作完成,并进行不定期的更新;学生选课后进入网络课程自主学习,在网络课程中可以完成听课、提问、师生和生生互动及自我测试;学生学习过程中,辅导教师会通过论坛开展导学服务,引导学生完成课程的学习任务,解答学生提出的学习问题。

四是在教学管理方面,制定了一整套的数字化校园管理的信息化标准,规范了学校建立的各种管理系统,包括学生管理、教务管理、人事管理、资产管理、科研管理、研究生教学、后勤管理等多个方面,在数字化办公方面取得了良好的效果,提高了工作效率。

五是在学习支持服务方面,自建或依托公共服务体系开展学习支持服务,提供从学员入学到毕业的全程服务,形成了标准化、专业化的服务体系,随着新技术的发展和应用以及人们教育观念的改进,学习支持服务体系的信息化水平在不断提高,如充分地利用网络平台、课程论坛、QQ群、电子邮件、电话、呼叫中心、短信平台、微信群、400热线等。

六是在教育评价方面,有健全的考试管理系统发布考试安排等基本信息,通过论文提交系统学生可提交课程论文和毕业论文,通过网上阅卷系统实现数字化阅卷,通过学籍管理系统实现成绩管理等。

在基础教育领域,随着教育部"校校通""农远工程""三通两平台"等基础教育信息化项目的实施,基础教育信息技术基础设施水平和教师信息技术素养的提高,在线课程也逐步在中小学、三农教育领域进行应用,对基础教育改革产生影响,企业在线培训也得到了长足的发展。国家也在不断提升对于民办教育的开放度并重视应用信息化手段实现教育公平及资源共享。

(三)整合共享数字化终身学习服务平台

2015年,中国成人教育协会搭建了全民终身学习公共服务平台,该平台是以政府和教育等有关部门、各级各类学校、企事业单位、社会组织机构、学习者为服务对象，以互联网及移动互联网为依托，集管理、培训、共享、交流、服务、展示和宣传等功能于一体的全民终身学习一站式综合服务平台。

2016 年，教育部依托国家开放大学建设了中国社区教育网，该网站除承担全国社区教育工作平台任务以外，自 2016 年开始成为教育部“教育资源进社区”“社区教育老年教育资源共享行动”等全国社区互联网学习的官方网站和链接各地终身学习公共服务平台的基础平台。

2022 年 5 月 20 日，国家开放大学终身教育平台上线；8 月，全国老年教育公共服务平台上线；2023 年 3 月，国家老年大学在平台上线试运行。

截至 2022 年底，有 26 个省建立了终身学习公共服务平台，为全民终身学习提供了数字化学习支撑，促进了学习型城市建设与发展。

（四）促进优质学习资源开发应用

1. 建立高校联盟推动优质资源共建共享

根据党的十八届三中全会提出的“构建利用信息化手段扩大优质教育资源覆盖面的有效机制”的要求和国务院关于发展在线教育的战略部署，在高校现代远程教育试点和普通高等学校继续教育数字化学习资源开放等实践基础上，2014 年 10 月，在教育部的推动指导和全国高校现代远程教育协作组组织下，70 多所高校联合倡议并成立了“高校继续教育数字化学习资源开放与在线教育联盟”（以下简称“联盟”）。联盟成立后在推动高校继续教育信息化、优质资源共建共享以及继续教育改革创新、转型发展方面进行了大量实践探索。其中联盟 37 所成员高校牵头，有 300 余所普通高校、职业院校和有关行业企业参加组织实施的 e 行动计划，在涉及国家重大发展战略和民生相关领域取得积极进展，有关行动计划对行业的人力资源建设和产业转型升级发挥了重要的推动作用，并逐年形成校企合作、产教融合、共同育人的新机制。联盟也会同教育部社区教育研究培训中心实施了教育资源进社区行动和社区教育老年教育资源共享行动。

2. 国家数字化学习资源中心积极推动数字化学习资源开放共享

国家数字化学习资源中心作为国家级数字化学习资源公共服务平台，通过建设国内规模最大、辐射范围最广的教育资源目录中心、交易中心和资源联盟，为各级各类教育机构提供教育信息化解决方案。目前已入库学历及非学历课程 6.4 万余门、媒体资源 37.3 万条，容量达到 60.5TB。项目形成了适用于普通高等教育、职业教育、继续教育、社区教育、农村教育、党员干部培训的各类专题资源库产品，服务院校数百所，受益人群超过

3 500 万人,共享应用则涉及社区教育、老年教育、职业培训等。中心还依托对国内外社区教育发展的持续跟踪研究,面向全国社区教育机构提供切实可行的社区教育综合解决方案,面向农村地区,尤其是中西部地区、偏远落后地区、贫困地区开展了农村教育数字化应用实践,推动了数字化学习资源在教育精准扶贫中的应用,服务乡村振兴,同时服务于开放教育、产业工人培训、教师教育等。

2017 年 11 月,国家数字化学习资源中心联合中国成人教育协会终身教育与学习研究中心、教育部社区教育研究培训中心共同建立"中国成人教育协会数字化学习专业委员会"(以下简称"专委会"),目的是大规模整合建设继续教育资源,建成覆盖城乡、开放便捷的国家级继续教育数字化学习公共服务体系。积极建设了数字化学习专委会成员交流和资源共享平台——日新学习网,形成了较好的社会影响,目前已经成为教育部所开展的重大赛事、精品课程评选等大型活动的指定网站。

3. 优课引领开展公益性社区微课大赛

为推进社区教育数字化学习资源品质提升,提升社区教育课程建设水平,自 2015 年 10 月,国家数字化学习资源中心联合教育部社区教育研究培训中心、社区教育专业委员会共同启动了六届 NERC 杯全国社区教育优秀微课程评选,参与活动的微课总量共计 11 692 个,推介出 5 025 个优质社区教育微课,共有 1 723 个院校、社区教育机构参与。该项公益活动,不仅促进了全国社区教育数字化学习资源的建设与共享,还带动了社区教育微课质量的提升,很多地区开始利用微课开展线上教学,推动了社区教育数字化学习的发展,产生了良好的社会效益。

(五) 发展在线教育服务终身学习

党的十九届五中全会审议通过的《中共中央关于制定国民经济和社会发展第十四个五年规划和二〇三五年远景目标的建议》明确指出:"发挥在线教育优势,完善终身学习体系,建设学习型社会"。这一要求对于打造以在线教育为依托的终身学习体系、完善终身学习服务机制和创新终身学习平台,具有非常重要的意义。

2012 年,慕课(MOOCs)的产生推动了国内在线开放课程的发展和进一步开放。教育部高度重视智慧教育公共服务平台和优质数字化学习资源建设,并通过发展在线教育推广在线课程服务终身学习。2013 年是中国慕课元年,清华大学、北京大学等国内多所高校与 edX① 签约,清华大学推出"学堂在线",为中国好课提供了良好平台。

---

① edX:美国麻省理工学院和哈佛大学于 2012 年创建的大规模开放在线课堂平台,免费给公众提供大学教育在线课程。

自2013年起，教育部全面指导推进“慕课西部行计划”，成员从成立之初的29所高校，增加到2023年的正式成员275个。各成员单位在联盟运行课程5 176门，累计大学生总选课1.15亿人次，其中西部地区学生超过3 000万人次，西部高校学生的学业成绩显著提升，产生了良好的社会效益。通过数字赋能、共享课程，搭建更多应用场景，实现教育资源均衡，破解中西部高等教育优质教学资源短缺难题，推动了中西部高校的教育数字化转型和高质量发展。

2014年中国大学MOOC（慕课）上线，承接教育部国家精品开放课程任务，向大众提供中国知名高校的慕课课程；目前该平台已经拥有包括“985”高校在内提供的千余门课程，在这里可以学习优质高校课程，与名师零距离交流。

创办于2020年的腾讯课堂作为综合性在线终身学习平台，一端连接有学习需求的用户，一端连接有好内容的教育机构或老师，聚合互联网、设计创作、兴趣生活、语言留学等多领域的职业教育课程，帮助广大学员提升职业和就业技能。2020年8月公布的平台数据显示：腾讯课堂累计服务学员超过4亿人次，平台课程数量超过30万门，每周有超过千万的用户在平台上在线学习，服务教培机构、学校、企业及公共部门超过了30万家，帮助了非常多的学员成功就业、创业。

2022年3月28日，国家智慧教育公共服务平台正式上线启动。该平台是由教育部指导，教育部教育技术与资源发展中心主办的智慧教育平台。聚合了国家中小学智慧教育平台、国家职业教育智慧教育平台、国家高等教育智慧教育平台、国家24365大学生就业服务平台等，提供了丰富的课程资源和教育服务。截至2023年5月，国家智慧教育公共服务平台上线一年多来，访客量超11亿人次，现已成为世界第一大教育数字化资源中心和服务平台。

此外，还有多年已上线的网易公开课程，内容涵盖人文、社会、艺术、金融等领域，其中有200多集配有中文字幕。被网友们亲切地称为“B站”的哔哩哔哩网站，经过十年多的发展，围绕用户、创作者和内容，构建了一个源源不断产生优质内容的生态系统，B站已经涵盖7 000多个兴趣圈层的多元文化社区。

四、发展城乡社区教育

社区教育是中国教育事业的重要组成部分，是社区建设的重要内容，也是推进学习型城市建设的重要途径。发展城乡社区教育对于促进终身教育、全民终身学习和学习型城市、学习型社会、学习型大国建设具有极其重要的意义和作用。

（一）完善社区教育办学网络

《教育部等九部门关于进一步推进社区教育发展的意见》指出："建立健全社区教育网络。通过整合资源，建立健全城乡一体的社区教育县（市、区）、乡镇（街道）、村（社区）三级办学网络。各省、市（地）可依托开放大学、广播电视大学、农业广播电视学校、职业院校以及社区科普学校等设立社区教育指导机构，统筹指导本区域社区教育工作的开展。研究制定社区教育办学机构指导性要求"。

十余年来，在各级政府教育行政部门推动下，各地社区教育蓬勃发展。2010 年，经教育部人事司批准，教育部社区教育研究培训中心在国家开放大学挂牌成立。该中心充分利用国家开放大学在教育信息化和办学体系方面的独特优势，面向全国开展社区教育、提供各项指导服务、研究咨询和培训交流。在各地政府教育行政部门和开放大学系统大力支持推动下，全国有 28 个省级社区教育指导中心在省级开放大学挂牌成立，统筹指导省域内社区教育业务开展，推动各地建设 280 余个地市级社区教育指导中心，建立了 1 450 个区（县）社区学院，近 1.68 万个街道（乡镇）社区学校，近 36.4 万个社区教育村（居）教学点，基本覆盖全国城乡，形成了县（市）、乡镇（街道）、村（居委会）三级社区教育办学网络体系。同时，由国家开放大学及其办学体系、职业学校和普通高校举办的社区教育办学网络逐年扩大，各地整合社工服务站、新时代文明实践中心（站）、群众自治组织、居民学习共同体等力量，积极统筹社区内外的各种资源，促进各类学校向社会开放，广泛开展了适应当地群众需要的各种形式和内容的社区教育培训活动。进一步完善了社区教育办学网络体系。

（二）开展社区教育实验区、示范区建设

1999 年国务院批转教育部《面向 21 世纪教育振兴行动计划》提出"开展社区教育实验工作"的要求。2001 年教育部召开全国社区教育实验工作经验交流会议，确定首批 28 个全国社区教育实验区。之后，各地社区教育工作迅速发展，到 2004 年，全国社区教育实验区和各省级、市级教育行政部门确定的省、市级社区教育实验区已经占全国城区总数四分之一以上，不少实验区工作卓有成效，他们的经验和做法具有典型示范作用，已经具备了在全国评估一批社区教育示范区的基本条件。2004 年，教育部印发《教育部办公厅关于推荐全国社区教育示范区的通知》，落实国务院批转教育部《2003—2007 年教育振兴行动计划》提出的"积极推进社区教育"的任务要求，加快学习型城区、学习型城市和学习型社会建设的步伐，在全国评估、确定一批社区教育示范区。2008 年，在各地教

育行政部门推荐、教育部组织专家评审后，确定北京市西城区等34个单位为首批全国社区教育示范区。

自2001年至2016年，教育部共组织开展了六批全国社区教育实验区和四批全国社区教育示范区的遴选，确定了122个全国社区教育实验区和127个全国社区教育示范区。同时，各省（自治区、直辖市）也在积极推进省级社区教育实验区和示范区建设。截至2020年底，各省设立了逾800个省级社区教育实验区和示范区。上海、江苏、杭州、宁波、广州、太原等省市还形成了有实验项目、实验街（镇）、实验区（县）的社区教育实验体系。

在国家和省级教育行政部门的指导下，各地社区教育实验区、示范区党委、政府和教育行政部门加强对社区教育工作的领导和推动，研究出台了具体可行的发展社区教育的政策措施，以提高居民思想道德素质、科学文化素质、健康素质和职业技能为宗旨，以建立健全社区教育制度为着力点，统筹城乡社区教育发展。有效整合了区域内教育资源，广泛开展了面向社区全体成员多种形式和内容的教育培训，初步满足了社区居民多样化的学习需求，丰富了社区居民的生活内容，进一步提升了社区教育的服务能力和水平，发挥了社区教育在服务居民学习、促进社区建设等方面的重要作用，推动了全民终身学习和学习型城市、学习型社会建设。

（三）推进社区学习中心（CLC）能力建设

为践行终身教育理念，推进学习型社会建设，中国成人教育协会在中国联合国教科文组织全国委员会秘书处和联合国教科文组织驻华代表处的支持、指导下，于本世纪初在中国设立了“农村社区学习中心（CLC）能力建设”项目，该项目实施20年来为推动农村区域经济社会发展发挥了积极作用。为了进一步拓展“社区学习中心（CLC）能力建设”项目的实施和探索，推进城市社区学习中心（CLC）能力建设，2018年，经中国成人教育协会申请，中国联合国教科文组织全国委员会秘书处和联合国教科文组织驻华代表处共同立项“城市社区学习中心（CLC）能力建设”项目（以下简称城市CLC项目），由中国成人教育协会联合苏州市教育局于2019年共同启动实施。

该项目的宗旨是践行终身教育和终身学习理念，推进社区教育和居民学习，增强社区发展能力，建设学习型城市，形成学习型社会；实现联合国确定的“2030年可持续发展目标”（SDG4）和联合国教科文组织《2030年教育行动框架》提出的“确保包容、公平的优质教育，促进全民享有终身学习机会”目标。

截至2023年，城市CLC项目共开展了两期项目研究。在一期项目研究中，共设立了15个项目实验点，开展了5个子项目研究，分别为“西部社区教育发展的现状、趋势、问题与建议”“终身学习背景下的社区教育融入社区治理”“提高城市老年人生存能力实践活动”“阅读社区标准研制”和“异地老年群体学习中心能力建设研究”。通过总项目组和各子项目组的不懈努力，特别是在持续3年疫情期间，总项目组和各子项目组及各项目实验点奋力应对，共克时艰，在做好疫情的防控工作的同时，加大项目实施工作力度，积极开展项目调研，召开项目推进会，总项目组相继举办了以“优质的社区教育与可持续发展”为主题的培训研讨会、项目研讨暨中期检查推进会、提升研究能力的“项目案例与应用写作工作坊”等活动，通过线上线下相结合开展项目调研交流和研讨，全面推进各子项目的实施，将各子项目研究辐射到广大基层社区，组织社区居民开展丰富多彩的学习活动。经过坚持不懈的实践探索，各子项目组持续推进子项目研究，取得了预期研究成果，2022年12月，5个一期子项目全部通过专家组评审，顺利结项，圆满完成一期子项目研究任务，并在社会上产生了积极而广泛的影响。

为了持续推进城市CLC项目研究，根据中国联合国教科文组织全委会秘书处《关于“城市社区学习中心（CLC）能力建设”项目工作有关意见建议的函》和教育部职成司的指示精神，在顺利推进一期子项目研究的基础上，2022年9月，总项目组启动了城市CLC第二期子项目研究。在第二期项目研究中，新增18个项目实验点，后续又增补5个，项目实验点总数达到38个，地区覆盖面由原来的10个省（直辖市）扩展到20个省（自治区、直辖市）。为指导项目研究，总项目组制定了《城市社区学习中心（CLC）能力建设项目第二期项目实施意见（2022—2025年）》，确定了重点研究项目，进一步拓展了研究领域，研究内容包括：社区学习中心能力提升的宏观研究；加强社区健康教育，促进城市可持续发展研究；提升弱势群体技能，促进教育公平研究；家庭教育服务终身学习的实践研究；职业院校服务全民终身学习的实践与研究；创新老年教育，助力积极老龄化研究；社区教育助力社区建设（治理）实践研究；非遗教育与非遗发展研究；社区教育数字化发展研究；社区教育助力创新创业实践研究；社区教育区域化高质量发展研究；社区教育前沿研究12大类，以及研制社区教育管理者、教师能力标准、城市CLC项目案例库建设，举办主题培训和国内外学习考察交流活动，创建社区能力品牌。截至2023年7月，大多数子项目已顺利开题并付诸实施。在此基础上，2023年10月26—29日，中国成人教育协会在苏州市吴中区举办“2023年社区学习中心（CLC）研究能力提升工作坊”。会议邀请有关专家分别做了题为“做好教育科学研究的核心要点——谈谈如何提升社区学习中心研究能力”“科研项目选题与论证”“谈谈研究成果的发表”“做好城市CLC第二期子项目的几点建议”的专题报告。来自不同城市代表在会上做典型发言，与会人员围绕

“为什么要提升社区学习中心研究能力”“怎样提升研究能力”“如何提高子项目研究质量，指导社区教育实践”等议题展开深入讨论。会议有效促进了与会人员科研能力的升。

城市 CLC 项目实施四年多来，以其高度的政治站位、长远的规划导向、规范的运作过程及有效的成果产出，不断满足城市社区居民日益增长的多样化的学习需求，促进了市民整体素质的提高，推进了社区教育的人才培养和社区建设与发展，受到了联合国教科文组织、各级政府教育行政部门的大力支持和社会的广泛关注，有效推动了各地学习型社区、学习型城市和学习型社会建设，日益呈现出蓬勃生机。

（四）发展社区教育促进社区治理和社区建设

作为基层社区治理的重要构成与有效载体，社区教育具有提供优质公共服务、提升公民对社区的认同感与归属感、促进社会和谐稳定的积极效应，对推进基层治理体系和治理能力现代化，促进城市可持续发展具有重要意义。

一是各地在推进社区教育中，努力塑造社区共同价值观，通过开展社区教育，增强社区居民的主人翁意识、提升社区居民对社区规则的认同感与遵从感，从而为社区治理奠定良好价值基础。

二是通过社区教育努力提升社区居民的文明素养，从思想政治品德、科学文化知识、审美情趣、心理素质、人际关系、环保意识等方面得到大幅提升，从而为社区治理奠定良好的主体基础。

三是鼓励社区居民积极参与社区治理，投身社区活动。广泛开展社会志愿服务，使之成为新时代社区治理中不可或缺的重要力量。

四是加强与社区各方面的联系，建立与社会多方面的合作伙伴关系，拓展社区教育载体，努力获得政府有关部门、各级各类学校、企事业单位、社会团体等人才与智力支持，形成“协同治理”态势。

此外，一些社区教育机构主动下沉社区，分析当前社区治理面临的困境和难题，识别不同类别居民的差异化需求，在社区教育助推社区治理的理念指导下进行社区教育活动设计以及资源开发，形成居民社区治理需求与社区教育资源及服务供给的精准对接。一些社区教育机构，协助基层形成社区治理共同体，在激发居民社区参与意识、提升居民的参与能力与社区归属感、革新治理结构、建设社区共同体等方面取得显著成效。一些社区学院在探索培育塑造社区居民素养，社会主义核心价值观引领，培育公民精神、增进公民角色及身份认同、强化公民责任意识，激发居民参与社区治理的内生动力、主体性认知与长效使命等方面取得了成果，从而有效推动了社区治理，为构建多元主体协作互动的社区治理现代化格局赋能提质。

（五）加强社区教育工作者队伍建设

据2018年全国社区教育工作情况统计显示，在全国社区教育实验区、示范区中，区（县）级社区教育学院有专职教师约4 300人，管理人员近3 200人，兼职教师约12 600人，志愿者约10.3万人；街道（乡镇）社区学校有专职教师13.4万人，管理人员约1.4万人，兼职教师3.7万人，志愿者约39.8万人；居（村）教学站（点）专职教师约1.83万人，管理人员2.701万人，兼职教师约5.82万人，志愿者约64万人。三级网络中专职教师占比10.78%，兼职教师占比7.45%，管理人员占比3.07%，志愿者占比78.70%，形成一支庞大的社区教育工作者队伍。

为了加强对社区教育工作者的培训及学历提升，在教育部业务指导和国家开放大学办学体系支持下，各省（自治区、直辖市）社区教育指导中心、社区大学、社区学院等社区教育机构共同努力，不断探索通过培训、观摩、研讨、论坛、经验分享、研修班以及学历提升等多种形式，利用信息化手段，线上与线下相结合，进一步加强对社区教育工作者队伍的培训、培养和教育服务能力的提升。以2017—2019年为例，三年组织全国性培训，累计培训社区教育工作者达到12.99万人次，通过国家开放大学办学体系举办的社会工作（专科和专接本）专业和社区管理与服务专业等，进行学历提升的社区教育工作者总数达3.2万人。

同时，各地探索了社区教育工作者多元化培训模式，形成了管理类、教学类两大系列，贯通初级、中级、高级等能力层级，立体化的多元互动培训体系。有效推动了社区教育工作者的专业化能力发展。针对不同类型工作者、不同课程的特点，探索了面向社区教育工作者特别是管理者的2+1模式，即专家讲座和典型经验分享+实地体验、调研；面向教师的教学理论讲授+动手实践+互动交流分享模式；线上线下混合式教学模式。借助国家开放大学骨干教师研修班，分区域分别为中西部、东部沿海地区举办开放大学体系社区教育骨干教师研修班，通过专家讲座、案例教学、团队学习等形式，对体系内从事社区教育的骨干教师开展培训，培养了大批社区教育骨干教师。国家开放大学开设社会工作专业（本、专科）、社区管理与服务专业，为有学历提升需求的社区教育工作者提供了机会，开放灵活的混合式教学模式非常适合在职成人利用业余时间学习。此外，通过每年举办年度工作研讨交流会，采用工作部署+专家讲座+典型经验分享+实地体验等多种形式为全国社区教育工作者提供交流学习机会，从而提升社区教育队伍政策文件学习等专业化能力。

（六）开展能者为师行动

2021年10月底，教育部印发《关于开展社区教育“能者为师”特色课程推介共享行动的通知》，旨在多渠道扩大社区教育资源供给，更好满足不同群体的多样化学习需求，不断增强人民群众的获得感、幸福感、安全感。

该行动目标是，以共同推动构建服务全民终身学习的教育体系、提升社区教育公共服务和普惠水平为宗旨，挖掘各行各业具备专业知识、技术技能、有意愿服务社区教育的人才，整合社会人力资源充实社区教育师资库；共同建设更加符合人民需求、内容健康向上、特色鲜明、表现形式丰富多样、易于传播推广的高质量课程资源；利用互联网媒体平台推动社区教育课程资源多途径共享和智能化推送，交流各地社区教育机构特色课程资源共享的经验做法和典型案例，展现各地“能者”主动参与社区教育、乐于分享的精神面貌；启动社区教育实践创新项目，培训社区教育师资队伍，培育社区教育品牌。

该行动所涉及的主题包括：科学素质与互联网学习、老年人智能技术运用、家庭教育与阅读表达、乡村振兴、非遗传承、道德与法治、人文艺术、康养健身、生活技艺、社区治理与应急管理等。

截至2023年9月，全国已启动社区教育“能者为师”实践创新项目964个；推介“能者为师”系列特色课程1 167门，“能者为师”典型案例383个。其中特色课程通过国家开放大学终身教育平台进行开放共享，开展数字化学习行动，在全国营造形成“人人教、人人学”的终身学习浓厚氛围。

五、发展老年教育，服务重点人群学习

据民政部、全国老龄办发布的《2022年度国家老龄事业发展公报》显示，截至2022年末，全国60周岁及以上人口约为2.8亿人，占总人口的19.8%；全国65周岁及以上老年人口约为2.10亿人，占总人口的14.9%。按照联合国关于人口社会划分标准，我国已进入中度老龄化社会。

老年教育是针对老年人生理和心理特征，以及社会需求、个人生活需求、心理需求提供的有目的、有组织的教育和学习活动。老年教育是教育事业的重要组成部分，是终身教育的重要环节，大力发展老年教育是中国构建终身教育体系，推进学习型城市、学习型社会建设，积极应对人口老龄化的一项重要举措，与中国特色社会主义发展要求相契合，与中华优秀传统文化和人类文明优秀成果相承接，在新时代、新征程中肩负着重要使命

和历史重任。

（一）党和国家高度重视老年教育

我国是世界老年人口大国。大力发展老年教育作为积极应对人口老龄化、构建终身教育体系、建设学习型城市和学习型社会的重要举措，始终受到党和政府的高度重视。党和政府制定了一系列相关政策，积极推进老年教育发展，满足老年人多样化学习需求，提升老年人生活品质，促进社会和谐与可持续发展。1995年《中华人民共和国教育法》规定："中华人民共和国公民有受教育的权利和义务"。1996年《中华人民共和国老年人权益保障法》规定："老年人有继续受教育的权利"。

2012年，党的十八大报告提出："积极应对人口老龄化，大力发展老龄服务事业和产业"。2017年，党的十九大从我国社会主义现代化建设的战略层面，提出积极应对人口老龄化和老龄社会的重大战略安排，与党的十八大以来习近平总书记关于老龄工作一系列重要论述相得益彰，把老龄工作纳入中国特色社会主义"五位一体"总体布局和"四个全面"战略布局，共同构成党和国家积极应对人口老龄化挑战的基本战略思想。2022年，党的二十大报告进一步提出：要"实施积极应对人口老龄化国家战略"，推进人力资源开发利用，推动人口红利向人才红利转变。

在党的十八大以来历次中央全会关于发展老年教育方针指引下，党和国家印发了一系列有关发展老年教育规划和政策的文件，把接受教育和终身学习作为老年人的一项基本权利，明确老年教育发展目标、任务和保障措施，强调政府在应对人口老龄化中的责任和主导作用，把发展老年教育，积极应对人口老龄化作为国家经济建设和社会发展的重要举措，对推动新时代我国老年教育发展发挥了极其重要的指导作用（表1-4-2）。

表1-4-2　2016年以来党和国家发布的有关发展老年教育的重要文件

发文时间	发文机关	发文标题	摘要
2016.10	国务院办公厅	国务院办公厅关于印发老年教育发展规划（2016—2020年）的通知	对老年教育的指导思想、基本原则、主要目标、主要任务、重点推进计划和保障措施做出规划
2017.2	国务院	国务院关于印发"十三五"国家老龄事业发展和养老体系建设规划的通知	到2020年，基本形成覆盖广泛、灵活多样、特色鲜明、规范有序的老年教育新格局。全国县级以上城市至少应有一所老年大学

续表

发文时间	发文机关	发文标题	摘要
2019.4	国务院	国务院办公厅关于推进养老服务发展的意见	大力发展老年教育。优先发展社区老年教育，建立健全县（市、区）、乡镇（街道）、村（居委会）三级社区老年教育办学网络，积极探索部门、行业企业、高校所举办老年大学服务社会的途径和方法
2019.11	中共中央、国务院	国家积极应对人口老龄化中长期规划	构建老有所学的终身学习体系，提高我国人力资源整体素质，确保积极应对人口老龄化的人力资源总量足、素质高
2021.11	中共中央、国务院	中共中央 国务院关于加强新时代老龄工作的意见	将老年教育纳入终身教育体系，依托国家开放大学筹建国家老年大学，搭建全国老年教育资源共享和公共服务平台。鼓励老年人继续发挥作用
2021.12	国务院	关于印发“十四五”国家老龄事业发展和养老服务体系规划的通知	加快发展城乡社区老年教育，支持各类有条件的学校举办老年大学（学校）、参与老年教育。鼓励养教结合创新实践，支持社区养老服务机构建设学习点。依托国家开放大学筹建国家老年大学，搭建全国老年教育资源共享和公共服务平台

在党和国家相关法律和政策文件的推动下，一些省市及时制定了老年教育的地方性法规或政策文件，对发展本地区老年教育发挥了重要指导作用。例如，2002 年公布的《天津市老年人教育条例》指出：教育部门应当把老年人学校教育纳入终身教育体系；2007 年公布的《徐州市老年教育条例》指出：逐步增加老年教育经费，做到专款专用；2010 年公布的《湖南省老年教育工作暂行规定》指出：教育行政部门要制定老年教育工作检查评估办法和质量督导体系；2021 年 1 月 1 日起施行的《安徽省老年教育条例》提出了设立老年教育机构应当具备的四个条件；2022 年 1 月 1 日起施行的《山东省老年教育条例》规定老年人参加老年教育的学习成果可以按照规定纳入终身教育学分积累。

（二）老年教育管理体制、办学体系和办学模式

1. 管理体制

1999年，全国老龄工作委员会成立。根据《关于印发全国老龄工作委员会成员单位职责的通知》规定，今后文化部将“全面负责全国老年非学历教育工作，指导各级各类老年大学的工作”。从此，明确了中国老年非学历教育和老年大学归口政府文化部门管理。2016年，国务院办公厅印发《老年教育发展规划（2016—2020年）》将教育部门放在几个部门并列的第一位。2021年，中共中央、国务院印发的《关于加强新时代老龄工作的意见》将老年教育纳入终身教育体系，明确由教育部门牵头研究制定老年教育发展政策举措。其管理开始由国家和地方各级教育行政部门负责老年教育管理、协调和指导工作。

2. 办学体系

近十年来，中国老年教育多元化办学体系业已形成。从办学机构看，主要有国家和各地政府部门自行办学，教育部门管理的事业单位办学，民政部门管理的社会组织办学，市场监督管理部门管理的企业办学。有教育系统、民政系统、文化系统、高校系统、国有大型或特大型企业、国家和各地党政机关、军队干休所等举办老年教育，有城乡社区教育机构举办老年教育与学习活动，还有一些大型或连锁养老机构也开展了内部的老年教育与学习活动。大量的社会组织、教育培训公司的业务也开始涉足老年教育领域。

从老年教育办学层次看，在国家层面设有国家老年大学，在地方层面，设有各级老年大学（学校、教学点），现有国家级、省（市、区）级、地（市、区）级、县（市、区）级、乡镇（街道）级、村（居委会）级等六级办学层次，初步形成了较为完整的老年教育办学体系。

3. 办学模式

中国老年教育的办学模式主要体现在各地举办的老年大学。从学历教育和非学历教育角度看，基本上都属于非学历教育，很少举办学历教育。

各类办学机构举办老年教育主要有三种模式：一是独立设置的各类老年教育机构；二是在其他各类院校中附设老年教育二级学校或分校，例如北京开放大学下设老年开放大学；三是在非老年大学（学校）的办学机构中开设老年教育各类专业班，例如北京市通州区某镇成人文化技术学校中的老年教育专业班。

从学制或学习时长来看，比较规范的老年大学多以学期为学习时长招生，有比较固定的专业性学习；许多老年学习点以每周举办一两次活动为主，开展专业性或多样性活动。

各省级、地市级老年大学办学比较规范，有专任的管理人员和教师队伍，有稳定的招

生机制，学员规模也较大，有一批年度参与学习达上万人次的学校。有一大批老年大学具有独立法人资质，但也有相当多的老年大学和老年学校不具有法人地位，主要依靠上级主管部门派员兼职管理，自己聘请兼职工作人员、兼职教师及志愿者协助办学。

从办学资金来源看，多数老年大学是由地方政府或事业单位出资办学，老年学员自己出少量的学费，基本上是公益性办学。有一些仅为本系统、本单位离退休人员举办的老年大学或教学点，基本上由人员所在单位提供办学经费，甚至学员免费参加学习。

（三）老年教育发展现状

近十年来，中国老年教育发展迅速，各城市普遍建立了老年大学、老年学校和社区老年教育教学点，形成了老年教育办学网络系统，开展适合老年人的健康保健、文化修养、专业智能、休闲养生等方面教育和学习活动，促进老年人社会参与，丰富老年人文体休闲生活，提高生命质量，并推进城市和谐发展。

1. 老年教育发展初具规模

根据中国老年大学协会统计，截至 2019 年底，全国各级各类老年大学（学校）共有 7. 6 万余所，在校老年学员（包括远程教育）共有 1 300 余万人。单个学校办学规模最大的是哈尔滨老年大学，在校学员数 38 000 人次/学年；其次是广州市老干部（老年）大学，在校学员数 35 000 人次/学年；天津市老年人大学，在校学员规模达 31 000 人次/学年。突破 2 万人次/学年的多为省市级老年大学，许多县（区）级老年大学学员规模超过 1 万人次/学年，全国范围内万人次/学年以上规模的老年大学已逾 40 所。

对于社区老年教育机构、学习点数量以及参与学习的老年人占比，尚无权威部门较为全面的统计，仅有 2016 年国务院办公厅印发的《老年教育发展规划》提出的到 2000 年经常性参与活动的老年人比例达到 20%以上要求，各省响应此规划也都提出了相应的比例数，北京、上海、天津提出了较高的比例。

老年教育的专兼职教师和管理人员队伍已经形成一定规模，教育教学工作走入正常运转的轨道。现有老年教育机构基本形成了由专兼职教师、专兼职管理人员和志愿者构成的老年教育工作者队伍。老年教育机构的专职教师，大部分人也兼任着部分管理工作。兼职教师多数来自普通高校、职业院校、中小学专任教师岗位，一部分为退休教师，也有少数属于有特殊专长的能人。校领导和工作人员有的是主办单位的在职人员兼任，有的是退休人员专任，有的是专聘的社会人员。志愿者来自社会各界，有的志愿者也是该老年教育机构的学员或前学员。

2. 老年教育教学形式日趋多样

老年教育教学形式主要有离退休人员在本单位组织开展的教育与学习、在办学机构中组织开展的教育与学习、在城乡基层社区举办的教育与学习、在文化场馆开展的教育与学习、在大众媒体传播的教育与学习和养老机构开展的教育与学习等多种形式。

老年人已不满足于书本学习、课堂学习和实地学习，随着数字化教育与学习技术越来越被熟练掌握、远程学习终端设备越来越智能化和使用便捷化，活力老年人已能迅速掌握各类学习终端的使用技能。老年远程学习充分利用信息技术优势，扩大了老年教育覆盖面，实现了优质资源共建共享，缩小了城乡、地域之间差距，将老年教育延伸到户，促进老年教育公平。

突发于 2020—2022 年的新冠疫情，使很多老年人学会了甚至习惯了使用视频会议进行学习和交流，很多老年人也学会使用智能手机扫码办事。

3. 老年教育教学内容日益丰富

十余年来，老年教育课程和学习内容越来越丰富。各地开设的老年教育课程类别主要有：艺术类、健康类、文学类、金融类、休闲类、人类学、技术类、科学类、个人发展类等。其中选修艺术类课程（音乐、舞蹈、摄影、手工等）的老年人占比最大，其次是选修健康类课程（营养、体育、健身等）。在社区和养老机构里，也有许多老人在免费听取普法、健康、科普、金融、社区治理讲座，学习歌舞、器乐、书画、摄影、旅游、体育、烹饪、节庆等知识和开展各种体验活动。

国家教育智慧平台、国家老年大学、各省市区老年开放大学学习平台等学习资源库已经陆续开通，基层各老年教育机构可以免费获得部分学习资源。随着数字化技术的发展，学习资源不断丰富，各类基础性专业知识学习资源的复制成本越来越低，老年学习者和老年教育办学机构均能从中受益。

4. 建立国家老年大学

建立国家老年大学是教育系统自觉服务国家战略、助力全民终身学习的学习型社会、学习型大国建设的具体行动。

2021 年 11 月 24 日，《中共中央、国务院关于加强新时代老龄工作的意见》发布，提出依托国家开放大学筹建国家老年大学，搭建全国老年教育资源共享和公共服务平台。根据党中央、国务院关于加强新时代老龄工作的部署要求，经中央编委批准，教育部党组研究决定，国家开放大学加挂国家老年大学牌子。2023 年 3 月 3 日，国家老年大学正式揭牌。国家老年大学的成立是办好人民满意的教育、积极应对人口老龄化的具体举措，也是我国老年教育事业改革发展的重要里程碑。

2023年3月20日,国家老年大学开启线下第一课。2023年新学期,有800余名中老年人走进大学校园,学习智能手机应用、绘画、声乐、形体等实用性课程。学校还在线上建立了全国老年教育公共服务平台,面向50周岁以上人群免费开放。

国家老年大学以国家开放大学办学体系为基础,承担老年教育教学、技能培训、文化传承、社会服务、科学研究和国际交流等任务,面向全国老年人开展线上线下相结合的教学活动。

同时,国家老年大学为全国各级各类老年大学提供资源共享、教学指导和公共服务,搭建全国老年教育资源共享和公共服务平台,在创新发展老年教育中发挥示范、带动、引领和辐射作用。

截至2022年底,开放大学系统已有30所分部成立省级老年开放大学或专门机构,在基层设立超过5.5万个老年教育学习点。国家老年大学已初步建成全国老年教育公共服务平台,积极整合优质资源,汇聚了40.7万门、总计397.3万分钟老年教育课程资源,打造国家级老年教育资源库,为未来向全国老年教育机构推送优质资源提供保障。目前已有8 000余名教师进入国家老年大学的师资库,围绕休闲娱乐、主动健康、技能提升和银发圆梦四个方向,提供形式多样的老年教育服务。①

5. 开展社区老年教育

2016年,教育部等九部门《关于进一步推进社区教育发展的意见》提出:将老年教育作为社区教育的重点任务,结合多层次养老服务体系建设,改善基层社区老年人的学习环境,完善老年人社区学习网络。建设一批在本区域发挥示范作用的乡镇(街道)老年人学习场所和老年大学,努力提高老年教育的参与率和满意度。

十余年来,各地主要依托社区教育机构开展老年教育学习活动,尤其在城镇社区开展老年教育较为普遍。上海、北京、天津、江苏、浙江、安徽、山东等老年教育发展较快的地区,已经将老年教育工作办到了城乡社区老年学习点。福建省等地将供农村老年人共学的乐龄学堂、老年教学点办进了乡村。北京市顺义区在城乡村居社区试点开展老年学习共同体(老年学习团队)建设。城乡基层社区和诸多养老机构在以非老年教育机构的形态开展大量的老年教育与学习活动。越来越多的老年人在社区、在家门口、在身边接受教育,参加有组织的学习活动。目前承担基层社区老年教育任务的,在城市主要是社区教育学院(学校、中心),在农村主要是乡镇成人文化技术学校。

---

① 《国家老年大学成立,一文带你了解这个学校》。

（四）服务其他重点人群，提供多样化教育服务

1. 关注女性教育，促进性别平等

知识女性是学习型城市建设必不可少的支撑力量。关注女性教育，确保女性享有与男性平等的受教育机会和权利，不断改善女性受教育状况，大幅提升女性受教育水平，是提高女性社会地位，促进性别平等和教育公平的重要举措，也是推进学习型城市建设和经济社会发展必不可少的重要保障。

2011 年 7 月 30 日，国务院正式发布了《中国妇女发展纲要（2011—2020 年）》，开启了中国促进性别平等，推动妇女发展的新征程。该《纲要》在发展领域、主要目标和策略措施中提出，要提高女性接受高等教育的水平，满足妇女接受职业教育的需求，提高妇女终身教育水平，为妇女提供多样化的终身教育机会和资源。鼓励妇女接受多种形式的继续教育，支持用人单位为从业妇女提供继续教育的机会。提高妇女利用新型媒体接受现代远程教育的能力。促进妇女参与社区教育，满足妇女个性化的学习和发展需求。大力发展社区老年教育，为老年妇女提供方便、灵活的学习条件。要加大女性技术技能人才培养力度，探索建立多层次、多渠道的女性科技人才培养体系。

2016 年，教育部等九部门《关于进一步推进社区教育发展的意见》中强调：为农村留守妇女提供社会生活、权益保护、就业创业等方面的教育培训。在各级政府和教育、妇联等有关部门推动下，各地开展了以女性群体为重点、有多种形式和内容的教育培训活动。如广西合浦县妇联联合县公安局开展合浦县妇女知识培训活动，引导大家进一步认识女性的特点、熟悉反家庭暴力内容和保障妇女权益的法规条例。又如重庆市合川区妇联在龙凤镇经堂村开展了“巴渝巾帼 美丽我家”农村妇女人居环境整治卫生习惯培训，通过开展知识竞赛等活动，让现场妇女深刻了解到身边的人居环境如何整治，同时也传授了改善家庭卫生习惯的方式方法。

2. 关注新市民教育，提升就业创业能力

新市民是指在城市稳定就业的农民工及其他外来务工人员、新就业大专院校学生等常住人口。新市民是我国城市建设的主力军和生力军，理应享受城市居民同等的权利和待遇。

为了提升新市民的综合素质，各地广泛开展了新市民教育培训活动。新世纪初，主要由用人单位对其聘用的农民工进行适应工作和城市生活方面的教育培训。随着农民工的灵活用工、分散用工和个人居住城镇的兴起，当地人力资源和社会保障部门承担起教育培训工作，力图提高他们的技能，获得一定的职业资格证书。教育部门也在社区教

育活动中跟进培训工作。随着新市民成分的多元化，对新市民的培训形式和内容也逐步丰富起来。十余年来，大城市的新市民中不乏大批高学历、高技能人才，为城市建设与发展作出了重要贡献。

重庆市为了贯彻落实国务院农民工办关于开展“部市共建”农民工新市民培训基地建设的工作要求，市人力社保局委托第三方机构组织开展新市民线上培训活动，各市级培训示范点负责线下培训的组织实施。2022 年，线上通过农民工新市民“同享”网络学苑完成注册培训 5 万人次/年；线下依托新市民培训示范点完成培训 5 万人次/年；全年培训目标任务 10 万人次。①

浙江省慈溪市开展 2022 年新市民素质教育培训，培训形式采用线上线下相结合，以线上为主。依托“我在慈溪”微信公众号“新市民学堂”自主学习；各村（居委会）发动本辖区内的新市民积极参与，且根据当年学分可换取相应的奖品。线下培训由市新市民服务中心组织开展。培训内容涉及新市民相关政策、科普知识、法律法规、安全知识、家庭生活、健康常识、慈溪特色、垃圾分类、有声图书馆等。线上培训每人学习不少于 200 学分（约 200 分钟）；线下培训每人学习需满 2 课时，每课时不少于 1 小时。②

3. 发展残疾人教育，促进教育平等

1994 年 8 月 23 日，国务院批准颁布实施《中华人民共和国残疾人教育条例》。这是中国第一部有关残疾人教育的专项法规，它的颁布实施，将从法律上进一步保障中国残疾人平等受教育的权利，促进残疾人教育事业的发展。2017 年 2 月 23 日，国务院第 674 号国务院令公布修订后的《残疾人教育条例》，自 2017 年 5 月 1 日起施行。

2016 年，教育部等九部门《关于进一步推进社区教育发展的意见》中强调：重视开展农村各类残疾人的培训服务。

就我国的管理体制而言，残疾人教育培训主要由中国残疾人联合会、人社部、教育部作为其重点工作之一统筹协调管理。各地从当地实际出发，组织开展了多种形式和内容的残疾人教育培训活动。

六、推进学习型组织和学习共同体建设

学习型组织是学习型城市的重要组成部分，推进学习型组织建设是建设学习型城市的基础和重要支撑，也是提升城市竞争力的关键因素。

---

① 《重庆市人力资源和社会保障局办公室关于开展 2022 年农民工新市民培训工作的通知》。

② 《关于开展 2022 年度新市民素质教育培训的通知》。

我国的学习型组织建设呈现两个基本特点：

一是两类主体在推进学习型组织过程中发挥重要作用。一类是部门、行业及企业自身推动创建学习型组织、学习型企业；另一类是地方政府将学习型组织建设作为重要的社会细胞和基本单元，作为推进学习型城市、学习型社区建设的社会基础。

二是将组织分为机构性（或单位性）组织以及区域性组织两类来推进学习型组织建设。前者包括企业、党政机关、学校等；后者主要指地区、城市、街道/乡镇、社区/村庄等。在构建服务全民终身学习的教育体系、建设学习型社会的过程中，各地还提出和丰富了“学共体”的实践。“学共体”即学习共同体的简称，通常意义是指一个由学习者及其助学者（包括教师、专家、辅导者等）共同构成的团体，“学共体”是一个以学习者为主体的现代社会群体，在我国建设学习型社会、学习型社区的语境下，更多的是指“社区学习共同体”。

（一）党和国家关于推进学习型组织建设的相关政策

以政策制定推进学习型组织、学习型社区、学习型城市建设，是中国推动学习型社会和学习型大国建设的基本途径。

进入21世纪以来，党和国家制定了一系列政策文件，大力推进学习型组织建设，要求把创建“学习型组织”作为推进社区教育工作的重要内容来抓，积极创建学习型企业、学习型单位、学习型街道、学习型居委会、学习型楼组、学习型家庭等学习型组织，促进学习型社会的形成。

2014年，教育部等七部门发布《关于推进学习型城市建设的意见》，在学习型城市建设的主要任务中，明确要“推进各类学习型组织建设，增进社会组织活力，积极推进学习型机关、企事业单位、社会团体等各类学习型组织建设，增强社会组织的学习能力，充分发挥学习对组织发展的促进作用”。

2016年，教育部等九部门发布《关于进一步推进社区教育发展的意见》，也是在主要任务部分，要求“推动各类学习型组织与学习共同体建设。广泛开展学习型乡镇（街道）、学习型社区、学习型家庭等各类学习型组织创建活动，推动学习型城市建设”。

2019年2月，中共中央、国务院印发《中国教育现代化2035》，部署了面向教育现代化的十大战略任务。其中第五项任务“构建服务全民的终身学习体系”中明确：“扩大社区教育资源供给”“加快发展城乡社区老年教育”“推动各类学习型组织建设”。

总的来看，建设学习型组织之所以能够在全国广泛开展，党和政府制定一系列推进政策起到至关重要的作用。学习型组织建设成为我国建设学习型社会、学习型大国的重要组织和社会基础。

（二）推进学习型组织建设

1. 部门、行业推动创建学习型组织、学习型企业

学习型组织理论的出现和发展是时代的产物。在知识经济社会，不但个人需要终身学习，每个组织、地区、城市、国家也需要不断学习，增强竞争力与创新力，适应日益快速变化的环境。因此，尽管学习型组织理论的萌芽在20世纪60年代末就已出现，也有学者从不同角度进行研究，但1990年彼得·圣吉《第五项修炼：学习型组织的艺术与实践》的出版，才在国际上引发了创建学习型企业的广泛实践。中国也从20世纪90年代开始进行创建学习型企业的相关实践，随后才逐步扩展到机关、学校、医院、科研机构、军队等各类组织。

据统计，截至2003年末，已有近200家创建学习型企业先进单位，其中百家企业在创建学习型企业过程中取得了较好的成绩，包括上海宝钢、上海施贵宝制药、安徽江淮汽车、山东兴隆庄煤矿、内蒙古伊利实业、山东莱钢炼钢厂、江苏新远东电缆公司等一批企业已进行了数年创建学习型企业的积极尝试，取得了丰硕成果和丰富的经验①。北京市2001—2003年已评估认定北京同仁堂集团、北京全聚德集团、北京菜百公司、北京市汽修公司、西单商场、燕莎商城、蓝岛大厦等18家创建学习型企业市级先进单位。在全国，还有一大批企业，如济钢、常柴、仪化、云电集团、徐州夹河煤矿、连云港碱厂、小蓝鲸、柳州五菱汽车等公司创建工作已经开始。

作为国家层面，部门推动影响力最大的学习型组织创建活动是2004年1月全国总工会、中央文明办、国家发展和改革委员会、教育部、科技部、人事部、劳动和社会保障部、国务院国有资产监督管理委员会、全国工商联等九部委发布《关于开展全国“创建学习型组织，争做知识型职工”活动的实施意见》，宣布将联合在全国职工中开展“创建学习型组织，争做知识型职工”活动（以下简称“创争”活动）。“创争”活动建立了组织领导机构，包括由九部门负责人组成的全国“创建学习型组织，争做知识型职工”活动领导小组以及指导协调小组；制定了《全国学习型组织、知识型职工奖励办法》，开展创建指导与评估工作，对开展“创争”活动突出的机构和个人予以表彰。

2007年7月17日，由中华全国总工会、全国创争活动指导办调小组主办的“中国职工学习论坛”在北京开幕。教育部、全国总工会、中央文明办、国家发改委、科技部、国防

---

① 课题报告《学习型企业的理论与实践研究》，教育部职成司委托北京教科院职成所课题，内部资料，2003.12。

科工委等单位的领导出席会议。全国总工会副主席、书记处第一书记孙春兰在开幕式上开通了“中华职工学习网”。①

此后,行业和企业一直在开展学习型组织建设。持续推进“创争”活动。

2. 地方政府推动学习型组织建设

2001年6月3日,中共大连市委九届一次全体会议提出了建设学习型城市的决定,将创建学习型组织,创建学习型家庭纳入其中。

2001年8月,中共常州市委九届二次会议通过了《关于建设学习型城市的决定》。提出以学习型党组织为龙头,创建学习型机关、学习型系统、学习型企业、学习型村镇、学习型社区、学习型家庭等七类学习型组织。

2007年4月,北京市委、市政府召开“北京市学习型城市建设会议”,发布了《关于大力推进首都学习型城市建设的决定》,提出了北京学习型城市建设的两大基本任务是“建立和完善终身教育与终身学习服务体系”和“创建学习型组织”。北京市2001年、2002年分别制定了创建学习型企业、学习型社区的评估指标,开展以评促建活动,将学习型组织建设纳入学习型城市建设整体战略,同时促进了学习型组织建设的制度化。

2008年,太原市委、市政府召开的创建学习型城市动员大会,发布《关于创建学习型城市的实施意见》,成立了创建学习型城市领导组;2010年制定了学习型组织评估指标体系,学习型组织建设进入规范发展阶段。

十余年来,在教育部等七部门《关于推进学习型城市建设的意见》和教育部等九部门《关于进一步推进社区教育发展的意见》的指导下,学习型组织建设主要由政府推动,将其作为学习型城市建设的重要支柱和社会基础。

2013年4月,郑州市人民政府办公厅发布《关于大力发展社区教育加快推进学习型城市建设的意见》,要求:“积极创建学习型组织,积极推动学习型组织创建工作,按照相应的学习型组织建设标准和要求把创建活动纳入各地、各单位工作规划和计划,充分发挥企事业单位、街道、乡镇、社区、社会团体、家庭、个人参与终身教育的积极性,鼓励其根据自身实际开展学习型城区、学习型机关、学习型单位、学习型街道、学习型乡镇、学习型社区、学习型楼院、学习型家庭等各种学习型组织创建活动,使学习型组织的比例逐年提高。”

2015年12月,成都市教育局等七部门发布的《成都市关于推进学习型城市建设的意见》明确:“学习型组织建设是学习型城市建设的细胞工程。要分类研究制订各类学

---

① 创新学习永葆发展活力——“中国职工学习论坛”综述[EB/OL].中央政府网.2007-07-18.

习型组织的建设标准，广泛开展学习型党组织、机关、企事业单位、社区村镇等创建活动，发挥学习对组织发展和学习型城市的促进作用，激发市民自主学习、自我教育。到2020年，各类学习型组织创建率达到80%以上，打造遍布城乡的市民自主学习团队，培育积极向上的组织文化和学习文化，增强各类组织、团队的凝聚力和创新力。”

2016年6月，重庆市发布的《关于深入推进学习型城市建设的实施意见》要求：“发挥‘互联网+’的优势，以信息技术为支撑，构建灵活、开放、便捷的市民终身学习服务平台，推进各类学习型组织建设和城市学习资源的开放共享，构建开放、有序、务实的长效机制，形成全民学习、终身学习的社会氛围……到2020年，各类学习型组织建设不断完善，设立社区教育学院的区县达60%以上，学习型区县达35%以上，市级及以上社区教育实验（示范）区（县）达50%以上。”

太原市将学习型组织建设纳入法律，2012年9月颁布的《太原市终身教育促进条例》第十八条规定“市、县（市、区）、乡镇人民政府、街道办事处应当加强学习型组织的创建工作。国家机关、社会团体、企业事业单位、民办非企业单位、社区（村）应当参与各类学习型组织的创建活动。”2016年7月22日，中共太原市委、太原市人民政府印发《关于进一步推进学习型城市建设的实施意见》，提出：“鼓励各类学习型组织发展”“积极推进学习型县（市、区）、学习型乡镇（街道）、学习型村（社区）以及学习型机关、单位、学校、社会团体、学习共同体等学习型组织建设”。

3. 各地推进学习型组织建设的主要特点

第一，把学习型组织建设作为学习型城市建设的重要组织和社会基础加以推进，是中国创建学习型社会的一个突出特点。在上述部门或地方政府出台的推进学习型城市建设的文件、甚至立法中，都将学习型组织建设纳入工作目标、重点任务中。学习型组织建设的推进也相应有了领导管理体制、机制、政策、资源的保证。推进学习型组织建设是各地学习型城市建设领导或指导机构的重要职责之一。

第二，根据不同组织发展目标和特点、结合学习型城市建设的需要开展学习型组织创建工作。例如，北京、上海、天津、太原、长沙、深圳、广州、南京、成都、重庆等城市在出台的学习型城市建设的政策中，对企业、机关、学校、事业单位等不同类型的组织，都有创建学习型组织的相应要求。①②

一是创建学习型机关。围绕提高依法行政能力，结合机关工作岗位要求，强化业务

① 北京市委、市政府.关于大力推进首都学习型城市建设的决定[Z].2007-3.

② 南京市委、市政府.关于打造世界教育名城建设学习型城市促进人的现代化的意见[Z].2013-11.

培训，更新知识结构，创设学习载体，健全学习制度，提高学习能力。强化机关的组织学习，推进机关的观念更新、工作创新、机制创新；鼓励、支持机关工作人员参加各类提高履职水平的学习培训，培养具有创新思维和创新能力的机关工作人员。推进机关转变职能，增强服务意识，提高服务水平，努力建设勤政廉洁、务实高效的服务型机关。

二是创建学习型企事业单位。根据企事业单位知识创新、技术创新、效能提高等要求，引导员工制定职业生涯规划，不断学习新知识、新信息、新技术，积极开展员工的岗位培训和继续教育等学习活动，不断开发人力资源，鼓励人人成才。促进团队学习，使团队成员积极进行知识共享，思想沟通，形成默契合作的团队精神。推进整个单位的组织变革，改进领导方式，挖掘人的内在潜能，形成与时俱进、追求卓越、勇于创新、人际和谐的组织文化，不断提升整个单位的创造活力和竞争力。

三是创建学习型学校。要发挥各级各类学校在建设学习型城市中的引领和骨干作用，大力推动教育创新，全面提高教育教学质量，主动开放学校资源，积极服务于全民学习。引导教师不断更新知识、转变观念，成为终身学习的楷模。在尊重教师主导作用的同时，改变单纯灌输式的教育方法，探索创新教育方式；更加注重培养学生的创新精神和实践能力发挥学生的主动性，培养创新型人才。建设和谐校园，积极培育勇于探索、具有特色的学校文化，提高学校的办学水平和创新能力。

四是深入推进学习型家庭建设，弘扬家庭美德，倡导文明、健康、科学的家庭生活方式，提升家庭乃至整个社会的和谐度。创建各类具有丰富个性内涵的学习群体，满足广大干部群众多样化的学习追求和精神需求。

只有推进各类学习型组织建设，促进组织成员的发展，促进组织变革，增强组织活力、创新力，学习型城市才有稳固的组织和社会基础。创建学习型城市取得良好成效的城市都具有这个特点。

第三，制定标准，以评估促进学习型组织建设。

北京、大连、常州等较早起步开展学习型城市建设的城市，都将创建学习型组织作为学习型城市建设的重要基础。北京市 2001 年、2002 年就分别制定了创建学习型企业、机关、学校等先进单位的市级标准，开展学习型组织建设评估等活动。截至 2022 年末，北京市先后制定了创建学习型企业、机关、学校（科研院所）先进单位等市级系列评估指标，连续十几年评选各类市级创建先进单位 100 多个，带动了区级创建学习型组织的普遍开展，区级认定的学习型组织达到几千个。极大地推进了全市各类学习型组织建设覆盖面和深度，为建设学习之都奠定了深厚的基础，成为北京学习型城市建设的重要标志和特色之一。

太原市以标准化创建为原则，以规范化评估为手段，通过开展创建和实施评估持续推进学习型组织建设工作，并注重健全学习型组织创建的长效机制，确保了创建工作充满活力、富有效率，持续深入。截至 2017 年 6 月底，全市学习型城区表彰率达 50%，街道（乡镇）表彰率达到 60.38%，社区（村）表彰率达 43.07%，企业表彰率为 12.67%。

武汉市推动法人单位学习型组织创建有成效，他们以各类学习型组织建设为切入点，广泛开展各具特色的教育培训学习活动，将学习的理念深入到每一个党组织、机关、学校、企业、社区和家庭，全市学习型组织覆盖面达到 95%以上。①

2020 年以来，上海市学习型城市建设日益深入，进一步启动了学习型组织建设。2022 年，上海市发布了两个学习型组织建设的指导性文件——《关于进一步推进本市学习型组织建设工作的通知》与《上海市学习型社会建设与终身教育促进委员会办公室关于试点开展上海市优秀学习型组织推荐工作的通知》。在此基础上，完成了优秀学习型组织遴选与培训等工作，同时编制形成《2022 年上海市学习型组织优秀成果案例》，积极宣传推广各类优秀学习型组织的建设经验。2023 年将在 2022 年的基础上，开展新一轮的上海市优秀学习型组织推荐工作，遴选出更多优秀的学习型组织，助力上海市学习型城市建设。

总体来看，学习型组织建设在全国的发展不平衡，部分地区、城市注重学习型组织建设，也有很多城市在学习型城市建设的政策中包含了学习型组织建设的内容，但在实际推动中，还有进一步深入推进的空间。

（三）推进学习型社区建设

社区是指聚集在一定地域的人们通过直接或间接互动形成的并通过共同的文化观念维持团结的人类生活共同体。学习型社区是指以终身学习为理念和组织原则，充分整合所有学习资源，保障社区成员学习的基本权利和满足社区成员终身学习需求，通过学习促进社区成员素质和生活质量提高，建立和谐人际关系以增强社区凝聚力，实现可持续发展与和谐社区。

创建学习型社区的核心是，倡导并促进终身学习，通过开展学习活动、建立学习网络来促进人的生活和生命质量的提高，促进人的全面发展；促进社区文化的形成和发展，构建社区内健康、良好的社会关系，增强人们对社区的认同感、归属感，增强社区的凝聚力。因此，创建区域性学习型组织的重点工作包括：第一，统筹辖区内的教育、文化、科技等资

① 中国成人教育协会，北京教育科学研究院《八城市学习型城市建设监测报告》。

源，实现资源共享，保证经费投入，加强教育设施建设，完善区域内终身学习的服务体系，为居民创设更好的学习条件。第二，把提高市民素质作为学习的重点，引导市民在学习中增长知识，陶冶情操，提高思想道德和科学文化素质，形成文明健康的行为方式，各地都能够结合自身条件和地区文化特色，服务于社区管理和治理、社区文化、社区教育资源和品牌建设等开展学习型社区建设。

在城市层面，学习型社区可以分为区（县）、街道/乡镇、社区/村等层级。北京市在推进学习型城市建设过程中，提出了分层推进的目标和内容。例如，一是推进学习型城区建设。区政府把学习型城区建设纳入城区经济和社会发展总体规划、社区建设规划和教育发展规划。把学习型城区建设与区域经济建设、社区治理、民主管理、精神文明建设、构建和谐社会以及环境建设紧密结合，通过学习型城区建设，促进区域全面发展。形成有特色的区域性学习和创建工作理念，推动各类学习型组织的建设。整合区域内教育和学习资源，形成具有区域特点的学习网络和创建模式，逐步培育各具特色的区域文化，激发区域创造力，增强区域凝聚力，全面提高区域的持续竞争力。从 2002 年评估第一个创建学习型城市先进区至今，北京市 17 个区全部成为市级先进区，截至 2023 年底，已有 7 个区进入第二轮，成为创建学习型城市示范区。二是推进创建学习型街道、乡镇、社区等区域性学习型组织。区政府统筹辖区内的教育、文化、科技等资源，实现资源共享，保证经费投入，加强教育设施建设，完善区域内终身学习的服务体系，为居民创设更好的学习条件。把提高市民素质作为学习的重点，引导市民在学习中增长知识，陶冶情操，提高思想道德和科学文化素质，形成文明健康的行为方式。经过评估，有 30 多个街道（乡镇）成为市级创建学习型社区先进街道（乡镇）。各区评估认定的区级创建学习型社区先进街道（乡镇）和社区（村庄）达到几百个。

南京市在学习型城市建设中，着力推动学习全民化，大力创建学习型社区。结合社区实际，搭建富有特色、载体多样、参与方便的学习载体，开展各种学习活动，加强社区之间的资源流动和学习交流；注重实用性、多样性、生动性，开发符合社区居民需求的文化教育、技能培训、休闲娱乐等各种学习教育项目；广泛征集包括各类人才的教学志愿者和学习辅导员，组建社区学习志愿者队伍，提供多种形式的学习教育服务；引导市民在学习中增长知识，陶冶情操，提高思想道德和科学文化素质，形成文明健康的行为方式和良好的生活习惯。

广州市在推进学习型社区组织建设中，各区都根据自身情况开展，有自己的鲜明特点。如荔湾区结合当地风土民情特色建设在西关打造现代文明学习型社区；天河区的新城区存在很多农村转移过来的居民，其自身文化素质较弱需要提高，就重点围绕如何提高居民素质来建设；海珠区利用南华西街“第一街”的品牌效应，建设和谐家庭式社区等，不但学习型社区建设取得了显著成就，也促进了国家级全国试验区和省级试验区建设。

长沙市重视学习型社区建设，到2017年上半年，超过一半的社区开展了学习型社区创建活动。2020年以来，长沙通过以评促建方式，先后评选了10个市级优秀学习型社区，47个社区被评为示范性学习型社区。

宁波市为进一步推进创建工作向纵深发展，自2001年，市教育局牵头开展了“市级优秀学习型社区”创建活动，每年设立专项资金300万元，创建60个左右优秀学习型社区，在“十二五”期间累计投入资金超过1 500万元，创建超过300个市级优秀学习型社区，使宁波市级优秀学习型社区的比例达到15%以上，市、县（市、区）两级学习型社区的创建比率超过50%。

成都市教育局联合成都社区大学等部门，自2012年起连续5年在全市范围内开展“学习型社区”“学习型家庭”评选活动。通过严格的考核程序和指标鉴定，5年来，全市总共评选出学习型区县7个，学习型街镇83个，学习型村社1 300个；学习型组织表彰率为30%，有效激发了市民终身学习的热情和学习型组织的建设。

西安市学习型社区的建设走出政产学研的相互融合，协同助力的创新之路。西安高校及科研院所坚持深化改革，大力破除制约高校科技创新的体制机制障碍，建立健全科学的人才评价和激励机制，为学习型社区的建设和发展提供人才保障；对接学习型社区建设的项目，提升科技创新能力，大力推进产学研合作，发挥其主力军作用；聚焦提高发展平衡性和协调性，深入实施高等教育“冲补强”提升计划，强效助力学习型社区建设。

贵阳市坚持以各级党组织为核心，开展创建学习型领导班子、学习型机关、学习型企业、学习型社区、学习型村镇、学习型家庭六大学习型组织，引导全市党员群众了解生态文明，积极参与到生态文明城市建设中来，掀起全民学习建设生态文明城市的热潮。①

（四）推进学习型社团与学习共同体建设

学习型组织理论认为，学习应在三个层面有效开展：个人学习、团队学习、组织学习。前者是后者的基础，团队学习是组织学习的基础。在学习型城市建设过程中，不但要加强各类学习型组织建设，也要加强学习型团队、学习型社团建设。

学习共同体是一个以学习者为主体的现代社会群体，是指由学习者及其助学者（包括教师、专家、辅导者等）共同构成的团体，他们彼此之间经常在学习过程中进行沟通、交

① 贵阳市《创建六大学习型组织 推进生态文明城市建设》自国务院新闻办公室门户网站，2010。

流，分享各种学习资源，共同完成一定的学习任务，因而在成员之间形成了相互影响、相互促进的人际联系。现代社会的要求决定着学习共同体的教育目标、课程、活动、交往方式和社会关系结构。学共体在学习型城市建设的语境下，更多地指社区学习共同体，即“是生活在社区中的居民，由本质意志引导，因共同学习而结成的能实现生命成长和建立守望互助关系的群体”。①

由于社会组织、社会团体、群众组织、社区组织等概念的相互交叉，各地在学习型社团和学习共同体的认识、政策与实践上也不相同或互有交叉。

自教育部等七部门《关于推进学习型城市建设的意见》、教育部等九部门《关于进一步推进社区教育发展的意见》发布以来，各省市在制定本地学习型城市建设、社区教育发展文件时都纳入了推动学习型社团、学习共同体建设的内容，推动了实践发展。

例如上海市，很多市民与企业员工将学校的学习、工作场所的学习活动延伸到自发组织的、以多种形式灵活存在的各种民间学习团队中。这类市民学习团队自发组织各类学习活动，团队成员互教互学，从被动接受知识转变为主动参与和分享学习，极大地提高了学习者的积极性，深受上海市民的喜爱。2011 年，全市共有 839 个经认定的老年学习团队，而到了“十二五”末，老年学习团队已猛增至 12 609 个，参与人数近 30 万。

宁波市早在 2007 年就培育民间组织，发展社区教育，构建和谐社区，社会民间社团在丰富居民文化生活，构建学习型社会等方面发挥了积极的作用。从 2016 年起，宁波市计划扶持建设 100 个左右民间“学习+创新”共同体。各县（市）区教育局会同相关部门持续推进学习型机关、学习型企业事业单位、学习型社会团体建设，增强社会组织的学习能力，培育积极向上的组织文化，通过学习型组织建设进一步营造全民学习、终身学习的氛围，推动群众树立起学习自觉和学习自信，为学习型社会的形成创造条件。2017 年，宁波市教育局颁布《关于开展宁波市优秀社区学习共同体评选认定工作的通知》，正式在全市开展优秀社区学习共同体评选认定工作。

从 2009 年开始，长沙社区大学通过制定市民学习团队建设标准，健全激励机制、社团评估机制，开展社区教育专干和市民学习团队促进能力提升培训，在全市范围内大力建设市民学习团队。据统计，截至 2018 年末，长沙市依托社区成立了 6 000 多个市民学习团队，学习团队类型丰富，有舞蹈类、音乐类、健身类、读书类、养生类等，大大满足了居民日益增长的学习需求，提升了社区居民的社会认同感。

从 2011 年到 2021 年，杭州市连续 11 年开展“杭州市示范性社区学习共同体”评比

---

① 汪国新. 学习共同体中的生命成长[N]. 中国教育报，2015-12-31.

与表彰工作，在 2013 年，杭州市已经打造成功“秋水诗韵”诗社、“书山仰止”读书俱乐部、“巧妇布艺手工坊”等 2 000 多个社区学习共同体；2019 年杭州共有社区学习共同体 7 000 多个，成员 15 万人左右。

在各地实践中，从社区学习共同体还延伸出“共学养老”的概念和实践。至今，全国社区共学养老专题研讨会已举行四届。并成立了首批由 20 家成员单位组成的全国社区学习共同体区域协同发展联合体，助推了新时代社区共学养老这一新命题、新模式的持续创新与深入实践。

七、营造城市终身学习文化环境

终身学习文化是社会主义先进文化的重要组成部分，是全民在参与终身学习的过程中形成的以终身学习为基础，以学习者为中心，注重能力发展与创新，强调有组织的学习，形成多种学习形态与方式，各种文化相互交融的一种社会文化，其最终价值取向和终极目标在于促进学习者的全面发展。其内容包括：终身学习政策、架构与制度，全民终身学习的理念、态度、价值观、行动与习惯等。涵盖透过终身学习而产生的一切创新与改变，以及整个社会的学习风气及学习力。它既是学习型社会的“灵魂”，又是学习型社会形成的标志之一，毋庸置疑会对人类社会产生极其重要的影响。

（一）宣传普及终身学习理念

进入 21 世纪以来，终身学习理念一直是中国教育政策体系的重要内容。从 1993 年“终身教育”第一次出现在《中国教育改革和发展纲要》，到 2019 年党的十九届四中全会完整提出“构建服务全民终身学习的教育体系”，再到 2020 年中央印发《中共中央关于制定国民经济和社会发展第十四个五年规划和二〇三五年远景目标的建议》提出，“完善终身学习体系，建设学习型社会”，历年国家政策文件始终强调终身教育、终身学习、学习型社会和学习型大国建设等核心理念。各地利用各种媒体广泛宣传终身学习和学习型城市建设的重要意义，积极举办“全民终身学习活动周”“市民大讲堂”等群众喜闻乐见的学习活动，倡导和支持全民阅读①。宣传“人人皆学、时时能学、处处可学”的理念，使社会成员意识到学习并非只能在学校进行，学习就在自己身边，图书馆、社区中心、博物馆、文体中心和公园都是学习的空间，都能有效地开展学习②。不断拓宽学习渠道、丰

---

① 教育部等七部门印发关于推进学习型城市建设的意见[J]. 基础教育参考，2014(19)：78.

② 庞利，王洪兵. 终身学习文化：内涵、构成和取向[J]. 内蒙古电大学刊，2014(1)：42-44，48.

富学习资源、提升学习质量，营造人人皆学、时时能学、处处可学的浓厚氛围。

（二）创新终身学习制度文化

为践行终身学习理念，推进中国学习型城市建设，各地积极整合覆盖本地区的终身学习推进力量，通过建立政府主导，学校、企业、行业、机构等共同参与的运行机制，明确以终身学习为目标的发展战略框架和社会各方权责义务，为构建服务全民终身学习的教育体系提供制度保障。

各地在推进终身学习过程中，除了不断探索制定有针对性的管理策略并建设专门管理机构去监督确保终身学习制度有效运转以外，也根据终身学习文化的特征和发展理念，不断创新制度文化建设。比如，坚持以学习者为本，满足学习者日益增长的学习需要，重视学习者能力发展和创新意识，强调学习形态多元化并存，以及将终身学习文化与生活文化、网络文化有效融合等①。许多城市建立主要领导"第一责任人"制度，把建设学习型城市的任务层层分解落实，纳入目标考核。北京、上海、沈阳、太原等城市完善和创新学习保障机制、学习培训机制、学习激励机制、学习评价机制等，把学习绩效作为上岗、晋升、评优、奖罚的依据，将培训、考核、使用与待遇有机结合，建立和完善评估标准，加强督促检查。杭州、济南、青岛、武汉等城市建立健全表彰奖励机制，定期对学习型城市创建中的典型、终身学习活动中先进集体和个人进行表彰，激励形成终身学习内驱动力，鼓励各级各类学校向非传统学习者开放场地设施、课程资源、师资力量、实训设备等。

在学习制度上，以在线教育为保障，搭建开放灵活、优质高效的终身学习资源服务体系，健全完全学分制、课程互认、学分累积转换、弹性学制，以及转学、转专业的国家资历框架体系，搭建衔接沟通的人才成长"立交桥"，满足学习者不断变化的学习需求和多样化发展需要。

（三）整合开放社会各类教育文化科技资源

学习型社会的一个重要特征是开放性，具备足够丰富的学习资源是终身学习的必然要求。一方面鼓励各级各类学校面向社会各类学习者开放场地设施、课程资源、师资力量、实训设备等；另一方面，社会应为学习者提供获取学习所需资源的便捷渠道，联合图书馆、博物馆、文化馆、艺术表演场馆等机构共同建设开放式学习空间，不断满足人民群

---

① 国卉男．中国终身教育政策研究[D]．上海：华东师范大学，2013.

众自主化、个性化、多样化的学习需求,营造全社会良好的学习氛围。

国家统计局数据显示,2022 年全国共有公共图书馆业机构数 3 303 个;群众文化服务业机构数 45 623 个,其中,省级、地市级文化馆数 404 个,县市级群众文化机构数 3 099 个,乡镇(街道)文化站数 42 120 个。全国共有博物馆数 6 091 个;艺术表演团体数 19 739 个,艺术表演场馆数 3 199 个。各城市普遍加快构建公共文化服务体系,推动城乡公共文化设施互联互通,提高各类文化资源利用率,推动全民学习、终身学习活动的开展。

广播电视覆盖率进一步扩大。从 2013 年到 2022 年,全国广播节目综合人口覆盖率从 97.8%上升到 99.6%,其中农村广播人口覆盖率升至 99.5%;全国电视节目综合人口覆盖率在 2022 年达到 99.8%,其中农村广播电视节目综合人口覆盖率为 99.5%。北京、天津、上海三个直辖市四项指标均达到 100%全覆盖(图 1-4-6)。

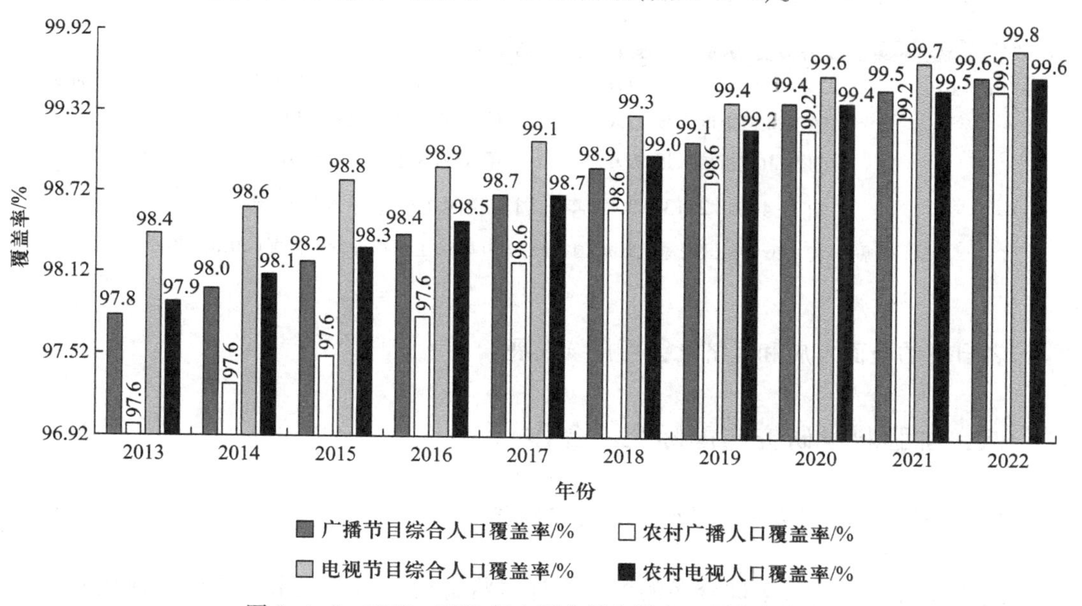

图 1-4-6　2013—2022 年全国广播电视人口覆盖率统计

资料来源:中华人民共和国国家统计局国家数据文化类指标:主要文化机构数量(2013—2022)

互联网普及率进一步提高。截至 2022 年 12 月,全国网民规模达 106 744 万人,全年新增网民 3 549 万人。农村宽带接入用户数由 2013 年的 4 737.27 万户,到 2022 年的 17 632.23 万户,十年间共增长人数 12 894.96 万户,增长率高达 272.2%(图 1-4-7)。

此外,各地努力推进文化惠民工程,改善文化生活,强化文化供给,涌入资源助力"人人皆学",各城市因地制宜发掘特色课程,让课程中既流淌潺潺诗意、民族风情、传统文化,也兼具科技支撑、技能含量、致富路径,着力服务百姓、丰富生活、提供精神食粮、促进

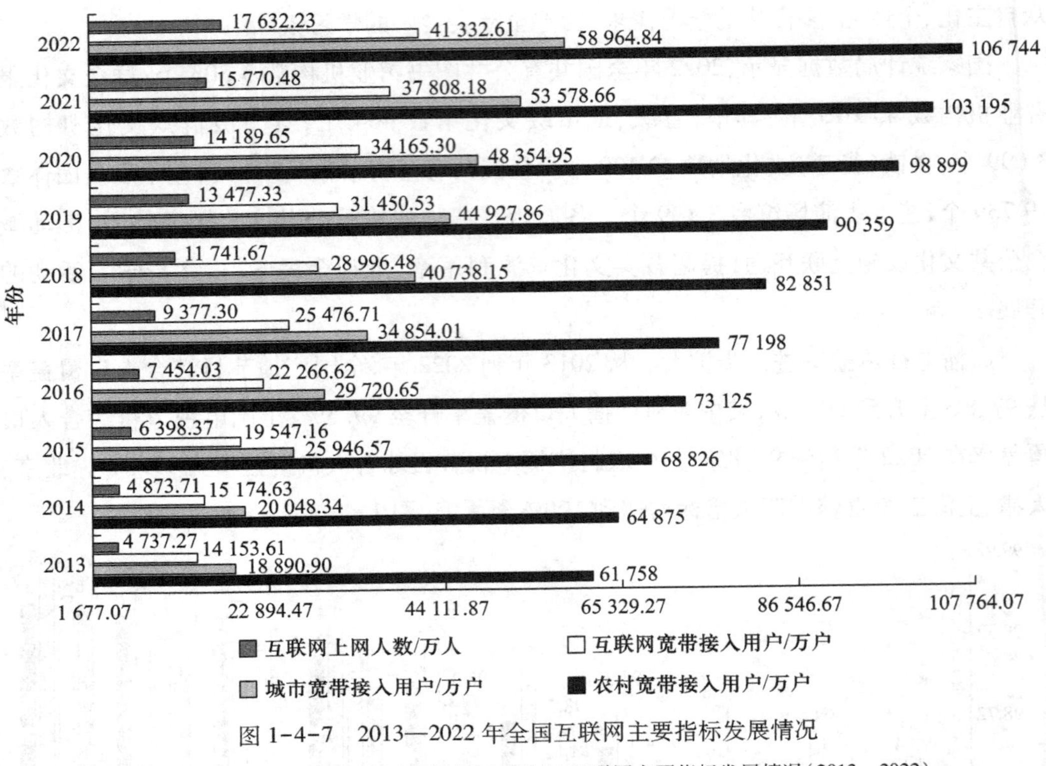

图 1-4-7　2013—2022 年全国互联网主要指标发展情况

资料来源：中华人民共和国国家统计局国家数据：互联网主要指标发展情况（2013—2022）

学习者自身的全面发展和经济社会可持续发展。

八、加强科学研究与国际交流合作

（一）开展学习型城市建设的理论与实践研究

进入 21 世纪以来，全球众多的国家和地区将建设学习型城市作为推进现代城市发展的战略理念和方向，并逐渐转化为政策和实践。在全球学习型城市建设的推进浪潮中，学习型城市建设的科学研究方兴未艾，相关的理论工作逐步进入学者的研究视野，成为越来越多研究者关注的新焦点和新疆域。

近十年来，中国学习型城市科学研究在学术水平、成果产出、实际应用等方面取得了长足的进步，理论研究著述不断涌现，实践创新成果层出不穷，多学科联合攻关、跨学科融合成为新亮点，从引介到自著，从借鉴国外的理念和经验，到形成本土的特色，从在思辨中学习，到在实践中创新，标志着我国学习型城市研究有了更多的理论自信和文化自信。

1. 学术著作平稳发展,质量进一步提高

近十年来,相继出版了一批学术专著。这些学术著作对学习型城市建设的内涵特征、指标体系、机制体制、路径模式进行了详细的阐释和解读,为学习型城市理论体系的建构奠定了基础。

通过搜集和梳理2013—2022年间有关学习型城市和学习型城市建设的学术专著,共觅得29种(表1-4-3)。

表1-4-3　2013—2022年学习型城市建设学术专著一览表

序号	书名	作者、译者和著作方式	出版时间	出版社
1	中国学习型城市建设案例(第一辑)	中国教育发展战略学会终身教育工作委员会主编	2013	高等教育出版社
2	开辟数字化学习新疆域 广州市推进学习型城市建设的创新探索	严冰、张晓华主编	2013	中央广播电视大学出版社
3	太原市学习型城市建设发展报告	马兆兴主编	2013	三晋出版社
4	太原市学习型城市建设案例诊评	马兆兴主编	2013	三晋出版社
5	学习型城市建设指标体系研究	吴晓川、张翠珠、杨树雨等著	2014	北京出版社
6	天津市学习型城市建设的发展路径	张华著	2014	天津教育出版社
7	中国学习型城市建设发展报告	中国成人教育协会主编	2015	西泠印社出版社
8	中国学习型城市建设案例(第二辑)	中国教育发展战略学会编	2015	高等教育出版社
9	太原市学习型城市建设系列教材	太原市终身教育与学习型社会建设促进委员会办公室	2015	山西人民出版社
10	学习型城市、学习型地区、学习型社区——终身学习与地方政府	[英]诺曼·朗沃斯著,欧阳忠明、马颂歌等译	2016	中国人民大学出版社

续表

序号	书名	作者、译者和著作方式	出版时间	出版社
11	学习型城市:发展包容、繁荣和可持续的城市社区	[英]迈克尔·奥斯本,彼得·凯恩斯,杨进主编,苑大勇译	2016	教育科学出版社
12	全球学习型城市——杭州样本	杭州市推进学习型城市建设工作指导委员会办公室	2016	杭州出版社
13	建设学习型城市背景下社区教育课程资源的建设	刘海霞、沈欣忆、尚国荣著	2016	北京出版社
14	学习型城市建设——以宁波为例	王阳主编	2017	上海交通大学出版社
15	深化宁波学习型城市建设研究	王志强、陈曙、冯国红、张雪燕著	2018	浙江大学出版社
16	建设学习型城市:大学的担当与创新	戴立益主编	2018	华东师范大学出版社
17	社区治理理论视域下国际学习型城市建设比较研究	肖菲、陈晓燕、刘雨婷编著	2018	江西人民出版社
18	新时代首都学习型城市的实践与探索	北京市成人教育学会编	2018	北京教育出版社
19	北京市学习型城市监测与发展报告	史枫、张翠珠、卫宏	2018	北京出版社
20	学习型城市建设理论研究与实践 2020	王大义主编	2019	东北大学出版社
21	终身教育与学习型城市建设	张伟远、许玲著	2019	国家开放大学出版社
22	数字化学习服务学习型城市建设的实践与研究	平凡、陈立勇编著	2019	国家开放大学出版社
23	学习型城市建设的理念与行动	蒋亦璐著	2020	国家开放大学出版社
24	终身教育体系下的学习型城市建设的探索与研究	于国喜	2020	国家开放大学出版社

续表

序号	书名	作者、译者和著作方式	出版时间	出版社
25	学习型城市 终身学习与老年人生活——以上海长宁区社区学校为例	肖岩著	2020	电子工业出版社
26	太原市学习型城市建设案例汇编	本书编委会	2021	山西经济出版社
27	学习型城市视域下北京社区教育资源统筹管理研究	原珂著	2022	中国社会出版社
28	北京市学习型城市发展报告(2020)	张翠珠、史枫、桂敏、林世员编著	2022	知识产权出版社
29	上海学习型城市建设	顾凤佳著	2022	学林出版社

总体看，专著的数量(图1-4-8)并不是很多，但在量的积累过程中，明显有了内容的深化和质量的提高。

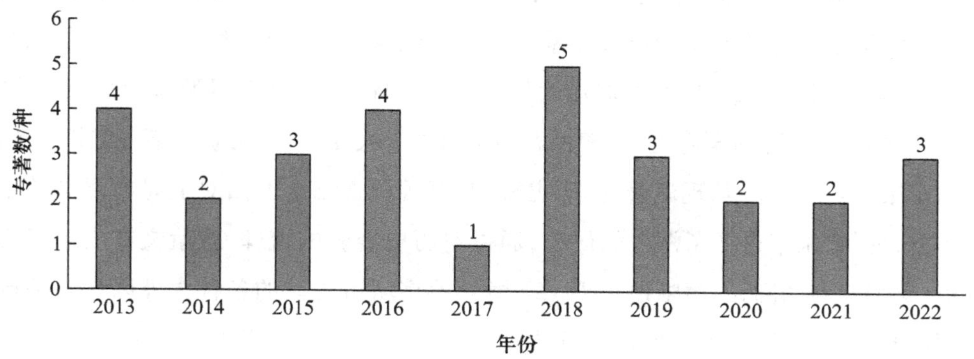

图1-4-8 2013—2022年学习型城市学术专著出版时间分布

突出的变化就是走出碎片化研究，趋向系统化和专业化。较有影响的代表作是中国教育发展战略学会终身教育工作委员会主编的《中国学习型城市建设案例(第一辑)》和中国成人教育协会组编的《中国学习型城市建设发展报告》。两部专著共同的特点就是以首届国际学习型城市大会为契机，回应时代需求，汇集资源，整合专业团队，发挥专家学者优势，深入实践，集中各方智慧，精心组织和全力打造有质量的学术佳品。两部专著异曲同工，但各自的侧重点有所不同。

《中国学习型城市建设案例(第一辑)》作为向首届国际学习型城市大会提交的重要交流文本之一，精选了1篇研究报告和16个城市的典型案例，并附录中国学习型城市评价指标体系框架，集中地展示我国学习型城市建设的成果，是向全世界展示以终身学习提升城市品质的一张绚丽名片。该书用生动的事例、鲜活的素材和客观的数据，提供多样性的实践范例，讲述中国故事，探索中国模式和中国方案。

《中国学习型城市建设发展报告》全书由国家报告、城市报告、城区报告三个部分组成，从理论到实践，从宏观到微观，全面系统总结了我国在创建学习型城市中的基本做法和经验以及典型案例，梳理了学习型城市建设发展脉络，全景式反映北京、上海、天津、太原、武汉、杭州、长沙、广州、济南、成都等 10 个城市创建学习型城市的现状和趋势、遇到的问题和挑战，以及破解的路径和实践。

一些创建城市陆续推出了各具特色的专题研究报告，如《太原市学习型城市建设发展报告》《天津市学习型城市建设的发展路径》《全球学习型城市——杭州样本》《深化宁波学习型城市建设研究》《北京市学习型城市发展报告(2020)》《上海学习型城市建设》等，在多元化的创建过程中，呈现出多样化的推进模式以及鲜明的区域特色。例如，《深化宁波学习型城市建设研究》(王志强，陈曙，冯国红，张雪燕，2018)阐述了深化宁波学习型城市建设的十大目标，规划了“融入式”“带动式”“联动式”三条建设路径，提出了“完善治理体系、构建终身学习服务体系、深化各类学习型组织建设、释放社会活力、营造学习氛围、强化服务保障、激发发展动力”等发展策略。《上海学习型城市建设》(顾凤佳，2022)聚焦于上海的学习型城市建设，立足于“个人、终身学习提供者、技术与文化、体制与政策”四个维度，从理论研究、历史梳理、事例调查三个方面对上海学习型城市建设的历程、现状、未来进行了深入的研究，通过对历史经验的梳理、政策文本与政策实践的分析、典型经验的回顾，清晰地呈现了上海学习型城市建设的各种内外因素与关键举措，预判和定位了上海学习型城市建设的目标价值、性质特征以及基本发展趋势。

另一大变化，理论是实践的先导，理论的生命力在于创新。近十年的理论成果，主要立足中国实际，融通中外，将历史、现状和未来联系起来，直面实践，寻求本土理论，注意从实践的角度判定理论的价值，在理论与实践深度结合上，破解学习型城市建设中瓶颈和难点问题，总结新规律，实现理论的新突破。如蒋亦璐的《学习型城市建设的理念与行动》，探究了赫钦斯的学习型社会理论构想、朗沃斯的学习型城市理论构想；突出实践案例的示范作用，从国际组织层面展示了全球学习型城市建设的总体行动路径和行动要点，从国家和城市层面勾勒了东西方学习型城市建设各具特色的发展路径，重点剖析了学习型城市建设中的难点及其破解途径，研究了学习型城市理念推进的实施构想。

张伟远、许玲的《终身教育与学习型城市建设》描述了学习型城市建设九个维度的内容，提出建立和完善终身学习促进条例、终身教育资历框架制度等有效措施，利用云计算、大数据、人工智能、物联网、区块链、个人APP等技术，为不同群体提供网络课程数据库、网络学习资源库、MOOC课程及终身学习精准服务，为终身教育和学习型城市建设的科学决策提供有效支撑。

戴立益的《建设学习型城市：大学的担当与创新》论证了大学肩负着服务社会的重要使命，在终身学习时代，大学理应成为学习型城市建设的重要力量。通过23个相关案例，呈现了上海部分高校在服务上海市民终身学习、推进城市可持续发展中的新担当、新作为、新成就。其中的研究报告，着重论述大学在学习型城市建设中的定位与策略；四组23个案例，具体生动地解析了大学在学习型城市建设中的功能和作为，学术引领，为学习型城市建设提供智力支撑；专业支持，以高校优势服务学习型城市建设；人才培养，满足社会继续教育需求；机制创新，探索高校建设学习型社会的长效机制。

肖非等的《社会治理理论视阈下国际学习型城市建设的比较研究》依据“全民终身学习：城市的包容、繁荣与可持续发展”的理念，着力解答“城市中多元主体如何参与学习型城市建设”这一核心问题。通过跨个案比较研究、个案研究、文献研究等方法，精选研究案例，对不同国家中城市多元主体参与学习型城市建设的行动策略、特点等进行系统梳理和分析，旨在通过借鉴国际学习型城市建设经验，立足当前我国学习型城市建设实情，探讨城市中多元主体有效融入学习型城市建设中的策略。

2. 硕士和博士论文厚积薄发，彰显多元视角和创新活力

近十年来，青年学者在专业化道路上迅速成长，他们以专业的素养、国际的视野和学术的个性，关注和探究学习型城市这一热门话题，推出一批硕士、博士学位论文。以“中国博硕士学位论文全文数据库”为平台，对2013—2022年题名为学习型城市的相关文献进行检索，获得相关硕博论文16篇（表1-4-4）。

表1-4-4　2013—2022年学习型城市相关硕士、博士学位论文一览表

主要责任者	文献题名	出版者	年份
王　彬	学习型城市指标体系的构建与评估研究	东北财经大学	2013
王明臣	广州市创建学习型城市策略研究	吉林大学	2015
宋永芳	学习型城市标准研究	华南理工大学	2015
翁远霞	新型城镇化背景下中小学习型城市建设研究	曲阜师范大学	2015
赵紫纬	基于复杂适应系统视角下的学习型城市研究	首都经济贸易大学	2016
方治华	学习型城市视角下信阳市社区教育的研究	云南师范大学	2016
蒋亦璐	学习型城市建设：理之源与行之路的探索	华东师范大学	2016
李　金	曲阜市学习型城市建设研究	曲阜师范大学	2016

续表

主要责任者	文献题名	出版者	年份
陈晓燕	社会治理视域下学习型城市建设研究	江西科技师范大学	2017
谢 浩	学习型城市政策执行评估研究	北京师范大学	2018
刘 洋	学习型城市建设背景下地市级广播电视大学改革策略研究	广西师范大学	2018
顾凤佳	上海学习型城市建设研究	华东师范大学	2020
刘珂彤	城市的荣誉:学习型城市建设实践探索研究	山西大学	2021
郑苗苗	政府治理视域下学习型城市建设研究	山西大学	2021
陈 伟	高校参与学习型城市建设的动力机制研究	华东师范大学	2022
王璐瑶	学习型城市建设背景下社区中年群体教育需求研究	华东师范大学	2022

学习型城市建设是一个跨学科的研究领域,这种跨学科领域的特性,要求研究者具有开阔的视野、开放的思维和多学科的知识背景,熟练掌握多样的研究方法。青年学者的研究成果较好地体现了跨学科性,他们不拘泥于教育学视角,聚焦学习型城市基本问题、前沿问题开展多学科、跨学科探索和创新,并形成系统观和整体观,提出解决问题的有效方案。

蒋亦璐的《学习型城市建设:理之源与行之路的探索》,基于教育学的研究视角,以"学习型城市建设:理之源与行之路的探索"为题,采用文献研究、理论研究、案例研究和比较研究的方法,就国内外学习型城市建设的理论与实践展开论述,围绕"学习型城市是什么""为什么要建设学习型城市""怎么建设学习型城市",进行了理论核心框架和实践基本走向的综合分析。在此基础上,反思目前我国在学习型城市建设中面临的难题,并通过解决途径的思考,明确我国未来学习型城市建设的创新着力点。

翁远霞的《新型城镇化背景下中小学习型城市建设研究》,把研究的触角延伸到较少被关注的中小城市,对中小城市、学习型城市的相关概念进行了描述和界定,并基于"学习"这一特性,提出了五个方面的特征,为中小学习型城市建设奠定了理论基础;同时,从中小学习型城市建设是推进新型城镇化进程的内在要求、是实现城市现代化的有效渠道、是全面建成小康社会的必然途径等方面论证新型城镇化背景下建设中小学习型城市的价值和策略。

陈晓燕的《社会治理视阈下学习型城市建设研究》,以社会治理理论为指导,建立研究与分析框架,选择获得联合国教科文组织褒奖的中国北京市、芬兰埃斯波市、韩国南杨州市以及澳大利亚梅尔顿市四座学习型城市作为研究对象，通过案例研究法、跨个案比较研究法和文献研究法，主要对这四座学习型城市行动实践的共性和个性进行探讨和分析，力求总结出它们的优秀经验，为我国学习型城市建设提供重要行动启示。

赵紫纬的《基于复杂适应系统视角下的学习型城市研究》，以学习型城市建设的理论基础为主线，以北京市为研究对象，以剖析学习型城市建设的机理为中心，从理论与模型两个方面进行了相关研究。其创新之处在于，将学习型城市视为一个具有能动性的复杂适应整体，从系统的角度考察其演变的一般规律和特点，重新界定了学习型城市的新内涵、新概念，研究成果具有普遍性、实用性。

3. 期刊论文成果斐然，关注实践寻求突破

期刊论文发文量是衡量科学研究发展的一个重要指标，在一定程度上动态反映了该领域在特定时间的产出情况，以及研究者关注度和整体发展趋势。

以中国知网期刊数据库收录的2013—2023年期刊文献为依据，以篇名中包含“学习型城市”的论文为对象目标，对2013—2023年公开发表的有关学习型城市的研究文献进行检索梳理，截至2023年4月检索到相关文献367篇，筛除与学习型城市相关性不高和非学术性研究类文献19篇，保留有效文献348篇。

近十年来，我国学习型城市研究的相关文献发表数量总体呈波动态势，具体分析，学习型城市研究论文在2013年急速上升并达到峰值，2014年有所下滑，但保持在高位，2020年降至低谷，2022年又有所回升（图1-4-9）。由此可见，社会对学习型城市研究的关注度起伏不定，但始终是一个持续不断探究的领域。

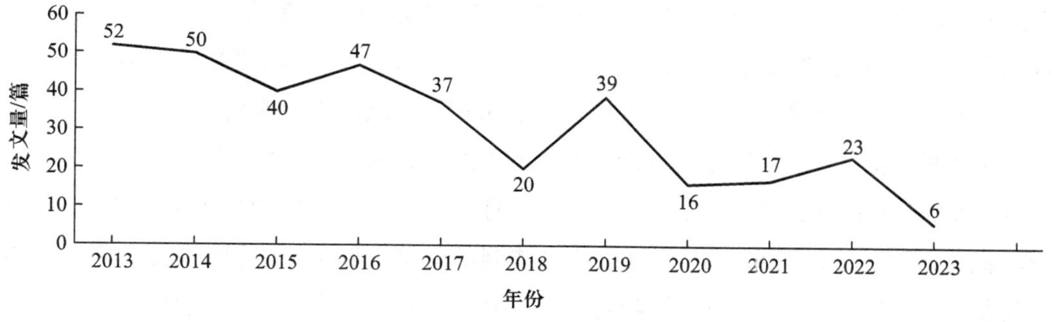

图1-4-9　2013—2023年学习型城市研究文献年度发文数量统计

以论文题目为主，从研究综述、前沿热点、理论政策、监测评价、实践路径、模式特色、国际比较等方面进行归类整理，粗略作一统计分析，从中可发现学习型城市建设研究的热点和趋势（图1-4-10）。

近十年来，国际比较研究是学习型城市研究持续热点之一。主要集中在学习型城市

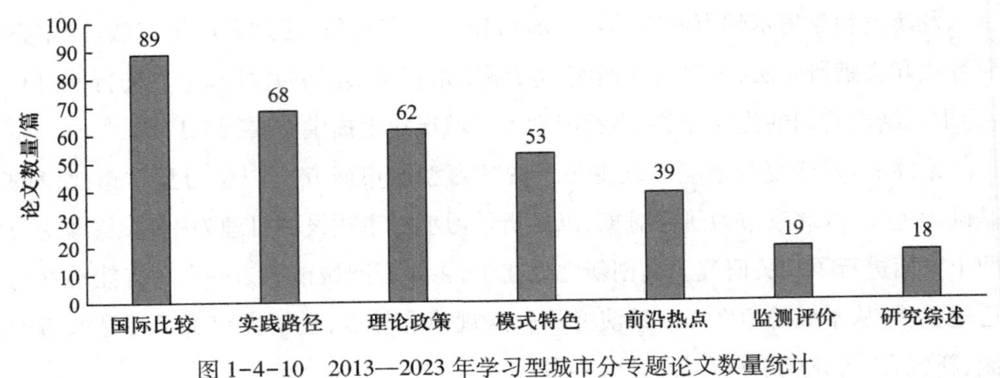

图 1-4-10　2013—2023 年学习型城市分专题论文数量统计

的理念内涵阐释、国别实践探索、质量评价监测等方面展开广泛的研究，呈现出内容丰富和多样的特点。

理念内涵阐释。基于国际理解，探究学习型城市的基本内涵，阐释“包容、繁荣、可持续发展”的理念，明确人在学习型城市建设中始终处于主体地位，以人为本是学习型城市建设的核心理念。历届国际学习型城市大会的召开，深刻影响全球城市建设的方向和未来的发展，会议的主题、目标、倡议及宣言，“持续将学习、公平、可持续和包容等作为学习型城市内涵建构的核心话语群”，“不论是强调学习型城市建设的‘可持续发展’‘终身学习’，还是凸显‘包容、繁荣’在学习型城市发展中的地位”，“强烈表达出全球诸多国家、地区对高质量学习型城市建设的持续追求”。（程豪，李家成等，2021）

年智英、陈丽、谢浩在《世界学习型城市发展趋势：理念、标准与策略》一文中指出：“包容”“繁荣”“可持续发展”代表了未来学习型城市建设的发展理念。“包容”各个群体的差异性，共同合作促进发展；“繁荣”不仅是经济、技术的发展，更是文化的繁荣和丰富；“可持续发展”更是突出了个人发展对社会可持续发展的重要作用。

朱敏的《包容是终身学习与可持续城市发展的基本原则——第四届国际学习型城市大会成果〈麦德林宣言〉解读》，强调包容是终身学习与可持续城市发展的基本原则，其核心概念“包容性教育”致力于教育系统与体制的整体式转换，包容作为终身学习的本质特征，尤其体现了学习的全民性与对个体受教育权的尊重与维护，特别保障弱势群体的终身学习机会参与。

张创伟、高志敏的《全球、全民与全面：〈可持续学习型城市墨西哥城声明〉述评》认为，《可持续学习型城市墨西哥城声明》传达了可持续学习型城市概念的意涵：通过全球、全民和全面的终身学习来获得城市经济、社会和环境的可持续发展，并达成学习型城市建设过程本身的可持续性。明确了学习型城市在经济可持续、社会可持续、环境可持续方面的 10 个战略方向。

国别实践探索。基于学习型城市建设实践总结和概括，通过比较呈现不同区域、国家学习型城市建设的路径和模式。其中，综合性研究或以国际学习型城市发展进程和趋势为主展开研究，或以多个国家为范例进行比较，例如，国卉男、秦一鸣的《城市集群视域下学习型城市的价值驱动与全球图景——以“UNESCO学习型城市奖”获奖城市为例》，苑大勇、刘茹梦的《从中国北京到韩国延寿：联合国教科文组织学习型城市的传承与创新》，陶孟祝、傅蕾的《可持续学习型城市的应然路径探索——基于国际12座城市的经验解析》，肖菲、陈晓燕的《社会治理视域下学习型城市建设实践的共性和个性分析——以埃斯波、北京、南杨州、梅尔顿为例》等。典型案例的研究，根据不同国家发展的特点，探究学习型城市建设的共性和个性，借鉴其成功经验，融入本土化的思考。随着国际化视野的拓展，不仅聚焦欧美发达国家，也会关注其他地区和发展中国家，例如吕欣姗、白滨的《全民学习与知识共享：韩国水原市学习型城市建设经验及启示》，葛喜艳的《韩国学习型城市发展经验研究——以京畿道光明市为例》，藏鸿雁、徐辉富的《新加坡学习型城市建设理念、举措及借鉴》，王桂丽的《非洲学习型城市建设的个案研究——以埃塞俄比亚巴赫达尔市为例》等。剖析和探究不同国家、不同城市的成功经验，对我国学习型城市建设是有益的启示。

质量评价监测。相关研究处于借鉴国外研究成果，结合我国实践进行本土化的过程中，一方面，从不同的维度对已有的评价指标和监测实践进行深入分析和总结反思，以把握学习型城市评价未来发展的方向。例如，国卉男、秦一鸣、游赛红、高晓晓的《学习型城市监测：从国际实践到本土重构》，顾凤佳、朱益明的《国际学习型城市评价指标比较：反思与展望》等。王仁彧的《学习型城市建设的国际比较与标准认定》，基于包容、繁荣、可持续发展理念，有必要将认定主体的多元化、认定指标的发展性、建设效益的差异性以及社会影响的个性化等方面作为认定学习城市的重要标准。另一方面，对已有的评价指标体系进行解析，尝试开发本土化的评价指标。如高志敏、贾凡、蒋亦璐的《帕提农神庙·学习型城市——UNESCO全球学习型城市评价指标体系解读》，张创伟的《欧洲学习型城市质量保证框架述评》，王春晓的《欧洲学习型城市质量分析框架初探》等。谢浩的《学习型城市评价工具的国际比较研究》，通过比较分析将现有国际流行的评价工具分为理论框架类、城市发展类、认证监测类、学习测评类四个类型，并选取各类型中具有权威性或代表性工具进行介绍；结合我国学习型城市建设实践情况提出阶段性、本土化及体系构建三条评价工具的应用策略。

前沿热点一。利益相关者参与是学习型城市研究的前沿热点问题，其关注的焦点就是谁来参与学习型城市建设，如何参与学习型城市建设，由此衍生出“利益相关者”研究。近十年来，相关研究仍处于探索阶段，在理论研究层面，郑炜君、蒋亦璐在《学习型城市建设中的利益相关者分析》中，以利益相关者识别和显著性理论（TSIS）作为分析框架，对我国学习型城市建设中的最终利益相关者、预期利益相关者和潜在利益相关者进行梳理，尝试分析三者在构建学习型城市中的不同功能；强调要发挥好最终利益相关者的牵头作用、预期利益相关者的主力军作用，并充分挖掘潜在利益相关者的优势与特色。肖菲、陈晓燕的《基于利益相关者理论的学习型城市建设探究》，基于利益相关者理论，分析学习型城市利益相关者的利益诉求和利益冲突，并寻找途径来平衡彼此之间的利益，以实现多元主体协同建设学习型城市，实现城市的可持续发展。更多的研究是从实践层面，分析和探究各利益相关者群体所扮演的角色、有效的定位和实现的方式。如，翟春、宋成的《高等学校在学习型城市建设中的引领作用研究》，蒋亦璐、汤霓的《我国远程高等教育服务学习型城市建设探究》，朱品一的《开放大学在学习型城市建设中的职能及实现路径研究》，贾炜、彭海虹、贾红彬的《开放大学服务学习型城市建设：角色、功能与展望——以上海开放大学为例》，常素梅的《开放大学在学习型城市建设中的功能定位——以常州开放大学为例》，王燕枝的《社区公共阅读空间：学习型城市建设的场景构建和机制保障》，王军辉的《智慧型图书馆与学习型城市建设》等，这些研究大多以单一的利益相关者群体视角进行探讨，运用综合视角进行研究的成果为数不多，如何协调不同相关利益群体利益，整合资源，形成合力，推进其协同参与学习型城市建设，应该成为我国学习型城市建设研究关注的重点。

前沿热点二。数字化学习是学习型城市研究的另一前沿热点问题，是学习型城市建设的战略选择，也是推动城市可持续发展的重要手段。相关的研究成果有：李进生的《数字化学习与学习型城市初探》（2013），刘丽娜、陈立勇的《数字化学习服务于学习型城市建设案例分析与对策研究》（2013），黄霞的《互联网时代的学习型城市建设》（2014），欧阳忠明、韩晶晶的《现代学习技术：学习型城市建设的助推器》（2014），陈立勇、平凡的《数字化超市服务学习型城市建设的实践研究》（2016），鲁德艳的《大数据下学习型城市建设》（2019），辛宪章的《基于"互联网+"的学习型城市建设》（2019）等。其中，殷炳山、韩世梅、董昭岭的《互联网+学习型城市：北京行动与反思》，通过文献分析和经验总结，介绍了北京学习型城市建设的历史进程和政策保障，分析了互联网平台在学习型城市建设中的作用，总结了"京学网"发展的主要举措；提出了以"明确发展愿景""搭建学习和管理平台""凝聚共识，争取支持""共建共享共营"以及"平台升级改造"五个阶段为主要特征的学习型城市建设互联网支撑平台发展模型；提出"明确和加大各级财政投入机制""多方服务联动，推动平台发展模式创新""共建共享共用，实现资源建设模式创新"

以及"线上线下结合，实现课程教学模式创新"的发展建议。欧阳忠明、韩晶晶的《现代学习技术在学习型城市建设中的应用研究——基于上海市与南昌市实证比较研究》，针对推广应用现代学习技术存在的现实困境，有效提升现代学习技术在学习型城市建设中的应用，提出推广应用现代学习技术的行动指向：为获取高质量学习资源提供政策指引；为学习技术管理人员专业化发展开辟路径；为推广使用现代学习技术创造载体；为开发高质量的电子学习资源提供质量保障。

总之，近十年来，虽然我国学习型城市研究取得了丰硕的成果，但还存在诸多的研究短板，面临复杂的问题和挑战，随着学习型城市实践活动不断推陈出新，会有更多更好的研究成果面世。

（二）交流培训凝聚共识，拓展提升学术影响力

积极开展学术研讨和培训活动，不断提升学术影响力。搭建对话与互动的平台，提供科研成果展示和推广的机会。

近十年来，中国成人教育协会配合教育部职业教育与成人教育司举办了学习型城市建设推进会和学习型城市高级研修班。如 2016 年 9 月和 2018 年 5 月在国家教育行政学院举办的两期学习型城市高级研讨班，以推进学习型社会建设为主题，通过专题讲座、经验交流和参观考察等形式展开学习，凝聚理念共识，统一工作思路，深化理论思考，交流实践经验，提升学习型城市建设者的管理水平和能力。

全国一些城市走出去、请进来，区域合作，东西部牵手，以多种形式开展培训。北京市把"培养学习指导师"项目作为《北京市学习型城市建设行动计划（2016—2020）》"十大工程"之一，分阶段选拔和培养市级高水平、专业化学习指导师。培训全程以任务为导向，贯穿演讲、课件设计、项目策划等多项任务实训，将理论学习和实践练习相结合，帮助学员实现知识的迁移和行动的落地，以赛带学，跨界交流，全力打造懂教学、会指导、能策划的优秀学习指导师样板。成都市为提升社区教育工作者专业水平，促成与上海社区教育工作形成友好互动，推动社区教育事业发展和学习型城市建设，组织相关人员赴上海举办学习型城市建设专题培训。采取理论讲座与现场教学相结合的培训模式，通过专家讲授、案例分析、考察学习、研讨交流与总结提高等多种形式，既为学员们提供了前沿理论引领，又为学员们提供了实践探索支撑。成都高新技术产业开发区组织社区教育相关人员在上海市杨浦区举办"学习型城市建设"专题研修班。聘请专家从不同角度讲解了社区教育与社会治理、新时代下的全民学习体系建设思考、"三区联动"推动杨浦社区教育发展、新时代下的社区教育实施策略、国际学习型城市的理论动态与评价策略、社区教

育品牌建设与推广等,用一个个真实的案例与数据介绍分享宝贵经验。同时还深入各区、各街道、各学习点开展学习,拓宽知识视野,通过理论与实践相结合,汲取上海成功经验。

多元主体、多重组合举办学术研讨会。2016 年,教育部职业教育与成人教育司、上海市教育委员会为指导单位,中国成人教育协会、全国学习型城市建设联盟、上海市杨浦区人民政府、华东师范大学联合主办"2016 年全国学习型城市建设联盟年会暨学习型城市高峰论坛"。论坛的主题是"学习型城市建设和可持续发展",有多位专家学者分别做了题为"为了每个市民的终身发展""信息技术助力学习型城市建设的实践""杭州学习城市创建""学习型城市建设的国际动向"的主题发言,很多前瞻性观点和预判让与会者耳目一新,受益匪浅。随后,围绕"持续发展学习型城市建设""学习型城市的老年教育"和"学习型城区建设三区联动模式"三个专题进行了交流,在互动发言中,畅所欲言,各抒己见,通过观点的交锋、思想的碰撞,为与会者开拓了工作的新视野,增加了工作的新思路。2020 年 5 月,福建省终身教育服务中心(福建广播电视大学)与上海市教育科学研究院职业教育与成人教育研究所、北京教育科学研究院终身学习与可持续发展教育研究所、武汉市教育局职成教处合作举办"COVID-19 疫情下终身教育与学习型城市的思考与定位云论坛"。论坛聚焦疫情下我国各地终身教育、学习型城市研究与实践领域中的核心问题与瓶颈问题等,并以学术研究的立场、话语系统、表达方式,开展线上交流、互动,促成学术对话、学术合作与学术发展,探讨当前终身教育与学习型城市建设的新挑战与新任务。2020 年 10 月,由四川省社区教育服务指导中心、重庆市社区教育服务指导中心、成都市终身教育促进办公室联合主办,成都广播电视大学(成都社区大学)承办,四川广播电视大学、重庆广播电视大学协办的首届"成渝地区双城经济圈学习型城市建设高峰对话"在成都举行,旨在助力成渝地区双城经济圈发展,积极推进成渝地区学习型城市建设,建立社区教育联动发展共同体,提升成渝地区终身教育的影响力。此次"高峰对话"还设置了三个以"终身学习成果认定与转化""社区教育与老年教育融合发展""创新市民数字化学习方式"为主题的主题论坛,就学习型城市建设、老年教育、社区教育、终身学习、市民数字化学习等议题进行了论坛分享、互动对话。

加强对学习型城市建设的宣传,充分利用报刊、广播、电视和网络等媒体,总结交流各地学习型城市建设的新做法、新成果,学习借鉴国际上学习型城市建设的新理念、新经验,研讨我国学习型城市测评指标体系和测评方法,推动学习型城市建设迈向新阶段。

(三) 举办并参加相关国际会议

为推进国际学习型城市建设,联合国教科文组织每两年在世界不同国家举办国际学习型城市大会，支持、倡导世界各国积极开展学习型城市建设，推进全民终身学习，并将其作为促进经济、社会和环境发展的关键战略。

1. 在中国北京举办首届国际学习型城市大会

2013 年 10 月 21—23 日，由中华人民共和国教育部、北京市人民政府与联合国教科文组织共同举办的首届全球学习型城市大会在北京召开。大会以“全民终身学习：城市的包容、繁荣和可持续发展”为主题，推动城市整合资源、发挥潜力，促进全民终身学习，顺应了时代发展要求，对于推进公平正义、促进社会和谐、增进民众福祉、创造更加美好的未来，具有重大的现实意义和深远的历史意义。来自联合国教科文组织 102 个成员国的教育部门官员、城市领导人以及企业、民间团体、专家学者和其他国际组织近 300 名国际代表、200 名国内城市代表共计 500 余名代表参加了大会。① 中共中央政治局委员、国务院副总理刘延东，联合国教科文组织总干事伊琳娜 · 博科娃与北京市委副书记、市长王安顺等领导出席了开幕式并致辞，开幕式由教育部部长袁贵仁主持，教育部副部长鲁昕在大会上做了专题发言。

刘延东发言强调：当今时代，全民学习、终身学习越来越成为世界潮流，城市越来越成为终身学习的主要阵地。越来越多的国家把目光投向学习型城市建设，将其置于城市发展战略的优先地位。建设学习型城市，为市民提供更好的学习服务，能够提升城市居民的道德文化水平、生活品质和幸福指数，增强就业创业和职业转换能力，从而利于促进每个人的全面发展、个性发展；建设学习型城市，能够整体提高劳动者素质和人力资源水平，发挥创新创造潜能，推动城市产业结构升级，营造良好的城市环境，可以激发城市发展的活力、促进城市的繁荣；建设学习型城市，确立全民学习、终身学习的基础性地位，能够应对经济全球化、世界多极化、信息化带来的机遇和挑战，有利于缩小区域发展差距，为国家可持续发展提供不竭动力。刘延东提出四点倡议：第一，坚持以人为本，满足城市不同群体的学习需求和愿望。第二，激发创造潜能，促进城市的繁荣和可持续发展。第三，营造学习氛围，实现城市的包容和谐。第四，加强国际合作，推进学习型城市建设的交流互鉴。②

伊琳娜 · 博科娃发言指出：没有什么地方比在北京召开这次会议更加适宜。中国社会具有深厚的终身学习传统。我们今天为了共同的信念聚在一起，就是将学习作为实现

---

① 庄俭. 全民学习：城市的包容、繁荣与可持续发展——联合国教科文组织“首届国际学习型城市大会”综述[J]. 当代继续教育，2013(12).

② 刘延东. 促进全民终身学习 创造城市美好未来——在首届国际学习型城市大会开幕式上的讲话[J]. 职业技术教育，2013(11).

个人尊严的关键。终身学习是21世纪教育的哲学基础、概念框架和组织原则。终身学习不仅仅是成人教育,也不仅仅是技术和职业教育与培训。终身学习要突破课堂教学的围墙,注重开展非正规和非正式学习。终身学习是一个关于整个社会的问题,我们需要通过建立这种社会实现更美好的未来。创新和应变能力比金融和经济资产具有更深的根源。人们必须通过培养个人的能力实现自己的权利,以及社会的公正和尊严。在这一背景下,城市从来没有像现在这么重要——因为它是促进积极变化的平台和建造者。中国在促进终身学习和建设学习型社会方面取得了显著进步。我们需要把终身学习作为我们工作的核心,建立一个包容性的知识社会,同时把2015年后的全球发展议程也置于核心位置。终身学习是开启每个社会潜能的钥匙,是实现可持续发展的重要路径。①

大会共安排了四项议程,分别是:“建设学习型城市的意义”“学习型城市建设的组成”“建设学习型城市的主要战略”以及“学习型城市发展的关键指标”。大会最后通过了由联合国教科文组织终身学习研究所起草的《学习型城市的主要特征》以及《建设学习型城市北京宣言》两项成果文件。它们是全球学习型城市建设政策与实践发展的重要风向标。

我国多个城市在此次大会展示和分享的经验也得到了世界同行的赞赏。中国成人教育协会组织全国专家力量撰写并向大会提交的《中国学习型城市建设报告》,受到与会代表的高度肯定。中国教育发展战略学会终身教育工作委员会主编、公开出版的《中国学习型城市建设案例集(第一辑)》展示了中国16个城市鲜活的建设经验。开幕式上还播放了反映北京学习型城市建设成果的电视专题片《人文北京,学习城市》,同期还举办了我国学习型城市建设成果展。

2. 中国代表出席在墨西哥城召开的第二届国际学习型城市大会

2015年9月28日至30日,第二届国际学习型城市大会在墨西哥首都墨西哥城召开。本次大会以“建设可持续学习型城市”为主题,来自联合国教科文组织成员国95个国家地区的市长、教育官员、教育和终身学习专家、国际组织和非政府组织以及私人机构共650多名代表出席会议。来自中华人民共和国教育部、中国联合国教科文组织全国委员会秘书处、北京市、上海市、杭州市、北京教育科学研究院、中国成人教育协会、北京师范大学、中国传媒大学的国内代表团共36人出席了会议,成为除东道主之外参会人数最多的国家。

联合国教科文组织副总干事唐虔在开幕式上讲话。大会授予包括中国北京、墨西哥

① 伊琳娜 博科娃.加强每个城市建设 实现一个全民尊严的未来——在首届国际学习型城市大会开幕式上的致辞[J].李玉静,译.职业技术教育,2013(11).

墨西哥城等在内的全球12座城市“联合国教科文组织学习型城市奖”，北京市人民政府副秘书长代表获奖城市在开幕式上发言。大会分为主题论坛（共三场）、市长论坛和5个平行分地区论坛。与会代表一致通过了《建设可持续学习型城市墨西哥城声明》。

与会的中国代表还在主会场和分会场交流经验、发表见解，宣传中国特色的学习型城市建设理念与实践。中国教育部职业教育与成人教育司领导在第一次全体会议上做了题为“建设有中国特色的学习型城市：进展与任务”的演讲。北京代表在全体会议上做《北京市学习型城市建设指标体系》研究成果的报告。教育部职业技术教育中心研究所代表主持了亚太地区分论坛。上海、杭州的代表分别在大会的不同专场中做了交流发言，介绍并宣传中国各地建设学习型城市的最新进展、典型经验和监测学习型城市建设的策略与方法。

中国代表团还在大会展台上提供了《教育部等七部门关于推进学习型城市建设的意见》《中国学习型城市建设发展报告》《方兴未艾的全民终身学习——2015年社区教育满意度调查报告》《北京2013首届国际学习型城市大会》《为了每一个市民的终身发展：上海建设学习型城市促进市民福祉的探索》等十余份英文版文件或研究报告，成为此次大会提供文献资料种类最多的国家。展示了具有悠久历史的中华民族在当今世界学习型城市建设潮流中独树一帜的丰富实践和特色经验。

3. 中国代表出席在爱尔兰科克召开的第三届国际学习型城市大会

2017年9月18日至20日，第三届国际学习型城市大会在爱尔兰共和国第二大城市科克市隆重召开，会议的主题为“全球目标、地方行动：迈向2030年全民终身学习”。来自联合国教科文组织80个成员国、180个城市的500多名代表出席了大会。与会的中国代表共29名，他们分别代表北京、上海、杭州、武汉等地以及清华大学、华东师范大学等高校。

联合国教科文组织总干事博科娃为大会开幕式发来了专门视频，她对大会的召开表示祝贺，并重申，未来社会发展面临诸多挑战，保障持久和平是我们的重要使命。

大会向分布在全球五大洲的包括英国布里斯托在内的16座城市颁发了“第二批联合国教科文组织优秀学习型城市”的荣誉称号，继中国北京之后，杭州市作为中国城市代表也获得了嘉奖。会议发布了《建设学习型城市科克行动倡议》和《学习型城市与可持续发展目标：地方行动指南》等指导性文件。

4. 中国代表出席在哥伦比亚麦德林召开的第四届国际学习型城市大会

2019年10月1日至3日，第四届国际学习型城市大会在哥伦比亚麦德林市举行。大会主题是“包容——终身学习和可持续发展城市的基本原则”。大会目标是：明确、讨论和促进能够有效支持城市包容性、安全、弹性和可持续发展的终身学习政策和实践。

来自60个国家、100座城市的50名市长、官员和城市代表、教育行政人员、教育专家、研究人员和教师,以及联合国机构、私营部门和区域、国际和民间组织的代表共650人出席了大会。其中,有来自中国联合国教科文组织全国委员会秘书处、北京市、上海市、杭州市、成都市、武汉市、北京师范大学、华东师范大学、上海开放大学、中国教育发展战略学会和中国成人教育协会的领导和专家29人出席了大会。

成都等10个城市因在促进当地社区居民的素质教育和全民终身学习方面取得的模范进展而获"2019年联合国教科文组织学习城市奖"。

大会开幕式上,哥伦比亚总统马尔克斯发言并与部分代表合影留念。麦德林市长费德里科·古铁雷斯和联合国教科文组织终身学习研究所所长大卫·阿乔雷纳也分别在开幕式上致辞。来自上海的代表在会上介绍了上海市开展学习型城市监测工作的典型经验和上海在市民终身学习监测中的一些有价值的发现,引起与会人员的反响。来自北京的代表在平行主题论坛市长论坛(网络城市战略的介绍;在先进地区群体工作的合作战略)作讨论发言。来自成都市代表在老年人等群体论坛上做了专题发言。

最后,全体大会通过了《麦德林宣言》。大卫·阿乔雷纳在会议闭幕词中强调:教科文组织学习型城市作为包容性教育和可持续发展的驱动力具有巨大的力量,使我们改变,为每个人提供高质量的终身学习机会,并使可持续发展在城市成为现实。

5. 中国代表出席在韩国延寿召开的第五届国际学习型城市大会

2021年10月27日至30日,在全球新冠疫情尚未解除、国际宏观形势复杂变化的情况下,第五届国际学习型城市大会如期在韩国仁川市延寿区举行。来自全球学习型城市网络的各国家和地区约1 500名政府官员、专家学者、民间组织代表等,通过线上线下相结合的方式,聚焦"从应急到韧性:通过学习建设健康而富有韧性的城市"的主题探讨。①会上,中国上海市人民政府、北京市教育委员会、武汉市教育局、成都市教育局、上海终身教育研究院和成都市开放大学等六位代表做了七次发言。中国注册参会代表共87人。

会议总结评估了联合国教科文组织全球学习型城市网络"2019—2021年战略"的进展,制定和报告了"2021—2023年战略"。会上发布了《延寿宣言》。

6. 在杭州举办国际学习型城市网络城市会议

2012年联合国教科文组织终身学习研究所成立了"联合国教科文组织全球学习型

---

① 朱敏. 通过终身学习建设健康而富有韧性的城市——UNESCO第五届国际学习型城市大会要旨解读[J]. 终身教育研究,2022(2).

城市网络”，目前有网络成员 292 座城市。①

2016 年 11 月 15 日，由中国联合国教科文组织全国委员会、联合国教科文组织终身学习研究所和杭州市人民政府联合主办的联合国教科文组织全球学习型城市网络第一届成员大会在中国杭州召开，会议的主题是“致力于可持续发展的学习型城市建设”。杭州市市长张鸿铭、中国联合国教科文组织全国委员会秘书长杜越、联合国教科文组织终身学习研究所所长阿恩·卡尔森出席并致辞。

来自德、英、韩等 29 个全球学习型城市网络会员城市，以及联合国教科文组织终身学习型研究所等 10 多个相关学习型城市代表 150 人参加了大会。杭州成为全球首批入选“联合国教科文组织全球学习型城市网络”的城市。至此，全球共有 130 多个成员城市加入该网络，包括国内的北京、深圳、成都等 7 个城市。

会上选举杭州市委常委、宣传部部长当选联合国教科文组织全球学习型网络第一届成员大会主席，爱尔兰科克郡教育和培训部执行主席当选副主席。会议结束时发布了《学习型城市建设杭州宣言》。②

7. 向联合国教科文组织推荐国际学习型城市奖

联合国教科文组织颁发“学习型城市奖”始于 2015 年第二届国际学习型城市大会（墨西哥城大会）。该奖项每两年颁发一次，颁奖仪式在下一届大会上举行。获奖城市应是全球学习型城市网络成员中具有示范效应的城市。截至 2019 年，该奖项共颁发给了 48 座城市，其中，2015 年 12 座、2017 年 16 座、2019 年 10 座、2021 年 10 座；亚洲 15 座，欧洲 15 座，非洲 7 座，美洲 9 座，大洋洲 2 座。五届大会举办城市都是“学习型城市奖”的获奖城市。颁奖行动极大地鼓励了各国城市创建学习型城市的积极性。

中国共有四座城市荣获该奖：2015 年北京、2017 年杭州、2019 年成都、2021 年上海。该活动对我国学习型城市建设起到了促进作用。

（执笔人：彭海虹、杨淑珺、杜若、周延军、张翠珠、陈雨澂、赖立、杨树雨）

---

① 《Members of the UNESCO Global Network of Learning Cities 2023》。

② 联合国教科文组织全球学习型城市网络第一届成员大会昨天在杭开幕。

第五章　成效与经验

十年来，在党的十八大以来历次中央会议精神和习近平总书记有关教育的一系列重要指示指引下，在党和国家制定的一系列相关法律、法规和政策指导下，在各级政府、教育等有关部门及社会各界持续推动和共同努力下，中国学习型城市建设取得了显著成效，涌现出一批学习型城市建设的先进城市，积累了丰富经验，对促进终身教育和全民终身学习，推动城市经济社会可持续发展和人的全面发展，建设全民终身学习的学习型社会、学习型大国和教育强国，发挥了极其重要的作用。

一、促进城市可持续发展

（一）促进城市经济高质量发展

在推进学习型城市建设中，通过积极完善终身教育体系，不断推进教育与城市经济、产业领域的融通，充分重视与不断提升教育对经济发展的贡献，形成城市经济高质量发展的不竭动能。

各学习型城市围绕基本公共教育服务体系的不断完善，形成高质量的现代职业教育体系、高等教育体系和终身教育体系，大力开展职业教育和技能培训，很好地满足了居民教育需求，培养大量城市经济社会发展所需要的优秀人才，提升在职人员综合素养和能力，推动了城市经济高质量发展。如上海市杨浦区作为国务院全国首批大众创业万众创新区域示范基地，充分发挥区域内复旦大学、同济大学等 10 所高校、国家和市级工程技术研究中心 21 家、百余家科研院所、高端人才云集的优势，在推进学习型城市建设过程中，以学城、产城、创城“三城融合”为建设理念，凝聚区域内各类创业创新主体，不断提升创新驱动能级，实现从“工业锈带”到“创新地带”的转型跨越。

通过大力推进学习型组织建设，特别是围绕推进企业发展和增产增效，建立学习型企业。注重学习与创新创业相结合，将学习型企业创建与实施职工创业创新工程有机结合，有效促进企业技术革新和转型发展。通过利用优势教育与科研资源，积极健全创新创业环境，利用高校科技园与研发平台，吸引高端人才汇聚，凝聚区域内各类创业创新主体，不断创高新驱动能级，实现产业创新的转型跨越。如宁波市将创建学习型企业与实施职工创业创新工程有机结合，有效地促进企业技术革新和转型发展。近两年来，16 600余家单位、100多万名职工参与职工技术创新活动，产生创新成果2.7万项，产生经济效益几十亿元。如东方集团先后组建了海缆研究院、省级院士工作站、软接头实验室。拥有授权专利24项，其中发明专利9项，多项技术填补国内空白，创造了国内多项第一。

在推进学习型城市建设过程中，通过创新终身学习方式，衍生出一系列具有经济属性的终身学习项目。例如老年游学、人文行走、体验学习等，形成新时期新常态下终身教育与“游、学、养”相结合的发展之路。如成都市在推进学习型城市建设过程中，率先提出与当地特色产业紧密结合的游学项目，在教育体验活动中宣传当地产品、增加就业机会，促进市民参与社区教育培训的积极性和主动性，提升地方经济发展质量。浦江乡村游学体验项目以茶文化和生态旅游为基础，将农业、农民和农村发展高度结合起来；龙泉汽车游学项目将汽车产业、技术力量、人力资源与就业发展整合创新；郫县川菜游学融入川菜历史与文化，让游学者了解豆瓣制作过程和工艺。一系列的游学项目使教育教化与地方产业深度融合，成为当地经济社会发展的创新模式。据20个省市及新疆生产建设兵团的统计，截至2019年底，参与游学的老年人达37.24万人次，体验学习达1 027.92万人次（据23个省市及新疆生产建设兵团的统计），促进了城市教育教化与地方产业发展深度融合。

（二）促进城市社会繁荣、和谐与稳定

学习型城市的创建为促进整个城市的各方面发展提供了有力的支撑，为城市社会繁荣、和谐与稳定提供了重要保障。

学习型城市建设通过积极营造全民终身学习文化氛围，探索创新市民终身学习方式，提升市民综合素养，从而不断提高市民文化素质和城市文化品位，为这些城市在创建全国文明城区工作中起到重要的推动作用。各学习型城市在建设过程中，都将精神文明建设办公室作为学习型城市建设的重要单位，并将其内容作为学习型城市建设的重要内容。如武汉市成立的推进学习型城市建设工作领导小组，由市委分管副书记任组长、市政府分管副市长任副组长，市委组织部、市委宣传部、市文明办、市教育局、市民政局、市文化局等32个部门为成员单位，负责组织领导和协调全市学习型城市建设工作。

学习型城市建设注重创建、培育和发展各类学习型组织，打造多元共治的终身教育载体。学习型组织建设是中国学习型城市建设的重要特色，学习型组织是学习型城市的基石。在学习型城市建设中，从广泛开展的学习型社区建设，到学习型机关、学习型企事业单位、学习型家庭、学习团队等各类组织，培育了市民学习习惯和现代市民意识，有力

促进社会参与和社会治理，构建和谐社区。如成都市坚持创新服务社会，打造多元共治的终身教育载体，建设学习型组织 1 000 余个，培育市民自主学习团体 2 000 余个，其中 16%已成长为正式注册的社会组织，让居民逐步成为社区教育服务和社区发展治理的主体。通过开办“田间教室”“村民夜校”，将课堂办在村民的身边。依托锦江院落学习室、新津廊桥夜话、龙泉院坝会等载体，收集社情民意，促进社会参与，构建和谐社区。

通过大力培育终身学习品牌项目，推进终身学习活动周，促进全民学习、终身学习的理念传播，将学习型城市建设贯穿于经济社会发展的各个方面，以学习力提升创新力，通过不断提升基础教育、高等教育、职业教育、专业技能培训、文化休闲教育等不同类型的教育服务，不断满足新时期各类人群的学习需求，促进社会繁荣稳定。如北京的学习之星评选活动、上海的市民终身学习体验基地、杭州的社区学习共同体、武汉的“书香江城——全民读书月”、成都的最成都 · 市民课堂，太原市的“年年有学习周，月月有大讲堂，天天有学习课堂”发展模式等，都已成为全国知名终身学习品牌，每个项目每年都吸引上百万人参与其中。

（三）促进城市生态文明和绿色发展

可持续发展是 21 世纪长期的发展议题，而学习型城市实质上就是实现可持续发展的城市。可持续发展理论的提出是跟生态、人口、资源、环境和发展之间矛盾的深化紧密相关的，推进学习型城市建设一个重要的价值取向即提高市民的社会适应能力和处事能力，使他们能够“自在、自如”地在当前的社会环境中生活，在实现个体不断学习成长的同时，促进城市生态文明和可持续发展。

各城市根据自身城市发展和生态治理需要，在终身教育课程建设中创设生态环保主题课程，开展市民环保教育，助力城市生态文明建设。如上海市近年来在社区老年教育课程中涌现出垃圾分类、河道治理和社区生态课程等热门课程，在市民生态教育和可持续发展理念的教育方面发挥了作用。

各城市坚持新发展理念，全面实施创新驱动，坚持把建设学习型城市落实到城市发展的“五位一体”总体格局，为打造品质、绿色、低碳城市提供了有力的支持。例如太原市、长沙市、北京市、成都市、武汉市、宁波市等学习型城市几年来在空气质量改善、污水处理、绿化提质、能源资源边际成本降低等方面取得了较为突出的成绩。

各城市把建设学习型城市与创新型城市、生态型城市和城乡统筹示范区、人文法治示范区等结合起来。在创建过程中坚持社会主义核心价值体系，让学习成为一种生活方式，让全民终身学习的理念深入人心，在全市范围内形成“人人皆学、时时可学、处处能学、按需选学、终身在学”的学习之风。充分发挥核心价值的引领作用，以学习大众化、普及化为着力点，充分发挥科学理论的先锋作用、文艺作品的熏陶作用、传统美德的传承作用、先进典型的示范作用、法律法规的约束作用、市民群众的自律作用、社会宣传的渗透作用。如天津市各社区学院及成人院校、普通高校、职业院校、相关教育机构和企业、各区街道和社区共同参与“职业教育活动周”与“全民终身学习活动周”，形成了“全民体验”“全民阅读”“全民参与”“全民展示”和“全民品牌”的高潮，产生了广泛的社会影响。

（四）促进城市数字化、智能化水平不断提升

在学习型城市建设进程中，各城市充分利用现代信息技术搭建数字化学习平台，为市民提供便捷的终身学习服务，推进学习型城市智慧化水平，为国家“十四五”规划所提出的“加强数字社会、数字政府建设，提升城市服务、社会治理等数字化智能化水平”的建设目标提供了重要的动力。

各学习型城市普遍注重将互联网技术与终身学习深入融合，针对市民学习需求构建灵活多样的终身学习数字平台，整合提供多种类型和形式的海量学习资源，不断拓展数字学习空间，为服务市民终身学习打造了优质的终身学习环境。很多城市还创设了融通成人继续教育、职业教育、社区教育、高等教育及各类培训于一体的市民在线学习综合平台，打造覆盖各行各业学习资源的免费学习公共服务平台，实现一门入网、一库总览、一站式数字化学习服务模式，极大地方便了市民的多元个性化学习。如在西安社区大学网上，除 60 个专业学历教育、相关证书考试培训外，其他公益教育内容涉及古城文化、古城名人、古城美食、古城风俗、古城特产等方面，同时提供社交礼仪、幼儿教育、家庭教育、老年教育等资源，此外，养生保健、养花技术、急救知识、摄影知识、食品烹饪等也是社区教育学习资源。

各城市还不断探索数字化学习新方式，充分发挥数字化学习的泛在可及与优质便利，引导和培育市民数字化学习习惯，提升市民数字素养。符合市民学习兴趣与需求的丰富的学习资源，突破时空限制随时随处可学的学习形式，适配智能学习的移动学习平台，以及线下一座难求的名师名课，都成为吸引市民参与在线学习的重要优势。以学习的数字化推进生活数字化，不断提升市民数字综合素养与技能，为智慧城市建设打下了重要的基础。如宁波市利用宁波终身学习公共服务平台的辐射功能，加强数字乡村建设和乡村社区数字化学习。

各城市还不断发挥数字化学习的优势，推进高质量终身教育发展，不断推进教育公平。特别是面对老年群体在互联网时代面临的“数字鸿沟”，不断探索适老的数字化学

习方式，例如老年慕课、老年智慧学习营、老年智慧学习应用场景等，并通过老年数字教育进社区、志愿服务助老网上行等形式，让老年人群学会数字化学习，掌握数字时代的生活技能，进而畅享智慧生活，融入数字时代。如上海市在《老年教育发展“十四五”规划》中，明确提出：“建设 100 个老年智慧学习场景”。浙江省教育厅、浙江省发展改革委员会印发的《关于高质量营造未来社区教育场景的实施意见》提出：“积极构建方式更加灵活、资源更加丰富、学习更加便捷的社区居民学习机制，满足不同人群多样化的学习需求，营造更好的未来社区教育场景”。

各城市依托数字化学习支持服务，不断打通数字学习平台的信息互通，提升大数据治理能力，提高学习型城市的数字化决策水平。近年来，在学习型城市建设过程中，服务全面数字化学习的数字平台逐步向资源共享、信息互通、数据共用的方向发展，市民终身学习的数据经过汇集和处理，成为城市进行科学决策进而提供精准服务的重要依据，推动智慧城市治理水平不断提高。

（五）促进教育更加开放、协同与融合

不断完善终身教育体系是建设学习型城市的基本要义，在这一过程中，各城市不断提高认识，推进教育系统内部协调发展与融合，同时充分整合文化、体育、科技、卫生等领域资源共同构建终身学习服务大平台，在此基础上鼓励社会力量参与，不断激发市场活力，并拓展教育服务边界，融入社会治理，形成更加开放、协同与融合的终身教育格局。

各城市不断优化终身教育体系，打通教育内部壁垒，推进基础教育、高等教育、职业教育、继续教育、社区教育和老年教育之间的融合与协同，推动各级各类学校向社会全面开放，为市民终身学习创设更加优质的环境。有的城市不断推进老年友好型学校建设，推动高校开办老年大学，鼓励职业院校开设老年服务专业，探索社区教育与老年教育融合发展，大力推动学分银行建设，有效整合教育资源共享格局，不断提高教育资源使用效率，提高教育服务供给质量。如青岛学分银行开展了电大开放教育与近 20 个国家级职业资格证书、技能证书、从业资格证书之间的学习成果双向互认，与中国海洋大学、青岛大学、青岛科技大学、青岛理工大学、青岛农业大学、青岛职业技术学院、青岛港湾职业技术学院等部分高校之间的学分转换；开展了对青岛行业企业中开放教育学员的学习成果类型调研工作；开展了岗位培训等学习成果评定和认证、制定认证要素和标准工作。

各城市还不断整合社会资源，激发社会活力，提升终身教育的现代化水平。一方面积极推进不同系统间资源的有效利用，充分整合文化、体育、科技、卫生等方面资源，利用图书馆、博物馆、艺术馆、科技馆、体育馆等，面向市民推出体验学习、游学、场景化学习等

不同类型的新型学习方式，扩大教育服务能级；另一方面，以多种形式吸引各类社会力量参与，鼓励相关行业和各类企业举办老年教育和社区教育，通过市场机制调节供需关系，推进资金筹措渠道多元化，以政府购买服务或项目合作等形式推进举办主体多元化，为市民终身学习提供了更加丰富多样的选择，也营造了全社会参与构建终身教育体系的良好氛围。宁波市坚持以产教互通推进学习型城市建设，推动“国家职业教育与产业协同创新试验区建设”“特色学院及协同创新园区建设”，实施“产教深度融合工程”“课程改革深化工程”等，打通了教育领域与劳动领域的隔离，使教育发展与经济发展相协调。

在不断构建终身教育体系的过程中，教育资源的不断整合也产生了良好的溢出效应，在助力关心下一代成长、提高老龄人群生活品质、推动人力资源特别是老年人力资源再开发等方面，产生了家校社协同育人、养教结合、老年志愿服务、精神文明宣讲团等社会治理的积极力量。如蚌埠市整合利用乡镇文化站、敬老院、福利院、学校、村级活动室等现有公共活动场所，加大支持力度，挂牌成立社区学院（老年开放学校）、社区学习点（老年开放学习点），提供群众能够随时学习的终身学习场所。各有关部门、单位将所属的教育培训资源、文化资源、体育资源和企事业单位的教育培训资源有序地面向社会开放。目前，全市博物馆、图书馆、公园、学校的运动场所等已做到向居民免费开放；各类教育培训机构在师资、设施、场所等方面为开展终身教育提供便利，逐步实现各种教育培训资源的共享共用，为提高民众科学文化素质、职业技能和生活质量提供更多的学习场所和机会。

二、促进市民全面发展

（一）有效提升市民综合素质

在推进学习型城市建设过程中，各城市不断完善终身教育体系建设，为市民提供终身学习服务，从政治素养、文化素养、数字素养等方面提升市民综合素质。

在开展终身学习过程中，各城市注重将培育和践行社会主义核心价值观作为重要内容，从高等学校、职业院校到中小学校、社区老年院校均能通过编写相关读本，设计形式多样的教育活动项目，将社会主义核心价值观融入市民终身学习活动中，在爱国主义教育、市民思想道德修养、公民意识培育等方面建设了丰富的课程和学习资源，通过红色讲堂、道德讲堂、市民课堂、人文行走等形式大力推进，为市民提升思想政治素质提供了重要支持。

各城市还充分挖掘本土文化资源特色与优势，积极整合中华优秀传统文化和地方特色优秀文化资源，深度挖掘城市经济、社会、文化、历史等各方面文化元素及教育价值的基础上，深化各类文化主题特色，形成优质的终身学习内容，借助终身教育平台以课程、特色活动、体验学习基地、游学项目等方式提供给市民，让市民在学习中感受这些优秀文化魅力的同时，增强民族自信和文化自信，提升文化素养。如长沙市还根据社会发展的需要，将培育和践行社会主义核心价值观、法律法规、引导市民弘扬正能量等内容作为学习资源开发的重点；另外，还因地制宜，结合长沙的历史文化自然资源，开发了一大批本土化、特色化的课程。

各城市结合智慧城市建设实际，整合网信、科技、教育、文化等条线资源，推进市民数字素养提升工程，一方面通过搭建和提升市民公共服务在线平台功能，培养市民网上办事习惯；另一方面借助终身教育网络，通过推进数字教育专项行动，为市民提供数字素养专题培训，很多城市开发专门的课程和学习软件，为老年人跨越“数字鸿沟”提供针对性的学习支持，让每一个市民都能够成为“数字市民”。如天津市充分利用广播电视大学信息化建设技术优势，建设多层级终身学习公共服务平台和51个社区数字化学习中心。完善天津终身学习网、职业教育与成人教育网以及各类社区教育、老年教育微信平台。优化社区教育网络平台与数字化学习资源，拓展学习时空，提升远程教育服务和教育管理能力。

（二）提高人民生活品质，提升市民幸福感、获得感

在学习型城市建设过程中，各城市通过为市民创设良好的学习条件，塑造积极友好的学习氛围，不断满足市民对于美好生活的向往和精神文化方面的需求，打造乐学善学的良好局面，提升市民幸福感和获得感。

通过整合场地设施资源，引导各类机构和场馆面向社会开放教育资源及设施为市民提供服务，拓展中小学社会教育的校外课堂和市民终身学习的丰富点位；同时，依托终身教育体系为市民提供丰富的文化休闲类学习资源，涵盖健康教育、文化素养、艺术修养、体育健身、地域文化等在内的课程与活动系列，为市民提供丰富生活内容，发展兴趣爱好，提升健康理念，融入现代社会等方面的学习支持，特别是科普、声乐、书画、戏曲、摄影、保健类的课程，深受市民欢迎。如上海市有效利用有关高校、委办事业单位、社会组织以及部分区县教育局（社区学院）等机构的优质公共文化和教育资源，首批创建了以“红色文化”“科普教育”“文化艺术”“智慧生活”“海派文化”“服饰文化”“陶艺创作”和“创意手工”等为主题的上海市民终身学习体验基地。

通过创新学习载体，营造全民学习氛围，开展各类学习成果的展示与交流活动，让市民学有所成、学有所乐，不断增强学习带来的幸福感和获得感。每个城市均有每年一次

的全民终身学习活动周,在此期间把学习当成节日来办,开展各类学习展示与交流活动,引导全体市民人人参与其中,感受学习带来的快乐,使学习成为市民生活新常态。除了学习周,还有全民阅读周、读书月、群众文化艺术节、终身学习嘉年华等各种市民喜闻乐见的学习活动,以及将百姓学习之星、学习达人、能者为师等各类评选作为学习激励的手段,让市民沉浸在浓厚的学习氛围之中。如合肥市自 2017 年以来,已举办五届全市“能者为师——寻找社区好教师”活动,累计挖掘社区教育志愿教师 2 000 余名,他们用自己的知识和技能为街道、社区志愿服务超过 50 万小时,不仅充实了社区教育师资库、志愿者库,也为基层社区教师搭建了展示的舞台和成长进步的平台。

通过建立学分积累、转换和认证制度,促进不同类型学习成果互认与衔接,通过市民终身学习卡、学分银行等记录和存储市民学习行为,逐步探索学历教育、职业培训、文化休闲教育不同学习成果之间的转化机制,从而对市民终身学习成果予以认可,有力地激发市民学习的积极性。学分银行已经在很多城市开展了探索,并取得了一定的成效。如北京市近年来在市教委的指导、推动下,在部分地区、部门、学校开展了“市民终身学习卡”“学分银行”“学员学业成绩认证”“技能加基础”等方面的实践活动,并初见成效(如西城区从 2004 年开始实行“市民终身学习积分卡”制度,采用“以学时累计学分”的制度)。

(三)有效促进人才强市,科教兴市

人才强市、科教兴市是学习型城市建设的共识。各城市通过创建学习型城市,坚持人才强市战略,坚持人才优先,制定人才发展规划,大力发展教育事业,不断提高市民受教育年限和受教育程度,推动专门人才、创新型人才、高层次人次和复合型人才培养,为城市发展输送优秀的智力资源,提供强大的发展动力。

通过大力发展高等教育和职业教育,按照人才优先、创新机制、以用为本、服务发展的指导方针,创造条件增加全社会人员的受教育机会,提高受教育程度,特别是劳动力平均受教育年限与高等教育比例,通过精心培育科研人才、高技能人才、知识型服务业人才以及高层次创新型人才,提升城市整体人才质量,为城市发展提供强有力的引擎。如安徽省阜阳市为了能够满足城乡社区中未升学的初高中毕业生、残疾人、失业人员、农民、退役士兵、在职职工等群体继续教育与学习需求,阜阳市积极整合职教资源,依托阜阳师范学院、阜阳职业技术学院、阜阳高等幼儿师范专科学校、阜阳技师学院,开展大专院校、高职院校与中等职业学校分段人才培养试点,积极探索中职与高职乃至本科院校的一体化培养培训的上升通道。

通过政府引导与鼓励,大力推进高等教育和职业教育园区建设,形成政府引导、院校

支撑、企业参与的政学产合作格局，以服务城市经济社会发展为导向，深化高校、职校产学对接、产教融合、校企合作，使学生培养更具有针对性和高效性，提升在校学生职业能力，加强学生创新创业教育，培养真正符合行业发展需求的优秀人才，成为城市经济发展的有力助推器。如安徽省宿州市教育、人社、发改、民政、农业、退役军人事务局等各部门，按照各自职责，广泛开展各种技能培训，为各级各类人群创造学习机会，提升工作能力。全市企事业单位职工年培训 13.5 万人次以上，新型职业农民年培训 5 000 人次以上，退役军人技能培训 2 000 人次以上，残疾人培训 1 000 人次以上，创业能力培训 1 000 人次以上。

通过推进在职人群培训，提升在职在岗人员职业技能，结合学习型企业创建工作，不断提高职工队伍素质，促进职工队伍思想道德素质与科学文化素质全面提升。例如大力实施人才培育工程，推进技能培训、技术比武、规范技能等级鉴定，挖掘培育高技能企业人才队伍；通过实施职工创新工程，促进企业技术改造和转型发展；通过规范职工教育培训经费使用行为，提高在职人群参与培训比例，保证人才队伍质量不断提高。

三、形成中国特色的学习型城市建设模式

（一）坚持以人民为中心的发展理念指导学习型城市建设

发展要依靠人，最终也是为了人。我国学习型城市建设始终坚持以人民为中心的发展理念，通过不断完善终身教育体系，为全体市民提供丰富的学习场所与资源，满足市民对美好生活的向往，形成人与城市和谐共荣的美好图景。

首先，将保障市民终身学习的权利，提高市民的素质，促进人的全面发展作为学习型城市建设的重要内容。终身学习作为人的基本权利，在学习型城市建设过程中，得到了重视与体现。如太原市《终身教育促进条例》第一条明确：为了满足市民终身学习需求，发展终身教育事业，推进学习型社会建设，促进人的全面发展，根据《中华人民共和国教育法》等法律法规，结合本市实际，制定本条例。该市以“全民终身学习活动周”为集中展示，以“全民终身学习大讲堂”为贯穿延伸，以“全民终身学习天天课堂”为全面覆盖的三大载体，形成了“年年有学习周，月月有大讲堂，天天有学习课堂”的良好局面，引导全体市民人人参与其中，凝聚了太原市持续推进学习型城市建设的强大势能。2006 年以来，市委、市政府连续举办终身学习活动周，每年学习周期间，参与单位均达 3 000 余个，开展各种学习活动 8 000 余项，参与市民 240 余万，规模宏大，参与面广，影响深远。

其次，通过完善体系建设，为市民提供了丰富的终身学习服务。各城市逐步形成了学历教育和非学历教育协调发展，职业教育和普通教育相互沟通，职前教育和职后教育

有效衔接的终身教育体系，基本实现了各级各类教育纵向衔接、横向沟通。特别是在近年来不断建立健全社区教育网络，形成市—区（市、县）—街（乡镇）—居（村、社区）社区教育培训学校（中心）四级网络体系，为市民的终身学习创造了良好的条件。如青岛市已构建起以社区大学、社区教育学院、社区教育中心、社区居民学校为一体的四级服务平台，青岛终身教育四级平台建设向 4.9 级平台延伸，延伸至小区、楼院、家庭，打通最后一公里，全市各种“微学汇”组织 900 个，开展各种活动 15 000 多次，为百姓提供更加便捷的学习交流空间。

最后，把每一个市民的终身发展作为学习型城市建设的重要目标。各城市努力让每一位市民享受公平的教育机会，特别是各城市重视为流动人口、残障人员、就业困难人员及老年人等群体提供学习服务，包括持续增强特殊教育保障能力，推进职业农民培育工程，面向下岗职工的创业培训，开展各业职工职业培训以及农村劳动力转移培训等，充分体现了教育的开放与包容，以及坚持以人为本的发展理念。如安徽省淮南市满足不同群体的教育需求，保障各类特殊群体，如进城务工人员子女、民族地区孩子、残疾儿童及困难群体受教育权益。老年教育不断发展，截至 2020 年 10 月底，全市有两所市级老年大学——淮南老年大学和淮南老年大学二校、11 所县区老年大学，还有一所民办老年大学，全市老年大学的格局进一步完善。乡镇所办老年学校 91 所，城乡社区老年教育学习点 611 个，远程教育收视点 99 个。

（二）坚持在新发展格局中推进学习型城市建设

在推进学习型城市建设过程中，各城市坚持在新发展格局中推进学习型城区建设，不仅将其作为教育改革范畴，更是将学习型城市建设与城市发展重心紧密结合，纳入城市发展规划中，有力地推动了城市可持续发展。

各城市根据自身特点与发展实际，充分重视学习型城市建设的顶层设计，将学习型城市建设与市民素质和城市文明程度提升相结合，与城市发展的战略目标相结合，特别是在加速构建新发展格局过程中，充分认识到学习型城市建设与科技创新的必然联系，进一步明确思路，通过系统科学的顶层设计、完善的法制政策保障、统筹协调的管理体制，为各类优秀的创新型人才培养提供有利环境。如北京市在《北京市学习型城市建设行动计划（2021—2025 年）》中明确：本市将以学习型城市示范区建设推动学习型城市高质量发展，将示范区建设与区域经济、社会、文化、生态文明建设相结合，与推进区域社会治理能力现代化相结合；深化各类学习型组织建设，促进区域内教育功能全面发挥和特色发展。

各城市充分认识到学习型城市建设对城市转型发展的重要意义,并通过学习型城市建设审视城市发展的短板与掣肘问题,采取针对性战略举措予以解决。如上海市针对城镇化进程的加快,实施了《农村劳动力转移培训三年行动计划》;浙江省针对劳动力文化程度偏低的现状,实施了《浙江省社会人员学历提升行动计划(2022—2025 年)》;安徽省淮北市以新型农业经营和服务主体带头人、农村创业创新者、乡村治理及社会事业发展带头人等为主要培育对象开展高素质农民培育项目,安庆市根据大众创业万众创新的要求提出了《"创业江淮"行动计划(2021—2025 年)安庆市实施方案》。

创建学习型城市推动了城市综合发展,为城市经济持续稳定增长、产业结构优化升级、文化事业文化产业加快发展提供了动力;提升了城市发展的软实力;提升了社会治理水平,促进了人的全面发展。北京、上海、杭州、成都等城市将学习型城市建设与城市的生态文明建设、可持续发展结合起来,确立了可持续发展的学习型城市建设目标,先后获得联合国教科文组织学习型城市奖。

(三) 坚持"政府主导、多力合一"模式

政府部门强有力的积极推动是我国学习型城市建设迅速发展的重要原因。2014 年教育部等七部门联合发布了《关于推进学习型城市建设的意见》,作为我国第一份专门针对学习型城市建设的政策性文件,为我国的学习型城市建设指明了方向,推动了学习型城市建设走向全面和深入。

随着教育部等七部门联合发布《关于推进学习型城市建设的意见》出台,各城市积极跟进,多个城市也发布了终身教育方面的法规条例以及推进本市学习型社会建设的相关文件,并在城市发展规划中进一步明确提出构建学习型城市,成为新时期学习型城市建设的有力依据和保障,之后,教育部及各省市也陆续启动了学习型城市建设监测工作,由此,在政府主导下,我国学习型城市建设进入一个快速发展阶段,也取得了重要的成就。如安徽省亳州市颁布的《中共亳州市委关于制定国民经济和社会发展第十三个五年规划的建议》中指出,完善继续教育管理体系,积极构建终身教育体系,推进学习型城市建设。

各城市在推进学习型城市建设中也充分意识到,仅靠公共管理部门的力量是无法深入有效完成的。因此,通过推进终身教育体系构建,各个城市积极整合社会资源参与到终身教育事业中。除了不断引导高等教育、职业教育的全力参与,文化、体育、科技等领域也被纳入学习型城区建设的总体格局中。此外,政府还鼓励终身教育需求与社会组织服务能力有效对接,引导动员符合条件的社会组织通过购买服务、项目支持等方式给予

积极扶持。由此,形成政府主导,各类社会组织共同参与的学习型城市建设模式。如安徽省亳州市充分利用学校、企业、社区、社会团体、公益组织等单位和机构的学习资源,形成优质教育资源的开放与共享,如开放性大学、开放性图书馆、博物馆、科技馆、美术馆等,为学习者提供学习所需资源,建立互动的伙伴关系,形成教育资源整体利用体系,促进知识的转化、应用与创新,提高教育资源利用率。

(四)坚持区域分异和联动协作策略

在学习型城市建设中,各城市充分立足本市区域实际,发挥自身优势,形成了具有本市特色的学习型城市特色,同时又能够不断加强交流,互相借鉴,取长补短,共享资源,形成了良性互动的建设局面。

各城市在推进创建的进程中,充分挖掘自身公共文化与教育资源,根据城市发展总体战略定位与特点,创设了不同的终身学习载体,形成了具有各自特色的终身教育体系和特色学习项目,如成都的游学项目、上海的体验学习基地、天津的双周推进、合肥的尚学合肥都具有各自鲜明的特色。同时,各城市对所属区县开展具有自身特色的学习型城区建设工作加强指导,充分考虑当地实际,结合不同区县、城乡之间的建设模式,推进重点,因服务体系各不相同,做到百花齐放,各美其美。

各个城市之间不断加强联动交流,互相分享与学习创建经验。很多城市通过区域终身教育联盟、长三角学分银行联盟、东西部社区教育结对、城市学习能力建设共同体等形式,开展共建共享,形成共同推动学习型城市建设的格局。同时,在学习型城市监测报告中也看到,各城市对所属城乡之间、不同区县之间也积极组织开展建设成果展示与经验交流活动,通过城乡统筹、区县互助、城郊帮扶等形式,实现互动发展和圈层融合,既形成了在学习型城市建设中你追我赶的良性竞争,又达到了联动协作共同推进的目的。如浙江省宁波市采用城乡统筹、以城带乡、城乡一体的均衡发展策略,推进学习型城市建设,促进城乡资源共享。利用宁波终身学习公共服务平台的辐射功能,加强数字化乡村建设和乡村社区数字化学习。建立各种“以城带乡”的协作组织。发动城区街道与农村乡镇结对,建立协作制度,合作办学、合作开发、合作研究,并开展“城乡结对,共建文明”活动等。

四、强化学习型城市建设保障

(一)制度保障

系统科学的顶层设计、完善的法制政策保障、统筹协调的管理体制是学习型城市建设可持续发展的重要前提。目前,各地学习型城市建设在统筹规划引导、体制机制建设、监测工作制度等方面进行了积极的探索与实践,夯实学习型城市建设基础。

加强促进终身学习地方性法规建设。部分城市制定了地方性法规条例,为学习型城市建设提供法治保障。如天津、上海、成都、太原、宁波、西安等城市陆续出台老年教育、终身教育和社区教育方面的促进条例,推进了终身教育法治化进程,有效推进学习型城市建设的落实与实施,形成了加强顶层设计与工作推进、分类实施于一体的制度体系,为学习型城市建设保驾护航。如西安市十六届人大常委会第二十五次会议通过的《西安市社区教育促进条例》第一条明确:为了促进社区教育事业发展,满足社区居民终身学习需求,推进城乡社区治理,创建学习型社会,根据《中华人民共和国教育法》等法律法规,结合本市实际,制定本条例。

将学习型城市建设列入城市发展规划。各城市普遍将建设学习型城市纳入城市发展的五年规划纲要,或者专门出台关于学习型城市建设方面的文件,系统规划学习型城市建设总体布局,明确建设框架、建设思路和实施办法等,为推进学习型城市建设提供政策指导与保障,以行政力量大力推进。其他相关教育改革发展规划和纲要、社区老年教育专门规划也不断出台,形成了一套规范化、常态化的终身学习管理制度。不断完善终身教育体系建设,丰富学习型城市建设内涵。

(二)体系保障

终身学习体系的构建是学习型城市建设的有力支柱,也是学习型城市建设的核心内容。完善终身学习体系建设,为市民提供终身学习服务,满足市民学习需求是学习型城市建设的直接目的。

为有效推进学习型社会建设,各城市始终致力于不断建设终身教育体系,包括为各类人群提供学习服务的成人继续教育,普遍形成四个办学层次的社区老年教育网络,泛在可选的终身教育数字化学习体系,这些与基础教育、职业教育、高等教育等一起为市民构建了终身学习系统,让不同年龄、不同需求的市民随时可以享受到学习服务。如安徽省安庆市全市老年大学(学校)达 47 所,基本形成覆盖城乡的市、县(市、区)、乡镇(街道)、村(社区)四级老年教育及远程老年教育网络格局。安庆市老年大学 2019 年开设 17 个专业,教学班级 101 个,在校学员 4 000 多人次,为老年同志老有所教、老有所学、老有所乐搭建了平台。

大力提升终身教育体系服务能级,提高终身学习品质。在学校教育方面注重以终身学习的理念改革传统的学校教育,使各阶段教育致力于培养学生的终身学习能力,同时注重区域内的教育公平。在继续教育方面，既重视经济社会发展的需求，加强各行各业从业人员的在职培训服务，又重视满足市民终身学习的多样化需求，为社会各类群体提供各种学习机会，继续教育服务市民终身学习的力度得到不断强化。同时，为保障市民的终身学习权益，还积极推动各类学习资源的整合与利用，促进学习成果间的有效衔接，并结合终身学习的特点，积极探索信息技术的应用，构建灵活多样的数字化终身学习平台，创新学习机制，基本建成开放、参与性强、有效的终身教育和终身学习体系。

（三）队伍保障

在推进学习型城市建设过程中，各城市充分重视，成立专门的领导小组，很多城市由市领导挂帅、教育部门牵头推进相关工作；同时充分发挥社会力量，组建社区教育、老年教育师资队伍，强化规范管理，为推进终身教育工作提供了有力支撑。

学习型城市建设需要多部门、多行业的跨界融合，需要建立协调管理体制，提供组织保障，统筹推进建设工作。为了保证工作顺利开展，各城市普遍建立了由市委、市政府主要领导负责，多部门组织参与的领导小组，定期召开协调会议，市教委或教育局牵头组成工作小组，各相关部门共同参与。从学习型城市的顶层设计到资源整合，通过两支队伍的协调推进更加高效顺畅。如天津市教委印发的《关于开展学习型城市建设监测项目工作的通知》，明确由市教委、市委组织部等 14 个部门和各区政府分管负责同志为工作机制成员，秘书处设在市教委，市教委领导负责秘书处工作，建立起学习型城市建设工作顺利开展的保障体系。完善并确认了《推进天津市学习型城市建设工作机制成员单位职责分工》，推进落实学习型城市建设的工作任务。

各城市在推进社区教育工作中也致力于打造一支专职教师、兼职教师和志愿者相结合，高素质、专业化的工作队伍。通过兼职教师注册制度，建立社区教育教师标准，开展社区教育、老年教育教师培训，建立社区教育教师的培养、招录、培训、考核等制度，为终身教育发展打造了一支生力军。如上海社区教育工作者队伍已达 4 万多人，其中专职教师 1 630 名，兼职教师 7 042 名，志愿者 43 325 名。北京市社区教育专职人员为 4 367 人，志愿者 80 945 人，占当年人口总数 0. 37%。武汉市确立了市区两级社区教育队伍管理和培训制度。发布了《武汉市社区教育学院章程》。确立了“定期组织开展全市社区教育工作者培训”的任务目标。

（四）经费保障

就学习型城市建设的“可持续性”而言，经费供给是各城市考虑的一个重要方面。

各城市通过地方立法、设立专项经费、吸引社会力量参与等多种形式，基本形成了多元投入的学习型城市经费保障机制，专款专用，为各类培训和学习型组织建设提供了必要的经费保障。据统计，上海、北京等城市的人均社区教育经费已分别超过 15 元和 11 元。

通过地方立法，明确地方政府的经费投入。如《上海市终身教育促进条例》第八条明确：各级人民政府应当将终身教育经费列入本级政府教育经费预算，保证终身教育经费逐步增长。市和区、县人民政府有关部门应当为开展终身教育提供经费支持。终身教育经费主要用于终身教育公共服务。《成都市社区教育促进条例》第二十九条明确：建立健全政府投入、社会捐赠、学习者合理分担等多种渠道筹措经费的社区教育投入机制，拓宽社区教育经费来源渠道。市和区（市）县人民政府应当将社区教育经费列入同级财政预算，建立社区教育经费的分级保障体系，完善经费投入机制和标准，保障社区教育机构标准化建设、专兼职队伍建设、课程体系建设、公益课程实施、社区教育公共服务平台建设等社区教育基本公共服务支出。市和区（市）县人民政府应当加强社区教育经费的监督管理，提高使用效益。

通过设立社区教育、老年教育专项经费，用足用好职工教育经费等方法，保障学习型城市建设经费的投入。如北京市投入在社区教育上的经费 2013 年为 12 051 万元，2014 年为 22 778 万元，2015 年为 18 322 万元，2016 年为 24 301 万元，已达到人均 10 元以上。杭州市经费主要由四部分组成：一是教育消费券，杭州市委、人民政府预算首期投入 1.2 亿元的教育培训消费券；二是专项经费，2011 年杭州落实双证制教育培训专项经费 1 500 多万元，部分区、县（市）也设立了专项经费；三是财政补贴，取得“双证”的按每学员 1 700 元的标准给予补贴；四是农村补助性经费，由市、区（县、市）两级政府分担，列入市、区（县、市）财政年度预算，每年投入 2 600 余万元。天津市各区老年教育总经费实现了连续三年较大幅度的增长，2018 年较 2017 年同比增长 36.6%，较 2016 年同比增长 119%。2018 年老年教育总经费为 3 620.19 万元，其中政府拨款 2 110.5 万元，相关部门拨款 475 万元，学费收入 1 008.7 万元，与 2017 年相比总经费增加 785 万元，同比增长 31%。

通过吸引社会力量、企业的参与，加大社会经费的投入力度。如天津市创建了全国规模最大的“海河教育园区”，也是全国首家职业教育改革创新的示范园区。它整合优化配置职业教育资源，各职业院校之间实行教师互聘、课程互选、学分互认、资源共享，最大限度地实现集中办学、集约办学，是创新型人才和高技能人才培养的高地。持续打造推广各区与院校“区校终身学习联合体”模式，将大学优质课程迁到社区进行免费教学，大学教授到市民学校免费授课，让市民走进大学校园，充分利用高等院校优质的教育资源，弥补社区教育资源的不足，形成整个天津市教育教学资源的共享，共同推进终身教育体系的构建。中银老年大学是由中国银行举办的面向老年群体推出的在线免费学习平台，通过中行 APP 银发专区即可进入，并实现一键完成从领取录取通知书到报名、选课、学习、参与线下活动等各环节。大学由 1 个专区+6 个学院组成，在金融、健康、人文、艺术等领域开展数字化教学。中国老科技工作者协会充分发挥老科技工作者的作用，制定《中国老科协、中国科协科普部关于创建老年科技大学的指导意见》，要求各地协会创建老年科技大学，开展“一主两翼”老年科技教育。以提升老年人科学素质为主体，提升信息素养和数字技能、科学健康素养为两翼，将老科大打造为服务广大老年人的重要科技教育平台。

（执笔人：庄俭）

第六章　学习型城市建设面临的挑战与展望

一、面临的挑战

（一）推进学习型城市建设需要进一步适应新时期经济社会发展要求

近十年来，中国学习型城市建设快速发展，在推进个人和社会的可持续发展方面发挥了重要作用，同时借助联合国教科文组织等平台，不断与国际社会进行合作交流，在传播中国经验的同时也推动了自身发展。应当看到，面对世界百年未有之大变局，新一轮科技革命和产业革命的大规模快速发展，加上全球化进程深刻的传播、扩散，使得世界正在形成新的政治、经济、社会、文化生态，并为中国经济社会发展带来一系列新的挑战，推进学习型城市建设需要不断适应新时期经济社会发展要求。

1. 当今世界正经历百年未有之大变局，亟待多方位提升应变能力

一是世界处于百年未有之大变局促使教育体系转型。新冠肺炎疫情加速了在线教育和远程学习发展，传统的面对面教育模式受到冲击。为了满足人们不同的学习需求及适应这一转变，学习型城市需要为学习者提供更加多样化的学习方式和灵活的教育模式。同时，教师和学生的数字素养有待提升，进而加强数字技术在教育中的应用。二是百年未有之大变局引发社会结构的调整。经济结构调整和产业转型升级使得就业形势面临挑战，建设学习型城市需要应对不断变化的就业需求，提供具有针对性的职业培训和技能提升机会。同时，也需要加强创新创业教育，培养具备创新精神和创业能力的人才，以推动经济复苏和可持续发展。三是百年未有之大变局推动社会文化价值观的重塑。人们面临着不断增加的心理压力和焦虑，对生活方式、价值观念等方面产生了深刻的思考和反思。建设学习型城市需要关注人们的心理健康和社会情感需求，提供心理咨询和支持服务，并通过教育引导和文化活动来重塑社会文化价值观，促进社会和谐稳定。四是百年未有之大变局凸显可持续发展的重要性。气候变化、环境污染等问题日益突出，学习型城市需要将可持续发展理念融入教育体系中，培养市民的环境意识和可持续发展思维，推动绿色教育和环保行动。同时，推进学习型城市建设还需要积极应对资源紧缺和能源转型等挑战，推动城市向可持续发展方向转型。

2. 人口结构的变化，需要更加关注社会各类人群的学习需求

当前，人口出生率下降、老龄化趋势加快已经成为全球性的问题。从 2022 年开始，中国人口进入负增长时期，同时进入老年人口高速增长时期。① 根据国家统计局的数据，2022 年全年出生人口 956 万人，出生率为 6.77‰。60 岁及以上人口 28 004 万人，占全国人口总数的 19.8%，其中 65 岁及以上人口 20 978 万人，占全国人口 14.9%。随着人口出生率下降、老龄化趋势更加突出，流动人口教育与学习的民生问题及其管理压力增大，学习型城市建设需要应对不断变化的人口结构和学习需求。一是需要适应不同年龄段人群的学习需求。学习型城市需要提供多样化的学习机会，包括基础教育、职业培训、终身学习等，以顺应不同年龄段人群在学习方式、学习内容和学习动力上存在差异的趋势，并注重培养跨年龄段的学习交流和合作。二是需要为不断增长的老年人口提供适老化的社会支持和服务。随着全球进入老龄化社会，"长寿"概念将激励各类教育、终身学习和社区建设目标的创新，教育也将赋予终身学习和学习型城市的概念以新的生命，并激发可持续发展社会的探索和创新，而学习型城市应走在前列，以积极、有意义和富有成效的"全生命历程"来重新思考老龄化。② 三是需要促进跨文化和跨地区的交流。随着城市化进程加速，人口流动成为常态。学习型城市需要应对来自不同地区和文化背景的人们带来的挑战，包括语言沟通、文化融合、价值观差异等方面。

3. 新技术发展日新月异，助力个体在学习中的有效利用

新技术的发展给学习型城市建设带来的挑战包括数字鸿沟、技能需求、教育模式变革和数据安全等。学习型城市在应对这些变化的过程中，急需采取相应举措来确保新技术能够为人们提供更好的学习和教育机会。就数字鸿沟而言，对于那些无法获得或不熟悉新技术的人来说，他们可能会被排除在学习和教育的机会之外。这可能加剧社会不平等，并使学习型城市建设的目标更加难以实现。就技能需求而言，新技术的出现意味着人们需要不断更新和学习新的技能，而学习型城市建设需要不断更新学习内容，以满足人们不断变化的学习需求。就教育模式变革而言，鉴于传统的课堂教学模式可能无法满足新技术时代的学习需求，这就促使推进学习型城市建设的不同利益相关者采用更灵活、个性化和创新的教育方法，以适应新技术的发展。就数据安全而言，学习型城市需要制定严格的数据隐私政策，并采取有效的安全措施，以确保人们对其个人信息和数据的

---

① 国家统计局《中华人民共和国 2022 年国民经济和社会发展统计公报》。

② 胡苏云，张静. 终身学习型城市提升教育包容性的前沿理念与国际实践//[R]. 屠启宇，苏宁，陶希东. 国际城市发展报告(2023). 北京：社会科学文献出版社，2023：223-235.

保护，进而帮助市民在学习过程中积极应用新技术。

（二）学习型城市建设的体制机制有待进一步健全和优化

学习型城市建设的体制机制是支撑其发展的重要基础。总体而言，体制上，缺乏国家层面领导协调机构，地方层面牵头机构不一，部分城市尚未建立相应的领导协调机构；机制上，尚未将学习型城市建设纳入地方政府及相关部门目标责任管理制度当中，社会参与度还有进一步扩大的空间，各有关部门在推进学习型城市建设中的协同作用发挥不足，缺乏明确的职责任务和参与的积极性。

1. 在国家层面尚未建立相应的领导协调机构，在地方层面则设置不一

学习型城市建设是一项复杂的系统性工程，是与城市发展同步的长期工作，需要一个强有力的组织体系和运行体系来提供支撑。然而，中国学习型城市建设在国家层面仍缺乏相应的领导协调机构，这一状态势必影响着地方层面的一些城市开展创建学习型城市的决心和行动，难以在全国范围统筹协同推进。在地方层面，东部发达地区城市普遍建立了跨部门的领导协调机构，例如，上海在市委、市政府的领导下，由市教委牵头，市委组织部、市文明办、市民政局等多个部门组成上海市学习型社会建设与终身教育促进委员会，负责统筹、规划、组织、协调和指导全市相关工作，形成多方共同支持终身教育事业发展的合力。然而，中西部地区还有许多城市缺乏这样的领导协调机构，学习型城市建设领导管理体制有待进一步完善。

2. 推进学习型城市建设缺乏有效的部门协同，社会联动机制尚不完善

中国推进学习城市建设主要采取“政府统筹，部门分工协作，社会广泛参与”的机制。然而一些地方在推进过程中，其政府主导作用体现不足，主要由教育行政部门牵头推进；没有将学习型城市建设纳入当地经济社会发展规划和地方政府及相关部门目标责任管理制度之中；建设学习型城市的社会共识还有待进一步凝聚。各相关部门缺乏明确的职责任务分工，导致其参与的积极性及彼此间的协同作用不足。此外，学习型城市建设的社会参与度还有进一步扩大的空间，政府及各有关部门、企事业单位、社会团体及广大群众广泛参与的积极性有待进一步激发，推进学习型城市建设格局有待进一步形成。

3. 相关法规制度缺失，具体推进的政策和举措有待更新和细化

学习型城市的政策法规不仅为其实践工作提供了重要保障，同时指明了方向，其内容包括目标、行动原则、任务内容、实施方式、具体措施等。国家层面的政策大多集中在目标的设定，从宏观上指导中国的学习型城市建设。例如教育部等七部门《关于推进学

习型城市建设的意见》这份国家层面政策文件的颁布，显示出中国对学习型城市建设的强力关注，进一步明确了学习型城市建设的任务和职责。与此同时，该意见还提出“推进终身学习立法进程”，但中国尚未颁布国家层面的终身学习和学习型城市建设相关的法律法规，在各利益相关者权利、义务和责任的划分方面还不够明确。比较而言，地方层面的政策法规结合了地方的具体情况，涉及更多的实践细节，更加具有实质性地指导各地的学习型城市建设。例如，2007 年 3 月，北京市委、市政府颁布了《关于大力推进首都学习型城市建设的决定》，明确了北京推进学习型城市建设各方面的具体设想，提出“到 2010 年在全国率先基本实现现代化，学习型城市初步建成”。此外，还有一些城市专门建立了与终身教育相关的法规，如《福建省终身教育促进条例》《上海市终身教育促进条例》《太原市终身教育促进条例》等。然而，仍有部分地区及城市缺乏相应的法治保障，尚未制定专门的社区教育、继续教育、终身教育方面的法规。即使出台相应政策法规的城市，也面临需要将政策法规进一步细化和持续更新等问题。

（三）不同地区学习型城市建设发展不平衡

区域协调发展是推动高质量发展的关键支撑，已经成为促进经济社会发展的重要手段。中国是一个地域广阔、区域发展不平衡的大国，各地区由于资源分配不均，存在一定差异。推进学习型城市建设是提升城市发展水平和综合竞争力的重要标志，通过建设学习型城市可以发挥城市的辐射性、引领性作用。这意味着城市需要更加注重与周边地区的合作和协调，实现优势互补。鉴于区域发展水平的差异，学习型城市建设面临不同地区、不同类型和行政等级的城市推进学习型城市建设发展不平衡的问题，而不平衡在一定程度上影响了地区间在学习型城市建设方面的交流与互动。

1. 政策出台与实施不平衡

政策支持是学习型城市建设的重要保障，不同地区的政策支持力度和效果存在较大差异。就政策出台而言，一些地区及其城市出台了一系列有力的政策，例如加大教育投入、鼓励科技创新等，这有助于推动学习型城市建设。然而，有些地区及城市缺乏相应的政策支持，这将限制学习型城市建设的发展。就政策实施而言，一些地方出台了有力的政策，但在实施过程中仍显不足。例如，学习型城市建设的资金投入虽然较多，但由于资金管理制度不够规范，导致资金使用效率不高；在推进教育信息化建设时，由于其水平相对较低，导致应用效果不甚理想等。

2. 教育资源分配不平衡

教育资源是学习型城市建设的重要基础，但各地教育资源分配存在不平衡的现象，一些经济和社会发展欠发达地区的城市，其教育资源分配不足，导致其学习型城市建设滞后。一些地区和城市拥有优质的高校和研究机构，提供了丰富的教育资源，吸引了大量的优秀学生和研究人才，进而推动了自身学习型城市建设的发展。其他地区可能缺乏高质量的教育资源，包括师资力量不足、教育设施不完善等。这将导致人才流失和知识集聚的不足，限制了学习型城市建设的整体发展。另外，教育质量影响当地学习型城市建设。一些地区通过加大对教育的投入和优化资源配置，提高学校的办学条件和师资力量，提升教学质量，进而推进本地区学习型城市建设。而部分地区，由于经济和政治发展水平相对较低，进而影响当地的教育质量及学习型城市建设的进展。

3. 专项经费投入不平衡

就学习型城市建设的“可持续性”而言，经费供给是我们各城市主要考虑的一个方面。部分城市设立了学习型城市建设的专项经费，例如，上海根据规划和年度工作安排，设置终身教育发展专项经费，用于推进重点领域工作，如职工继续教育工程、老年大学“倍增计划”、数字化转型、学习资源建设、国际交流等；大连市《关于深入推进学习型城市建设的意见》提出：要加大投入力度，把建设学习型城市所需经费纳入财政预算，形成政府、企事业单位、社会团体共同承担的投入保障机制。然而，在经费投入上存在地区间的不平衡以及持续落实推进等问题，中国并不是每座城市都设立了学习型城市的专项经费，同时在专项经费拨付方面每年缺乏固定的投入计划。此外，目前的经费投入主要依赖于政府部门，缺乏多元投入机制，需要进一步拓宽资金来源渠道，吸引企事业单位、私营部门、社会团体和学习者个体共同为学习型城市建设提供经费上的支持。

（四）学习型城市建设面临可持续与创新发展

随着时代的变迁和社会的发展，学习型城市建设需要不断适应新的需求和变化，推动自身的转型与创新。在现代知识经济时代，建设学习型城市不仅需要进一步拓展和优化自身的可持续发展，还需要在当今数字化转型背景下，培育学习型城市建设数字化生态，提升城市创新能力。

1. 指标体系有待细化，测评模式需要进一步优化和拓展

学习型城市的建设既需要国家层面的整体布局，又要关注每个地区和城市之间的实际差异。联合国教科文组织制定的国际学习型城市的监测指标体系汇聚了很多研究成果和专家意见，但是从总体上讲，它是一个初步的框架。中国制定的《全国学习型城市建设监测指导性指标体系（试行）》包含 4 个一级指标、36 个二级指标，其中一级指标分别

为背景性指标、基础性指标、发展性指标和特色性指标。该指标需要进一步针对不同地区、不同建制及行政级别的城市发展特点进行细化，关注不同城市的区域特色及个性特点，并在不同城市进行实验和完善，以更为精准的监测来推动学习型城市建设的纵深发展。此外，该指标体系还需要采集教育系统以外的相关部门和领域的有关数据，使监测指标得到进一步优化和拓展。

2. 数字化转型背景下现代信息技术的应用有待深化

推进教育数字化是促进全民终身学习、建设学习型城市的必由之路。在新的发展阶段，中国正在积极推进新一轮数字革命浪潮，即通过人工智能、数字孪生、区块链、虚拟现实等新兴技术，加快探索虚拟学习平台与终身学习体系的构建①。这些新兴技术在学习中的应用，使知识传播更加迅速和开放、学习途径更加便捷和灵活，能够更好地实现“人人皆学、处处能学、时时可学”的目标。就学习型城市建设中的终身学习资源、平台建设、学习方式及其支持服务等方面，现时迫切需要数字化技术的支持。然而，由于经费投入和政策支持不足、新兴技术应用难度较大、数字化复合型人才短缺、数字化融入终身学习的意识缺乏，以及数字鸿沟等，因此，在学习型城市建设中的数字化应用明显不足，仍存有较大的应用空间和发展潜力，有待进一步拓展和深化。

二、国际学习型城市建设发展趋势

自 2013 年至今，为推动实现终身学习、建立学习型城市，联合国教科文组织、各会员国及相关组织代表已经连续举办了五届国际学习型城市大会。会议依次通过了《建设学习型城市北京宣言——全民终身学习：城市的包容、繁荣与可持续发展》《墨西哥城声明：建设可持续发展的学习型城市》《学习型城市科克行动宣言》《麦德林宣言：学习型城市促进包容》《学习型城市延寿宣言：通过终身学习建设健康而富有韧性的城市》（表 1-6-1）。每一届国际学习型城市宣言中的战略目标、行动方向等具体内容会根据国际社会发展状况以及学习型城市建设进程有所调整、更新，但是建设学习型社会、实现终身学习的总体目标与方向始终贯穿其中。②

---

① 王萌萌. 终身学习对数字化和新技能的回应——基于《数字教育行动计划》和《欧洲技能议程》的分析[J]. 现代远距离教育，2022(2)：90-96.

② 本部分来源于国卉男，秦一鸣，高晓晓. 国际学习型城市建设的目标转向与新关注——基于四次学习型城市宣言的文本分析[J]. 福建广播电视大学学报，2020，141(3)：24-29. 所写内容均已征得作者同意。

表 1-6-1 五届国际学习型城市大会宣言统计

届别	重要成果
第一届	《建设学习型城市北京宣言——全民终身学习:城市的包容、繁荣与可持续发展》
第二届	《墨西哥城声明:建设可持续发展的学习型城市》
第三届	《学习型城市科克行动宣言》
第四届	《麦德林宣言:学习型城市促进包容》
第五届	《学习型城市延寿宣言:通过终身学习建设健康而富有韧性的城市》

通过分析历届国际学习型城市大会文件可以发现,国际学习型城市的建设主要呈现出以下发展趋势:

(一) 以终身学习、可持续发展为目标原则

推进终身学习、实现可持续发展一直以来都是学习型城市建设的目标与原则,并且实现终身学习与实现可持续发展息息相关。终身学习是社会成员满足个体学习需求的过程,也是适应社会发展和社会要求的过程;可持续发展目标需要植根于每一个社会成员、社会组织的社会行为方式中。建设学习型城市旨在通过终身学习策略实现全民终身学习,从而促使全民实现思考与行为方式、生产消费模式的可持续,最终实现经济社会的可持续发展目标。

(二) 以公平、包容为价值取向

无论实现终身学习还是达成可持续发展的目标,采取何种发展战略和实施举措,在五届学习型城市宣言内容中都体现出公平、包容的价值取向。在教育机会上强调每一个公民、每一个学习者无论其年龄、学习背景、学习动机、学习形式等,都有获得终身学习的机会。五届学习型城市宣言尤其关注弱势群体、高危群体的教育及终身学习机会,通过拓宽社会成员覆盖面,致力于实现终身教育与终身学习的全民性。公平、包容不仅体现在教育举措中,更是渗透在学习型城市建设与发展的方方面面。

(三) 以合作、共享为战略方式

建设学习型城市不仅是某一个个体、或某一个部门、或某一个组织、或某一个地区的工作与任务,而且是要求全社会每一个成员、各个部门组织共同参与、共同承建。在学习型城市建设上,合作是共享的基础,共享亦是合作的必然结果。跨部门协同管理、政府部门与民间组织共建共享是城市治理以及城市发展的必然举措,每个个体或部门组织都既

是学习型城市建设的贡献者，也是学习型城市建设的利益获得者。五届学习型城市宣言也都强调通过社会多方合作、共享的战略方式推进学习型城市建设，还强调跨部门合作、治理的重要性。

三、未来展望

十年来，中国学习型城市建设在理论与实践中已取得了初步成效。未来，应将学习型城市建设进一步融入国家与地方发展战略，加快终身学习立法进程，进一步完善政府主导多部门参与的学习型城市建设协调机制，加快成人继续教育发展，落实全纳、公平、有质量的教育和终身学习，通过教育数字化战略行动将教育发展成果更多惠及全体人民并通过市民的终身学习助力城市绿色转型。

（一）学习型城市建设将进一步融入国家和地方发展战略

2014 年 8 月，教育部、中央文明办、国家发展改革委、民政部、人力资源社会保障部、文化部等七部门发布《关于推进学习型城市建设的意见》，提出要在全国各类城市广泛开展学习型城市创建工作，建立健全领导管理体制，研究并实施学习型城市建设和终身学习的相关地方性法规与政策等；①2019 年 2 月，中共中央、国务院印发《中国教育现代化 2035》，提出要构建服务全民的终身学习体系，推动各类学习型组织建设；②2022 年 10 月，党的二十大报告提出，要办好人民满意的教育，建设全民终身学习的学习型社会、学习型大国。③ 学习型城市建设的重要地位在现有国家战略中已得到凸显，强化顶层设计，加强战略部署，是学习型城市建设方向正确性和发展可持续性的基本前提。面向教育现代化 2035，中国学习型城市建设将在现有基础上进一步融入国家和地方发展战略，推动构建学习型城市建设发展新格局④。

从国家战略规划来看，以习近平同志为核心的党中央关于教育领域的战略规划，涉及终身教育与学习型城市建设的内容可以归结为一个完整的理论体系：远景目标继续重申“人人皆学、处处能学、时时可学”；实践任务是建设教育强国，提升国民素养；发展策

---

① 教育部等七部门《关于推进学习型城市建设的意见》。

② 中共中央，国务院《中国教育现代化 2035》。

③ 习近平《高举中国特色社会主义伟大旗帜 为全面建设社会主义现代化国家而团结奋斗——在中国共产党第二十次全国代表大会上的报告》。

④ 本部分来源于国卉男《面向现代化的新时代学习型城市建设的国际视野与国内经验》《学习型城市治理体系和治理能力现代化建设：理论指南与行动计划》《改革开放以来我国终身教育政策：价值选择与成效分析》等文章，所写内容均已征得作者同意。

略强调围绕终身教育思想，凸显公平性、协调性与统筹性，体现包容性、全面性与全民性。简单来说，就是将构建学习型城市作为实现学习型社会的重要基石，为实现中华民族伟大复兴中国梦提供有力支撑。① 学习型城市建设应当作为一个宏观战略，统合城市建设中经济、文化、教育等各方面事务，融入国家各级各类发展战略之中，建立健全各类领导管理体制，推动国家顶层设计与战略部署的进一步优化与完善，推动构建人人皆学、处处能学、时时可学的学习型社会，以教育助力民族复兴，以教育助力构建学习型大国与现代化强国。②

从地方发展战略来看，各地教育部门应积极建构终身教育服务体系，鼓励各部门将学习型城市建设纳入部门工作，并在与部门工作相结合中实现新突破与新发展。目前，获得国际学习型城市奖的北京、上海、成都、杭州等地相继发布学习型城市建设相关的地方战略，如《北京市学习型城市建设行动计划(2021—2025年)》《上海市终身教育发展“十四五”规划》《成都市关于推进学习型城市建设的意见》以及浙江省《关于推进学习型城市建设的实施意见》等，都从不同角度强调学习型城市建设的重要性以及必要性，阐释了学习对于国家发展的重要意义，为学习型城市的发展指明了方向，奠定了坚实的战略保障。在此基础上，学习型城市建设应进一步融入更多地方的发展战略，构建相互匹配的管理体制与发展机制，提供适切的学习资源，搭建灵活多变的工作模式，提高统一共识下有效合作的执行力度，进而通过学习型城市建设增强城市创新力和竞争力，建设形成开放融合的终身学习服务体系，助推各地城市的新发展。③

(二) 终身学习立法进程将进一步加快

推进终身教育法制建设，是贯彻落实国家《教育现代化2035》提出的“建成服务全民终身学习的现代教育体系”总体目标和战略任务的关键举措之一。终身教育已成为中国教育改革发展的重要理念和方向之一，并且在本土化、政策化、法治化的实践路径上不断迈进。④ 推进终身教育法制建设既是完善终身教育体系的必要法律保障，也是实现教育

---

① 赵华，国卉男. 面向现代化的新时代学习型城市建设的国际视野与国内经验[J]. 教育与职业，2021,997(21):62-68.

② 国卉男. 学习型城市治理体系和治理能力现代化建设：理论指南与行动计划[J]. 教育发展研究，2021,41(3):20-28.

③ 国卉男，史枫. 改革开放以来我国终身教育政策：价值选择与成效分析[J]. 中国职业技术教育，2020,754(30):55-62.

④ 本部分来源于国卉男，高晓晓. 我国终身教育立法的特点、偏差与改进——基于地方立法文本的分析[J]. 职业技术教育，2019,40(31):42-48. 所写内容均已征得作者同意。

现代化的应有之义。中国各地终身教育立法,尽管在内容上存在不同方面的差异,包括立法的责任规定、立法的结构体系、立法的实施内容等,但是面向实践导向,在立法的目的、适用范围、立法的整体结构等立法框架以及核心要素上,都存在统一性。因此,应当进一步加强立法研究,汲取地方终身教育立法的特色经验,进一步修正其偏差与束缚,加快推进国家层面的立法。其中,最为关键的是,要跨越"实践"的价值导向,充分体现终身教育根本理念,采取"保障公民学习权"的"高"价值取向。

1. 坚持理念导向,提升立法宗旨

终身教育的基石是坚持学习者是学习的主体,全面贯彻"自由、自主与自助"原则,确立并保障终身学习是公民的基本权利;终身教育的目标是构建"学习社会",促进个体全面发展,实现"人生真正价值的转换";推进终身教育的关键是打破各教育形式、教育资源间被"割裂"的鸿沟与壁垒,围绕人一生的需要构建一个融合、开放、完善的终身教育体系。以此为指导,要提升国家终身教育立法宗旨,确立明确且"宽广"的指导思想。

2. 恪守核心内涵,拓宽立法的适用范围

毋庸置疑,终身教育体系是指覆盖"摇篮到拐杖"个体一生的教育体系,在内涵上自然应当包括学校教育体系、学校外教育体系,所有各种正规或非正规乃至非正式的教育形态。国家终身教育立法,应该由此出发,摆脱地方适用范围"狭隘化",将终身教育立法适用范围涵盖所有教育形式,或者明确指明终身教育立法与其他教育领域专门立法间的关系,对"国民教育体系""终身教育体系"两个体系的争论做出明确规划,对各种教育形式在教育体系中的地位、功能进行有序、规范的界定。

教育领域的各种教育形态之间有交叉重叠,教育立法也会出现同样的情况。"十四五"期间,终身学习立法需在立法依据标准与目的意义基础上,突出终身教育立法的独特性,重视不同地区、不同领域终身教育的差异性,注重保障个体接受终身教育以及提供终身教育资源的公平性,落实制度保障,推动我国成为学习大国、人力资源强国和人才强国。

(三)进一步完善政府主导、多部门参与的学习型城市建设协调机制

学习型城市建设致力于提升个人基本素养与个体学习力,提高个体适应快速发展的社会的能力,激发人的潜能、增强家庭的幸福感,由点到线、由线到面影响整个城市的发展。面向教育现代化,建设学习型城市需要以一种综合性、立体化的视角分析和拉动社会各界对其加以关注和投入,搭建交流平台,整合联动各方资源,推动学习型城市快速、高质量发展。这一建设的根源在于从整个城市和社会的角度出发,统合成一个更适用于城市发展的运营机制和组织领导结构。因此,应变革原有封闭的教育体系,整合现有的

教育资源，大力发展社区教育，并充分利用现代信息与网络技术，形成包括学习型政府、学习型机关、学习型企业、学习型社区等在内的宏观模式与系统发展的思路，促进城市的整体发展以有效的长期规划与持续性投入作为保障，推动学习型城市建设的可持续性发展。①

1. 多方资源有效整合，共同构建

建设学习型城市既要发挥政府的主导引领作用，又要联动社会各方力量共同打造；既要发挥教育的基础教化作用，又要关注到其他联动领域的和谐、可持续性发展。协同各方积极参与旨在通过政策引领，政府号召，社会组织、民众、学界等共同行动，推动各行业、各部门的教育、文化资源共同参与，服务市民终身学习，增强个人能力和社会融入的同时，促进经济发展、文化繁荣及城市发展，概括而言包括三个方面。一是要进一步完善终身教育体系，不断提高各主体服务教育与学习的能力，融通正规和非正规、正式和非正式学习资源供给，满足不同人群差异化学习需求；二是有效整合多方学习资源，建立全社会协同的服务构架，搭建多方协同的学习资源供给平台；三是要充分利用现代信息技术和互联网的新技术，为公民提供新颖的学习资源、学习方式，构建多元化、创新化的数字资源，实现共建共享②。

2. 多元力量协同参与，和谐发展

中国推进终身教育，政府发挥了重要的主导作用，但需要强调的是，政府的宏观指导固然重要，充分调动社会各方力量，积极鼓励社会其他团体的热心参与，对于学习型城市建设亦有不可或缺的作用。从系统化理论看，学习型城市属于一个范围相对较广的学习型组织系统，由一个个子系统经彼此整合、融合而形成。因此，学习型城市建设需要进一步完善政府主导多部门参与的学习型城市建设协调机制。例如，北京学习型城市建设获得很大的成功，究其经验，是充分发挥了各个职能部门与个人的作用，如北京市劳动和社会保障局组织失业人员、农村劳动力、在职职工和高技能人才开展职业技能培训，北京市共青团组织青少年开展读书节、青年榜样论坛等形式多样的主题学习活动，众多市民自发建立了公益组织和社团，在传承北京传统文化的同时，积极开展自主学习并帮助弱势人群。多方参与使得北京学习型城市的创建不仅具有活力，而且调动了各方资源，在提高社会各界与市民终身学习主体意识的同时，还形成了良好的学习氛围。因此，政府在

---

① 国卉男. 中国学习型城市建设——从国际到本土的嬗越与重构[J]. 开放教育研究，2015(6)：112-118.

② 国卉男. 学习型城市治理体系和治理能力现代化建设：理论指南与行动计划[J]. 教育发展研究，2021，41(3)：20-28.

学习型城市建设中的角色和地位须时刻保持一定程度的张力和限度，在发挥独特作用的同时，以积极主动的姿态投入到引导和激发教育系统、社会组织、企事业单位充分参与到学习型城市建设当中。①

（四）成人继续教育将得到进一步快速发展

党的二十大报告明确提出“以中国式现代化全面推进中华民族伟大复兴”。中国式现代化是促进我国继续教育发展革新的重要动力，继续教育工作者应以中国式现代化理论为指导，以中国式现代化推动继续教育的革新，以中国式现代化办好人民满意的继续教育②。

在理论方面，终身教育理论、全民学习理论、学习型社会理论等科学理论的指导，使得继续教育思想内涵更加丰富，在指导成人继续教育实践中有着重大意义。其教育对象包括：农民、企业职工、干部、军人、妇女、老人等群体，各类从业人员通过学习获得各种学业证书或职业资格证书，为各行业培养造就适用人才。迈进新时代，成人继续教育将响应新的时代要求进一步得到快速发展。

1. 完善体制机制，推动继续教育更加公平与包容

中国继续教育既要提升数量众多、规模宏大的成人群体的文化修养与道德素养，又要满足其个性化学习需要，使得人人参与终身学习，获得学习资源，不断建设人人可学、处处可学、时时可学的学习型社会③。政府应根据地方特点与发展需求，进一步制定与完善积极的引领政策，动员社会各界力量为继续教育发展提供经费、场地等方面支持，并制定相应的激励措施，鼓励成年人积极参与终身学习，培养终身学习习惯。同时，通过继续教育和培训缓解社会中的不平等和歧视现象，关注贫困人群、残障人士、农民工等群体的教育，帮助他们更好地融入社会，提高生活质量。各类教育机构、社区组织等可以提供跨文化学习、多语言教育和文化传播，帮助成年人了解不同文化背景下的生活习俗，促进跨文化的交流和融合，增强个体对多元文化社会的适应能力，推动社会的和谐与发展。同时鼓励成年人积极参与社会事务和公益活动，通过组织社区服务项目、公益活动和提供志愿者机会，推动成年人与他人合作，共同解决社会问题，进而推动社会的发展和完善。

---

① 程豪，李家成，匡颖等. 反思与突破：学习型城市建设的高质量发展[J]. 开放教育研究，2021，27（2）：42-50.

② 李中亮. 以中国式现代化推动我国继续教育高质量发展的思考[J]. 教育科学探索，2023，41（3）：89-96.

③ 第六战略专题调研组，郝克明，张力. 继续教育发展战略研究[J]. 教育研究，2010，31（7）：31-38.

2. 创新形式，进一步满足成人多样化的终身学习需求

继续教育的高质量、大众化发展为成人便捷、多样化的学习提供了新的发展机会，满足了不同成人的个性化学习需求。而民众对继续教育的期望也已经从“有学上”转向“上好学”①，这就要求继续教育应推陈出新，进一步满足成人多样化的终身学习需求。科技进步和社会变革要求成人继续教育加快数字化转型，进一步推动在线学习平台的发展，促进学习的便捷性和高效性。应进一步提高课程实用性，确保所教授的知识和技能能够真正应用到工作和生活中，定期进行课程评估与反馈，持续优化和改进课程设置，满足成人群体的学习需求。通过参加专业培训、工作坊、研讨会等，使成人群体及时更新自己的知识和技能储备，增强在职场中的竞争力，让学习成为人们生活的常态。另外，应积极鼓励成人跨年龄阶段和跨职业层次学习，让学习贯穿整个职业生涯，实现个人的终身发展。如通过在城市社区中开设艺术、写作、演讲、戏剧等领域的课程，为成年人提供丰富多样化的学习机会，不仅有助于开拓视野、提升审美能力，还能为个人生活增添乐趣，帮助成年人培养自己的创新力与创造力，发展独特的思维方式和个人表达能力，实现个人生涯新发展。

（五）全纳、公平、有质量的教育和终身学习将得到进一步落实

中国古代孔子就提出“有教无类”“因材施教”等教育思想；在西方，从思想家柏拉图最早提出“教育平等”“普及教育”，再到保罗·朗格朗提出的终身教育理论，无不闪耀着教育公平、终身学习的光芒。近年来，各国积极建设学习型城市，通过政府、社会、社区等多元主体合作，形成学习型城市支持网络②，为人人提供学习平台，确保人人享有受教育的机会。在中国，始终坚持“以人为本”的理念，通过设置丰富的课程资源、项目活动等，运用差异化的教学方法，以数字化技术为支撑，将学习融入学习者生活的方方面面，形成人人好学、乐学的社会风气，不断落实终身教育与终身学习理念，推动学习社会化，促进人社共育，推动可持续发展③，落实联合国可持续发展峰会提出的“确保包容、公平的优质教育，促进全民享有终身学习机会”的可持续发展目标。

1. 残疾人士和弱势群体的权益进一步得到关注

联合国教科文组织第四届国际学习型城市大会发布的《麦德林宣言》提出，将包容

---

① 吕欣姗，白滨. 全民学习与知识共享：韩国水原市学习型城市建设经验及启示[J]. 中国成人教育，2021，519(14)：38-44.

② 同上。

③ 邱德峰，钟长婷，于泽元. 新时代学习型城市建设的基本要点与未来走向：基于《麦德林宣言》的启示[J]. 教育科学论坛，2021，534(12)：19-25.

作为终身学习与可持续城市的原则。这一原则既要求保障残障人士等弱势群体和特殊群体的权利，根据他们学习的特点提供知识与技能的训练，更好应对生活的挑战，又表现在将正规教育和非正规教育融合。实现诸如社区、家庭等之类的非正规甚至非正式学习环境中教育的全纳性①。

在学习型社会中，全纳教育的提出为残障人士平等地接受高质量教育提供了保障，包括为残障人士提供无障碍的学习环境、适需有效的学习资源等来满足他们独特的、实际的学习需求，并为他们提供个性化的学习服务与学习支持。比如特殊教育师资培训，通过学习计算机技术，使之有更多的机会参与工作和社交，获得自我认同感。基于终身学习的理念，满足残障人士和弱势群体终身学习的需要，为残障人士提供更多、更优质且能够服务各个发展阶段的学习和机会，让他们获得更多、高质量且有效的职业培训，进而获得更多更好的就业与工作机会。同时，教育机构应鼓励残障人士家庭的积极参与，提供学习支持与教育资源，使他们能够更好地支持残障人士的学习和发展。社会应加强对普通大众的教育，强化尊重、包容和理解的学习环境，减少对残障人士的偏见和歧视，并为他们创造更加舒适的学习环境。

2. 帮助老年群体进一步发挥自身价值

终身学习、全民学习的时代，老年群体也享有学习的权利和机会，以继续提升知识和技能，适应不断变化的社会。通过提供适合老年人的学习课程、培训和活动等，能够满足他们的学习需求和兴趣。鼓励老年人积极参与社交活动，增强归属感和认同感，提供多样的社交学习机会，如老年人大学、老年人俱乐部等，帮助老年人建立社交网络和共享经验。随着数字化技术的进步，老年群体应有更加多样的方式积极参与社会活动。以学习型城市中的韩国水原市为例，水原市提出“成为一个没有文盲的城市”的目标，目前该市识字率已经接近了100%。水原市也在积极地应对人口老龄化带来的挑战，通过建立“任意学校”(Anying School)来为已经到退休年龄的老人提供学习场所，学校设置舞蹈课、哲学课和绘画等课程，并根据老年人的需求来调整课程。同时，该校也十分关注跨代际教育，老年人既是教师也是学习者，和年轻人分享相关的知识与技能，帮助老年群体发挥自身价值②。水原市的成功给中国学习型城市建设带来了经验与思考，“十四五”时期学习型城市建设中，公平有质量的教育以及终身学习的理念将更加深入人心，促使不同

---

① 邱德峰，钟长婷，于泽元. 新时代学习型城市建设的基本要点与未来走向：基于《麦德林宣言》的启示[J]. 教育科学论坛，2021，534(12)：19-25.

② 薛明扬. 上海建设学习型城市的实践与探索——在“2008世界开放与远程教育论坛”上的主题报告[J]. 开放教育研究，2008，14(6)：59-61.

群体积极践行这些理念，同时根据学习者的不同需求与状态设置更加丰富的课程，采用更加个性化的学习方式，完善政府、机构、社会组织、个人之间的合作，从而确保每个人都能获得平等的学习与教育机会，在实现个体自我发展的同时助力学习型城市的向上向善发展。

（六）实施教育数字化战略行动将教育发展成果更多惠及全体人民

各国在推动学习型城市发展过程中，数字化建设也取得了显著成效。如中国上海市已经建成终身教育网络平台，形成了市、县、乡镇的学习网络，通过信息平台将优质的教学资源传送到各个地区，为市民提供更加优质、便捷的学习内容，包括卫生保健，文明礼仪等①；又如，韩国水原市建设了数字化信息平台“终身学习 E 课堂”，该平台包含各种领域 900 多个免费课程，涉猎范围广泛，极大激发了市民的学习热情，同时也把终身教育，终身学习理念与就业联系在一起。随着信息技术的发展，知识、数字经济时代到来，计算机技术在教育领域发挥着越来越大的作用，学习者的学习环境与学习资源打破了时间和空间的限制，信息技术融入学习者生活的各种场景，形成了无处不在，无处不能的泛在学习，未来将更加注重学习的共享性、自主性与便捷性②，作为学习型城市建设的重要手段与途径，数字化战略行动正在不断深入教育的各方面。在政府，机构，社区的共同努力下，将通过建立各种普惠性的数字化平台，促进课程资源与教学场景的数字化，搭建在线学习网络，不断开发优质教育资源，加快教育资源共享与协作，打造更加公平，有质量的学习空间③。

1. 丰富课程资源，开拓学习视野

教育数字化可以促进课程资源的数字化转型，包括将学习资源、教学工具等转化为数字形式，具有广泛性，个性化和创新性的特点。为此，政府部门、机关单位、社区机构应进一步展开合作交流，搭建数字化平台，通过互联网平台将优质的课程进一步广泛传播，实现教育资源的共建与共享，并根据学习者不同的学习需求和学习节奏，制订不同的学习计划，并进行及时、有针对性地反馈，提高学习者的参与度；根据不同的学习型城市建设需要，推出不同的课程资源，如地方美食、优秀传统文化等在线课程，满足不同群体的

---

① 薛明扬. 上海建设学习型城市的实践与探索——在“2008 世界开放与远程教育论坛”上的主题报告[J]. 开放教育研究，2008，14(6)：59-61.

② 蒋红. 促进人人、时时、处处的泛在学习——上海开放大学服务学习型城市建设的实践探索[J]. 开放教育研究，2014，20(4)：24-30.

③ 袁松鹤，孙雨，谭伟. 教育数字化战略行动背景下的终身教育平台架构研究[J]. 中国远程教育，2023，43(7)：57-66.

喜好[①]。同时,数字化课程资源可以方便教师之间的资源共享和协作,促进教学经验和最佳实践的分享,而这一系列建设,有助于提高教学质量和教学创新能力,推动教育发展。

2. 教学场景多元化,增强学习体验

教育数字化战略推动教学场景的数字化转型,需要不断开发信息技术,丰富教学场景与环境,让科技为更多人服务,使科技成果惠及更多人群。同时,积极将科技与文化结合,探索更适合本土的数字化学习平台,开发适合学习者的虚拟现实场景,利用多媒体技术为学习者提供丰富多样的学习体验,积极与其他学习者和教师进行互动、探索与实践;并利用深度学习激发学习者批判性思维和创造性思维,推动人与机器和谐共生。除此之外,可以通过在线讨论平台、自动化评估工具等,实时或及时进行互动与个性化反馈,增强学习者的体验感;并进一步加快创建丰富的虚拟学习环境,模拟实际场景和情境,通过虚拟实验室、模拟软件、虚拟实景等技术,可以让学习者进行模拟演练,提升实际应用能力。通过课程资源数字化和教学场景数字化,教育可以更好地适应现代社会的需求,转变民众传统的学习观念,促进教育资源的共享和普及,提高学生的学习体验和学习成果。

(七)通过市民终身学习助力城市绿色转型

党的二十大报告提出,“积极稳妥推进碳达峰碳中和”。“双碳”目标是基于可持续发展理念的阶段性目标[②]。联合国可持续发展目标中也强调绿色发展,“确保可负担得起的、可靠的、可持续的和现代化的能源供应,促进可再生能源的使用,减少对化石燃料的依赖,推动城市的绿色能源转型;使城市和人类定居点包容、安全、有弹性和可持续,包括改善城市环境质量、提供易于访问的绿地和公共空间,促进可持续城市规划和管理。”其中,城市是推动低碳经济绿色转型和经济社会高质量发展的重要单元。城市绿色转型的核心力量在于城市居民,而城市居民在吃、穿、住、行等方式的转变是实现城市绿色转型重要内容。提倡绿色生活方式是实现城市绿色转型的重要抓手,转变的关键在于教育与宣传[③]。

推进学习型城市建设一方面有利于实现城市的可持续发展,刺激城市绿色转型,增

---

① 袁松鹤,孙雨,谭伟. 教育数字化战略行动背景下的终身教育平台架构研究[J]. 中国远程教育,2023,43(7):57-66.

② 黄华芳,胡召芹. “双碳”目标下科技创新赋能能源结构转型路径探析[J]. 长春师范大学学报,2023,42(5):47-50.

③ 翁异静,杨月,杜磊. 碳中和目标下城市绿色转型的要素解构与系统重建[J]. 生态经济,2023,39(6):93-100.

强城市综合竞争力，另一方面有助于促进人的全面和谐发展，不断提升市民综合素质①。城市的绿色转型最重要的是人的观念的转型，居民在终身学习理念的指导之下，通过在生活中各种情景的学习，能够转变传统的生活观念，形成绿色环保的新观念。

1. 完善可持续发展理念，培养可持续发展行为

学习型城市建设突出知识资源共享、创新和协作，以促进城市治理的可持续发展。在城市绿色转型中，学习型城市可以起到巨大作用。通过鼓励城市各部门、学术机构、社企单位相互合作和知识共享，建立公共信息平台，宣传普及绿色生产生活方式相关知识，市民可以通过多渠道学习与习得如"环境科学""可再生资源"等方面的知识与技能，帮助市民更好地理解和应对可持续发展的挑战，提升市民的学习意识，增强居民对可持续发展理念以及绿色生活的认可。将绿色生活理念落实到生活中，应鼓励市民自主自发地参加社区活动和组织，在社区进行培训和学习如何采取环保行为，如"垃圾分类""节约用水"等，将有助于减少环境的负荷，促进城市可持续发展。

2. 形成可持续发展情感，促进人与自然和谐共生

市民绿色理念的终身学习需要关注文化传统和价值观的传承。中国古代哲学思想中的"天人合一"，马克思主义思想中人与自然的关系，都强调了人与自然和谐共生的重要性，市民们通过学习和传承这些传统文化，形成对自然的尊重和珍惜之情，并自主自发地转换为实际行动。终身学习，不仅是知识与技能的习得，更是情感与态度的深刻转变与提升。为此，应在教育过程中普及可持续发展理念，塑造可持续发展观念，培养居民梳理可持续发展意识，使其形成可持续发展状态下的绿色环保习惯。在教育和宣传活动中也可以突出可持续发展的核心价值观，如平衡、公平、共同责任等，引导市民树立正确的价值观，培养市民对自然的敬畏和关爱之情，激发人们保护和改善环境的责任感，促进人与自然的和谐共生。推进学习型城市建设应积极开展相关的教育和体验活动，提供机会让市民亲近自然，通过自然教育和体验活动，建立与大自然的亲密联系。如"组织户外探索""生态旅游"等活动让人亲身感受自然的美丽与脆弱。这样的学习更加能够激发人们对大自然的热爱和关注，促使他们形成可持续发展的情感，助力人与自然和谐共生。通过市民的终身学习，最大化地激发民众学习兴趣，能够进一步促进城市转型，助力城市生活美丽宜居。同时，推进学习型城市建设还需要不断完善政策支持和监管机制，为绿色转型提供指导和约束。政府应制定相关政策、法规和标准，鼓励和引导城市朝着绿色发展方向迈进，并加强对环境保护和可持续发展

---

① 国卉男，秦一鸣. 城市集群视域下学习型城市的价值驱动与全球图景——以"UNESCO 学习型城市奖"获奖城市为例[J]. 教育发展研究，2022，42(23)：54-62.

的监管和评估。经过各方的努力，学习型城市建设可以成为城市绿色转型的有力推动者。它不仅强调知识和技能的培养，还注重培养居民的环境意识和情感融入，形成全社会共同推动绿色转型的力量。

（执笔人：蒋亦璐、国卉男）

第二部分

城市发展报告

第一章　北京市学习型城市建设发展报告(2013—2023)

北京教育科学研究院

2013年9月,北京成功举办首届国际学习型城市大会,大会发布《学习型城市建设北京宣言》,北京学习型城市建设在全球产生重要影响力。过去十年是北京市落实城市战略定位、深化改革发展的关键时段。北京市学习型城市建设秉承"公平、优质、创新、开放"的理念,不断完善终身教育与终身学习服务体系建设,积极推进学习型组织创建,持续丰富学习资源,培育全民终身学习文化,促进了城市教育的有机融合与社会治理创新,提升了市民素质和城市文明水平,成为推动北京"四个中心"和"国际一流和谐宜居之都"建设的重要载体和有力支撑。

一、北京学习型城市发展状况

2016年6月,北京市教委等14家委办局联合发布《北京市学习型城市建设行动计划(2016—2020)》,推出"十大工程",即学习型示范城区建设推进工程、市民终身学习示范基地建设工程、终身学习数字化网络平台建设工程、学分银行建设工程、学习型组织培育工程、创新职工素质提升工程、新型职业农民培训工程、老年教育"夕阳圆梦"工程、家庭教育和家风建设工程、社区教育指导服务系统建设工程。五年以来,围绕十大工程,北京市学习型城市建设在多个重点领域取得显著成果。

(一)持续开展学习型城市示范区创建

北京市启动学习型城市示范区创建与评估始于2012年。截至2020年底,全市已有西城、房山、顺义、门头沟、延庆、怀柔、大兴共7个区通过了学习型城市示范区创建与评估验收。以学习型城市示范区建设为抓手,多区切实加强了区域内终身教育和终身学习服务体系建设,进一步推动了各类教育的横向衔接与纵向沟通,着力挖掘社会资源,深入开展终身教育与学习活动,持续培育学习型组织。同时充分发挥教育服务区域发展、服务社会治理的功能，促进教育更加开放；积极提升示范区辐射引领作用，基本形成组织与区域、社会与政府共同参与学习型城市建设的发展格局。各区在学习型城市建设过程中各有特色，比如西城区在街道建立了社区教育学校，还充分发挥区域内职业高中的专业优势为社区居民和驻区单位提供了丰富的学习资源，并为市民注册学习卡，将其学习成果进行积累兑换；怀柔区将示范区建设与“两城一都”（科学城、影城、会都）建设相结合，并纳入政府绩效百分制考评，整体提升了市民素质和区域的管理水平；大兴区将示范区建设与新机场建设相结合，以教育培训带动劳动就业和创业，既为北京大兴国际机场建设和运营培养了亟须的技术技能人才，又对机场占地拆迁农民进行了相应的转岗再就业培训。

（二）大力推进市民终身学习基地建设

北京市是全国教育、文化、科技、体育资源最为丰富的城市，通过基地建设为市民、在职职工、新型职业农民提供了学习、体验、创新、交流的平台，目前共建立了首都市民终身学习示范基地100个、北京市职工继续教育基地48个、北京市新型职业农民培训基地62个。故宫博物院、首都博物馆、国子监等著名的社会文化资源均加入基地名单，并得到多方面积极反响。各个基地通过定期举办市民大讲堂、市民剧场、终身学习活动周、市民艺术节等系列活动，深入社区、企业、学校，吸引广大居民、多方群团积极参加，充分营造了全面参与终身学习的良好氛围，为市民提供了学习、体验、创新、交流的平台，成为构建首都市民“终身学习圈”的重要基础。

（三）以培训提升城市人力资源能力

过去十年，北京市发挥职成院校办学优势，对接首都经济社会发展需求，全面开展职业培训，促进更多劳动者“长技能、好就业”，推进职成教服务发展，提升就业创业能力，每年面向在职职工、现役退役军人、再就业人员、社区居民、残疾人等群体，开展100万人次以上的职业培训。比如，北京电子科技职业学院为亦庄经济技术开发区1 000多家企业每年的安全生产管理员、企业负责人、职业卫生管理员、注册安全工程师等人员提供初次培训及继续教育培训；中关村学院开设“中关村自主创新企业大讲堂”，平均每月2期，服务面向覆盖了中关村地区的孵化基地、财税、法务、知识产权等多类创新创业服务机构，吸引了近200个社会组织，成为服务区域创新创业的知名品牌。

（四）引智帮扶助力实现乡村振兴

“十三五”期间，北京市在全国率先开设“新型职业农民全日制高职学历班”，共培养

700 多人；率先构建了专题培训与专门培养相结合的新型职业农民培育体系，创新形成“半农半读、农学结合”的培养模式，探索了一条新型职业农民系统化培养新路径，提升了农民学历水平和职业能力，为乡村振兴提供了人才支撑。全市每年举办的农民中等学历教育，采取“合作社+田间学校”“线上线下融合”等多种形式，办学规模稳定在 1 万人，其中文艺中专班，受到学员的广泛欢迎，丰富了农村文化生活；每年举办的农民培训达到 15 万人次以上。全市共有 882 名来自农民专业合作社、家庭农场、专业大户和农业龙头企业的学员，参加了家庭农场经营与管理、现代农业技术、农产品流通与管理、村务管理等 8 个专业学习，毕业后成为农民致富的“领头雁”，科技兴农的“接力棒”，构建和谐新农村的“生力军”。此外，北京市还实施了“高校引智帮扶”工程，全市 23 个市属高校与 34 个低收入村结对帮扶，2019 年的年底全部完成了脱低工作，助力脱贫攻坚，实现乡村振兴。

（五）积极开展家庭教育与家风建设

“十三五”以来，北京市实施“家庭教育和家风建设工程”，依托中国下一代教育基金会“全国伴随成长家庭教育服务平台”，每年培训家庭教育骨干、家庭教育志愿者 9 000 余人次，为全市 50 万中小幼职学生家庭推送家庭教育同步指导 200 余次，受益人群 300 多万，组织专家走进家庭教育基地学校开展讲座及线上咨询活动 64 场，受众达到百万人次。北京市各区在市统一安排下，结合各区实际情况积极探索推进本区家庭教育和家风建设。比如，顺义区探索建立了家校社合作联动机制，形成了政府主导、部门协作、家庭学校密切配合，社会各界积极参与的工作格局；开发《教子有方家长教育系列教材》，建设了一万多个在线家庭教育资源；搭建了顺义学习网家长教育子平台、微信公众号等数字化学习与沟通交流平台；开展家长教育大讲堂、家长教育沙龙以及家教名师校园行活动，全区百所学校、万名教师、十万学生、数十万家长在形式多样丰富多彩的活动中成长受益。

（六）不断完善老年教育服务体系

发展老年教育，是积极应对人口老龄化、实现教育现代化和建设学习型社会的重要举措。为加快发展全市老年教育事业，扩大老年教育供给，2019 年 1 月，北京市教委等 15 个委办局，联合印发《北京市关于加快发展老年教育的实施意见》，提出“培育 100 个市级老年学习示范校，建成 3~5 所市级养老服务人才培训院校，以各种形式经常性参与教育活动的老年人占老年人口总数的比例 40%左右”的任务目标。同年，北京市依托北京开放大学成立了北京老年开放大学，统筹指导全市老年大学的教育教学工作，依托16个区的社区学院（社区教育中心、成人教育中心）建立区域老年开放大学，依托街道/乡镇建立老年学校，依托社区/村建立社区老年学习点，形成了市、区、街道（乡镇）、社区（村）四级老年教育服务网络，切实把老年教育办到百姓家门口，为老年学习者提供就近、便捷、高质量的终身教育服务。“十三五”期间市教委、市民政局、市人力社保局联合为北京劳动保障职业学院、北京劲松职业高中、北京社会管理职业学院等3所学校加挂了北京养老服务人才培训院校牌子，加大对养老服务人才的培养。

二、北京推进学习型城市建设的经验模式

（一）加强顶层设计，注重制度引领和机制建设

早在2007年，北京市委、市政府即发布《关于大力推进首都学习型城市建设的决定》，并建立跨部门的建设学习型城市领导小组及其办公室。2016年，市教委会同13个委办局印发《北京学习型城市建设行动计划（2016—2020）》，实施北京市学习型城市建设十大工程。2019年，市委教工委、市教委会同13个委办局联合印发《北京市关于加快发展老年教育的实施意见》，促进了老年教育发展。2013年联合国教科文组织、教育部与北京市在京共同举办了首届国际学习型城市大会，共同发布了《建设学习型城市北京宣言》和《学习型城市关键特征》。2015年北京市获联合国教科文组织颁发首届国际学习型城市奖章。

（二）创建学习型组织，促进不同场域的终身学习

北京市连续20年推进学习型企业、学习型学校、学校型机关、学习型医院等不同类型的学习型组织建设，促进了工作场所的学习，提升了团队学习和组织学习力。北京市还推动了学习型社区、学习型新村、学习型乡镇、学习型街道以及学习型城区的评估与建设，服务了区域发展，丰富了终身学习文化。到2019年年底，北京16个区共建成学习型城市示范区7个。

（三）评选首都市民学习之星，培训学习指导师

连续11年开展“首都市民学习之星”的评选认定工作，积极宣传学习之星的学习成果和感人事迹，展示学习之星的风采，带动全体市民掀起学习的新高潮，传播学习正能量，打造人人皆学、处处能学、时时可学的良好氛围，提升全体市民整体素质。与联想集团合作完成了五批学习指导师高级研修班培训，引入企业管理的先进理念和手段

方法，面向各区教委的职成科长、职成院校教师，进行集中培训，引导普通教师向教练型教师转变。

（四）以学分银行搭建终身学习人才成长“立交桥”

“十三五”期间，北京市为加快推进学分银行建设，印发了《北京市学分银行管理办法（试行）》，成立北京市学分银行管理中心和17家北京市学分银行管理分中心、北京社区教育指导中心，探索学习成果的积累与转换制度，搭建了终身学习的人才成长立交桥。深入推进“1+X”证书制度试点，将“1+X”证书制度试点与教师、教材、教法改革紧密结合，开展高质量的职业技能等级证书培训。在北京开放大学设立北京市“1+X”证书制度试点工作协调推进办公室，与学分银行建设统筹推进，已组织三批45所院校（中职20所、高职22所、本科3所）的141个专业参与155个证书的试点，试点学生规模达到5.5万人。

（五）以评估和监测推动学习型城市持续发展

以评促建是北京市推动学习型城市建设的重要模式和特色路径，通过以评促建、以点带面的方式，引导带动全市学习型组织创建，以及区域终身教育与终身学习服务体系建设，为学习型城市整体格局打下广泛而深厚、扎实而精准的组织基础。基于学习型城市建设的评估实践，北京市率先进行学习型城市建设指标体系的探索，然后运用指标体系对全市以及市辖的部分区县进行了学习型城市试监测。2017—2019年，北京市积极参与教育部《全国学习型城市建设监测指导性指标体系（试行）》的制定工作，并成为首批加入试监测的八城市中的一个。2019年10月教育部发出《关于进一步开展学习型城市建设监测项目工作的通知》，北京市教委积极贯彻《通知》精神于11月发布了《关于开展学习型城区建设监测项目工作的通知》，在全市全面开展监测工作。2019年底，全市16个城区全部完成了监测数据和监测报告的提交，全市学习型城市监测的统计分析已初步完成，为深化首都学习型城市建设与转型发展提供了科学依据。

三、北京推进学习型城市建设的区域特色

（一）东城区：“以文化城”显底蕴　社区教育亮丽行

东城深耕区域丰富的文化教育资源，协调各委办局、街道力量，搭设与高校、科研院所合作平台，突出核心价值和文化功能，积极开发、培育包括国子监国学文化节、地坛公园文化庙会、北大红楼爱国主义教育基地在内的特色市民教育品牌；不断拓展线上、线下课程超市，建设灵活开放的、居民身边的学习园地，以社区教育推动学习型城市建设，打

造了诸如“故宫讲坛”、美术馆“艺术讲堂”、自然博物馆的“博物馆之夜”等区域社区教育的“金名片”,让更多市民参与学习,共享学习之乐。

(二) 西城区:城教融合促共治　兴学立德润无声

西城区作为首批全国社区教育示范区与首都建设学习型城市工作示范区,以多元主体共建共享共治推动市民学习基地建设,充分发挥了社会资源优势,实施了跨行业、跨组织、跨系统、跨区域的资源融合;在全区15个街道挂牌成立社区家长学校,以社区家长学校体系建设为阵地,积极推进家庭教育和家风建设并为终身教育筑基;以“学润西城——西城区市民终身学习平台”建设畅通市民认证通道,搭建终身学习立交桥,绘就了西城“以学治理、城教融合、盛德日新”的发展路径与工作底色。

(三) 朝阳区:一老一小为先导全民学习促提升

朝阳区以城教融合为发展理念,以社区教育为抓手,倡导全民学习,突出老年教育、家庭教育,全面推进学习型城区建设。老年教育工作以理论研究为先导,以“社区学习共同体”、街乡老年大学分校“一校一品”等项目建设为抓手,以“种子工程”等方式加强队伍建设,以“三对接一融合”“非遗项目大师工作室”等模式整合社会资源,通过承办中国国际教育年会老年教育论坛、举办老少三代成语文化龙门阵等活动扩大影响力。全区建立了涵盖0~18岁的家庭教育内容体系;开展“百场讲座进社区、进校园”活动;举办家庭教育能力提升培训班,为每校培养一名高级家庭教育指导师,每年开展“好家长”“好家长之星”评选及征文活动,提升家庭教育水平。

(四) 海淀区:党建引领促学习　科教融合营氛围

海淀区围绕落实“两新两高”战略,积极推进学习型海淀建设。成立全市首家党支部书记学院,开设“中关村红色大讲堂”和“中关村红色智慧大讲堂”,成立首个非公企业党校,抓好党员干部常态化学习教育。举办各类科技开放日、展览日等科普学习活动,打造全国首个“创新创业教育实践基地”,构建科教融合的学习生态。开展各类职业、文化培训,加大精品课程等学习资源供给,全区各单位组织开展形式多样的学习活动,营造处处可学、人人皆学的学习氛围。

(五) 丰台区:职成一体强发展　多元主体育品牌

丰台区积极推进学习型城区建设,创新模式、打造品牌。建立了34个市民学习中心示范点，成立了“丰台区职业与成人教育集团，组建了一支由中小学100多名教师参加的社区教育志愿者队伍，建立了6个有影响力的市民学习体验基地，打造了“丽泽大讲堂”等8个市区级学习品牌，培育认定了15个学习型组织。重视家庭教育和家风建设，每年评选100个最美家庭，举办家庭教育讲座20多场。聚焦社区居民学习需求，开发了60多门社区教育课程，五年累计培训量为16万多人次。

（六）石景山区：打造互联新时代　终身学习广普及

石景山区紧密结合区域发展要求，通过夯实三级教育网络、建强志愿者队伍、搭建“互联网+”教育平台、培育终身学习品牌项目、拓展校企合作等举措，广泛开展学习型城区创建工作。在推进学习型组织建设、服务企事业职工和驻区部队战士继续教育、服务青少年校外教育、服务老年教育及市民学习社团发展等领域取得了显著成效，为促进区域经济社会发展，推进首都学习型城市建设发挥了重要作用。

（七）门头沟区：绿水青山金不换　依学治理利千秋

门头沟区紧扣“绿色发展、生态富民、弘扬文化、文明首善、团结稳定”的区域发展总原则，全力打造“红色门头沟”党建品牌和“绿水青山门头沟”城市品牌，努力争创全国文明城区。在落实《行动计划》过程中，始终遵循“以文化人、依学治理”的理念，进一步提升了社区治理水平，促进了美丽乡村建设，奏响了学习型门头沟建设的新篇章！

（八）房山区：“学通全区”根基牢　“一区一城”节节高

“十三五”期间，房山区巩固深化学习型示范区成果，以“学通房山”为目标，坚持统筹、整合、合作、贯通、共享的行动策略，积极推进学习型房山常态化建设，取得了阶段性成果。新建成市民学习体验室77个、各类学习基地31个。新增学习型组织创建先进单位633个、学习型组织示范点4个、学习共同体841个。认定学习之星391名、学习品牌162个，开发课程和自编教材101门。学习型房山建设的持续推进，助推了我区“一区一城”建设。

（九）顺义区：三融推进铸模式　业强城优见成效

“十三五”以来，顺义区根植于终身教育体系和终身学习服务体系的持续构建，学习型城市建设逐步走向了“融入、融合、融通”立体化、综合化发展之路。通过“三融”推进模式,成效显著,发挥了党的领导优势,积极促进了社会各组织和相关机构之间的联系与协作,推动了教育资源的整合融通,满足了各年龄层次的市民学习需求,利用数字化等新技术手段,开展了丰富多彩的学习活动。“融入、融合、融通”是多年来顺义推进学习型城市建设经验的高度概括,促使城教融合理念在顺义落地生花。

(十)通州区:同步“学习”为引领共建文明副中心

通州区从委办局到乡镇街道、从领导干部到寻常百姓,坚持同步“学习”引领,以踏石留印、抓铁有痕的精神,缜密谋划、勇于担当,以最高标准建设北京城市副中心。全区坚持以建设学习型城区为抓手,打造北京城市副中心的文化内涵和城市文明。培育建成市民终身学习示范基地、职工继续教育、新型职业农民培训基地共56个。建成学习型社区(村)137个,学习型家庭3 485户,市民终身学习品牌25个,全区学习活动年均45万余人次参与。

(十一)昌平区:科教新区绘愿景　书香四溢魅力秀

昌平区把学习型城区建设工作作为实现“建设国际一流科教新区”战略目标的重要保证和文化基础,全区各级党委政府深入贯彻落实《关于创建北京市学习型城市工作示范区的实施意见》,整合区域资源优势,统筹推进十项工程。“十三五”期间,全区共认定市级各类学习基地15家,推选市级终身学习品牌5个,评选市级优秀成人继续教育培训机构5家,11人被授予“首都市民学习之星”称号,评选各类学习型组织128个,认定区级学习型家庭70户,开展各级各类教育培训19.6万余人次。形成了“倡导全民学习、营造书香社会,创建新时代文化魅力之城”的良好氛围。

(十二)大兴区:四“动”铸就新引擎　学习为本建“立交”

地处首都南郊的大兴区,抓住战略发展机遇,在“学习”音符的伴奏下,凝聚出建设学习型大兴的共识,实现了“跨越式”发展。“政府推动、部门联动、需求拉动、项目带动”贯穿始终;以社区学院为核心、镇成人学校为骨干,村成人学校为基础的继续教育网络“平台”,呈现出“教育搭台、行业唱戏”的公共服务基本框架。党建、教育、职业、农村、家庭以及老年、农民、职工、学生、幼儿等教育培训体系基本确立,形成了相互分享、相互衔接、相互贯通的终身学习服务体系的“立交桥”。

(十三)平谷区:青山绿水为底色　文化品牌惠民生

过去十年,在区委区政府领导下,学习型平谷建设工作领导小组扎实开展学习型组织创建工作,全面推进终身学习实践活动,大力发展老年教育,助力我区经济和社会发展。在创建过程中,遴选出一批学习型组织先进单位,学习之星、终身学习品牌项目及学习示范基地等,涌现出一批具有区域特色的文化品牌项目,如书法普及提升推广工程、百姓音乐厅项目、魅力女性素质提升工程、全民健康素养提升工程等,为推进学习型平谷建设作出了积极贡献。

(十四) 怀柔区:主打科学城市牌　崇学尚学力行动

“十三五”以来,怀柔区在以科学城为统领的“1+3”融合发展新格局的战略部署下,推动北京市学习型城市示范区创建工作。2018 年成功创建北京市学习型示范区后,怀柔没有停止前进的步伐,紧紧围绕“科学、科学家、科学城”核心要素,统筹协调各类教育资源,让“学科学、爱科学、用科学”成为新时尚。“人人学习、时时学习、处处学习”蔚然成风,在学习型城市建设中独立潮头。

(十五) 密云区:抓好学习促和谐　建设生态谋新篇

密云区在学习型城区建设中,以建设生态、富裕、创新、和谐、美丽新密云为引领,走出了一条不断探索、不断深化、不断丰富的学习型城区建设之路。5 年来学习品牌获全国项目 1 个,市级 3 个;市民终身学习示范基地国家级 2 个、市级 3 个、区级 36 个;区级学习型组织创建比例达 70%以上,示范比例达 20%以上。密云区连续七届获得“最美中国生态旅游目的地”称号,被评为“网民最喜欢的十大乡村旅游目的地”。

(十六) 延庆区:终身学习新妫川　绿色发展铸品牌

延庆区紧紧围绕“世园”“冬奥”等绿色发展大事,以“建设国际一流的生态文明示范区和美丽延庆”为共同愿景,持续推进学习型延庆建设。五年来共培育学习型组织先进单位 38 个、学习型家庭 189 户、学习之星 95 人、学习品牌 16 个、市民终身学习服务基地 16 个。学习型延庆建设为区域发展带来勃勃生机。

四、北京学习型城市建设中的突出问题

(一) 支撑全民终身学习体制机制障碍有待破解

构建服务全民终身学习的教育体系不应只是教育领域综合改革的重点任务,还是全社会治理能力和治理现代化的重要体现。目前的领导机制不健全,创新能力不足,统筹协调不力,督导评价制度缺失等,制约着服务全民终身学习的教育体系的运行,这些问题

亟待破解。

（二）服务全民终身学习的机构还需要统筹

随着首都经济社会的不断发展，首都市民对终身学习的需求也日益强烈，但目前提供学习资源的机构存在鱼龙混杂的现象，除了职业院校、社区学院、开放大学以外，还有遍布各个领域的夜大、函大、电大以及社会培训机构等。新时代需要进一步整合资源，提供健全的继续教育，开创教育治理体系和治理能力现代化新格局。

（三）服务全民终身学习的基础能力建设有待加强

服务全民终身学习需要以开放、共享的理念融合各级各类学习教育资源，扩大供给能力。目前各级各类机构的服务功能有待进一步拓展，服务能力有待进一步提升，以及终身学习的研究能力、队伍建设的素质能力等都有待加强。

（四）促进全民终身学习立法尚未实现

终身学习对于公民塑造和教育事业可持续发展具有强大的作用，立法保障也是国际通用法则，北京市一直致力于终身学习条例的研究制定，目前在立法程序中一些基本问题尚需研究攻克，导致北京市的立法工作至今尚未实现，各项工作缺乏法律保障。

五、北京学习型城市建设高质量发展的政策建议

（一）融通与开放

进一步做好普通教育与职业教育，职业教育与高等教育、继续教育之间的横向沟通与纵向衔接，畅通终身学习的人才成长立交桥；通过建立国家资历框架和学分银行体系，融通学校教育与社会教育，学历教育与职业培训，助推全民终身学习大格局和人力资源强国建设；推动教育与产业、科技、文化乃至社会、生态建设的多元深度融合，在城市与乡村全方位构建学习型社会。

打破教育相对封闭的固有格局，探索建立学校资源面向人民群众有效开放的可行机制，面向社区稳妥开放中小学教育资源，积极推动高校面向社会成人学习者开放，创新推进职成院校更多资源的共享开放；通过弹性学制和完全学分制改革，实现高等学校的学习机会灵活易得，基于信息技术更大程度开放课程资源；进一步开发和开放社会学习资源服务多元化全民终身学习。

（二）统筹与协同

进一步完善职业教育、高等教育、继续教育、开放教育的统筹协调发展机制，充分发挥高等继续教育办学机构和开放大学体系在学习型社会建设中的独到作用；构建学校教育、家庭教育、社会教育的协同育人新格局，更多发挥好社区学院在区域教育体系优化中的多元功能，统筹办好基于三级网络的社区教育和老年教育；激发企业教育新活力，促进基于工作场所的终身学习。通过跨部门协同，加快推动终身学习的立法建设，并在教育法、劳动法、高等教育法等修订中，积极体现终身学习理念与诉求；加强教育、文化、宣传、民政、科技、财政、人社等部门协同合作，优化全民终身学习推进机制，合力创建可持续发展的学习型社会。

（三）赋能与创新

积极推动人工智能与教育的深度融合，以信息技术和人工智能赋能终身学习，让终身学习方式更便利，机会更易得，不同人群都可以实现终身学习，并进一步达到“人人皆师，人人享学”。线上线下融合，创新终身学习平台建设和资源优化；动态跟踪、广泛收集各类学习需求，提高全民终身学习管理服务的智能性、精准性，实现更加便捷到位的个性化学习。以“互联网+”为背景，创新多元主体的终身学习参与机制和投入机制，提升终身学习文化与环境氛围。

六、未来展望

“十四五”时期是我国开启全面建设社会主义现代化国家新征程、向第二个百年奋斗目标进军的第一个五年和重要战略机遇期。面对百年未有之大变局，新一轮科技革命和产业变革深入发展的形势，围绕建设文化强国、教育强国、人才强国、体育强国、健康中国，国民素质和社会文明程度达到新高度，国家文化软实力显著增强的发展要求，北京学习型城市建设工作将精准立足首都城市战略定位，深化城教融合，服务城市精细化管理，促进经济高质量发展和社会治理创新。进一步强化终身教育公共服务体系建设、促进社会学习资源开放共享，加速推进互联网和人工智能等技术应用，不断完善全民终身学习服务体系、深化学习型组织建设，丰富终身学习文化，把北京建成公平优质、创新开放、繁荣包容的学习之都；实现学习型城市建设愿景——助推北京建成“天蓝水清、森林环绕的生态城市，建成世界超大城市可持续发展的典范”。

撰稿人：

史　枫，北京教育科学研究院终身学习与可持续发展教育研究所所长、研究员

林世员，北京教育科学研究院终身学习与可持续发展教育研究所副研究员、博士

赵志磊，北京教育科学研究院终身学习与可持续发展教育研究所副研究员

沈欣忆，北京教育科学研究院终身学习与可持续发展教育研究所副研究员、博士

邢贞良，北京教育科学研究院终身学习与可持续发展教育研究所副研究员

第二章　上海市学习型城市建设发展报告(2013—2023)

上海终身教育研究院

自1999年上海教育大会提出“努力把上海建成适应新时代的学习型城市”号召以来,上海市紧紧围绕市委、市政府关于加快建成具有世界影响力的社会主义现代化国际大都市的目标,因地制宜,顺势发展,推陈出新,围绕上海学习型城市建设的基本目标和任务要点,充分发挥城市终身学习的系统力量,为全体市民和城市经济社会的可持续发展提供不竭动力。

一、背景与目标

(一)国际学习型城市发展的新背景

自2013年10月首届国际学习型城市大会召开以来,联合国教科文组织提出的学习型城市关键特征框架受到广泛关注,其主导的全球学习型城市网络也得到迅速发展。截至2022年底,该网络已经拥有294个会员城市,遍及76个国家。

中国是该网络的积极支持者和参与者,目前全国共有10个城市加入全球学习型城市网络。上海自2019年加入全球学习型城市网络以来,在新的起点上进一步夯实学习型城市建设,成为该网络的活跃成员之一。2021年,上海获得联合国教科文组织学习型城市奖。时任联合国教科文组织终身学习研究所所长戴维·阿乔莱那在颁奖仪式上指出,“上海在为市民提供终身学习机会方面取得了突出进展,在一个快速变化的世界中,让所有市民都有机会不断发展自己,并为解决当地和全球的挑战作出贡献”。

2023年恰逢全球学习型城市网络成立十周年。其间,随着五届全球学习型城市大会的召开、第七届世界成人教育大会的举办等,学习型城市建设在经济社会发展中的作用日益突出。与此同时,联合国教科文组织对于学习型城市建设的目标也更为清晰与丰富,不断对时代发展环境做出及时回应,持续推动多元利益相关主体参与学习型城市建设,越来越强调市民自身的主动性,更加娴熟地利用科技与大数据来支持学习型城市发展等。

（二）我国学习型城市建设的新要求

置身于人类命运共同体建设大局，着眼于充实中国式现代化进程中的教育力量，中国学习型社会、学习型大国建设进程在持续推进。党的二十大报告要求“推进教育数字化，建设全民终身学习的学习型社会、学习型大国”。2023 年 5 月 29 日，习近平总书记在中共中央政治局第五次集体学习时强调要加快建设教育强国，明确要求建设全民终身学习的学习型社会、学习型大国，促进人人皆学、处处能学、时时可学，不断提高国民受教育程度，全面提升人力资源开发水平，促进人的全面发展。

教育部高度重视学习型社会建设，近年来会同有关部门出台了高校学历继续教育改革、规范高校非学历教育，加强老年教育、社区教育、学习型城市建设等方面的政策文件，并于 2023 年印发了《学习型社会建设重点任务》，提出加强新时代学习型城市建设、推进县域社区学习中心建设、推进学历继续教育教学改革创新、推进非学历教育改革创新、探索三教统筹协同创新路径等五大任务。上述进展成为上海学习型城市建设的重要背景。

（三）上海学习型城市发展的新定位

十年来，上海始终把建设学习型城市作为创造幸福生活、促进社会发展和提升城市软实力的重要抓手，坚持不懈构建网络化、数字化、个性化、终身化的全民终身教育体系，积极建设更高水平的学习型城市，助力每一位学习者终身发展，打造人人向往的学习之城。

《中共上海市委关于制定上海市国民经济和社会发展第十四个五年规划和二〇三五年远景目标的建议》提出，到 2035 年，上海市要成为具有全球影响力的长三角世界级城市群的核心引领城市，成为社会主义现代化国家建设的重要窗口和城市标杆。上海终身教育站在“教育是国之大计、党之大计”的战略高度，坚持教育优先发展，建设与一流城市相匹配的一流教育，强化教育服务上海“五个中心”建设的支撑作用，更好地服务长三角一体化发展、长江经济带发展等国家战略，为促进人和城市可持续发展，为上海建设具有全球影响力的社会主义现代化国际大都市，提供人才支撑、智力支持和创新引领。

在此背景下，上海终身教育必须对标国际最高标准、最高水平，率先构建服务全民终身学习的教育体系，有效服务市民终身发展，坚持包容、公平、优质、便捷、多样的理念，助力每一名学习者拥有出彩机会、享有品质生活、成就幸福人生，显著提升终身教育服务经济社会发展的能级和水平，为实现上海国民经济和社会发展“十四五”规划和 2035 年远景目标发挥积极的作用。为此，上海市制定了“十四五”终身教育发展目标：到 2025 年，进一步完善服务全民的终身学习体系，率先建成以城市学习力为驱动的更高水平、更高质量的学习型社会，形成普惠多元、泛在可选的终身学习环境。

二、主要举措

（一）坚持顶层设计和多方支持的制度保障

自 1999 年上海率先在全国提出“完善终身教育体系，努力把上海建成适应新时代的学习型城市”目标以来，上海市委、市政府一直通过持续的顶层设计来统筹全市的学习型城市推进工作，创造了学习型城市建设良好的政策和保障环境。

2006 年，上海市委、市政府印发《关于推进上海学习型社会建设的指导意见》，明确提出“到 2010 年初步建成‘人人皆学、时时能学、处处可学’的学习型社会框架”的总目标。2011 年，《上海市终身教育促进条例》出台，以地方立法形式进一步保障学习型城市的战略推进。同年，上海市学习型社会建设与终身教育促进委员会印发《上海市学习型社会建设与终身教育促进三年行动计划》，将各项工作落实到年度计划当中。2016 年，《上海市教育委员会等七部门关于进一步推进本市学习型社会建设的若干意见》出台，提出要促进终身教育体系充分发展，建立市民终身学习服务体系。2021 年，上海市教委印发《关于推进本市老年教育数字化发展的意见》，回应新形势下终身教育领域加速发展需求。同年 4 月，上海召开学习型社会建设推进大会，提出要将深入开展党史学习教育与学习型党组织、学习型社会建设紧密结合起来。2022 年，上海再次推进学习型组织建设工作，发布《关于进一步推进本市学习型组织建设工作的通知》，出台学习型机关（事业单位）、学习型企事业单位、学习型社区和学习型家庭四类组织的建设指标，旨在拓展学习型组织培育与发展的新途径、新方法，形成良好的学习型组织生态，进一步发挥学习型组织建设对学习型社会建设的推动作用，提升各级各类学习型组织的终身学习能力、服务城市发展和社会建设的能力。

在政策之外，上海市整合多方力量，实施了积极的终身教育经费支持制度。2012 年《上海终身教育促进条例》规定，各级政府应当将终身教育经费列入本级政府教育经费预算，保证终身教育经费逐步增长。在此地方法律保障之下，上海大部分城区提供的社区教育经费历年基本稳定，在非教育部门的终身教育经费支持方面，各区相关委办局结合各自重点工作，每年都会确立一批与终身学习服务密切相关的项目预算。《上海市终身教育发展“十四五”规划》提出了“各区建立与区域人口结构规模相匹配的终身教育投入机制”的目标。除了市级公共财政，政府通过实施企业职工教育经费税前扣除政策和市民继续教育个人所得税附加扣除政策等多种方式,鼓励企业职工学习。

(二)不断完善各方参与的学习型城市建设治理格局

上海市在策划构建本市学习型社会建设组织框架之初,就充分考虑到了各方参与、协同合作的组织结构,率先组建了省级学习型社会建设与终身教育促进委员会,由20个委办单位组成成员单位。促进委员会由市委副书记担任主任,市委常委、宣传部部长和市政府分管副市长担任副主任。市教委作为职能部门,负责全市学习型城市建设的政策制定、组织实施与督导评估等工作。其他委办局则根据市学习促进委员会的工作要求,上下一致,各司其职,协力推进。各区亦按照市级层面的组织架构相应建立了各区的学习型城区建设相关协调领导机构,统筹全区学习型社会建设工作。行业企业、事业单位、工会组织等开展员工工作场所的继续教育。高校利用自身优势开展人才培养、科研咨询与服务社会等工作。

在上述组织架构的有力支持下,上海学习型城市建设呈现出多主体共同参与的态势。不仅有四级社区教育系统来承担居民的终身学习支持服务,而且文化旅游、组织宣传、医疗卫生、经济和信息化等部门也开展了大量群众性学习服务活动。除了政府部门主导的活动,社会教育机构也承担了大量的市民通识教育和青少年校外教育活动。老年教育资源的提供主体也日益丰富,社会化办学和参与趋势正在加速形成。一些大型骨干企业通过学习型组织、内部培训机构等的建设,在本企业甚至是系统和行业内带动员工开展继续学习。各级各类学校则通过校园开放为附近居民提供学习资源,高等教育机构和职业教育机构更是充分发挥专业优势,为终身教育领域提供了高品质的学习资源。

(三)巩固日益包容与高质量的学校教育

上海持续推进教育综合改革,努力建设完备、包容与高质量的正规教育体系,为学习型城市建设奠定基础。目前,全市共有幼儿园1 708所,普通小学671所,普通中等学校888所,普通高等学校64所,特殊学校31所,普通中等职业学校75所。学前教育毛入园率、九年义务教育毛入学率、九年义务教育巩固率、高中阶段毛入学率均超99%,残疾儿童义务教育阶段入学率达99.9%,日益完善的学校教育系统为学习者提供了便捷、充足的初始教育机会。

坚持发展普惠性学前教育。发布《上海市学前教育与托育服务条例》《关于加强本市社区托育服务工作的指导意见》,在社区提供嵌入式、标准化的临时托、计时托服务,将社区托育纳入“15分钟社区生活圈”。加强科学育儿指导,扩大育儿指导的受益面、提高指导服务的精准度，让所有的家庭在迎接新生命的同时即可享有公益、便捷、贴心的服务。

坚持“为了每一个学生的终身发展”的核心理念，持续推动义务教育均衡和高质量发展。坚持立德树人，提高学生综合素质，目前已基本形成大中小幼德育内容一体化、学校家庭社会教育一体化的德育实施体系。大力推进劳动教育，遴选中小学（中职校）劳动教育特色学校155所、学生劳动教育基地68家，为学生劳动素养提升提供资源支持。积极落实国家义务教育阶段学生“双减”政策，出台全国首个《义务教育课后服务工作指南》，为区、校全面提升课后服务质量提供可参照的指引和基本要求，引进社会资源助力提升课后服务质量、出台课后服务工作指南。不断提升基础教育的质量，着重抓好课程、教学、评价、师资等关键环节。全面落实义务教育学校建设“五项标准”，学校办学条件得到改善，推进学校生态文明教育，开展绿色学校创建、无废校园创建、节水、绿化等工作。扩大优质高中教育供给，完善高中阶段学校招生录取政策，出台《上海市普通高中课程实施方案》，全力推动高中新课程、新教材的落实和研究。教育评价实施“绿色指标”综合评价，促进义务教育教学质量评价改革。加快建设“空中课堂”优质资源，试验大规模在线教学，促进线下线上学习融合发展，提高城市学习系统韧性。

促进高等教育内涵发展，上海的各类高等教育机构为市民提供从普通到职业，从专科到研究生的学历和非学历教育。2022年，全市高等教育毛入学率达78%，每十万人口在校大学生数大约4 300人，每十万人口在校研究生大约900人，劳动年龄人口受过高等教育的比例接近50%，平均受教育年限为12.6年。正如有学者所言：“高等教育为城市的学习力作贡献的第一个方面，即每年为社会输送大量的高水平毕业生，他们不断增强的学习能力，推动着城市的学习需求。”高校作为科研阵地，还为学习型城市建设提供了大量的理论贡献，许多大学和科研机构结合自身专业和资源优势，通过提供决策咨询报告、多样优质的继续教育课程、项目合作、师生社会实践和专业学术研讨会议等方式，为上海学习型城市建设不断打开新的思路。

（四）推广活泼生动的社区教育与家庭教育

上海是全国最早开展社区教育的城市之一。社区教育机构建设大致经历了从实体化、标准化再到内涵化、优质化的发展阶段。为方便市民就近学习，目前已打造了纵向到底、横向到边的社区教育四级办学网络，包括1个市级指导中心、16个区社区学院、212所街镇乡社区学校、近6 000个居村委学习点。在此基础上，上海社区教育还将社会学习点、社区睦邻点、党建服务中心、养老机构、村居学堂、宅基（楼组）学习点等纳入其中，构建起“点、线、面、体”多层级的学习网络，进一步推进社区“15 分钟学习圈”建设。

社区教育的发展离不开基本的规范管理，为此，上海探索出以标准建设驱动社区教育机构能力发展的有效途径。至今，上海已研发制定了《上海市街镇社区学校内涵建设合格评估指标》（2016）、《上海老年教育居村委示范学习点建设指导标准》（2017）、《上海市民终身学习市级体验基地评估指标》（2017）、《上海市民终身学习区级体验基地（区级）建设指导标准》（2017），《上海市社区教育教师专业能力标准指南》（2020）等系列标准，为各类终身教育机构的能力成长和服务品质提供支持。

上海制定并发布了全国第一个省级社区教育课程体系，在全国出版第一部《上海社区教育课程指导性大纲》。之后相继制定了《上海市社区教育课程建设标准》《上海市社区教育教学资源建设标准》《上海市社区教育微课建设标准》等文件，引导本市社区教育课程资源规范化、优质化发展。2020 年，新版《上海社区教育课程分类体系》发布，将社区教育课程分为社会科学、健康教育、文化素养、艺术修养、实用技能和体育健身 6 大系列、45 类、405 门课程，为社区教育课程资源的规划建设、学分银行的运行实施等提供了科学的参照依据。2022 年新版《上海社区教育优秀课程教学大纲》出版，为社区教育课程建设提供了新的指导。

上海社区教育学习形式多样。每年全市各级社区教育机构开设的课程班级数超过 6 万个，参与学习的人次超过 300 万。上海学习网注册人数达 551 万，成为市民终身学习的重要门户。全市共培育各类社区学习团队 32 303 个，参与团队活动的市民达 82.9 万人次。上海还积极培育网上学习团队。终身学习人文行走项目和终身学习体验基地建设的成效也非常显著，全市 12 个体验基地下设体验站点 169 个，开发线上线下体验项目 1 866 项，体验内容从自然生态、科学生活到艺术人文，每年参与体验学习活动的总人次超过 230 万。

上海一直重视终身教育发展的理论建设。通过稳步开展社区教育实验项目，鼓励和支持基层社区教育在工作中开展研究，在研究中提升机构及其成员的能力，保障市民终身学习服务质量。目前已经形成了以实验项目为抓手的社区教育实验机制，如“一年一公布，一年一验收”的长效工作机制，极大地提高了基层单位社区教育实践的积极性，提供了大量优秀、示范型社区教育新实践、新思路的真实案例，也帮助基层社区教育组织将已有的经验和探索体系化、规范化，并提供交流和传播的平台。

本着“能者为师”的理念，上海建立起一支以专职教师为骨干、兼职教师为主体、志愿者为补充的师资队伍。目前，已形成千余名专职教师、近万名兼职教师、6 万多名助学志愿者的师资规模。此外，还成立上海市志愿者协会社区教育志愿服务总队，构建“1 支总队+6 支分队+43 个工作站+228 个服务点”的服务网络，组建了由近 100 位专家组成的上海社区教育志愿者宣讲团，并得到“上海市志愿服务先进集体”荣誉称号。

积极开展家庭教育。市教委和市妇联等部门根据女性和家庭的共鸣点和需求结合点，每年组织“家庭教育宣传周”，提供家庭教育指导课程清单，打造家庭教育精品课。开展家庭教育指导服务“进机关、进学校、进企业、进社区、进乡村”活动，开展亲子阅读指导与实践活动，举办亲子阅读电视大赛，扩大活动示范效应和受益范围。上海开放大学精心打造“上海家长学校”三级网络，开展了线上线下家庭教育指导活动，如组织开展《中华人民共和国家庭教育促进法》学习宣传活动，推出《中华人民共和国家庭教育促进法》普法宣传系列讲座和推文。已出台《上海市中小幼家长学校建设标准》《上海市家庭教育指导大纲(修订)》，办好中小学、幼儿园家长学校。

（五）重视并大力发展老年教育

上海是一个深度老龄化城市，秉持教育是最好的养老的基本理念，上海重视老年人终身学习权利的保障，整合社会各方力量，大力发展老年教育，为老年群体的终身发展提供持续支持，为城市经济社会发展挖掘宝贵的老年人力资源。

自 2011 年起，上海每五年发布《上海老年教育发展规划》，从全市层面统筹推进老年终身教育的工作。此后，市教委先后发布《上海市老年学校建设指导标准》(2015)、《上海市区级老年大学内涵建设指标体系》(2016)、《上海市多元社会主体参与老年教育认可标准》(2016)，引领和保障老年教育的健康和高质量发展。

近年来，全市老年教育供给能力不断提升。根据 2022 年上海市老年人口和老龄事业监测统计信息，全市共设 5 所市级老年大学，老年学员人数全年达到 5.48 万人；另有 66 所市级老年大学分校(系统校)和区级老年大学，全年老年学员人数全年达到 16.55 万人；另有 281 所街道、乡镇级老年学校，全年老年学员人数达到 28.38 万人；还有 6 340 个居、村委老年教学点，全年老年学员人数 47.32 万人。

数字化时代，上海老年远程教育不断发展，市、区级老年大学和街镇级老年学校在线学习人数大幅增加。各类网上在线学习平台、微课、智慧场景创建等新型项目都在积极进展当中。例如，已经构建起的包括 20 家联盟单位在内的老年教育慕课联盟，已完成 265 门示范性老年教育慕课课程，建立 16 个老年教育慕课的应用实践区。上海老年大学钦州书院校区打造的“智慧生活体验教室”，通过老年人沉浸式体验学习，助力老年人跨越数字鸿沟。2021 年 3 月 1 日，面向“50+”人群的全媒体终身教育平台“金色学堂”正式加入电视频道，提供了智慧生活、文化娱乐、健康科普三大节目带，日均收看突破 100

万人次。依托上海开放大学中原校区启动“银发e学堂”项目，精心打造适老化的智慧学习场馆，覆盖智慧书画馆、智慧生活馆、银发演艺厅等应用场景，建设了60个全媒体课程资源、30个沉浸式交互模拟资源。

近年来，上海加快老年教育内涵建设，市教委专门成立老年教育课程研究与评估指导中心，聚焦老年教育课程建设。2023年3月28日，首届“上海市老年教育课程研究高峰论坛”在华东师范大学举行，为国内首次聚焦老年教育课程的大会，会上公布了2022年度上海市老年教育精品课程、特色课程、优秀组织奖等获奖名单，为老年教育课程建设探新提供了参考。

为有效支持街镇社区（老年）学校的质量发展，上海市教委委托市教育评估院开展优质校建设工作，评估流程为学校申请、区社区（老年）教育管理部门推荐、市级评估、认定终审等多个环节。据统计，2020—2023年共有16个213所社区（老年）学校申报，并有113所学校通过市级优质校建设评估，完成率达到53%。持续地以评促建，为上海社区（老年）学校的品质提升夯实了基础。

（六）强化行业职工继续教育

上海构建了以企业为主体、职业院校为基础、公共实训中心为支撑、职业培训机构为补充的终身职业培训系统。2022年，全市共有职业技术培训机构426所。近五年来，累积参加教育培训的员工超过600万人次，在岗人员学历教育规模显著提升。基本举措包括：实施职业培训补贴政策、优化职业培训项目、举办技能大赛、开展线上职业培训、实行企业新型学徒制、表彰学习型员工，在职业教育与继续教育领域实施“双证融通”“双元制”等培训模式，全面助力在岗人员的学历和技能水平的同步提升。

推进“双元制”职工继续教育。上海市政府高度重视继续教育和职业教育、高等教育协同发展，市教委终教处搭建平台，引导高校发挥学科自学科和专业优势，为服务上海市三大先导产业、六大重点产业提供高品质的继续教育项目。2021年9月，上海市教育委员会等七部门印发《关于推进新时代职工继续教育创新发展的意见》，旨在深入贯彻《上海教育现代化2035》部署，全面落实《关于推进新时期上海产业工人队伍建设改革的实施意见》，切实畅通职工提升学历和技术技能的成长通道，满足每一位职工追求美好生活的多元需求，提升城市创新活力和发展品质。上海市将在岗人员“双元制”继续教育模式的探索作为重大任务。2022年9月，“双元制”职工继续教育高校试点基地（培育）研讨会在上海电子信息职业技术学院顺利召开。2023年2月14日，市教委依托上海第二工业大学成立了“上海市高校继续教育指导服务中心”。中心围绕高校继续教育高质量发展提供研究和管理服务，深入推进“双元制”职工继续教育的内容供给、师资培训、方法研讨和服务协调。2023 年 2 月，“双元制”职工继续教育建设工作研讨会暨“上海市高校继续教育指导服务中心”专家组第一次会议在上海商学院举行。2023 年 4 月，市教委发布了《关于公布上海市“双元制”职工继续教育高校试点基地（培育）名单的通知》，覆盖集成电路与电子信息行业、人工智能行业、汽车制造行业等 9 个门类的 22 所高校成为首批试点基地。部分高校结合自身学校特点持续推进相关工作，如上海开放大学闵行分校等终身教育机构与众多企业建立了长期合作关系，努力构建一个灵活多元、服务区域、普惠全纳的终身教育服务体系。

（七）充分发挥数字化与智能化的助推潜能

上海全力推动终身教育数字化转型，利用人工智能、大数据、云计算、物联网等新一代信息技术，加快终身教育线上线下教育教学的变革，大力推进各类智慧学习场景建设，依托大数据为市民提供智能化学习服务。

“上海学习网”构建了课程、悦读、地图、活动等八大核心功能模块，通过 PC、移动通信、数字电视等多终端为市民提供在线课程资源 3 万多个、电子图书 7 万多册、有声读物 6 000 余本，组织线上各类学习团队达到 8 300 多个。疫情期间开通了市民终身学习云“空中课堂”，精选 8 000 多个微课程资源及汇聚了科普、体育、医疗保健、人文行走等多种渠道资源，方便市民线上学习。“申学书院”依托上海教育电视台、阿基米德电台多载体开展精品讲座，连续举办近 40 期，吸引了来自全国 20 多个省市的市民同步学习，平均每期观看人次达 25 万。

上海市终身教育学分银行下设 21 个分部与 68 个高校网点，拥有终身学习账户的市民超过 240 万。2021 年，“上海市民个人学习账户（申学码）”支付宝小程序，开启了学分银行 2.0 时代。学分银行还正式接入上海市“一网通办”平台，为学习者提供更加方便的存储服务和各类学分认定、积累和转换服务。2023 年，学分银行已为上海市民建立约 493 万件学习档案，约占上海市常住人口的 1/5；累积开户数约 181 万，学习档案累积成绩近 1 亿条，学分转换人数 10.16 万人，接入各类职工线上学习平台达 54 家。

上海终身教育管理和服务平台积极融入市政府大数据管理系统，实现了集注册报名、课程资源、师资队伍、统计管理于一体的功能。为方便市民接触到各类终身教育信息，市教委充分利用终身学习网站、学习地图、宣传页、广播、电视、微信公众号、微信群、微博、户外广告宣传栏等多种方式，及时、准确传递给市民。市教委每年发布《上海学习地图》《上海市老年教育三类学习点地图》《上海市民人文行走地图》等，清晰地标注出各类教育资源的分布情况，便于市民就近享受终身教育服务。

2022 年开始，上海市开始强化数字化学习资源的管理。通过与上海市老年教育课程研究与评估指导中心、上海终身教育数字化学习协作组合作，集中研发了《数字化学习资源评价指标》和《数字化学习资源负面清单》。在此基础上，确定了《上海市终身教育数字化学习资源评价审核流程》，建立了工作部署、资源梳理、区级初审、市级复审、终审评估和遴选发布六个步骤的审核过程。2022 年 10 月，正式启动终身教育数字化学习资源审核试点工作。2023 年 1 月，长宁区和松江区的审核试点已经完成。在此过程中，上海市率先探索建立了全国首个数字化学习资源智能审核云平台，利用计算机技术和人工智能算法来自动检查和审核数字化学习资源，形成了终身教育数字化学习资源审核新模式。

（八）以自主评估和监测提升学习型城市的建设品质

2021 年，上海市教委联合市文明办等十个委办单位下发了《关于开展上海市学习型城市监测工作的通知》，标志着本市于“十四五”期间，正式确立了以政府为主导的、覆盖全市的学习型社会建设监督、评价与反馈机制。

一方面是对各级政府在组织学习型城区建设方面的履职能力进行监测与评价。2019 年，上海自主开展了“上海市学习型城区创建监测调研”项目，探索编制了包含 6 个一级指标、15 个二级指标和 26 个三级指标的指标体系。2020 年，在 4 个区首次开展学习型城区建设实地监测试点工作，进一步优化了学习型城区监测的制度设计和指标体系。2021 年，在全市 16 个区开展学习型城区建设年度线上监测，并抽取四个区开展实地监测，形成了“十四五”期间本市学习型城区建设线上线下年度监测制度，使学习型城区监测工作规范化、常态化。即全市 16 个区每年开展线上监测（数据和佐证材料的整理和上传），同时完成对 4 个区的实地监测。其中，实地监测流程包括：召开相关委办单位共同的区学促委工作汇报会；组织社区学校校长、教师、志愿者、学习者等座谈会，挖掘各区生动有效的终身学习实践案例；基于区内常住人口数按比例进行抽样，并以随机截访、拦访形式开展的市民满意度第三方调查。根据每年实地监测专家组的评审意见，市学习促进办对每个实地监测区的学习型城区建设情况进行正式的公文反馈，总结其优势和经验，并对其短板和有待提升改进之处进行督促和指导，提出整改建议。

另一方面，上海市通过对市民的学习需求和终身学习能力进行年度或定期监测，及时掌握市民对各类终身教育服务供给的获得感和满意度。2014 年，上海市教委设立并纳入市教育综合改革的“市民终身学习需求与能力监测”项目；2016 年开展了第一轮市民大规模终身学习需求与能力抽样监测；2017 年在上海开放大学设立市民终身学习监测研究中心，落实了专职工作团队、专门的组织机构，每年进行项目预算编制，将市民终身学习需求与能力监测工作制度化、常态化。2023 年开展了第二轮市民大规模终身学习需求与能力监测，对市民数字化学习需求与能力进行了监测和评估。

经过努力，结合上海市实际，目前已研发出上海市民数字化学习能力监测指标体系，设置 6 个一级指标（数字设备操作能力、数字资源管理能力、数字信息加工能力、数字交流协作能力、数字成果转化能力、数字安全防护能力）和 20 个二级指标。服务教育决策咨询的能力也在不断加强。2021 年第一轮监测的成果《在终身学习中成长——上海市民终身学习需求与能力监测研究报告》已公开出版；2022 年 6 月有两篇专报被教育部社政司采纳；新民晚报、上观新闻、文汇报、中国新闻网、上海教育新闻网、中国教育报等近 20 家媒体对调查结果进行报道。

（九）持续营造高品质的城市终身学习文化

学习型城市建设的一个重要维度是促进城市精神品格的形成，营造尊重学习、热爱学习，以学习来引导发展的社会氛围。上海市定期召开全市学习型社会推进大会、老年教育工作会议、终身教育和学习型城市建设论坛和主题研讨活动等，形成了全市层面统筹推进终身学习、多主体参与学习型城市建设的局面。

通过举办上海书展、市民大讲堂、市民诗歌节、市民诵读节等系列主题学习活动，举办市民文化节、艺术节、旅游节、电影节、博览会、戏曲节、各类体育赛事等丰富多彩的大型活动，有效激发了市民学习兴趣和参与意识，营造出良好的终身学习氛围。例如，在市民阅读方面，上海持续进行市民阅读状况调查了解，2021 年上海市民纸质阅读率为 92.63%，数字阅读率为 91.90%；有声阅读覆盖率为 76.72%。2022 年，上海人均阅读书籍 13.37 本，综合阅读率达 96.83%，较 2021 年提高了约 1%。从 2015 年开始，至今已举办九届上海市民诗歌节活动，通过原创诗歌作品征集、举办诗歌讲坛、开展线上我来读诗、四季诗歌朗诵、推进百家诗社建设、举办现场赛诗会和举办诗歌盛典等活动，促进市民的终身学习。该项目先后获得“上海市振兴中华读书活动优秀项目”“上海读书节经典传承项目”、全国“终身学习品牌项目”等荣誉称号。依托“上海学习网”和各区学习网，搭建“1+16”全覆盖的市民阅读平台矩阵，开辟市民在线阅读新途径。市民终身学习数字阅读活动已经连续举办 13 届，参与总人次达 460 多万。

坚持举办终身学习活动周。如“2022 年上海市第十八届全民终身学习活动周”开幕式围绕“学习贯彻二十大，终身学习向未来”主题，将深入学习宣传党的二十大精神贯穿活动始终。该活动进行了网络直播，在线观看量近 80 万人次，公布了 28 个“终身学习品牌项目”和 26 名“百姓学习之星”推介名单。2023 年 12 月 3 日，“2023 年上海市第十九届全民终身学习活动周”开幕式在华东理工大学举行，为全国和上海市 2023 年“终身学习品牌项目”和“百姓学习之星”获奖代表颁奖，为 2023 上海市街镇社区（老年）学校优质校建设评估单位授牌。

2019 年以来，上海在原有工作基础上，研究并探索推进新形势、新背景下的学习型组织建设工作。聚焦学习型机关、学习型企事业单位、学习型社区和学习型家庭的建设指标构建工作，并在数字化背景下搭建多终端的线上学习型组织的展示平台，推动学习型组织建设进入新的发展阶段。为进一步落实党的二十大精神和习近平总书记关于建设全民终身学习的学习型社会、学习型大国的重要指示批示精神，2023 年，上海市学习型组织建设推进大会召开，19 家单位获得优秀学习型机关（事业单位）称号，19 家单位获得上海市优秀学习型企事业单位称号，9 家单位获得上海市优秀学习型社区称号，19 个家庭获得上海市优秀学习型家庭称号，会上宣布成立了“上海市学习型组织建设研究中心”，并见证了“上海市学习型企业建设联盟”的正式启动。

（十）优化学习资源供给促进共享流通

学习型城市建设需要充分调动和利用各种广泛的资源。在动员社会力量投入方面，上海市学指办建立终身学习志愿服务队，鼓励教师、大学生、医务工作者、科学家、退休干部等群体利用专业优势服务市民终身学习。各分队、站点通过推进“红色人文行走”服务、“智慧助老”服务、“社区健康巡讲”等项目，使市民广泛参与终身学习、全民学习，不断增添生活的幸福感与获得感，努力营造“人人都是志愿者、人人都是软实力、人人展示软实力”的良好社会氛围，为提升城市软实力添砖加瓦。

在加强课程资源建设方面，已累计编写出版社区教育教材或读本 60 余种，指导各区、街镇社区院校编写出版社区教育教材或读本 400 余种。联合高校、社区院校、企事业单位等机构建设或购买的优质社区教育资源数 7 093 个，自建资源 347 种 2 167 个，类型包括出版教材、微课、高清视频、网络课件、APP 等。连续多年组织开展全市社区教育特色课程、优秀教学资源以及微课程评选，累计产生 436 门市级优质课程和资源、优秀微课程系列 143 个。上海在全国社区教育特色课程和微课评选中屡获佳绩，共有 112 门课程被评为全国社区教育特色课程，648 门微课获奖。

促进学习资源在全市的配送与应用。为了提高优质学习资源的利用率，按照“资源汇集、共建共享、适需供给、精准配送”的要求，开发上海终身教育资源线上配送平台，形成全覆盖、跨时空、便捷化的优质资源集成配给机制。平台现有数字课程254门资源3 860个，实体资源（图书、光盘等）77种，编写《上海市终身教育资源配送手册》供市民选择。面向全市400多家终身教育机构配送各类学习资源200多种，累计60多万个。此外，还将上海的优质资源共享给新疆、四川、贵州、海南等省、自治区。

（十一）扎实推进学习型城市的国内外交流

学习型城市的建设既要聚焦本土问题，也不能脱离对全球共同问题的关注和助力。在国家教育开放和上海终身教育国际化的形势要求下，上海学习型城市建设加强了国内与国际层面的交流与合作。

就国内合作而言，长三角教育协同发展是上海近年终身教育和学习型社会建设的主要背景。市级层面按照《长三角地区社区教育、老年教育协同发展三年行动计划（2019—2021年）》的要求，推动长三角地区开放教育学分银行建设，社区教育、老年教育的协同发展。五年来，上海组织了社区教育与老年教育工作者的联合培训，共同举办老年教育艺术节，协同推进长三角地区市民终身学习体验基地建设、社区教育课程开发、学习资源共享、特色品牌遴选等工作。承担并完成了长三角地区开放教育学分银行的筹建，召开了三省一市学分银行管理委员会成立大会和首次委员会扩大会议，承担了长三角学分银行秘书处的日常工作，主持建设了长三角学分银行信息化管理平台，牵头完成了长三角三省一市各地区学分银行数据互联互通、一网通办的建设。长三角不同区域之间积极开展合作探索，在终身学习、社区教育方面共筑合作平台，共享资源。如江浙沪三地14所机构2021年共同组建“长三角G14社区教育服务乡村振兴”发展共同体，签订了《长三角社区教育服务乡村振兴发展共同体合作协议》，一些地域上毗邻的乡镇也积极互动，主动学习对方社区教育亮点和成功经验，共同提高社区教育的品质与效益。

上海市还承担了中国成人教育协会社区教育专业委员会秘书处工作，积极为全国社区教育同仁搭建沟通交流的平台。先后协助教育部职成司、中国成人教育协会做好全国社区教育实验区与示范区评审、示范街镇评选、特色项目遴选工作。在市教委、市学促办的指导下，每年举办上海社区教育学术研讨会，作为上海社区教育领域的市级学术平台，已经连续举办12届。

在国际交流合作方面，上海也取得了明显进展。尤其在2019年下半年成为联合国教科文组织可持续发展教育专题协调城市之后，上海市教委积极支持上海终身教育研究院开展终身教育的国际对话。如先后承担《成人学习和教育全球报告》系列报告的中文翻译和传播工作。2020年10月，市教委领导应邀在韩国延寿承办的亚太地区学习型城市网络会议上发言。同年，举办第二届老年教育东方论道国际学术研讨会，组织高校参与《大学及其他高等教育机构对终身学习的贡献》的全球调研。2021 年 7 月，上海服务老年人学习的案例成功入选联合国教科文组织终身学习研究所发布的学习型城市应对疫情的全球典型案例集，成为全球 13 个典型案例之一。2020 年初以来，上海牵头研制并发布了《上海可持续发展教育社区行动计划（2020—2021）》，在联合国教科文组织官网上向全球分享。2021 年 10 月，该行动计划作为学习型城市推动的典型案例，成功入编联合国教科文组织终身学习研究所《学习型城市的可持续发展教育实施（ESD Implementation in Learning Cities）》案例报告。

2023 年，国际交流工作进一步推动。上海市继续担任全球学习型城市网络可持续发展教育集群的牵头城市，和德国汉堡一起全力推动该集群内的城市开发气候变化教育、绿色社区等新项目，推动可持续发展教育项目的深化与拓展。促成上海市松江区与韩国恩平区在可持续发展教育方面进行了直接沟通，出版案例集 *Community Education for Sustainable Development*：*Observation on Shanghai's Action*，为上海社区可持续发展教育经验的国际交流带来了新的媒介。受联合国教科文组织终身学习研究所全权委托，2023 年 11 月成功承办了联合国教科文组织全球学习型城市网络建立十周年庆典暨全球终身学习节活动，活动主题是“回顾与展望：学习型城市的今天和明天”。活动就“反思全球学习型城市的工作和影响”“迈向未来的十年”“启动联合国教科文组织为全球学习型城市成员提供的新支持倡议”等三个议题开展了演讲和开放式互动讨论，旨在通过回顾联合国教科文组织全球学习型城市网络迄今为止的工作和影响，以数据、视频等各种方式展示该网络在为所有人终身学习服务方面作出的历史贡献和现实成效，合力谋划全球学习型城市未来发展的方略。

三、经验成效

（一）坚持系统观念，健全完善顶层设计与机制制度

上海学习型城市建设工作坚持以习近平新时代中国特色社会主义思想为指导，按照市委、市政府决策部署，全面制订、落实、评估《上海市终身教育发展“十三五”规划》《上海市终身教育发展“十四五”规划》《上海市老年教育发展“十三五”规划》《上海市老年教育发展“十四五”规划》等政策文件，形成清晰具体的顶层设计。上海的学习型社会建设与终身教育工作不断提升思维品质和工作质量，将系统性思维方式体现在学习型城市建设的全程当中，努力构建覆盖全市，横向到边、纵向到底、服务全民终身学习的教育体系。不断完善学习型城市建设的体制机制建设，优化终身教育资源配置，形成均衡、公平

的终身教育供给，推动终身教育的可持续发展，努力建设以学习力为驱动的更高水平、更高质量的学习型城市。

（二）坚持服务全体市民，提升每一个人的学习获得感

多年来，上海市坚持以人民为中心发展终身教育，让每一个学习者都能在这座城市享有人生出彩、梦想成真的机会；始终把建设学习型城市作为创造幸福生活的重要抓手，关注各个群体的需求——如老年人的学习需求日趋旺盛而多元，在岗职工有相当的学历提升需求，新型农民的素养和技能提升仍有很大空间，“双减”背景下为青少年群体提供课外学习活动的路径还需要进一步探索，社区教育与家庭教育的结合还有提升的空间，残疾人的继续教育保障仍需进一步完善。

基于上述需求，上海坚持问题导向，扩大资源供给，加强制度保障，坚持不懈构建网络化、数字化、个性化、终身化的全民终身教育体系，为各类人群提供高质量、有保障的终身教育服务，打造人人向往的学习之城，助力每一位学习者的终身发展，提升每一位学习者的获得感、幸福感和满意度。

（三）坚持融合发展，助力城市软实力提升

2021 年，上海市正式发布《关于厚植城市精神彰显城市品格全面提升上海城市软实力的意见》。同年，上海市提出“十四五”期间终身教育发展目标：到 2025 年，进一步完善服务全民的终身学习体系，形成更加普惠多元、泛在可选的终身学习环境，率先建成以城市学习力为驱动的更高水平、更高质量的学习型社会，成为各类人才向往的学习之城。上海的学习型社会建设与终身教育工作明确提出要进一步贯彻落实“人民城市人民建、人民城市为人民”理念，为提升上海城市软实力作贡献。

学习型城市建设在终身教育和终身学习理念的指引下，积极推进终身教育数字化转型，打造终身学习系统的数字基座；探索构建职工继续教育新体系，服务上海人才发展战略的新要求；围绕上海建设生态之城、人文之城、创新之城的中期发展目标，启动和推动可持续发展的终身教育，为上海的城市发展注入新的力量。

（四）推动国际交流与合作，扩大城市综合影响力

国际化大都市需要高质量的国际教育交流与合作。上海终身教育各方面都坚持开放共享、多元合作、广泛交流的原则，不断对外宣传具有中国特色、上海特点的终身教育实践经验，也持续向国内、国际学习终身教育和学习型社会建设的新举措、新方法。例

如,上海持续开展老年教育的国内论坛、国际学术交流活动,积极参与国际老年大学协会第109届理事会和国际研讨会、国际老年大学协会第二届"丝路考古与老年大学"线上会议。上海开放大学则发挥联合国教科文组织"远程开放学习姊妹大学网络"主持单位的作用,持续举办多届国际会议和国际研修班,成为东亚远程教育中心。上海与联合国教科文组织建立广泛多元的合作伙伴关系,设立UIL-SOU项目合作办公室;与终身学习研究所成立终身学习国际能力发展和研究园区,共同推进全球终身学习研究;与信息技术研究所合作开展科研项目,推进数字教育研究。上海还积极响应国家"一带一路"倡议,打造国际留学生项目和国际访问学者项目,已有30多个国家600多名留学生、50多个国家150人次的国际学者来访;在巴基斯坦国立纺织大学、斯里兰卡开放大学建设海外汉语学习中心,传播中华优秀传统文化。

上海加入全球学习型城市网络之后,国际交流和合作的意识进一步增强,交流网络和平台逐步开放,终身教育和学习型城市建设的国际经验分享进一步深入。上海借助加入这一网络的契机,拓宽了与国际终身教育和学习型城市交流的通道,2020年,上海接受联合国教科文组织终身学习研究所视频邀请,全面分享了在组织、保障在线教育等方面的丰富经验;2021年,荣获"2021年全球学习型城市奖";2023年12月,上海代表还参加了在迪拜举行的《联合国气候变化框架公约》第二十八次缔约方大会边会,分享上海气候变化教育的经验,国际交流的主题逐步丰富,网络进一步拓展。

十年间,上海在市委、市政府的领导下,积极落实国家战略,结合自身建设基础,瞄准加快建成具有世界影响力的社会主义现代化国际大都市的基本目标,通过联结日益广泛的学习型城市建设多方利益主体,不断深化学习型社会建设内涵,发展与创新终身教育发展策略,积极推动数字化转型,稳步提升终身学习的服务能力,为推动上海经济社会的可持续发展,促进全体市民的终身发展作出了积极贡献。

未来,上海学习型社会建设将根据党的二十大提出的"建设全民终身学习的学习型社会、学习型大国"的要求,按照教育部新一轮学习型城市建设的重点任务,探索创新、努力奋进,为打造全国学习型城市建设新局面持续贡献上海力量。

审稿人:闫鹏涛,上海市教育委员会终身教育处处长

撰稿人:

姚　岚,上海市教育委员会终身教育处四级调研员

李家成,上海终身教育研究院执行副院长,华东师范大学教授

朱　敏,华东师范大学教育学部副教授

第三章　杭州市学习型城市建设发展报告（2013—2023）

杭州市教育局

杭州作为学习型城市建设的先行城市，创建学习型城市举措得力，成绩突出。2016年初，杭州市成功加入联合国全球学习型城市网络，成为全国首个加入该网络的城市。2016年11月，成功举办联合国教科文组织学习型城市网络第一届成员大会。2017年，在第三届国际学习型城市大会上，杭州市与全球其他国家16个城市一起被授予"联合国教科文组织学习型城市奖章"。城市的学习力、创新力大大增强，城市的文化软实力和综合竞争力有效提升。

一、主要做法

长期以来，杭州一直举全市之力，努力把杭州建设成一个"学习意识深入人心、学习行动到处可见"的城市。杭州作为学习型城市建设的先行城市，本着接轨国际、立足本土的原则，坚持探索与总结相结合、创建与交流相促进，对学习型城市建设行动框架体系进行理性思考与战略架构，努力打造"文化名城，学养天堂"的品牌，探索形成了杭州学习型城市的"1格局+2体系"模式；同时根据各类不同人群的学习需求，结合杭州深厚的文化底蕴和良好的学习传统，开发出了以"10大学习品牌"引领的一系列与杭州本土历史文化和城市发展现实紧密相关的学习资源和文化资源，赋予了学习型城市建设新的时代内涵和新鲜活力。

（一）"1格局"：构建社会主义核心价值观引领下的"现代化城市"发展格局

杭州的学习型城市建设以突出培育和践行社会主义核心价值观为根本任务，坚持以人为本，始终把满足人民群众学习需求作为建设学习型城市的根本出发点和落脚点。通过顶层设计，构建学习型城市建设的整体发展格局，是杭州市在创建学习型城市建设中最大的保障和经验。

1. 社会主义核心价值体系引领,制定杭州学习型城市建设总体目标

充分发挥杭州"文化名城,学养天堂"的历史文化优势与现代创新创业优势,集聚与整合全球资源,促进城市文明,提升市民生活品质,是杭州市践行社会主义核心价值观,建设学习型城市的历史使命,在这一指导思想的引领下,制定了杭州学习型城市建设总体目标:"社会主义核心价值体系深入人心,市民的思想道德素质和科学文化素质明显提高,城市的文明程度和综合竞争力进一步提升。通过努力,逐渐建成学习意识普遍化、学习行为终身化、学习组织系统化、学习体系社会化的学习型城市。"

2. 满足人民群众学习需求,为杭州学习型城市建设提供政策保障

作为一座文化积淀深厚的历史名城,杭州市在拥有雄厚的经济实力、秀美的自然景观基础上,始终坚持以学习、健康、文明、和谐、开放、包容等价值,作为提升市民生活品质的核心追求。早在 2002 年,杭州市政府下发《杭州市关于构建终身教育体系建设学习型城市的实施意见》,这是杭州市政府出台的第一个推进学习型城市建设的专项文件。文件明确提出建立从学前教育、学校教育到社会教育的终身教育体系,推进学习型城市建设,为杭州描绘了处处有学习场所、时时有学习机会、人人有学习愿望的美好蓝图。2010—2011 年,市委、市政府先后出台《杭州市社区教育五年行动计划》《关于推进学习型城市建设若干意见》,进一步明确杭州推进学习型城市建设的指导思想、发展原则、主要任务、学习内容、活动载体、保障措施等。"十三五"期间,制定出台了《关于深化基础教育改革建设"美好教育"的实施意见》《杭州教育现代化 2035 行动纲要》和实施方案、深化新时代教师队伍建设改革、发展学前教育第三轮行动计划等系列重要政策文件。2022 年 1 月,市政府办公厅下发了《关于加快老年教育发展的实施意见》,提出了老年教育的总体要求、主要任务,重点工程、保障措施等主要内容,推动老年教育加快发展。

近 10 年来,围绕学习型城市建设,杭州市相继出台涉及学习型城市总体设计、城市发展面貌、教育改革、文化繁荣、公共服务在内的近 200 余项政策文本,形成了庞大的学习型城市建设政策群。系列政策的发布,为全面、系统、扎实、稳定地推进杭州市学习型城市建设提供了坚实的政策保障。

3. 提高城市可持续发展水平,规划"现代化城市"发展蓝图

杭州,绵延 8 000 年的发展历史,兼得自然生态与历史文化双重眷顾,形成了秀美的自然景观,深厚的文化底蕴和富庶的社会经济。西湖、京杭大运河、良渚文化遗址三大世界文化遗产,不仅彰显了杭州的自然风光之美,更昭示出这座古老而又充满创新活力的城市吐纳舒卷、博大开放的胸襟与气度。从 2012 年的"三城三区"到 2022 年的"加快打造世界一流的社会主义现代化国际大都市""为中国式现代化提供城市范例",杭州城市

发展定位与目标随着时代的进步迭代升级，通过不断强化核心价值引领，杭州以学习大众化、普及化为着力点，充分发挥科学理论的先锋作用、文艺作品的熏陶作用、传统美德的传承作用、先进典型的示范作用、法律法规的约束作用、市民群众的自律作用、社会宣传的渗透作用，构建了党委领导、政府推动、部门联动、社会协同、全民参与的学习型城市建设大格局。打造学习型城市已作为杭州市提高城市创业创新能力、提升城市文化软实力和城市品位的重要举措，作为扎实推进东方品质之城、幸福和谐杭州建设的主载体之一。

创建学习型城市是一个需要统筹与协调社会与政府各类资源复杂过程，在这个过程中，杭州市政府表现出的一贯不变的政治意愿和持续渐进的科学建设规划，可谓中国城市建设的优秀典范。

（二）“2 体系”：建设“3L”终身教育体系和“6W”终身学习服务体系

杭州正向学习风气浓厚、终身教育体系完备、城市文化品位和市民综合素质全面提升的学习之城大步迈进。如今，杭州已基本形成以开放性、包容性、创新性和可持续性为核心特征的“3L”（Life-long，学习时间全覆盖；Life-wide，学习地点全覆盖；Life-deep，学习内容全覆盖）终身教育体系和以“6W”（任何人，在任何时间、任何地点，带着主动的学习意愿，能够通过任何方式获取任何必要信息）为特征的学习服务体系，培育城市的教育力、学习力，实现学习意识普遍化、学习行为终身化、学习组织系统化、学习体系社会化。

1. 全面构建“3L”终身教育体系

基于学习型城市发展理念，杭州市着力构建 Life-long（学习时间全覆盖）、Life-wide（学习地点全覆盖）、Life-deep（学习内容全覆盖）的“3L”终身教育体系，打造纵贯学前教育、基础教育、高等教育、成人教育与特殊教育，覆盖社区、工作单位、家庭等全方位学习平台，为学龄儿童、外来务工人员、老年人、残疾人等各类群体提供学习机会和保障，形成学历教育与非学历教育协调发展、普通教育和职业教育相互沟通、职前教育和职后教育有效衔接、家庭教育和社区教育相辅相成的终身教育发展态势，持续扩大教育规模、优化教育质量，从“量”和“质”两方面完善终身教育体系建设。

（1）学前教育全面覆盖

杭州是国内率先提出打造 15 年“大义务教育”理念的城市（3 年学前教育+9 年义务教育+3 年高中段教育），旨在让更多的人接受更好的教育。2012 年，《杭州市学前教育促进条例》正式施行，2014 年推出了学前教育“1+4”新政，建立健全了学前教育发展机制。加大学前教育师资、经费投入，关注外来务工人员子女入园问题，保障学前教育平等、均衡、稳定发展。2016 年 3 月，杭州市发布了《杭州市学前教育第二轮三年行动计划(2016—2018)》，提出新一阶段学前教育发展任务和目标。

多年来，杭州市一直以广大家长的呼声为工作的目标和方向，重视“托幼一体化”工作，支持鼓励有条件的幼儿园举办托班，在满足幼儿园小班招生需求的基础上，统筹资源，积极开设托班；同时，结合产业园区嵌入式幼儿园改革发展项目，积极开展 3 周岁以下婴幼儿托育服务、早送晚接、暑期托管等服务。截至 2022 年，全市办有托班的幼儿园(园区)共计 312 所，其中，公办幼儿园 126 所，民办幼儿园 186 所。开设托班班级数 480 个，可提供 9 655 个托位，其中，普惠性托班班级数 317 个，可供普惠性托位数 6 340 个，占比 65.7%。目前，实际入读幼儿园托班的幼儿数 5 953 名，托位使用率为 60.7%(其中普惠园托位使用率达到 67.6%)；在托班幼儿总数中，实际入托在普惠性幼儿园的幼儿有 4 289 名，占入托总数的 73.7%。全市嵌入式幼儿园(含托育)已建成 7 所，各地不断增加试点，积极尝试扩大覆盖面，不断改善社会民生所需要，提升人民群众的获得感幸福感。

(2) 基础教育优质均衡

借助“名校集团化”、紧密型“教育共同体”、公办学校“零择校”、民办学校“零门槛”等一系列制度安排与政策驱动，杭州市已实现基础教育的高位均衡发展，优质教育资源覆盖全面。秉承“让更多的人接受更好的教育”理念，杭州自 2004 年起实施“名校集团化”战略，即采用“名校+新校”“名校+民校”“名校+弱校”“名校+农校”“名校+名企”以及中外合作办学等多种办学模式，实现基础优质教育均衡化发展。同时，还采取了一系列优惠举措，如以公办学校为主、支持社会力量兴办独立设置的进城务工者子女学校；建立进城务工者子女义务教育专项经费、收费享受同城待遇制度等，保障低收入家庭子女和进城务工者子女的就学权利。普通高中阶段采取多元评价、多途径录取的招生制度和办法，基本建成选修课、走班制、学分制等教学管理制度，满足学生多样化的选择需求。2014 年，全市 13 个区、县(市)均成功创建国家义务教育发展基本均衡县(市、区)。2016 年至 2020 年，基础教育布局规划和教育配套建设加快推进，全市共新建完成中小学 163 所、幼儿园 219 所，总建筑面积 761.83 万平方米，总投资 411.16 亿元。

不断深化教育领域综合改革，以共建共享优质基础教育资源为核心，通过充分发挥名校集团的示范、辐射和带动作用，进一步完善新名校集团化政策保障机制，截至 2022 年底，全市中小学教育集团共 245 个(其中跨区域集团 37 个)，成员单位 694 个；中小学名校集团化覆盖率达 70%，名园集团化覆盖率达 83%。平稳推进义务教育招生改革。全面落实义务教育民办学校审批地招生、公民同招、电脑派位录取等刚性要求，有效解决民办学校“掐尖”招生顽疾。

（3）高等教育创新多元

杭州市搭建多结构高等教育平台，满足不同群体需求，立足教育根本，服务社会建设。以发展高教园区为突破口，重点推进下沙高教园区、滨江高教园区、小和山高教园区、浙大紫金港新校区和江东、仓前两大高教功能区建设。加强与浙江大学和中国美术学院等一流高等院校的市校战略合作，形成“政府引导、大学支撑、企业参与”的政学产合作新格局。深入贯彻高教强省、创新驱动和人才强市战略，市委、市政府全力实施“名校名院名所”建设工程，大力引进优质高等教育和科研资源。西湖大学正式获批成立，建成一批高水平科研平台，与复旦大学、浙江大学联合招收培养博士生600余名。国科大杭州高等研究院、浙江大学杭州国际科创中心等重大合作项目签约落户杭州。北京航空航天大学中法航空学院校园也于近日正式投入使用，2023年，4个本科专业招收180名学生。杭师大入选第二批省重点建设高校名单，浙大城市学院成功转设为市属公办普通高校。杭州职业技术学院入选中国特色高水平高职学校建设单位。

以服务地方经济社会发展为导向，深化市属高校产学对接，加强大学生创新创业教育，以创业学院建设为抓手，推进市属高校创新创业教育体系建设，进一步完善全市大学生创新创业政策和服务体系。2015年底起，杭州市出台《关于支持大众创业促进就业的意见》，对大创项目资助、税收减费、房租社保补贴等全方位精准扶持。如在校大学生和毕业5年以内高校毕业生，在市区创业，可申请创业项目无偿资助2万至20万元等。

（4）职业教育体系完善

立足杭州技术进步和生产方式变革以及社会公共服务实际，加速构建现代职业教育体系。2015年，杭州市政府全面实施《关于加快发展现代职业教育的意见》。2020年，杭州发布《关于深化产教融合的实施意见》，深化职业教育领域综合改革，构建产教融合发展机制，将产教融合这一国家战略落实到区域实践创新，为打造“全国数字经济第一城”和实施“新制造业计划”汇聚发展新动能。在全社会鼓励支持职业教育的浓厚氛围下，杭州职业教育进入“黄金期”，不仅升学就业渠道日益畅通，职业教育资源不断扩容，还不断丰富专业门类，深化产教融合，以紧扣科技创新趋势、对接区域经济发展，助力杭州创建国家级产教融合型试点城市，为全面实施“新制造业计划”提供有力技能人才支撑，为更高、更强的“杭州智造”“中国智造”筑基。

近十年，以杭州中策职业学校为代表的中职学校，专业不断转型升级，产教深度融合，校企合作走向多赢。全市18所中职学校创建成为国家级、省级改革发展示范校。“中高职一体化”五年制专业招生规模逐年扩大。杭州作为现代学徒制第一批试点单位成功通过教育部验收。深入实施省市中职教育质量提升工程,创建 129 个省级建设项目。省中职学生职业能力大赛杭州代表队金牌数连续 13 年蝉联全省第一。

(5) 成人教育载体创新

随着社会经济发展,成人教育已经成为构建终身教育体系、满足各阶层市民学习需求的重要途径。杭州市统筹全市社区教育资源,开设品牌特色讲坛,以“万松讲坛”“西湖文化讲坛”“文澜大讲堂”等为载体,以弘扬人文精神和科学精神为宗旨,广邀知名学者讲学,传播当今世界经济、政治、文化、社会发展的新思想、新观念。以“市民大学堂”“成长大学堂”“西子大讲堂”等市民大课堂为载体,举办各类面向社会公众、集知识性与趣味性于一体的专题讲座。创建市民学习圈,建设农村成人教育综合体,开展了多规格、多层次、多内容、多形式的富有杭州特色的教育培训,每年开展全民终身学习活动周等。“十三五”期间,打造以街道(乡镇)区域为范畴的“30 分钟市民学习圈”,五年期间,分三批认定了 51 个市级示范街道(乡镇)“30 分钟市民学习圈”。培育社区学习共同体创新成人学习方式,通过培育、扶持、展示、激励等方式,全市共活跃着 8 000 多个社区学习共同体这样的民间学习团队。其学习形式灵活,内容丰富,注重参与者的个体学习需求,具有较强的草根性和亲民性,已成为杭州终身学习的一道亮丽的风景线。

(6) 特殊教育普惠发展

为保障教育公平,杭州市全面推动全纳教育发展。对适龄残疾儿童少年,杭州市坚持特殊教育与普通教育同步发展,为每一位残障儿童少年提供学前三年至普通高中、中等职业教育的十五年教育。杭州市已建有含盲校、聋校、培智学校在内的特殊教育学校 14 所,浙江省特殊教育职业学院也在筹建中。杭州市在浙江省最早开展随班就读和送教上门工作,2004 年开始探索普通学校资源教室方案,2015 年创新特殊学校“一校多点”卫星班融合模式,2021 年实现听障教育十五年融合教育链。至今已经形成了“以随班就读资源教室建设为主体,卫星班特教班为辅助,特教学校正反相融为探索”的多元化杭州融合教育的样态,为特殊教育普及、普惠、安全、优质发展奠定基础。2023 年,《杭州市第二期特殊教育发展提升行动计划(2023—2025 年)》发布,对特殊教育普惠发展提出了新的要求,明确了新的举措。特殊教育保障机制日趋健全,经费投入持续增长。2017 年到 2019 年,全市特殊教育资金投入从 15 085. 87 万元增加到 24579. 56 万元,增长 62. 93%。

(7) 老年教育影响广泛

为优化老年教育的发展环境,杭州市把发展老年教育纳入学习型城市建设目标,作为终身教育体系的一个环节进行统筹规划与管理。通过统筹城乡老年教育资源、拓宽老年教育载体、扩大老年教育资源供给，着力推进老年教育事业可持续发展。一方面，利用老干部大学、退休职工大学和老年电视大学等老年教育机构，组织开展养生保健、传统文化、科学知识、时事政治等老年教育培训，丰富了老年人的精神文化生活。另一方面，充分利用现代信息技术，打造在线学习平台和“空中课堂”“网上老年大学”，搭建了形式多样的交流平台，为老年人提供方便灵活、更加开放的学习渠道和方法。杭州市老年电视大学以电视教学为基础，以“幸福养老大课堂”教学为辅助，以户外实践活动课程为拓展，实行电视、网络、面授“三位一体”的多元教学，形成远程教学、实体办学的杭州特色。老年电大累计毕（结）业人次逾百万，使老年人的学习质量、生活质量大大提升。

2022 年和 2023 年，杭州市连续两年将老年教育作为政府民生实事，推动老年教育阵地建设。全市充分挖掘整合社区教育四级网络、党群服务中心、养老机构、社区居家养老服务中心、文化礼堂、社区卫生院等资源，投入经费进行场地改造、环境优化、功能拓展，探索出一条资源共建共享、价值利用最大化的实践路径。

（8）在职培训形式多元

在工作场所中学习是建设学习型社会的重要组成部分，也是从业人员教育的主要方式之一。杭州市大力推进学习型企事业单位建设，提高广大职工思想道德素质和文化技术能力。针对不同类型、不同层次的从业人员，杭州市开展了不同种类的在职培训。面向基层和一线员工，杭州市总工会推出基础在职培训内容，同时紧抓职工书屋建设；面对高技能人才，建立各种技能工作室、实训基地，并为技术人才培训提供补贴；面对创业型人才，建立孵化基地，提供培训机会；面对外来务工人员，创办“民工大学”，开展“订单式培训”，提高外来务工人员的职业技能。探索职继融合发展之路，开展职继融合典型案例研究，搭建中职教育与成人继续教育“立交桥”，聚焦先进制造业、民生服务业、现代农业等关键领域，面向制造产业职工、民生服务从业人员、乡村振兴实用人才以及创业就业等重点群体，大规模开展有针对性的、高质量的职业技能培训。

（9）学习型组织遍地开花

杭州市坚持“政府推动与全社会参与、共同目标与个体发展，全面推动与分类指导”的原则，把推进学习型城市建设的目标分解到系统，落实到基层，以学习型党组织、学习型机关、学习型学校、学习型企事业单位、学习型社区、学习型家庭六类学习型组织建设为切入点，扎实开展工作。以推进学习型党组织和机关为龙头，引领全局；推进学习型企业为躯干，培育先锋；推进学习型社区和乡村为两翼，辐射城乡；推进学习型家庭为细胞，打好基础，加快学习型城市的建设。通过强化组织领导、营造浓厚氛围、拓展工作载体，注重分类指导。在学习型党组织建设中，市委、市政府成立了市委书记任主任，市长任第一副主任，分管副书记任常务副主任，13 个区、县（市）和 21 个市直有关部门主要负责人为成员的学习型城市建设工作指导委员会，建立健全了培训制度、调查研究制度、典型表彰制度、考核评价制度、检查督查制度等 10 项工作制度。创建职工书屋、基层职工学校、基层职工俱乐部“三位一体”的“新杭州人文化家园”，为来杭务工者开辟学习培训的新天地。杭州市教育局、杭州市总工会等 10 家单位联合开展“创建学习型企业，争做知识型职工”的活动，在企业职工中积极开展“双证制”（学历证书、技能等级证书）教育培训。积极开展以“重家教、以德立家；学法律，以法护家；用科技，知识富家；读好书，文化兴家”为主要内容的“学习型家庭”创建活动。市妇联依托各级各类家长学校和家庭教育指导工作平台，开展“百万家庭共成长：千场家庭教育知识进家庭”活动，每年举办 1 000 余场下基层服务，将家庭教育知识送到社区、学校、农村、工地、企业等。

2. 不断完善“6W”终身学习服务体系

杭州市以服务市民、促进学习、交流信息和推动创建为宗旨，统筹各方资源，积极搭建任何人在任何时间和任何地点，带着主动学习的意愿，能够通过任何方式获取任何必要信息的“6W”学习服务体系，深入推进多层次、开放性、立体化学习网络的建立，搭建城乡覆盖、全民共享的学习服务平台。

（1）形成城乡社区教育四级网络

以服务市民、促进学习、统筹资源为宗旨，积极搭建城乡一体化的社区教育网络，作为学习型城市的重要组成部分，逐步建立起了“两级党委政府统筹领导、三级分层管理”的社区教育管理机制。“两级党委政府统筹领导”即市、区（县市）两级政府分级统筹管理。“三级分层管理”即区、街、社区三级具体实施管理。区级政府设立由区委、区政府主要负责同志挂帅的社区教育委员会，下设社区教育办公室（设在区教育局），具体负责全区社区教育的指导、组织、协调工作。街道社区教育工作由街道党工委、办事处主要领导同志负责统筹，街道社区教育专职干部负责具体事务。学校、社区分别建立校外教育领导小组和青少年教育领导小组，由居委会主任、校长分别担任正、副组长，负责抓好社区教育工作。

在此基础上，基本形成了“市社区大学、区（县、市）社区学院、街道（乡镇）社区学校、社区（村）教学站”的四级社区教育网络。至 2023 年，杭州市共建有社区大学 1 所，区、县（市）社区学院 13 所，社区学校 185 所，区（村）社区教育机构普及率达到 100%。目前，全市共有全国社区教育示范区 6 个、全国社区教育实验区 2 个、省社区教育示范区 1 个、省社区教育实验区 1 个，以及 46 所省现代化成校。

（2）建设公共文化服务平台

杭州为进一步构建终身教育和学习体系，不断完善公共文化服务设施，建设公共文化服务平台，拓展学习的广度和深度。按照“优化结构、均衡布局、突出重点、分级配置”原则，加快公共文化服务网点建设，先后制定出台了40多个关于公共文化服务体系建设的政策法规，基本形成了城区“15分钟文化圈”。目前全市现有图书馆20个，文化馆15个，美术馆5个，剧院90个，科技馆3个，博物馆、纪念馆、展览馆84个，青少年活动中心19个，老年活动中心11个，妇女活动中心4个，工人文化宫8个，各类文化广场40个，街道（乡镇）综合文化站189个，社区（行政村）级文化设施（文化礼堂）2 994个。全市各级博物馆、美术馆、图书馆、文化馆（站）、非遗展示馆等公共文化设施和企事业单位教育教学设施全面无条件向社会开放，所提供的基本服务项目全部免费，实现了无障碍、零门槛进入，较好地发挥了公益性文化单位在公共文化服务中的主导作用。以构建“平民图书馆、市民大书房”为目标，大力推进公共图书馆四级服务网络建设，使其成为全民阅读活动的落脚点和宣传平台。2016年6月，杭州市正式印发《关于加快构建现代公共文化服务体系的实施意见》和《杭州市基本公共文化服务标准（2016—2020）》，明确了基本服务项目、硬件设施、人员配备等三类标准，其中27条高于浙江省标准，11条标准为杭州创新。争取在全国城市中率先形成“底线保障合理、单项结合实际、体系基本完善”的“1+X”标准体系和公共文化服务标准化工作“杭州模式”。

除了常规的公共文化设施，杭州还推出富有特色的公共文化学习点，为市民提供便捷的学习体验。联合有关高校，结合辖区历史沿革和文化特色，充分发挥自身优势，开展以尊师重教为主题的国学弘扬活动，挖掘、培育和形成市民大学堂、国学一字堂等百个国学传承基层点，打造市民好学、爱学、乐学优秀传统文化的基地。此外，还利用钱江新城核心区已建成的学习场馆及学习资源优势，积极构建崇学、乐学、便学的新城学习网，在绿树成荫的钱塘江畔和中轴线上建成50座漂流书亭，在核心区高档写字楼内建了7个楼宇书吧，放置图书5 000余册，供市民免费阅读。在6个城区和西湖风景名胜区、杭州经济技术开发区，以运河沿线为重点，推出了国学港、戏曲港、科普港、书画港、文史港、美术港、体育港、动漫港、音乐港、大学港十大“学习港”，形成了“学习港”和“运河学习长廊”遥相呼应，由点到线构成了“一线十港”的学习风景线。这些公共文化设施渗入市民生活，营造学习氛围，搭建便捷、舒适的阅读学习交流平台，养成人人学习的理念和习惯。

（3）打造信息智能化学习网络平台

杭州数字化学习普及程度较高，使用电脑网络和手机终端等的人群比例高达90%以上。杭州是全国首个向公众免费开放室外 Wi-Fi 的城市，网络基础和信息化水平位居全国前列。信息化不仅为教育提供工具的演化，更在于构建一种基于共生、共建、共享方式的学习新生态。杭州市正以教育信息化带动教育现代化，发展智慧教育，促进信息技术与教育的深度融合，实现优质资源共享，提升教育品质，为学习型城市建设注入新动力。以各类媒介为基础平台，积极利用现代网络技术，建设人人享有、人人利用、人人贡献的信息智能化学习平台。

杭州市信息智能化学习网络服务平台建设分为三种类型：

一是互联网学习平台，主要有市级层面打造的杭州市学习型城市网络学习的主平台——“学在杭州网”和区级学习网站。2015 年，杭州市进一步打造市民数字化学习服务平台，2020 年升级改造为“杭州终身学习公共服务平台”——“杭学通”。许多优质的社区教育线上课程在平台展示和应用，经过几年积累，平台构建社区教育在线学习课程资源库，课程内容涵盖文化涵养、职场发展、家庭教育、投资理财、养生保健等十大类别，已成为我市优质教育资源共享的数字化平台。同时，平台加强线上线下课程的融合，以“e 求学”微信小程序作为轻量化入口，并与杭州市民卡公司进行合作开通刷市民卡和身份证签到功能，降低管理员和普通市民的使用门槛，提高注册用户实名认证率。实现了社区教育学习与活动数据的实时采集和精准呈现，标志着杭州社区教育治理工作进入了数字化时代。

二是智能公共文化服务平台，如学在杭州 APP、中国移动手机阅读基地、智慧图书馆、智慧文化馆、终身学习电子地图、电子政务服务平台等。中国移动手机阅读基地于 2009 年初在杭州启动建设，2010 年 5 月正式推出手机阅读业务，目前已成为国内数字阅读第一平台。2013 年手机阅读基地整体收入突破 48 亿元，其中“和阅读”月访问用户突破 1.6 亿，日均点击量超过 6 亿次，累计培养了 3.5 亿用户的数字阅读习惯。2015 年 4 月，全国最大的数字阅读运营基地——中国移动手机阅读基地落户杭州，并举办了首届中国数字阅读大会。

三是教育资源开放平台。以教育资源库为例，自 2013 年起杭州市以“名师公开课”、优质微课等课程带动教育资源库的建设。截至目前，“名师公开课”已完成初中四门学科（语文、数学、英语、科学）三个年级段共 634 节精品课程的制作与推送，受到广大师生及家长的欢迎，点播数累计达到 860 万人次。打通杭州市（少儿）图书馆馆藏数字资源，实现全市在校师生直接共享图书数字资源。未来五年，全市云学堂课程群将形成规模，目标建立 150 个名特教师微课堂，100 个跨校选修课程超市，500 个精品在线网络开放课程资源，包括国内外名校公开课、杭州名师公开课、TED、微课堂、慕课、个性化在线辅导等项目的新型教学资源共建共享平台。

（三）“10大品牌”：形成一系列与杭州本土文化深入融合的终身学习品牌

杭州在创建学习型城市过程中的重要成功经验就是充分依靠城市的悠久历史，挖掘与整理本土文化中的学习资源，并且融合城市发展的历史与现实，开发出了一系列与杭州本土历史文化和城市发展现实紧密相关的学习资源和文化资源。形成了以杭州学习节、西湖读书节、我们的价值观、最美精神、成人“双证制”培训、市民学习圈、社区学习共同体、漂流书亭、第二课堂、农村文化礼堂等十大终身学习品牌引领的一系列具有杭州特色的终身学习活动。

1. 杭州学习节：每年秋天如约而至

自2011年举办以来，杭州学习节以建设学习型城市为目标，每一年结合不同主题，以其贴近市民、贴近读者的特色受到了各界群众的普遍欢迎。首届学习节，“践行‘我们的价值观’”，“一线十港”展现悠悠大运河、浓浓学习风；第二届学习节，“漂流书亭”智汇钱江畔、书香飘新城；第三届杭州学习节，“市民学习地图”“变脸”不“瘦身”、网上来办节；第四届杭州学习节，“信息时代的学习革命”开启智慧点亮生活共享学习大餐；第五届杭州学习节，“杭州学习地标”展示学习风景线、让城市更美丽；第六届学习节，“喜迎G20·诗话西湖”诵扬“杭州之美、学习之美”；第七届学习节，“喜迎十九大、以一流学习建设一流城市”强化学习引领改革创新。在学习节期间，推出了各种形式的学习活动，使杭州学习节成为杭州的学习名片。

（1）广建社区“学习书屋”

由杭州《都市快报》协助实施“学习书屋”进社区（农村）工作。依托有关品牌房地产企业，在新住宅小区和成熟型小区开始“学习书屋”的建设。其中，西湖区、余杭区蓝庭、翡翠城、深蓝广场、采荷人家、绿园小区6个示范性“学习书屋”，每个书屋配各类题材图书500~800册，免费向小区居民开放，满足了新入住居民的基本需求。

（2）推出十大“学习港”

上城、拱墅等6个城区和西湖风景名胜区管委会、杭州经济开发区管委会联合有关高校，结合辖区历史沿革和文化特色，推出国学港、戏曲港、科普港、书画港、文史港、美术港、体育港、动漫港、音乐港、大学港等十大“学习港”。学习节期间，10个学习港推出了13类40余项活动项目，参与人数超过7 000余人。

（3）打造“运河学习长廊”

拱墅区以古桥拱宸桥为中心，在小河历史街区区域，推出了具有地域特色的聚集人气，夺人眼球的"运河学习长廊"，形成学习节亮点。推出"市民悦学体验点"。对运河沿线原有的文化场所、设施、阵地资源进行梳理整合，推出经营类、公益类和活动类"市民悦学体验点"45 个。学习节期间，交换、赠送、销售图书 13 040 余本，其中销售额达 39 000 余元。同时，由于引进了星燎原、晓风书店等著名品牌，使河畔书屋区域出现超强的人气，仅这 2 个书店的人流量就达 9 000 人次，销售总额 16 000 余元，市民和读者好评如潮。

2. 西湖读书节：城市因阅读更美好

2007 年以来，杭州每年都要举办西湖读书节。每届读书节都会历时数月，组织活动数百项，参与人数百万人次。2009 年西湖读书节更是获得了中宣部、中央文明办和新闻出版总署联合颁发的"全民阅读活动优秀项目奖"。西湖读书节分别以"阅读改变人生，阅读提升品质""读书变革思维，学习引领生活""读书提升幸福感""悦读——共赴人类思想的盛宴""满城书香飘杭州""杭州，因悦读而美丽""阅读 · 圆梦""阅读吧，最杭州的声音""互联网+新阅读"等为主题，连年举办，那些贴近市民、参与面广泛、形式多样的读书活动，成功吸引了越来越多的市民积极参与。"我们的价值观"主题实践活动经验全国推广，成为全国"最美现象"发源地，蝉联全国文明城市称号。

3. 成人"双证制"培训：一个都不能少

2009 年 3 月开始，杭州市在全市劳动年龄段常住居民中大力开展免费成人"双证制"学历教育。主要面向处于劳动年龄段的进城务工人员、失地农民、低学历市民等弱势群体，实施学历补偿教育和职业技能培训相结合的教育，通过政府买单，实施免费的文化和技能培训，实现低学历成人群体文化素养和技能水平的双提升，增强这一群体的就业能力，从而改善成人弱势群体的生存状态和生活水平。成人"双证制"培训由城市开始，向农村延伸，分步推进。2009 年先在六城区实施，2010 年开始将工作重心转向在工业和旅游商贸企业中开展职工学历技能双提升培训，2011 年按照《杭州市推进农村"双证制"学历教育工作实施办法（试行）》，将工作重心转向农民。2022 年开始，面向社会人员招生。

杭州市建立了以公共财政为支撑的经费投入机制。经费主要由四部分组成：一是教育消费券，杭州市委、市政府预算首期投入 1.2 亿元的教育培训消费券；二是财政补贴，取得"双证"的按每学员 1 700 元的标准给予补贴；三是农村补助性经费，由市、区（县、市）两级政府分担，列入市、区（县、市）财政年度预算；四是免费为社会人员培训，经费由政府负担。十年来，各级财政共支出约 2.5 亿元，培养学员 20 余万人。

杭州市成人"双证制"培训最大的亮点是以"学分制"为核心运行。其基本流程包括

“机构审定—学员报名—培训学习—考试考核—学分认定—颁发证书”六个主要环节。文化培训由教育局负责，技能培训由人力和社保部门负责。整个流程设计以方便成人学习的弹性学分制为核心，凸显成人学习的自主性，保证成人学习的自由空间。

4. 市民学习圈：为终身学习续航

2016 年开始，按照《杭州市教育局办公室关于开展杭州市街道(乡镇)30 分钟市民学习圈评估认定工作的通知》要求，杭州市各区、县(市)广泛开展街道(乡镇)30 分钟市民学习圈创建工作。每年组织两次以上的研讨、展示活动，相互交流学习，以科研引领，努力打造杭州式“市民学习圈”。杭州市街道(乡镇)30 分钟市民学习圈不仅为市民学习提供各类学习资源和丰富多彩的学习活动，更是各地区成人教育工作的抓手和品质保证。2017 年 5 月，在富阳区召开了杭州市市民学习圈建设研讨和交流学习会议，参观、观摩了富阳区大源镇贬口村示范市民学校及当地学习型社团活动。并通过专家讲座、小组交流等形式，总结了区域开展市民学习圈建设的举措，如何结合当地资源和特点推动市民学习圈建设，形成自身的特色。

5. 钱江新城漂流书亭：让书香飘起来

一座无人看管的书亭，带一本书来，换一本书走，钱江新城城市阳台漂流书亭，通过交换、共享，以它最原始的“一本换一本”的方式，考量着这个城市的文明，呼唤市民对阅读的热爱和彼此的信任。2012 年，50 座漂流书亭在钱江新城的城市阳台启漂，莫言、苏童、阿来、麦家和舒婷等文坛名家都来过城市阳台，给漂流书亭添上了自己带来的书。在这里，书亭旁边都会有一两个木凳，路过的市民和游客也可以坐在此处慢慢翻阅。人们查阅书目、伸手取书都很方便。漂流书亭就像一个完全敞开大门的图书馆，它的藏书数量是无穷大。市民和游客不仅是它的读者，也是它的参与者、建设者和维护者，充分体现了公共文化服务“共建、共享”的原则。流通率 80%！阅读人次超 60 万！书亭见证“精致和谐、大气开放”的杭州城市人文精神。2015 年 5 月 26 日，习近平总书记来到杭州钱江新城的城市阳台，看到供市民自愿捐书换书的漂流书亭，称赞这种文化传播方式有特点。杭州不仅有满陇桂雨，更有满城书香，漂流书亭提升了城市文化格调，为“美丽杭州”建设增添了一抹亮色。

6. 社区学习共同体：共同学习，守望相助

作为国家社科基金教育学一般课题的“社区学习共同体生命价值与成长机理研究”成果，杭州的社区学习共同体从 2008 年开始研究和实践。2013 年 9 月 20 日，《中国青年报》以头版头条发表了题为《杭州打造中国式“学习圈”》的文章，对杭州市兴起的社区学习共同体作了详细介绍。浙江省委宣传部将该报道文章在内部简报中全文转载，相关领

导做出重要批示,《人民日报》《文汇报》《浙江教育报》等八家重要媒体均对此做过系列报道。到目前为止,共计在全市范围内培育社区学习共同体 8 000 多个,城乡分布均匀,据调查统计每个月有 90 000 多人在“学共体”中学习,人均学习时间达到每个月 17 小时。2010 年至 2023 年,杭州市评选出市级示范社区学习共同体近 600 个。

7. “我们的价值观”系列主题实践活动:倡导“正能量”的学习

多年来,杭州把加强公民思想道德建设融入总体制度设计和政策法规制定,贯穿社会管理和公共服务的全过程,贯穿经济社会生活的全领域。为实现传统文化与时代精神交相辉映,杭州在“我们的价值观”主题实践活动中,与每个月的中国历史文化、传统节庆相结合,围绕社会主义核心价值体系的基本内容,策划推出了“我们的价值观”每月主题实践活动,根据每个月重要节庆日的思想文化主题,分别确定了“民生、礼仪、诚信、感恩、奉献、关爱、信仰、责任、科学、爱国、创新、和谐”12 个主题词,并结合主题词的内涵,每月推出举办一次主题讲座、组织一次互动讨论、开展一系列主题实践活动等“三个一”活动,引导市民在互动讨论中理解主题词的含义,在参与活动中自觉弘扬核心价值观。

8. “最美”精神:构筑学习的“最美”风景

近年来,杭州高度重视道德建设,坚持以社会主义核心价值体系为引领,打造东方品质之城,构建培育“最美”的沃土。坚持典型引路,充分发挥“最美”的示范和引领作用,积极引导广大民众以“慧眼敏思”去发现自己身边的善心善举。如开展“我推荐、我评议身边好人”“寻找我们身边的先进典型”“发现最美杭州人”等主题宣传活动;萧山区开设“道德档案”,借助道德评议来惩恶扬善;江干区通过“道德讲堂”,挖掘和传播身边可亲、可信、可学的“最美”,等等。2005 年,杭州发起首届“感动杭州”十大平民英雄评选活动,涌现了“最美司机”吴斌、“最美妈妈”吴菊萍等 100 多位(组)“平民英雄”“道德模范”人物和群体,无数次地感动着杭州这座城市,从他们身上折射和散发出来的闪亮的人性光芒,给人温暖,教人向善,催人上进,成为人人争当“最美杭州人”的生动榜样。2012 年至今,杭州持续开展了“争做最美杭州人,发现最美杭州人”主题宣传活动,大力推进“最美杭州人”光荣墙(廊、栏)四级体系建设。目前,各级“最美人物”已达 4 900 余位,全市基层单位和群众推荐各类“最美人物”和道德模范 2 000 多人,其中 5 人荣获“全国道德模范”称号。2015 年,杭州市委宣传部、市文明办联合出台了《杭州市培育和践行社会主义核心价值观,深入打造“最美现象”精神文化品牌行动计划(2015—2020)》形成长效推动政策保障机制,《行动计划》明确,要完成《杭州市文明行为促进条例》的立法和《杭州市志愿服务条例》的修订,市和区、县(市)两级都要出台道德模范关心关爱机制;在传播渠道全覆盖方面,市级媒体每年要宣传推出各行各业的“最美人物”100 位以上,每年出版

《最美杭州人》书籍，每年开展“发现最美”好新闻评选。

9. 青少年学生第二课堂：课外教育的“杭州模式”

杭州市西湖区文新街道星洲社区专门开辟了一块场地，不定期组织孩子们拿出自己的玩具、图书、学习用品等在这里进行交换。在这个称之为“梦想市场”的地方，孩子们体验着商人的生活以及分享的快乐。杭州市上城区望江街道近江西园社区，在钱塘江边开辟了“红领巾试验田”，每年暑期都会组织青少年在这片“自留地”里种植青菜、玉米、长瓜、辣椒等果蔬，让他们当一回“锄禾日当午”的小农夫。在杭州 13 个区、县（市），在中国京杭大运河博物馆、蒋筑英科技馆、杭州名人纪念馆等杭州公益性场馆，以及杭州市各中小学校，到处能看到青少年学生第二课堂各色各样的活动。

杭州是一座国家级历史文化名城，拥有独特的人文环境与自然环境，全市具有公益性场馆 100 多所，数量众多，设施先进。为了整合这些资源，也为了给未成年人的健康成长提供一个平台，早在 2008 年，杭州市委、市政府就推出了《杭州市青少年学生第二课堂行动计划》，通过整合全市公益性场馆资源，采取政府补贴的形式，鼓励公益性场馆设计和开展丰富多彩的课外活动面向中小学生，鼓励学校组织中小学生走进第二课堂开展社会实践活动。力争举全市之力，推进青少年学生思想道德建设，促进青少年学生德智体美全面发展，提升青少年学生课外文化生活品质。9 年来，杭州各地各单位共计成立了上百家青少年学生第二课堂基地，有效整合了全市人文、科技、文化等优质资源，全市 1 300 余万人次青少年走入第二课堂参与各类活动。第二课堂开创性地把学校、家庭、社会教育资源有机地整合起来，创新了未成年人思想道德建设新平台，极大地增强了未成年人思想道德教育的针对性和实效性。

10. 农村文化礼堂：打造农民的精神文化家园

杭州市从 2013 年开始全面开展农村文化礼堂建设，经过近 3 年努力，全市已建成村级文化礼堂 452 个，在全省率先完成了 2015 年的建设任务。在农村文化礼堂的推动下，礼堂文化正在成为乡野间的新地标，引领着更多的人找到认同感、归属感，让更多人找寻到回家的路。不同的村庄，依赖不同的村落文脉，因地制宜地打造出具有鲜明个性的文化礼堂。

近年来，杭州依托文化礼堂，开展了村歌大赛、农村文化礼堂摄影大赛、“记得住乡愁”征文、“我和我的祖国”群众合唱等以“我的家园，我的梦”为主题的系列文化活动，探索建立了道德评议机制，坚持定期开展文化礼仪和节庆活动，力争月月有计划、周周有安排、天天有活动。抗战时，富阳大源镇贬口村遭受日军二次侵犯，灾难深重。2015 年，该村根据村史资料，依托农村文化礼堂阵地和老年文化志愿者力量，以纪念抗战胜利 70 周年为主轴，开展了整理史实资料、讲抗战故事励志后人、唱抗战歌曲思战争苦难等一系列活动。市委宣传部、市文广新局还联合举办了“纪念抗战胜利70周年农村电影周暨农村数字电影进文化礼堂”活动，全市128个文化礼堂播放抗战专场电影300余场。

2015年，杭州市委宣传部、市农村文化礼堂建设工作领导小组办公室还开展了全市农村文化礼堂“双十佳”评选活动，最终分别评出西湖区转塘街道外桐坞村文化礼堂等“十佳特色农村文化礼堂”和富阳区文礼办顾问陈华林等“十佳乡村文化公益使者”。通过评选“十佳特色农村文化礼堂”，推动样板和示范的建设，引导各地依据自然禀赋、文化传统和群众需求，打造“一村一色”和“一堂一品”；通过表彰“十佳乡村文化公益使者”，鼓励更多的社会热心人士主动支持和参与农村文化礼堂的建设，用自己的爱心，为杭州农村的乡风文明和文化繁荣作出贡献。

二、问题与建议

（一）存在的主要问题

1. 教师职称评审通道不顺畅，年龄结构老化

目前，中小学教师职称评审中未有成人教育或社区教育的单独系列，社区教育教师评职依据中小学教师的评职标准，这导致社区教育教师基本评职无望。社区学院或成校的教师多来源于中小学，绝大多数教师为退居二线的中小学校原校长或校级干部，年龄普遍偏大。教师年龄结构失衡，年龄整体偏大，极不利于社区教育、老年教育的创新发展。

2. 机构职能不清，阵地萎缩问题明显

社区教育四级网络形成的基础各不相同，一套班子几块牌子的现象突出，导致有限的办学力量进一步削弱。如临安社区学院同时挂临安职业教育中心、浙江广播电视大学临安分校、临安区卫生进修学校牌子，教师真正从事社区教育、老年教育工作的时间仅占工作时间的四分之一，专职人员无法实现专职。同时，近几年因国家进行行政体制改革，每年都要缩减一定数量的事业单位和事业编制，导致独立编制的社区学校数量、人员编制大幅减少，成人继续教育面临弱化问题。成人文化技术学校，作为开展新型农民、村民社区教育培训的重地，被大量取消独立建制、独立预算，或撤并掉。

3. 各类教育资源的共享机制不健全，资源壁垒明显

各类教育之间的资源共建共享力度不够，学分银行还处于起步阶段，在建立各类教育学分积累、转换和认证制度、促进不同类型学习成果互认和衔接上还存在着很多困难。此外，受各部门行业之间联动工作机制不畅通的影响，行业的“条”和部门的“块”之间缺

乏沟通与协调,因而各部委办局之间的资源壁垒依然不同程度地存在,在场地、师资、课程等方面实现资源的最高效利用仍然任重道远。

(二)建议与意见

1. 抓紧打通社区教育、老年教育教师职称晋升通道

建议教育部建立社区教育、老年教育教师职称评审晋升制度,从全国层面积极制定出台社区教育工作岗位职责与相应考核标准,以专业化评估引导工作人员的专业化发展。地方积极根据实际工作与职称晋升要求加强培训,通过岗位培训、继续教育等,形成社区教育队伍轮训机制以及学时培训体系,着力打造合格的社区教育专业化团队。

2. 全面理顺社区教育(老年教育)工作机制与体制

切实发挥社区教育工作领导小组作用,压实本区域各部门的职责,每年或根据实际工作需要,定期召开联席工作会议,督促各部门主动、积极参与社区教育,实现区域内部门间“横向联动”畅通,将区域内社区教育的机构、组织、功能、活动、设施、经费等纳入社区基本公共服务的范围。加大地方政府社区教育、老年教育、学习型城市建设等考核力度。

3. 加快国家终身学习促进法制定出台进度

当前,终身学习、终身教育和老年教育的法律规定散见于教育法、职业教育法等法律中,有必要进行系统研究和专门立法。而地方性也有不少省份或地市出台了相应的政府法规。建议教育部加快终身学习促进法制定出台进度,为推动学习型城市建设提供更系统的政策保障。

三、下一步工作

(一)数字赋能社区教育发展

加强社区教育机构数字化能力建设,推进社区教育内涵建设,提升社区教育师资队伍的数字化能力,构建泛在、智能的全民终身学习场景。深化“杭学通”终身学习公共服务平台建设,创新资源共建共享机制,构建动态开放的一体化资源供给库,多跨协同打造社区教育数字化服务品牌。打造智慧学习空间,完善市民终身学习档案,创新学习成果认证兑换机制。立足社区教育大数据仓,实现终身学习服务监测、客观评价、数据绩效、评优推先等数据应用,形成社区教育数字化治理示范。

(二)大力推动老年教育发展

认真落实老年教育相关政策,构建老年教育政策保障体系和长效运作机制;依托社

区教育四级网络建设，着力完善“市—县（市、区）—乡镇（街道）—村（居）”四级老年教育网络，进一步拓展和丰富老年教育供给，大力发展远程老年教育，推动部门、行业企业、院校举办老年大学，鼓励社会力量兴办老年教育，进一步提高各类老年教育机构面向社会办学开放度，为老年教育提供更加开放、便利、多层次的服务，力争实现乡镇（街道）老年学校全覆盖，到 2027 年实现村（社区）老年学堂覆盖率达到 55%以上。

（三）加强社区教育师资队伍建设

对标高质量发展建设共同富裕示范区，破解社区教育发展不平衡不充分的问题，成立社区教育名师工作室，探索线下线上，多种教师结对模式，加强对县（市）社区教育教师帮扶指导。创新社区教育教师培养方式，深入开展社区教育院（校）全员研修，加快社区教育骨干教师成长。组织开展好新一轮社区教育院（校）长高级研修班，提升领导、决策和管理能力。

（四）持续擦亮区域社区教育品牌

进一步挖掘典型、扶持薄弱，加强社区教育工作科研指导、品牌建设、成果培育，做好“杭州市职业教育改革发展典型”社区教育领域的遴选与指导。探索乡村社区学校（成校）功能再建和幸福学堂建设路径。全市要在“未来社区”教育场景建设和“教育共富”等方面找准发展方向与项目，培育精品教育教学成果，形成区域发展的亮点与特色。

审稿人：宋小华，杭州市教育局职成教处处长
撰稿人：
张　丹，杭州市教育局职成教处副处长
曲连冰，杭州市教科院成教研室主任
林　晓，杭州市教科院成教研室教研员
刘利俊，杭州市社区大学副院长

第四章　成都市学习型城市建设发展报告(2013—2023)

成都开放大学

一、宏观背景

(一) 成都教育发展与变革

成都市坚持党对教育事业的全面领导,始终把教育摆在优先发展战略地位,不断深化教育综合改革,教育事业发展水平保持在中西部前列,为实现更高水平、更高质量的教育现代化奠定了坚实基础。成都入选全国首批“双减”试点城市,“双一流”高校数量位居副省级城市第二位,获批国家职业教育高地建设试点城市,在蓉高校在校大学生突破100万人。教育质量实现新提升,成都市优质学前教育覆盖率达80.2%,培育义务教育新优质学校292所、省级示范性普通高中54所;建成128个基础教育名校集团,服务学生40.9万人,7所高职学校获国家“双高计划”建设单位,8所国家“双一流”高校建设成效显著。教育改革取得新突破,截至2020年,成都累计获批15个国家级教育改革试点示范区,47个项目被确定为省级教育体制改革试点,全国首创教师“县管校聘”、学校“两自一包”、区域“五育”并举教育质量综合评价改革、城乡教育一体化发展机制、学前教育“两为主”发展模式等标志性引领性改革举措在全国推广。教育服务做出新贡献,面向市民开设课程5 000余门,实现社区教育机构常态化课程满覆盖。2019年被联合国教科文组织授予“全球学习型城市奖”。

(二) 成都学习型城市建设发展历程

近年来,成都市学习型城市建设,以社区教育发展为切入点,聚焦婴幼儿、青少年、老年等不同年龄段,推进家庭教育、社区教育、学校教育相互衔接和融合发展,打造终身学习地方特色品牌,构建终身教育体系,实现了由“全面发展”到“规范优质发展”突破。

1. 第一阶段　点面结合　梯度发展(1990—2008 年)

(1) 区(市)县探索发展,教育资源逐步向社区开放

早在 20 世纪 80 年代,成都市青羊区开始了社区教育的探索。2000 年 8 月,成都市青羊社区教育学院成立,是我国西部第一家独立法人的社区教育学院。2000 年,青羊区被教育部确定为全国首批 8 大社区教育实验区之一。2002 年,成都市先后印发《关于贯彻城市社区建设的意见》和《成都市城市社区建设发展规划》,提出通过社区教育"整合资源",形成社区建设的整体合力;同年发布《关于全市教育资源向社区开放的通知》,要求全市教育资源向社区开放,扩大教育资源供给。

(2) 教育系统明确推进社区教育发展,三级社区教育网络陆续建立

2003 年,成都市下发《关于在社区建设中加强社区教育的意见》,明确社区教育目标、建立社区教育网络、整合各类教育资源、丰富社区教育。随后成都市各区(市)县社区教育学院相继成立,"区—街—居"社区教育三级网络陆续建成。2005 年,成都市颁发了《关于进一步推进社区教育工作的意见》,明确了社区教育的重要性和实施策略。同年,全国首届"全民终身学习活动周"在北京开幕,成都市紧跟全国步伐,在青羊区举办了第一届"全民终身学习活动周"启动仪式,进行终身学习宣传和推广活动;国际社区教育论坛在成都市召开。

2. 第二阶段　纵横结合　均衡发展(2009—2016 年)

(1) 明确社区教育发展机构和建设标准,促进社区教育规范发展

2009 年 11 月,成都市印发《关于依托成都广播电视大学成立成都社区大学的通知》,明确依托成都广播电视大学成立成都社区大学,服务成都市全民终身学习体系构建和学习型成都的建设,明确了市、区县、街镇、居村四级社区教育机构的地位和作用,并要求各区(市)县财政部门按照社区常住人口人均不少于 1 元的标准落实社区教育专项经费。同年,成都市印发《成都市规范化社区教育学校(工作站)设置标准(试行)》的通知,要求各区(市)县按照标准建设社区教育学校(工作站)。2010 年起,成都市每年组织市级规范化社区教育学校和示范社区教育工作站的创建评估工作,2015 年起将社区教育机构标准化建设纳入了市政府为民办实事工程。2016 年,成都市印发了《成都市规范化(示范)社区教育学校(工作站)建设评估指标体系》,对规范化社区教育学校的各类功能室要求作出了明确规定,成都社区教育走上了全域统筹、系统推进、规范发展的道路。

(2) 统筹城乡一体教育发展,促进全域教育优质均衡发展

2003 年以来,成都市运用统筹城乡的思路和办法,开启了城乡教育一体化的探索和实践。坚持以政府投入为主体,以缩小城乡教育差距为目的,以均衡配置资源为核心,以

完善制度和机制为保障，在重点促进义务教育均衡发展的同时，按照“全域成都”的理念，将义务教育均衡发展的成功经验和做法向学前教育和高中阶段教育以及终身教育三端延伸，在强化县级政府责任的同时，努力扩大可调控资源的市域统筹，促进全域成都教育优质均衡发展。2012 年，成都市发布了《关于进一步加强成都市社区教育的实施意见》。2013 年 2 月又印发了《成都市建设统筹城乡教育综合改革试验区第二阶段总体方案（2013—2017 年）的通知》，旨在“探索形成城乡一体的基本公共教育服务体系”，其中明确提出了建立和完善终身教育体系的目标任务。

（3）构建全民终身学习服务体系，统合协调推进学习型城市建设

2013 年，成都市印发《成都市构建和完善覆盖城乡吸纳全民的终身教育体系实施方案》，提出创建各类学习型组织、大力开展提升公民素养和生活品质的社区教育、鼓励各级各类学校教育资源服务于终身教育、加快建设市民学分银行、大力推进城乡数字化学习等主要任务，为成都全域推进城乡社区教育发展、全民终身教育体系建设作出了指导。2014 年 12 月，成都市教育局印发了《关于设置成都市终身教育促进办公室的通知》，决定依托成都开放大学（原成都广播电视大学）设置成都市终身教育促进办公室，推动成都全域社区教育均衡发展。2015 年 12 月，成都市印发《成都市关于推进学习型城市建设的意见》，提出将学习型城市建设纳入成都经济社会发展规划，明确和细化学习型城市建设的目标、任务、路径及步骤，形成政府统筹，部门联动，社会协同的推进合力。2016 年，成都市作为国内第四个城市加入联合国教科文组织学习型城市网络。

3. 第三阶段　依法治教　优质发展（2017 年至今）

（1）开创社区教育立法先河，学习型城市建设步入法治化发展轨道

2017 年 2 月 1 日，《成都市社区教育促进条例》正式实施，开创了我国社区教育地方立法的先河。2017 年 3 月，成都市印发《关于建立成都市学习型城市建设与社区教育联席会议制度的通知》决定建立成都市学习型城市和社区教育联席会议制度，至此，成都学习型城市建设与社区教育步入法治化发展轨道。

（2）深化学习型城市建设顶层设计，推动形成终身学习新格局

2018 年 7 月，成都市出台了《关于加快老年教育发展的实施意见》，明确了成都市老年教育的阶段性目标“到 2020 年，基本形成主体明确、覆盖广泛、开放便捷、多方参与、特色鲜明、规范有序、保障有力的老年教育新格局。”2019 年 8 月，成都市印发了《成都市学习型城市建设提升行动计划（2019—2022 年）》，明确“构建灵活开放、衔接沟通、覆盖城乡、吸纳全民的终身学习服务体系，推动形成‘人人皆学、处处能学、时时可学’的终身学习格局，为市民创造多元、开放的学习机会”。2020 年，成都举办了首届“成渝地区双城

经济圈学习型城市建设高峰对话”，就学习型城市建设、老年教育、社区教育、终身学习、市民数字化学习等议题进行了论坛分享，推进成渝地区学习型城市建设，提升成渝地区终身教育的影响力。2022 年 1 月，成都制定了《成都市关爱居家和社区老年人工作实施方案》，提出将实施老年教育扩容培优计划、支持社会力量参与老年教育、组建成都市老年开放教育联盟、创新老年教育形式等工作。2022 年 5 月，成都市印发了《成都市“十四五”教育发展规划》，提出要将“大力发展继续教育、社区教育、老年教育，充分整合社会多元主体，扩大终身教育资源供给，持续扩大成都‘全球学习型城市’影响力”作为重要任务。

（3）学习型城市建设成效显著，成都城市美誉度进一步提升

成都市通过传统媒体与新媒体的融合利用，全方位宣传终身学习、学习型城市建设，持续举办“全民终身学习活动周”和开展全民阅读等活动，形成了两网、两刊及官方微博、微信和广播电台的立体宣传格局，为成都学习型城市建设营造了良好的社会舆论环境，学习型城市建设深入人心，获得群众和党委政府充分肯定和认同。参与和举办了多个国际交流活动，打造系列特色教学活动品牌，2019 年，成都获得联合国教科文组织“全球学习型城市奖”。

二、重要举措

（一）出台首部地方性法规，架构建设学习型城市制度框架

基于对社区教育多年的探索实践与理念深化，成都从体制机制设计、法规政策制定方面对其进行了必要的保障。通过先后出台《成都市社区教育促进条例》《成都市关于加快老年教育发展的实施意见》《成都市学习型城市建设提升行动计划（2019—2022 年）》等一系列文件，架构起建设学习型城市的制度框架。2017 年 2 月 1 日，成都颁布的《成都市社区教育促进条例》成为我国首部社区教育地方性法规。

（二）建立领导协调机构，学习型城市建设进入快速发展期

在《成都市社区教育促进条例》框架下，成都市建立起学习型城市建设与社区教育联席会议，吸纳了 29 个市级部门作为联席会议成员单位，明确了各成员单位职责，形成了成员单位每年年初报送社区教育资源及教育培训服务清单的工作机制。截至目前，成都市 23 个区（市）县参照市级架构相应组建了本级联席会议制度，自此，成都市学习型城市建设进入了快速发展期。2016 年，成都作为国内第四个城市加入联合国教科文组织全球学习型城市网络。2019 年，成都荣获联合国教科文组织“全球学习型城市奖”，并被委任为全球学习型城市网络（GNLC）“创新创业”主题集群的协调城市，在 2019 年至

2021 年与意大利都灵市一起协调该主题的全球 24 个国际城市，共同完成创新创业推动学习型城市可持续发展的项目。

（三）坚持协同均衡发展，建立区县社区教育互动发展联盟

为推动教育优质、均衡、可持续发展，成都市出台了《关于统筹推进城乡义务教育一体化促进全域优质均衡发展的实施意见》《关于进一步深化区域教育联盟发展的意见》等政策文件，以新发展理念为引领，创新区域教育联盟体制机制，推动联盟建设转型升级，加强区域间教育融合发展，促进优质教育资源共建共享、互利互补。坚持协同均衡发展，立足区域经济定位和民众教育需求，在中心城区，着眼生活品质提升，大力推进院落学习、楼组学习，形成便民、惠民学习圈；在近郊的区（市）县，着眼城乡统筹，大力开展新市民教育，让新市民尽快融入城市生活；在远郊的区（市）县，着眼经济发展，紧紧围绕农业经济结构调整，大力开展农村职业教育和技能培训，提高劳动力素质和经济收入。同时，成都还建立了中心城区和远郊区域社区教育互动发展联盟，实现 12 个区县的牵手帮扶行动，实现“圈层融合，互动发展”。

（四）开展多元终身教育系列活动，提升学习型城市建设影响力

成都连续 18 年举办“全民终身学习活动周”活动，目前已形成了市级、区（市）县、镇（街道）、村（社区）四级联动格局，每年策划的教育活动内容丰富、形式多样，产生了积极广泛的社会影响。广泛开展各类讲座、公益课程、阅读推广活动等，打造“锦城讲堂”“成图乐龄荟”“图书馆之夜”等阅读推广活动品牌。创意设计周、音乐金钟奖、大地艺术季等大型城市品牌活动交替上演，年均开展成都文化四季风、书香成都、乐动蓉城等文化活动 10 万余场。着力打造文艺支教、文艺“六进”等品牌项目。打造以科普馆的自然课堂为主的品牌公益活动，开展特色“绿道+”“学校+”“园区+”等科普活动，形成了“植物+”自然教育体系。举办“菁蓉汇科技金融助企惠民”等创新创业活动 1 000 余场。借举办世界大学生运动会的机遇，开展“爱成都 · 迎大运”寻找“蓉城红领巾小史官”活动，推出讲述成都历史文化和大运会知识的“网络微课”，累计阅读量超 600 万，参加线上答题竞赛的家庭超 16 万个。

（五）开展学习型城市建设监测，提升学习型城市建设水平

1. 组织专家团队研究解读指标体系，加强过程性指导

根据《教育部职成司关于开展学习型城市建设监测项目实施的通知》及《全国学习

型城市建设监测指导性指标体系（试行）》，成都市积极参与全国首批监测工作。2017年，成都市学习型城市建设与社区教育联席会议牵头组织实施成都市学习型城市建设监测工作，印发了《成都市学习型城市监测项目实施方案》，组建了由四川大学、四川师范大学、四川省教科院、成都开放大学（成都社区大学）相关人员构成的专家团队，对《全国学习型城市建设监测指导性指标体系》进行研究和解读，结合成都实际开展咨询论证工作，对参与单位进行过程性指导，确保监测工作的实效性和针对性。

2. 明确学习型城市建设监测分工，加强各级部门联动

学习型城市建设监测项目由成都市学习型城市建设与社区教育联席会议办公室牵头组织实施，具体负责统筹管理、议事协调。市委宣传部、市文明办、市教育局、市科技局、市民政局、市财政局、市人社局、市农委、市文广新局、市体育局、市城管委、市水务局、市统计局、市总工会、团市委、市妇联、市残联、市老龄办、成都调查队、成都开放大学（成都社区大学）等22个成员单位具体负责成都学习型城市建设监测体系中的责任分工条目的相关资料、数据收集和整理。

3. 确定学习型城市建设监测指标，深入开展监测数据分析

根据《教育部职成司关于开展学习型城市建设监测项目实施的通知》及《全国学习型城市建设监测指导性指标体系（试行）》设置了学习型城市建设监测指标体系中共有5个一级指标，15个二级指标，62个三级指标，三级指标中有18个为定性监测指标，44个为定量监测指标。成都市根据国家要求和指导，以《全国学习型城市建设监测指导性指标体系（试行）》为基础，扎实有效地开展成都市学习型城市建设监测数据分析并形成了监测报告。

三、主要进展

（一）发展城乡社区教育

1. 整合各类资源建设社区教育综合体系

（1）建设多层次的社区教育综合体系

成都市坚持政府主导与社会参与相结合，注重鼓励多元主体参与社区教育活动，形成多层次的社区教育综合体系。2009年12月，成都市依托成都广播电视大学成立成都社区大学，明确以成都社区大学为龙头，指导四级社区教育办学体系开展工作，明确构建四级社区教育机构工作格局，建设以社区大学、社区教育学院、社区教育学校、社区教育工作站四级社区教育机构为主体，各级老年大学和各类面向社区居民的社会教育培训机构为补充的社区教育综合体系。截至2023年，全市建立了以1所市级社区大学、23个区

(市)县级社区教育学院为主体,261 所镇(街道)社区教育学校为骨干,3 034 个村(社区)教育工作站为基础,中小学资源开放为辅助的社区教育办学网络。打造市级优质社区教育学校 30 个,市级规范化社区教育学校 214 个,市级示范社区教育工作站 501 个,基本形成了覆盖城乡、吸纳全民的社区教育服务体系,优化了社区教育便民服务“最后一公里”。

(2) 整合各类社区教育资源

成都明确规定市和区(市)县政府将社区教育场所和设施纳入社区建设和规划,统筹推进社区教育机构标准化建设,注重缩小城乡之间、区域之间差距。整合社区教育可利用资源,拓展社区综合服务中心(站)的社区教育功能,推动社区教育工作站与社区综合服务中心设施统筹、信息共享、服务联动,实现一个场所、多种功能,促进基层公共服务资源效益最大化。开放学校资源,鼓励各级各类学校在不影响正常教学前提下,充分利用各自资源优势,在师资、设施、场所等方面为社区教育提供便利,开展社区教育活动。充分利用社会文化资源,鼓励图书馆、博物馆、文化馆、青少年宫、妇女儿童活动中心等公益性设施为社区教育活动提供便利。

2. 开展社区教育实验区、示范区建设

自 2008 年教育部开展全国社区教育示范区和实验区评定工作以来,成都市青羊区、武侯区、成华区、锦江区、金牛区、龙泉驿区 6 区(市)县成功入选示范区,温江区、新都区、蒲江县 3 区(市)县入选实验区。2022 年,成都开展了首届社区教育服务公园城市示范区建设优秀创新案例征集活动,得到了社会广泛关注和支持,推动社会组织和各界社会力量积极参与社区教育助力公园城市示范区建设的积极探索,多元主体参与终身教育体系构建,满足市民多样化终身学习需求。

3. 推进城市社区学习中心(CLC)能力建设项目研究

2019 年成都市锦江区教育局成功申报联合国教科文组织项目“城市社区学习中心(CLC)能力建设”项目(以下简称“城市 CLC 项目”)实验点,为成都市唯一入选单位。自锦江区入选“城市 CLC 项目”首批实验点以来,坚持“满足需求幸福民生”的目标,推进社区能力建设,高质量推进项目实践,先后参与了“西部社区教育发展的现状、趋势、问题与建议调研”“社区教育融入社区治理”“提高城市老年人生存能力”等子项目研究,形成的《智慧锦江 · 幸福城区》案例入选教育部职成司第二批“能者为师”优质案例推介名单;创新建立“4 中 8 能”的社区学习中心能力建设新模式,建立区—街—社—院落四级实验点 12 个,撰写论文《成都市锦江区城市社区学习中心能力建设研究》,是第一批实验点唯一在核心期刊发表实验成果的单位。

4. 社区教育数字化转型高质量发展

建设“终身教育公共服务平台和学习资源库”是社区教育信息化和数字化学习的必然要求，是实现社区居民“时时学习”的基础和前提。成都积极利用互联网搭建“人民优学”社区教育平台，优化社区教育资源配置，提供“市民课堂”“地图找课”“找老师”及“在线学习”四大功能。成都市各社区教育学院、社区教育学校及社区教育工作站通过人民优学网站实时更新社区教育信息。同时“人民优学”整合各类社会资源，平台入驻社会教育优质师资，以及图书馆、博物馆、文化馆等公共学习资源。

5. 发展社区教育促进社区治理和社区建设

加强社区治理体系建设，推动社会治理重心向基层下移，发挥社会组织作用，实现政府治理和社会调节、居民自治良性互动，是当下社区建设的关键。早在 2014 年，成都就提出了以“社区善学促进社区善治”发展理念，突出社区教育服务社区发展治理的理想追求。近年来，成都持续挖掘以“善学”促“善治”内涵，通过构建全面系统的政策保障体系，搭建全民共享的学习服务体系，创新多元共治的社区教育载体，探索社区教育服务社区治理的途径。通过创设学习条件、提供经费扶持、开展课程学习、组建指导团队、搭建发展平台等一系列措施，积极培育市民自主学习团队，增强市民自我组织、自我服务、自我管理的能力，吸引社区成员因“学”而聚，各尽其才。不断扩大社区教育基本公共教育服务的力度，深化社区教育内涵，提高为民、化民、富民、乐民、惠民的能力，如通过“人民说法”“三知教育”“廊桥夜话”等课堂形式，各级社区教育机构正在成为培育市民自主参与意识与能力的场所，生活中疑难杂症的处理和解决、政府与居民对话社情民意的交流平台。2018 年成都市社科联依托成都开放大学建设了成都市社会治理与终身教育研究基地，提升终身教育助力社区发展治理的研究能力，扩大研究成果的推广和应用。

6. 加强社区教育工作者队伍建设

为提升终身教育服务品质，成都市建立了社区教育管理者、专兼职教师和志愿者师资库，并开展系列专业化培训。“十三五”期间，成都建立社区专职工作者统筹管理、职业化岗位薪酬和职业资格补贴等制度，创办村镇学院、社区学院、社会组织学院等基层治理院校，全市 2.6 万名社区工作者进入职业化体系，基本构建起多层次基层队伍和村（社区）的人力资源支撑体系。2020 年，成都完善了社区教育教师职称评定和评优评先的激励机制。为吸纳更多有能、有才之士参与社区教育活动，充实市、县两级社区教育师资库，成都市早在 2014 年就开展了首届“能者为师——寻找社区好老师”活动，至今已连续举办 8 届，2022 年 4 月，成都社区教育“能者为师”名师工作室项目入选全国社区教育“能者为师”创新项目首批名单，截至 2022 年底，成都市建有能者为师“社区教育名师工作室”40 个，专兼职社区教育教师突破 4 000 人。

（二）发展老年教育

成都历来重视老年教育工作，早在 2018 年就出台了《关于加快老年教育发展的实施意见》。2021 年 2 月，在“十四五”新起点上，成都市印发《关于实施幸福美好生活十大工程的意见》，明确提出要在实施“全龄友好包容社会营建工程”中“大力发展城乡社区老年教育”。2022 年 1 月，成都市制定《成都市关爱居家和社区老年人工作实施方案》，提出“系统推进‘老有所养、老有所医、老有所为、老有所学、老有所乐’5 大重点领域建设”，助力成都学习型城市建设。

1. 对标顶层设计，因地制宜建设成都四级老年教育服务体系

成都市成立了“成都老年开放大学”。对标顶层设计，制定了《成都老年开放大学区（市）县分部建设标准》《镇（街道）老年教育学校建设标准》等方案，推进老年教育点位标准化建设。2020 年，成都市 23 个区（市）县社区教育学院、老年大学增挂“成都老年开放大学区（市）县分部”牌子。到 2023 年全市 23 个区（市）县共新建有 261 个镇（街道）老年教育学校，实现 100%全覆盖。同时，成都市积极推动多部门联动、多元主体参与，2022 年，成都发起成立“成都老年开放教育联盟”，吸纳了为老龄事业服务的八个类型 29 个单位加入，不断提升老年人终身学习的获得感和幸福感。

2. 创新教学模式，满足老年人日益增长的多元化学习需求

成都创新教育教学模式，探索情境体验教学、通识与精品相结合、自主学习团队等老年教育教学模式，不断满足老年学员日益增长的多元化学习需求。成都市老年开放教育系统已建成天府绿道游学、蒲江茶文化游学、都江堰水文化游学、龙泉驿汽车文化游学等多条精品市民游学线路，平均每年接待市民游学近 5 万人次。在课程设置上，充分考虑了学员不同层次的需求，开设传统老年教育课程，打造了非遗、歌唱、书法绘画摄影、智慧生态菜园等多个体验学习中心，开设了四川曲艺、低碳环保、书法绘画等精品类课程，更好地满足老年群体和社会发展的需求。

3. 开门融合“互联网+老年教育”，提升教学服务能效

成都以丰富线下教学模式为根基，不断开拓线上教学服务能力，在汇聚优质老年教育资源的同时，加快构建线上融合线下发展新模式，建立具有区域特色的老年教育品牌。2023 年，参与国家老年大学首期“线上+线下”试点班工作，开设 20 个班次优质课程免费向 1 000 名学员提供服务。坚持“学”“乐”并重，实施“互联网+老年教育”，利用微信、网站等，扩大老年教育覆盖面，让老年人共享改革发展成果。强力推进共建共享智慧校园

建设，开设线上课后辅导、教学成果展演模块，汇聚优质老年教育资源。

4. 开放社会参与平台，扩大优质资源供给

成都与多地区多部门共建共享老年教育平台，建成远程教育点位近20个，合作建立校外社区教学支持点，做到多校区办学，进一步拓展优质老年教育覆盖面。积极拓展社区优质老年教育覆盖面，多方合作建立社区教学点，扎实开展形式多样、内容丰富的教育教学活动，努力打造具有区域特色的老年教育品牌。加快推动学校办学走出去、请进来，建立成都市开放教育联盟，如成都老年开放大学与四川师范大学、四川音乐学院等广泛开展教学实验基地合作，举办涉老赛事。成都市老年大学首创全国“金融+老年教育”办学形式，与兴业银行建成青羊校区，为周边老年学员提供10个大类40余种课程服务。

5. 开辟服务社会新格局，延伸基层治理触角

成都纵深推进社区学习点和“蓉城金秋”志愿服务队向城乡社区延伸，聚焦大局，实现组织共建、资源共享、活动互联，组织引导广大老同志积极参与助力红色基因传承、基层发展治理、社会新风尚等示范行动，聚力提高为老年志愿服务的覆盖面和可及性。着眼“时间银行”建设和“积分制管理”，聚焦可为，健全老年志愿服务激励机制，推广志愿者积分管理试点经验，搭建高效的老年人社会参与平台，帮助老同志在党建引领城乡社区发展治理中实现老有所为。

（三）构建各级各类终身教育体系

1. 推进高等教育、职业教育与继续教育的相互融通

党的二十大报告指出：“统筹职业教育、高等教育、继续教育协同创新，推进职普融通、产教融合、科教融汇，优化职业教育类型定位。”在相关教育建设方面，截至2022年底，成都市建设了幼儿园2 821所、中小学1 384所、高等学校65所；小学学龄儿童入学率达100%，初中入学率达100%，超过中高收入国家平均水平。

在职业教育方面，成都印发了《关于加快发展现代职业教育的实施意见》《成都市现代职业教育体系建设规划》《关于推进成都公园城市示范区职业教育融合创新发展的意见》等文件，大力支持职业教育发展，明确“职业教育是国民教育体系和人力资源开发的重要组成部分，与普通教育具有同等重要的地位，必须高度重视，加快发展。”

在继续教育发展方面，成都加强机关、事业单位职工教育、社区教育、农村成人继续教育和培训，支持农民工、失业者、低技能者、残疾人等弱势群体的学习，在中等和高等职业学校、城市普通高等学校开展成人继续教育等系列举措开展继续教育，颁布了《成都市加强就业技能培训管理实施细则》《成都市全民免费技术技能培训实施办法》以支持弱

势群体的学习需求。2017 年,成都市印发了《成都市残疾人自强助学金发放办法》,明确加强对残疾人的助学力度、发展残疾人教育,设立残疾人自强助学金,实施自强助学工程。2023 年,继续教育数字化转型与高质量发展论坛在成都顺利举行。

在普职融通育人方面,2017 年,成都印发了《关于推动普职融通育人模式改革的意见(试行)》,开展普职融通育人模式改革试点。2021 年,全市“职普融通班”共招收 1 900 余名学生;2022 年,成都市 20 所中职学校与 21 所普通高中学校结对举办“职普融通班”,通过初步探索实践,结对普通高中和中职学校在教学组织、课程开发、教师培养及学生多元发展等方面取得了初步成效。

2. 建立和完善学分银行制度

终身教育学分银行的建立是搭建终身教育的“立交桥”,是推进成都市终身教育体系构建与学习型城市建设的重要推手。2018 年 5 月,成都印发《关于成立成都市终身教育学分银行的通知》,建立终身教育学分银行。终身教育学分银行按照“总部+分部”的管理模式,在成都开放大学建立学分银行总部,在各区(市)县建立学分银行分部,高校及其他教育机构在自愿的前提下可通过合作(联盟)方式进行参与。2023 年完成了“成都市终身教育学分银行信息平台”建设,完成了“成渝地区双城经济圈学分银行信息平台(软件)部署及二次开发服务”工作。

3. 推动学校教育、家庭教育和社会教育相结合

成都市根据联合国教科文组织对学习型城市建设的关键特征框架,大力营造学习氛围,积极创新学习方式,在学校、家庭、社区和工作场所激活各类学习行为,不断优化终身教育服务体系,逐步构建“终身学习”立交桥。

(1) 成立成都市家校教育协会

2022 年 11 月,成都市成立了成都市家校教育协会,与电子科技大学工会、上海现代家庭教育研究所等数 10 家单位形成核心战略合作,以整合家庭教育、学校教育、社会(社区)教育专业力量以及专家资源,把家庭教育、学校教育、社会教育紧密结合,为家庭、学校、社会以及地方政府提供全方位的家庭教育指导服务。

(2) 成立成都市家长学校

2023 年 6 月,成都市依托成都开放大学成立成都市家长学校总校,创新构建“总校+分校+子校”三级组织架构体系,各区(市)县设分校,并在街道、社区、学校等设子校。为了更好地激发家长参与学习的积极性,总校还将建立家长学校学分银行机制,探索建立家长与子女“同步开学(入学)”激励机制。

(3) 成立家庭教育指导服务中心

2021年6月,成都市教育局依托成都开放大学成立了成都市家庭教育指导服务中心,并在各区(市)县建设了家庭教育指导服务分中心,迅速形成终身教育和家庭教育阵地共建共享、学校家庭教育和社区家庭教育共融共进的工作格局。截至2023年,成都全市广泛成立家庭教育指导服务中心,积极组建家庭教育指导师核心队伍,建成家庭教育示范学校106所,武侯区、青羊区、龙泉驿区的3个家庭教育阵地被评为全国家庭教育创新实践基地,武侯区被评为全国家庭教育实验区。

(4) 深化家庭教育支撑体系

成都高标准编制实施《成都市关于指导推进家庭教育的五年规划(2021—2025年)》,联动30余部门统筹推进,形成学校家庭社会协同育人合力。深化家庭教育支撑体系,以"共建有温度的家庭教育生态圈"为统揽,依托社区教育资源初步建成覆盖市、区(市)县、镇(街道)、村(社区)四级家庭教育服务网络。

(四) 推动终身教育数字化转型发展

1. 构建全民终身学习公共服务网络平台

2011年,教育部授予"成都市民终身学习平台"为"终身学习公共服务平台模式研究及示范应用"项目。2013年10月,成都市制定《成都市构建和完善覆盖城乡吸纳全民的终身教育体系实施方案》,要求大力推进城乡数字化学习,构建全民终身学习公共服务网络平台。目前,成都市初步建成"成都市终身学习教育资源库"和"成都市民终身学习公共服务平台",已形成"1库N网"公共服务平台架构,学习资源容量达20 TB,内容涵盖职业培训、基础教育、成人学历教育等25个大类,年服务市民人群超过300万人次。成都市先后建立了6个全国数字化学习先行区和6个城乡数字化学习实验基地。

2. 构建资源丰富的数字化教育生态圈

在数字化教育平台基础上,成都市完善师资管理、促进自建学习资源与遴选的市场优质资源相结合,积极构建数字化教育生态圈。定期开展成都市社区教育微课比赛,引导基层开发的优质资源向市级数字平台汇聚。以成都开放大学为例,建立了"能者为师"活动的优质师资库,方便各类社区教育机构快捷遴选开设课程所需的教师,目前建设线下课程16 951门,"蓉e学"平台的线上课程资源10 753门;在数字图书馆专栏,引入电子书130万种,目前收录期刊总量6 500种,其中核心期刊1 000种。

3. 推动价值共享的数字化教育合作

成都以数字化助力终身教育高质量发展,开展丰富研讨活动和互访考察。2020年

10 月，成都举办了首届“成渝地区双城经济圈学习型城市建设高峰对话”，全国各地的终身教育工作者就优质学习资源共建共享积极建言献策。川渝两地三所省级开放大学共建“成渝地区双城经济圈学分银行”信息平台，实现学分银行互联互通、共建共享。2022 年 7 月，成都举办成渝地区双城经济圈学分银行建设研讨会，持续提供数字化师资培训。2023 年 4 月，在成都举行的京蓉数字化赋能终身学习研讨会上，成都和北京终身教育专家学者共同探讨数字化赋能学习型城市建设路径，深入交流如何推动信息技术与终身教育融合创新发展。

4. 引领区域创新的数字化教育实践

成都鼓励数字化教育创新，指导引领区（市）县积极开展区域实践，推动数字化在终身教育学习环境构建、学习资源整合、学习支持服务等方面的应用和发展。成都市青羊区启动“智慧教育云平台”建设工作，依托“学习型青羊”微信公众号迭代形成“学在青羊”小程序，注册人数达 8.3 万余人，累计访问量 136 万余次；新都区以“学在新都”为载体，通过“三端”（平台端、电脑端、手机端）互联，为市民提供便捷高效的学习方式；武侯区完善“选—培—用—评”流程，促进数字化师资库建设提档升级；金牛区构建并丰富电脑端和手机端学习阵地，陪伴老年人轻松跨越“数字鸿沟”，该区老年人年在线学习量超过 80 万人次。

（五）开展全民阅读，构建“书香成都”

1. 健全阅读工作机制，加强阅读政策保障

2014 年，成都建立成都市全民阅读活动指导委员会，组织领导全市全民阅读活动开展。随着开展全民阅读活动不断深入，进一步扩大了成都市全民阅读活动指导委员会成员，目前有宣传、教育、文化、团市委、妇联、文联、工会等 28 个成员单位，将书香成都与城市规划建设、商贸物流、旅游休闲、会展博览、对外文化交流紧密结合，壮大阅读组织机构，拓展阅读活动阵地，扩大全民阅读活动覆盖面。注重阅读顶层设计，成都先后出台《建设书香成都发展实体书店三年行动计划》《促进全民阅读加快书香成都建设实施方案》等政策措施，为书香成都建设提供有力的制度支持和政策保障。

2. 打造“书香成都”品牌，深入开展阅读活动

以“书香成都”全民阅读品牌为引领，积极打造“一区县一阅读品牌”，大力推进全民阅读“七进”，实现城乡阅读活动全覆盖，打造了“锦城讲堂”“成图乐龄荟”“成图名家云讲堂”等阅读推广活动品牌。每年举办世界读书日系列活动、成都全民阅读盛典、“书香成都 · 阅行村社”等品牌活动。组织开展“阅读之星”“书香家庭”“书香之村（社区）”

“最美书店”评选活动、“阅读之美”摄影大赛。连续三年主办全国性全民阅读研究年会，承办中国新时代乡村阅读盛典、天府书展等重大活动。每年全市开展各类阅读活动 11 000 余场次。

3. 打造城市阅读空间，推动阅读设施建设

成都市积极推动公共图书馆事业高质量发展，不断改善办馆条件，加快新技术应用，全市公共图书馆现代化水平和服务效能有力提升。全市共有 23 个公共图书馆，全部被评为国家一级馆。成都实体书店 3 648 家，建成农家书屋 2 123 家、社区书屋 1 322 家。大力推动农家书屋提质增效、示范书屋打造、城市阅读美空间建设，全市新建各类阅读空间 600 多个。充分发挥实体书店扶持政策引领作用，推动精品书店布局，在大型商圈、文创园区、旅游景区、特色小镇、天府绿道等区域布局精品书店，建成文轩 BOOKS 九方店、几何印象城店等文化地标书城，全市 1 000 m^2 以上的综合性书城超过 40 家，全面完成“一区县一书城”实体书店布局。“全球最美书店”方所、“最美书店”钟书阁、茑屋书店等书店纷纷进驻成都，提升了成都实体书店国际化程度。加强实体书店扶持，每年财政支出 700 万元专项资金扶持实体书店开设新店、创新经营、贷款贴息等，6 年来，累计扶持资金超过 4 000 万元。

4. 搭建阅读宣传平台，加强阅读典范引领

充分依托成都市级媒体资源，打造全民阅读宣传阵地，建设“书香成都”微信、微博、抖音等新媒体平台，在红星新闻网站开设“书香成都”专栏，打造锦观“夜读成都”栏目。依托各级各类报刊、广播电视、新闻网站和新媒体平台，形成立体化、全覆盖态势，大力宣传全民阅读活动。积极协调中央、省、市各级各类媒体加大对成都市全民阅读活动宣传，营造了爱读书、读好书、善读书的城市文化氛围。为发挥典型示范引领作用，每年在全市组织开展“书香家庭”“书香之村(社区)”评选活动。

(六) 打造终身学习地方特色品牌

1. “最成都 · 市民课堂”项目

该项目自 2010 年启动以来，得到了业内外的广泛认可和好评，现已成为最有成都特色、最受市民欢迎、最具人文价值、最能倡导主流文化的社区教育活动品牌，年均开设课程 5 000 余门。项目开设了传统文化、养生保健、家庭教育、信息技术等各类课程，开发了社区教育课程系列读本 200 余种，评选市级特色课程 60 门，服务市民超过 300 万人次。建成了“成都市民终身学习平台”，开设了电台栏目“空中课堂”，建立了“市民微信学堂”；建立了摄影、灯谜协、诗歌等学习社团，积极开展“最成都 · 市民课堂”星级教学

点建设。2016年,该项目被评为“全国特别受百姓喜爱的终身学习品牌项目”。

2. “能者为师”活动

为推动社区教育师资队伍专业化、社会化建设,提升课程特色化建设品质,2014年成都创新社区教育队伍建设模式,策划开展“能者为师”活动,充分利用各类社会资源,已组织多届活动,形成了有效的运行机制。2020年,该活动获评“全国百姓喜爱的终身学习品牌”项目,2021年,该活动得到教育部和国家开放大学大力支持并在全国推广。2022年4月,该活动入选全国社区教育“能者为师”创新项目首批名单;同年11月中央电视台新闻频道和《中国教育报》进行了专题报道,12月,有关部门印发《成都市社区教育“能者为师”名师工作室建设及管理办法的通知》进一步加强政策保障。

3. “市民游学”项目

成都市本着“生活即教育”的理念、“以学习者为中心”的根本宗旨和“创新社区教育产品供给”的基本原则,将终身学习理念植入市民的休闲游玩之中,寓教于乐,同时也促进了教育与经济融合。经过多年探索实践,成都编制了《市民游学服务指导手册》《市民游学项目管理办法》等规范性文件,从制度维度对项目的科学发展进行了规范。游学项目从成都市部分区县自发探索,现已向全市层面整体推进,推出蒲江茶文化游学、都江堰水文化游学等多条精品路线,平均每年接待市民近5万人次,荣获2018年全国“终身学习品牌项目”称号。该项目实施以来,深受国内终身教育业界关注与肯定,各地纷纷前来体验考察,并迅速在各地复制开展同类体验活动。

4. “i-生态菜园”项目

2012年,为顺应绿色生态的发展理念,全市开始探索“i-生态菜园”项目。2014年5月,获国家开放大学批准成为全国唯一的“i-生态菜园”实验室;同年11月,获称“全国最受百姓喜欢的终身学习品牌”。该项目将“互联网+”融入居民的生活和学习,通过构建“产研共同支持教学”“服务与实践支持教学”“中心示范教育与网络、微信、视频教学相结合”的新型社区教育体系,形成“中心基地示范、课题研究引领、课程学习培训、市民体验实践”的发展模式,推出了集创新、实践、教学、技术、服务、运营于一体“i-生态菜园”,取得了一系列生产、生态、社会效应,为推进成都市现代农业奠定了基础。构建了“市—区—街道—社区—学校—院落—家庭”的七级管理和参与模式,打造了30多个示范点位基地,通过线上+线下的方式,形成了可持续发展的“i-生态菜园”2.0版。

5. “社区微学堂”项目

为加强基层社区教育工作理论实践创新,自2015年起成都市持续进行基层社区教育工作模式探索,“社区微学堂”项目由此启动。从成立以来,该项目对社区教育不断探索、不断尝试，从内涵到形式进行全方面的创新，逐渐发展成为成都社区教育的名片、品牌，试点的多个社区先后荣获成都市“学习型社区”“学习型示范社区”、成都市“老年教育星级示范点”等荣誉称号。该项目于2020年获评成都夜间经济示范点，2021年获得成都市“社区商业好项目”荣誉称号。该项目教育课程体系以社区教育为切入点，将社区老、中、青、幼列入课程服务对象；与社会资源对接，搭建合作平台，“能者为师”品牌项目活动链接社会师资，积极引入高校专家学术力量；引入“互联网+社区教育”的管理模式，实现终身学习大数据管理；探索出了“公益+普惠”社区教育运营模式，逐渐形成了以政府合作项目为基础投入的公益性社区教育服务和以居民自主付费参与相结合的普惠运营模式。

（七）推进学习型组织和学习共同体建设

1. 创建学习型组织

成都市以学习型组织建设为基础，构建了六大类学习型组织新模式，加强对学习型组织建设的引导支持，分类研究制订各类学习型组织的建设标准，调动社会各层级力量，让全市企事业单位、团体及个人等参与，满足了学习型城市建设需要。成都市六大类学习型组织新模式包括：围绕转变机关作风、提高工作效率，建设学习型机关；围绕提高整体素质、增强服务意识，建设学习型事业单位；围绕推进企业发展、实现增产增效，建立学习型企业；围绕提高文明程度、丰富居民生活，建设学习型社区；围绕提高文化素质、增强致富技能，建设学习型乡镇；围绕陶冶道德情操、促进团结和谐，建设学习型家庭。

2. 建设学习共同体

2015年12月，成都市印发《成都市关于推进学习型城市建设的意见》指出“到2020年打造遍布城乡的市民自主学习团队”。2017年，出台了《成都社区居民自主学习团队培训指南》，截至目前，成都市先后培育了近2 000个社区居民自主学习团队，成员近6万人。各区（市）县积极探索市民自主学习团队建设，成都市青羊区自2013年起开始探索市民自主学习团队的建设，加强对自主学习团队的培育，通过创设学习条件、提供经费扶持、开展课程学习、组建指导团队、搭建发展平台等一系列措施，广泛开展“市民自主学习群体”的建设，先后培育了“纤云绣坊”“映象青羊”等成熟的市民自主学习群体。成都市武侯区借鉴上海等地做法，自2018年起开展了星级居民自主学习团队的培育工作，出台了《武侯区星级居民自主学习团队评价标准》，截至2022年，武侯区已开展三批社区居民自主学习团队培育工作。新都区学习型城市建设和社区教育联席会办公室发文在全区推进市民租住学习团队建设。

3. 推进学习型社区建设

在"成都城乡社区发展治理 30 条"中,明确提出了"学习型社区"建设任务,要以学习型社区创建为抓手,以培育各类学习型组织为基础,以提高社区学习力为目标,建设社区学习圈,培育向上向善向美的社区精神。培养以学习型社区为主题的学习型组织是成都社区教育工作的重点。自 2014 年成都市启动了市级学习型社区和学习型示范社区建设,每年评选 100 个。

(八)加强国际交流合作

1. 积极参与国际研究

教育国际化是经济全球化发展的客观要求,也是成都建设世界公园城市的必然选择,是培养和提高市民的国际理解意识、态度、技能和综合素质的教育理念。2016 年,成都加入联合国教科文组织全球学习型城市网络,积极参与国际学习型城市建设相关活动和研究。2019 年,成都获得联合国教科文组织"全球学习型城市奖";10 月,在联合国教科文组织中国全委会的推介下,成都开放大学与联合国教科文组织终身教育研究所成功签订《合作意向书》,疫情期间多次参与"全球在疫情下积极应对有效开展教育活动研讨会"在线研讨,将成都经验进行了交流,贡献了中国案例和中国智慧。

2. 搭建在线智慧交流平台

积极完善国内外组织体系,搭建"开放大学国际中文教育云平台",推动"互联网+中文"教学项目,服务 100 多个国家(地区)数十万名中文学习者,积极传播中华文化、讲述中国故事。运用云计算和人工智能等技术打造智慧学习平台"华文教育云平台",以 15 个语种,13 000 余个数字化学习资源,为全球 100 余个国家的中文学习者提供专业服务。目前注册用户 2 万余名,移动端累计下载量逾 8 万次,PC 端累计点击量逾 200 万次。

3. 举办活动和开展特色教学培训活动

成都连续承办中国侨联"亲情中华 · 学汉语看四川"夏令营,服务来自全球 30 多个国家和地区的 1 万余名华裔青少年和外籍友人;打造系列特色教学活动品牌,举办"云游天府"系列主题线上讲座与培训,为美国华夏中文学校、法国小熊猫学校等教育文化机构提供线上主题直播及教师培训 200 余课时,覆盖海内外师生 1 万余人次。

4. 承办和举办国际论坛和会议

成都先后承办"2018 亚洲教育论坛'互联网+教育'分论坛""2019 联合国教科文组织终身学习研究所《终身学习:政策与实践》国际专家咨询论证会"等,持续提升学院国际影响力。2019 年 7 月,成都举办了第十届都江堰国际论坛暨联合国教科文组织终身学习研究所“终身学习政策国际咨询会议”。2021 年,成都参加联合国教科文组织第五届国际学习型城市大会并发表“终身教育融合促进成都卫生健康事业发展”讲话。2022 年 9 月,在“世界人工智能大会开放教育和终身学习论坛”上,成都的“数字赋能:终身学习提升残疾人群体幸福体验”案例入选联合国教科文组织公开出版物——《促进人工智能支持的全球数字公民教育最佳实践案例及政策建议分析报告》。

四、成效经验与发展展望

(一) 成都市学习型城市建设成效

1. 终身学习理念深入人心

学习型城市建设使终身学习的理念深入人心。近年来,成都市为促进传统媒体与新媒体的融合利用,全方位宣传终身学习、学习型城市建设,成都市形成了三报(成都日报、成都商报、华西都市报专栏)、一网(市民终身学习平台)、一刊(《社区教育》杂志及官方微博、微信和广播电台(空中课堂)的立体宣传格局,为成都社区教育发展营造了良好的社会舆论环境。2019 年度“十佳数字阅读城市”榜单中成都排名全国第二,是成都第 6 次入选该榜单。2023 年 4 月国内知名数字阅读及文学 IP 培育平台阅文集团联合上海图书馆举办“数字阅读周”活动,其中成都位于最爱数字阅读的城市 TOP5 中。

2. 市民综合素质不断提高

学习型城市建设的过程,是推动培养市民的基本素质、思辨能力与多元化的表达能力的过程,也是加强理解沟通的对话过程,引导市民理解、参与城市建设,使市民在面对城市公共事务时,由自发到自觉、由无序到有序、由热情到理性。成都学习型城市建设传承了成都乐学善学的文化传统,使市民学习的基本权利得到保障,市民学习的基本需求得到满足,市民综合素质明显提高。

3. 社会可持续发展态势良好

学习型城市建设为成都的可持续发展提供了有力支撑。一是城市吸引力不断提升,成都拥有 65 所高校(其中“双一流”高校 8 所,居全国城市第 4)、30 余家国家级科研机构和 218 个国家级创新平台,近 3 年获得国家科学技术奖 80 项;成都全力争创吸引和集聚人才平台、加快建设全国创新人才高地,在完善人才政策体系方面,成都出台人才新政“1.0”“2.0”“3.0”版,推动从“拼政策给优惠”向“搭平台给机会”再向“优平台营生态”迭代升级,截至目前,成都人才总量达 622.32 万人、居全国第 4 位,成都市 2013—2022 年十年的地区生产总值年均增幅达到 9%以上。二是社会事业稳步发展,居民收入、消费持续增加,就业保持稳定,2013—2022 年十年人均生活消费支出年均增幅达到 6%以上,

2022 年居民恩格尔系数为 34.20%;《国际城市蓝皮书:国际城市发展报告(2018)》显示,成都进入世界城市第二梯队行列,连续三年获得“新一线”城市榜首、世界最佳新兴商务城市、中国内陆投资环境标杆城市、中国城市综合实力十强、中国十大创业城市等殊荣,成都正行走在繁荣、包容、可持续发展的大道上。

(二)成都学习型城市建设的发展与展望

1. 完善协同机制,提升“推动力”

成都学习型城市建设应对标新时代成都市“三步走”战略目标,对标国内外先进及发达城市,进一步完善全民教育、全生命周期教育和终身教育的发展目标、政策、服务和评价体系。结合时代发展需求和市级机构改革,及时调整成都市学习型城市与社区教育联席会议成员单位,增加市委社治委、市公园城市局、市统计局、市新经济局等职能部门,并明确其在学习型城市建设中的职能和工作任务,深度实现部门资源的共建共享。科学研制“十四五”发展规划,进一步完善党委领导、政府主导、部门协同、社会支持和市民参与的工作格局,并纳入成都城乡社区发展治理大局,以学习型社区创建为抓手,以培育各类学习型组织为基础,以提高社区学习力为目标,建设社区学习圈,培育向上向善向美的社区精神,提高居民的幸福感和获得感。

2. 整合学习资源,提升“服务力”

坚持“社区教育资源和教育培训服务清单年度发布制度”,成都充分整合各部门、企事业单位、各级各类学校、社会机构等学习资源,构建满足市民需求、符合社区发展的“教育资源体系”和“课程菜单”,实现课程资源共建共享。融合中华优秀传统文化,建设一批传承天府文化特色课程,激发市民爱国爱家的学习动能。围绕社区治理对公民素养的要求,建设一批公民参与、公民责任、自我组织、服务社会等系列课程,服务市民个人成长的内在需求。结合学习型企业建设,开发一批符合新经济发展需求、具有时代特色的体验课程,促进产业圈融合发展。

3. 夯实内涵建设,提升“发展力”

完善具有成都特色的学习型城市建设监测指标体系,利用大数据,探索终身学习能力监测和智能化学习资源推送,把知识资源转化为良好生活方式及知识资本。成都加快建设市民终身学习学分银行,形成学习成果评估和激励回馈机制,保持和提升市民的参与热情。充分发挥“成都市终身教育与社区治理研究基地”的功能,整合属地高校和研究所资源,积极开展终身学习理论研究,培育符合城市发展需要的终身学习项目,锻炼培养研究人员队伍,为全市学习型城市建设工作提质增效。

4. 强化区域互动，提升“辐射力”

围绕“成渝地区双城经济圈建设”重大战略和《成渝地区双城经济圈教育协同发展行动计划》，成都市务实开展社区教育、终身教育学分银行建设与在线教育大数据分析应用方面的合作，推动成渝双城社区教育协同发展和学习型城市建设联动发展。加强与京津冀、长三角和粤港澳大湾区的社区教育互动、交流，形成多区域、多主体联动推行实践性研究机制，推动成都丰富的社区教育实践体系化、成果化和模式化。进一步总结、提炼并推广成都建设学习型城市案例，讲好中国故事、展示天府风情，提升成都城市文化及教育的美誉度，为推进成都加快建设国际门户枢纽城市、实现中华民族伟大复兴贡献教育力量和成都案例。

5. 依托国际平台，提升“影响力”

成都贯彻落实《教育部等八部门关于加快和扩大新时代教育对外开放的意见》，积极向国际社会贡献教育治理中国方案。加强与国际组织的合作，推动实施联合国《2030年可持续发展议程》教育目标。起好国际学习型城市示范，通过以创新创业主题集群协调城市为载体，在全球学习型城市网络（GNLC）里积极发挥作用，在后疫情时期在线教育飞速发展的契机下，向世界贡献中国智慧和力量。依托国家开放大学华侨学院对外汉语教育平台，扩大与“一带一路”合作伙伴和地区的教育合作，加强与海内外华文教育机构、各级侨联、驻外使领馆的联系，多领域、多层次地推进华文教育工作。与国际知名开放大学建立合作，在国际课题研究、项目实施、学术交流方面搭建起互动发展平台。

审稿人：金瑞峰，成都市教育局终身教育与民办教育处处长

撰稿人：

覃　珺，成都市教育局终身教育与民办教育处二级调研员

曾垂刚，成都开放大学党委委员、副校长

张俊辉，成都开放大学社区教育中心副主任、副教授

邹　恒，成都开放大学社区教育中心教师

第五章　太原市学习型城市建设发展报告(2013—2023)

太原市教育局

太原是山西省省会,位于山西省中部、晋中盆地北部,是一座有着 4 700 多年文明史、2 500 多年建城史的古都,是全省政治、经济、文化、交通和国际交流中心。总面积 6 988 km^2,辖六区三县一市,城区和近郊划设小店区、迎泽区、杏花岭区、尖草坪区、万柏林区、晋源区六个区,另有古交市和清徐、阳曲、娄烦三个郊区县,计 53 个街道、52 个乡镇、712 个社区、794 个行政村、1 430 个自然村(截至 2019 年)。

太原是中国北方著名的军事、文化重镇,唐风晋韵滋养了这片土地,使其悠久的历史、灿烂的文化和丰富的资源而名闻天下,素有“锦绣太原城”美誉。近十年来,太原市持续加强文化建设,文化传播力和影响力全面提升,为学习型城市建设发展提供了厚重的文化根基;太原也是世界闻名的晋商都会,是中国最重要的能源、重工业基地之一,工业门类比较齐全,夯实了学习型城市建设发展的经济基础。

目前,太原市常住总人口为 530.4 万人,其中 60 岁及以上人口为 85.5 万人,占全市总人口的 16.1%,其中 65 岁及以上人口为 56.5 万人,占全市总人口的 10.6%(第七次全国人口普查数据)。

太原市委、市政府高度重视学习型城市建设工作。自 1999 年全面启动社区教育工作以来,市委、市政府秉持“城市发展力源于城市学习力”理念,通过科学战略规划与坚决贯彻落实,不断推进全民终身学习持续深入发展。进入新时代以来,市委、市政府始终坚持以习近平新时代中国特色社会主义思想为指导,深入学习宣传贯彻党的十八大、十九大和二十大精神以及习近平总书记考察调研山西重要讲话、重要指示精神,推动实现“助力建设高质量教育体系,建设全民终身学习的学习型社会,服务高质量发展和共同富裕”等奋斗目标,统筹规划,协调安排,开拓创新,全面推进学习型城市建设工作,把建设学习型城市贯穿于经济社会发展和改革开放的全过程,落实到经济建设、政治建设、文化建设、社会建设以及生态文明建设方方面面,以学习力提升创新力,以创新力带动执行力,以执行力推动发展力,把建设学习型城市作为实施创新驱动、推动转型升级、实现太原振兴崛起的有力支撑;作为提升城市品质、保障和改善民生、创新社会治理的现实需要;作为提高广大市民素质、创造城市美好生活,创建“包容、尚德、崇法、诚信、卓越”新太原的基础和前提。近年来太原市先后荣获了第一批国家智慧城市试点(2013年1月)、第二批国家智慧旅游试点城市(2013年1月)、全国无偿献血先进城市(2015年6月)、避暑旅游城市(2016年6月)、全国人民防空先进城市(2016年5月)、全国物流枢纽建设和智慧物流配送示范城市(2016年)、建设国家可持续发展议程创新示范区(2018年)、中国最具竞争力会展城市(省会城市及地级市)(2019年)、全国绿化模范城市(2019年)、国家知识产权运营服务体系建设重点城市(2020年)、国家住房租赁试点城市(2020年)、全国双拥模范城(2021年)、第二批全国法治政府建设示范市(2022年)等一系列重大荣誉。

在学习型城市建设方面,太原市也取得了一系列成就和荣誉。2013年,荣获国际学习型城市大会“中国学习型城市案例”荣誉证书;2015年,《太原市学习型城市建设发展报告》《太原市学习型城市建设案例诊评》荣获第十届全国成人教育优秀科研成果一等奖;2016年,经中国联合国教科文组织全国委员会推荐,太原市成为联合国教科文组织全球学习型城市网络的成员城市之一;2018年,成为全国学习型城市建设首批八个监测城市之一;2020年,成为全国第一批区域终身学习发展共同体成员单位。诸项荣誉的取得,多维度彰显了太原市学习型城市建设的独特魅力和波澜壮阔的精彩历程。目前,全市有2家全国社区教育示范区(杏花岭区、小店区)、1家全国社区教育实验区(迎泽区)、1家全国数字化学习先行区、1家省级社区教育示范区(晋源区)、1家全国学习型城区示范单位、4家全国创建学习型社区示范街镇(杏花岭区涧河街道、小店区坞城街道、杏花岭区三桥街道、迎泽区庙前街道)、3家全国社区教育示范街镇(迎泽区柳巷街道、杏花岭区涧河街道、小店区平阳路街道)。

作为国内较早提出学习型城市愿景、率先推动学习型社会建设的城市,十年来,全市始终以改革创新的精神、科学完善的体系、丰富多元的内容、敬业专业的师资、灵活多样的方式,不断满足城乡居民日益增长的终身学习需求,在制度保障、体系构建、品牌建设、标准创建、内涵提升等方面创新举措,着力建设具有太原特色的高品质终身教育体系,为城市经济社会发展和文明程度提升提供有力的支撑。

一、党委领导、政府主导,奠定学习型城市建设基础

(一)认识明确

习近平总书记指出,要完善全民终身学习推进机制,构建方式更加灵活、资源更加丰

富、学习更加便捷的终身学习体系。市委、市政府深入贯彻党中央、国务院和省委、省政府决策部署，把学习型城市建设作为促进市民全面发展、提升文化软实力、增强城市创新力和竞争力的重要抓手，通过定期开展专题讲座、报告、研讨、座谈等方式，不断深化对终身教育、终身学习以及学习型社会的理论认识水平，准确理解、领会、把握其精神实质，提升学习型城市建设的认识高度和精神境界，不断创新城市发展模式，强化政府在学习型城市建设中的重要使命，坚持“党委领导、政府主导、教育先行、部门协调、社会推进、全民参与”的原则，通过提升认识，凝聚共识，明确思路，科学规划，完善体制机制，优化政策制度环境，营造良好环境氛围，强化建设经费保障等举措，全方位推进学习型城市建设进程，努力提升学习型城市建设水平。

市委、市政府借助报纸、广播、电视、网络等传媒载体，开辟专刊、专栏，积极宣传学习型城市建设的重大意义，广泛传播终身学习理念，不断扩大学习型城市建设的影响力和知晓度，动员全市广大干部市民积极投身参与到终身学习和学习型城市建设实践中来，掀起了全市上下全民终身学习的热潮。市委、市政府各部门积极响应建设学习型城市的号召，统一思想、凝聚力量，进一步增强抓好建设学习型城市工作的责任感和紧迫感，增强工作的积极性和主动性，牢固树立抓学习型城市建设就是抓发展，抓学习就是抓素质的观念，一以贯之地推动学习型城市建设工作深入开展，形成了建设学习型城市的普遍共识。

（二）制度保障

为实现学习型城市建设的常态化、规范化、法治化，2012 年在全国省会城市中率先颁布实施《太原市终身教育促进条例》，推进学习型城市建设工作步入法制运行的轨道。2016 年，市委、市政府下发了《关于进一步推进学习型城市建设的实施意见》，不断强化全民终身学习服务意识，持续推进学习型城市建设；2018 年 10 月，市教育局等九部门出台了《关于进一步推进社区教育发展的意见》，不仅明确了社区教育的工作目标，同时将社区这一终身教育主阵地的教育工作任务具体分解到了相关部门，更加有操作性。从整体上讲，全市学习型城市建设从地方性法规层面的保障，到市级层面实施意见的部署，再到具体各个部门的任务分解，政策日趋完善，同时责任也日渐明细，工作举措也日趋细化，全域全民终身学习型城市得以构建。“一条例、两意见”为太原终身教育与学习型城市建设提供了有力的制度保障。为更好地贯彻落实《条例》和《意见》，市委、市政府根据实践工作的需要，以“强化全民终身服务意识，完善全民终身学习体系，持续推进学习型城市建设”为工作理念，适时地出台新的政策，从载体创新的《关于开展全民终身学习天天课堂活动的通知》、场地建设的《太原市社区学院、社区学校、社区分校建设标准》到队伍培养的《关于进一步规范社区教育辅导员队伍管理的通知》，从评估指标修订的《关于第二次修订〈太原市创建学习型县(市、区)、街道(乡、镇)、社区(村)评估指标体系〉的通知》到活动基地打造的《关于建立全民终身学习大讲堂基地和完善专家讲师团队伍的通知》，全面健全太原市学习型城市建设的政策制度体系，形成工作开展的有力保障，确保工作稳步推进。

2010 年始，太原市开始启动学习型组织评价监测工作。十余年来，全市始终以标准化创建为准绳，以规范化评价监测为手段，经历了创建和评价监测两大阶段，持续推进学习型组织建设工作，进一步夯实学习型城市建设的基石。

同时建立和完善了对优秀学习者奖励的制度，通过评选年度"百姓学习之星"和"终身学习品牌"项目，形成典型引领、示范带动、以点带面、辐射传播、广泛提升的大好局面。

(三) 组织有力

市委、市政府依循《太原市终身教育促进条例》要求，成立了由 14 个职能部门和 10 个县(市、区)分管领导组成的终身教育与学习型社会建设促进委员会，负责统筹、协调、指导和推动全市终身教育与学习型城市建设工作。定期召开会议，制定建设工作规划，研究、部署建设工作，确保建设工作有序推进。委员会成员单位职责明确，目标清晰，各自发挥作用，形成建设工作的强大合力。

终身教育与学习型社会建设促进委员会下设办公室，办公室设在市教育局，并指定专人负责学习型城市建设日常工作。办公室通过落实检查、指导、评价、监测、表彰等措施，实现了全市建设工作体制机制高效、顺畅，有效保障了建设工作规范运作、全面推进。

为确保工作落到实处，全市建立了以市社区大学为龙头，县(市、区)社区学院为骨干，街道(乡镇)社区学校和社区(村)社区分校为基础的学习型城市建设指导、服务机构，不断强化服务意识，推进学习型城市建设工作掷地有声扎实有效。

二、构建体系、完善服务，筑牢学习型城市建设核心

体系构建是学习型城市建设的核心。近年来，市委、市政府在抓好学前教育、义务教育、高中教育、职业教育、高等教育等学校教育协调发展的同时，高度重视社区教育、职工教育与农村成人教育，强力推动成人继续教育全面快速发展，实现了学历教育和非学历教育协调发展、职业教育和普通教育相互沟通、职前教育和职后教育有效衔接，打造了互动体验、满足多元的学习方式，构建起了较为完善的终身教育体系和终身学习服务体系，

推动学习型城市建设蓬勃发展。

（一）学校教育协调发展

太原市以终身教育理念改革教育内容、教学方法，始终将培养学生的终身学习理念、态度、能力和方法贯穿在教育教学活动中，促进学生终身学习习惯的养成。同时加大各类教育教学资源向社会的免费开放度，加强各类教育横向沟通和纵向衔接，为搭建终身教育立交桥奠定了坚实基础。

（二）继续教育全面发展

太原市通过突出“三关心”（即关心老年人、关心青少年、关心弱势群体）发展社区教育，通过学习型组织建设促进职工教育，通过农村实用技术培训与农民工职业技能培训加强农村成人教育，三大教育齐头并进，推动成人继续教育全面发展。

同时，加大了对农民工、失业者、低技能者、残疾人等弱势群体职业培训的扶持力度，利用各种资源，多形式开展农民工创业培训、农民工实用技术培训、企业职工技能培训等专项培训。

（三）终身学习服务体系不断完善

全市完善了市社区大学、县（市、区）社区学院、街道社区学校、社区（村）分校四级社区教育网络机构，并建有独立场所。目前，全市已建成1所社区大学，10所县（市、区）社区学院，104所街道（乡镇）社区学校，969所社区分校。市、区（县、市）、街（乡）三级社区教育培训学校（中心）建成率达到100%。

（四）终身教育基地日渐增多

依照标准在全市建立了一批全民终身学习大讲堂基地，并重视发挥全市各级各类学校、图书馆、博物馆、文化馆、体育场馆、美术馆、群艺馆、工人文化宫、青少年活动中心、老年人活动中心等公益性设施的社会教育功能，逐步扩大免费开放范围。积极利用自身资源优势开展有益于提高市民素质的公益活动，拓展其服务市民学习的功能，形成布局合理、功能全面、服务到位的市民终身教育基地。

（五）终身学习成果动态记录

市社区大学积极探索搭建区域内终身教育立交桥有效运行机制，努力促进各类教育纵向衔接、横向沟通，建立个人学习账号和学分累计制度，畅通继续教育、终身学习通道。加强全市不同类型学习成果的管理，建立学习者档案资料库。2013 年起向全市免费发放“太原市全民终身学习卡”，实现了对学习者终身学习过程及成果的动态记录，为建立个人终身学习档案、探索“学分银行”建设、逐步实现学历教育与非学历教育成果的转换与认证、搭建市民终身学习“立交桥”奠定了坚实的基础。

（六）终身教育队伍不断优化

市社区大学和十县（市、区）社区学院强化专职社区教育人员配置，全市组建起 17 482 名专兼职终身教育教师队伍（包括志愿者），形成较为稳定的终身教育师资力量。实施培训工程，优化社区辅导员队伍。全市各县（市、区）动员、组织、抽调、选拔 1 061 名各级各类骨干教师组建了社区教育辅导员队伍，分派到各个社区，充实社区教育管理和师资力量。市终身教育与学习型社会建设促进委员会办公室通过各行业主管部门、各单位积极推荐，专家评选，选出 133 名有特长、有才艺，有演讲能力、知识渊博且热心公益事业的行业人才组建了太原市全民终身教育百名专家讲师团。不断优化队伍建设，深化全民终身学习效果。

（七）终身学习资源供给不断扩大

立足于为市民提供“人人皆学，时时能学，处处可学”的学习环境，不断扩大终身学习资源供给。开通并不断完善太原终身学习网，为市民提供免费学习资源共 13 大类 20 230 学时。开通太原终身学习网移动客户端，平台包含 145 万种电子图书，2 000 多种期刊，400 多种报纸，2 万多集视频、1 万多集音频资源。网站全年点击量突破 200 万次。此外，还通过微博、微信、抖音、太原老年之声广播等各类市民学习平台，构建广覆盖、多层次、多终端的免费市民公共学习平台，全方位引领数字化学习。同时，不断加强社区教育和老年教育资源建设，促进各级各类学校开展老年教育、探索“游学养”新模式，推动全市老年教育蓬勃发展。

三、标准创建、规范评估，夯实学习型城市建设基石

太原市以标准化创建为原则，以规范化评估为手段，通过开展创建和实施评估两大阶段持续推进学习型组织建设工作，进一步夯实了学习型城市建设的基石。

2003 年，市委、市政府出台了《创建学习型企业标准》，2004 年，出台《关于印发创建学习型县（市、区）标准等五个标准的通知》，创建工作有序展开。通过举办各种现场会、

观摩会，发现典型、培养典型、展示典型，起到示范引领辐射作用。至2012年底，全市县（市、区）、乡镇（街道）、社区（村）以及单位、家庭全部启动了创建工作。

2010年，市创建办制定了学习型组织评估指标体系，对全市学习型组织进行评估验收，以评促建、以评促规范，以评促发展。2013年底、2014年初，根据《北京宣言》的精神及多年评估实践中遇到的具体问题，先后两次修订评估指标体系，将学习型城市建设的工作重点从组织发动与制度建设导向了保障措施与载体建设。评估工作从单位自评、上级初评、专家考评、反馈整改，到全部严格依照指标体系进行，取得了学习型组织创建的阶段性成效。

在推进各级各类学习型组织建设过程中，太原市逐步形成了独特的做法与经验模式。首先，以2008年市委、市政府《关于创建学习型城市的实施意见》和2012年《太原市终身教育促进条例》为标志，明确了全市各级各类学习型组织创建工作的牵头单位和协作单位，做到了职责明确，在具体实践过程中，确实起到了组织、实施、引导和推动作用，开创了全市创建工作的大好局面。其次，建立了科学合理的学习型组织建设长效机制，确保了创建工作充满活力，富有效率，持续推动创建工作不断引向深入，提高了创建水平。通过建立和实施“目标责任、总结通报、评估表彰”三位一体的激励机制，形成了强大的内在动力，推动了创建工作健康有序进行。全市各单位创建学习型组织工作建立了工作长效机制，形成和完善了包括检查、考核、评比、表彰等一整套工作机制，建立健全考核激励和奖惩办法，表彰先进，鞭策落后，互相促进，共同提高，推动全市创建工作步入常态化、科学化、制度化的发展轨道。

从制定标准、动员组织创建，到经验交流推广，再到评估验收、规范考核，太原市学习型组织创建工作走过了从被动创建到主动迎接评估的发展过程，完成了从无序创建到规范创建的全面提升，极大地推进了全市学习型城市建设进程。

截至目前，全市共完成5个学习型城区、95个学习型街道（乡、镇）、763个学习型社区（村）和488个学习型企业的创建工作。

四、强化载体、打造品牌，加强学习型城市建设抓手

太原市十分重视学习型城市载体建设，经过实践探索，逐步形成了“年年有学习周，月月有大讲堂，天天有学习课堂”的良好局面。通过开展灵活丰富的终身学习活动，推动全民阅读和全民学习，不断创新学习形式和学习项目，积极培育终身学习品牌，成功打造居民“十分钟学习圈”，极大地满足了市民的多样化学习需求。

(一) 全民终身学习活动周

全民终身学习活动周(以下简称“学习周”),自2006年创办以来,市委、市政府连续17年坚持举办;2009年承办了学习周的全国总开幕式并荣获举办城市奖;2013年荣获全国学习周宣传贡献奖,成为全国唯一获此荣誉的城市。每年学习周期间,参与单位均达3 000余个,开展各种学习活动8 000余项,参与市民超240余万,规模宏大,参与面广,影响深远;形成了“领导机关带头参与,企业农村广泛参与,学校社区互动参与,困难群体帮扶参与”的特点。为顺应教育数字化发展趋势,2020年以来,在学习周主推线上“云学习”活动,分为“云会议”“云讲堂”“云论坛”“云展示”“云阅读”等系列活动,全市1个市级主会场和10个县(市、区)分会场同步启动,平均每年学习周期间,“云”活动在线学习、观看、参与人数超过280万人次。

(二) 全民终身学习大讲堂

2010年市委、市政府在全市启动全民终身学习大讲堂(以下简称“大讲堂”)活动。承办单位来自全市各县(市、区)、各行业、各单位,面向全体市民免费举办。月初《太原日报》设专版公布课表,月底全市通报总结,平均每月30多场,并通过报纸、书籍、电视、网络等手段辐射到每个市民。2014年,被中国成人教育协会评为全国十大“特别受百姓喜爱的终身学习活动品牌”;2015年,依托行业专业优势,整合全市社会教育资源,建立42家优质大讲堂基地,为市民精心策划打造高质量精品学习品牌。截至2022年的年底,全市共举办大讲堂5 033场,受益市民达55万人次。

(三) 全民终身学习天天课堂

2014年2月,全市下发《关于开展全民终身学习天天课堂活动的通知》,全市920个有学校的社区(村),每个社区(村)每周至少举办一次学习活动。全民终身学习天天课堂(以下简称“天天课堂”)内容贴近市民,服务民生,课表每周都在《生活晨报》、太原终身学习网上公布,活动信息覆盖到全市每一个角落。同时,明确制定了举办要求、考核制度及经费支撑,保障了这项活动的规范开展。截至2022年底,天天课堂累计为市民提供177 961场次学习课程,惠及人数达356万人次。2016年,天天课堂被评为全国十大“特别受百姓喜爱的终身学习品牌项目”。

同时,每年根据全市中心工作和热点,适时推出主题大讲堂和天天课堂活动。2019年以来,围绕太原市举办第二届全国青年运动会、开展党史学习教育、学习宣传贯彻落实党的二十大精神等重大事件，天天课堂举办了“做时代新人，创文明城市，迎二青盛会”“学党史、悟思想、办实事、开新局”“喜迎二十大·永远跟党走·奋进新征程”等专项重点主题学习活动，在将社区教育和学习型城市建设工作不断推向深入的同时为太原市全方位推动高质量发展贡献了社区教育力量。

（四）不断加强品牌和微课建设

进入新时代以来，全市打造了“太乐学堂”智慧助老课堂千人带万人计划、“友邻学习圈·共绘同心圆”“候鸟之家”“书香桃园悦读会”“时代新人大讲堂”“道德银行”“每日一讲”“东方模特艺术团”“华辰农耕博览园”等19个“终身学习品牌项目”，其中，荣获全国“特别受百姓喜爱的终身学习品牌项目”3个。涌现出张俊莉、张鸣和、侯梅芳、孔繁贵、马庚春、张桂英、许杰英、郭荣荣等19名全国“百姓学习之星”，其中，“事迹特别感人的百姓学习之星”2名。他们始终活跃在离居民最近的地方，传授知识，积极引导带动周围群众广泛参与学习，为全民终身学习发挥了示范引领作用。为适应数字化学习趋势，高度重视微课程开发，杏花岭区设计制作的“山西面塑记忆与传承之代县面塑”；迎泽区制作的微课程“老街老巷”“元宵之美”；太原开放大学（太原社区大学）制作的“陈氏太极拳”系列等微课程先后在全国社区教育优秀微课程评选中获奖。

五、智库服务、科学决策，推进学习型城市建设进程

太原市持续推进学习型城市建设，思路清晰，目标明确，精准把握区域发展实际，学习型城市建设各项工作不断实现新突破，新跨越，其重要原因在于始终注重学习型城市智库建设。以科学咨询支撑科学决策，以科学决策引领科学发展，通过建立跨部门、跨行业、多学科融合，定位明晰、特色鲜明、规模适度的学习型城市建设新型智库服务体系，为太原市学习型城市建设提供研究、咨询、决策、指导、培训等“五位一体”的全方位、全过程、一体化服务。逐步形成了区域特色鲜明的学习型城市建设经验与做法，具有典型意义和示范价值。

（一）多元化组合推进理论研究

理论与实践高度结合、相互促进一直是太原市终身教育与学习型城市建设工作稳步发展的成功经验。为不断推动实践发展，组建了一支多学科融合、多层次衔接的理论研究团队，不断探索建设具有地方特色的学习型城市发展模式。先后编著出版了《创建学习型城市太原在行动》《太原市创建学习型城市运行与评价》《创建学习型城市法治化运

行》《太原市学习型城市建设发展报告》《太原市学习型城市建设案例诊评》《太原市学习型城市建设——终身学习文化的培育》《太原市社区教育课程体系指导大纲》《太原市学习型城市建设案例汇编》《太原市社区教育工作者手册》等理论研究著作和实践工作手册,以及"邮票特色课程——伟大祖国""养生有道""装家有道""行车有道""畅游有道""赏戏有道"等本土特色课程。市社区大学不断加强老年教育理论研究,探索学养结合老年教育模式,开发编撰了具有太原特色的老年教育实用系列教材丛书《轻松学手机(初级)》《轻松学太极(初级)》《轻松学书法(行书初级)》《轻松学电脑》《轻松学摄影(初级)》等 9 种;编撰了人文太原系列丛书《太原老字号》《太原老街巷》《太原食文化》《宜居太原》《太原风景名胜》等。同时,各县(市、区)也立足本土文化,开发了一批特色教材与课程资源。杏花岭区社区学院突出休闲文化教育,先后编写了《走进杏花岭》《剪纸》《厨艺基本功》《青少年教育》《早期教育》等系列读本;小店区社区学院侧重非物质文化的收集整理,开发了《小店牺汤》《汾东艺术文化》《民间习俗》《文明礼仪》《家庭烹饪》《汾东古韵》《劝世新编》《太原人物》《汾东民间游戏》《汾东记忆》等系列丛书;迎泽区社区学院专注中华传统文化,先后编撰了《孝行天下》《细品弟子规》《老街老巷》《家常膳食》《跟我学剪纸》等系列教材。近年来,全市共开发区域特色课程 83 门,特色教材 865 套,满足了广大市民多样化个性化的学习需求。从 2016 年起,在全市开展了社区教育课题规划工作,全市社区教育工作者结合工作实际、立足本土,开展了一系列课题研究,目前已经结项课题 45 个,在研课题 54 个。2021 年 7 月,中国成人教育协会公布的"十四五"成人继续教育科研规划课题 2021 年度课题立项项目中,我市社区学院系统有 4 项课题获批立项,这也将有助于进一步推动我市社区教育理论研究工作提质增效。

(二)"三位一体"强化机制激励

创建学习型城市,机制激励是保障。为了增强创建工作的内驱力,全市建立和实施了"目标任务、总结通报、评估表彰"三位一体的激励机制。

目标任务是激励机制运行的有效驱动。签订目标任务可以增强工作的责任感和紧迫感,激发工作的成就感,调动学习型城市创建工作者的积极性,确保目标责任的落实。市创建办针对不同行政层级,针对不同行业、部门,制定目标责任制,并层层分解,层层细化,签订目标责任书,从继续教育的五年规划到年度计划,从社区教育、职工教育、农村成人教育的季度安排到每月的工作进度,从县(市、区)、乡镇(街道)、村(社区)到行业(部门)、企事业单位,都有明确的目标任务、具体职能部门及人员的权责要求、时间安排和工作进度要求。

总结通报是激励机制运行的重要方式。太原市采取的主要办法是将专题性总结通报与阶段性总结通报相结合，来激励学习型城市创建单位和工作者。其中，专题性总结通报是指对围绕具体项目所开展的活动情况进行综合考核打分，全面总结，并发出简报，通报全市。阶段性总结通报是指以周、月、季度、年等时间段为节点，或者以计划安排的某个时间段为节点，对该时段内工作进展情况进行总结、评价和通报。目前，太原市基本形成了农村成人教育和社区教育每月、职工教育每季度进行总结通报的工作机制，并于年中和年底分别对县（市、区）继续教育工作进行综合总结通报的工作机制。

评估表彰是激励机制运行的主要手段。目前，太原市已研究制定《创建学习型县（市、区）、乡镇（街道）、村（社区）评估指标体系》《太原市全民终身学习活动周考核体系》《太原市全民终身学习大讲堂量化考核指标体系》等全市评估考核标准，为全市学习型城市评价工作提供科学依据。

通过三位一体的激励机制，极大地增强了各单位建设的内在动力，在全市各县（市、区）、乡镇（街道）、村（社区）掀起建设热潮，形成了学校、社区、机关单位、企业、农村全方位、多元化、全民参与的崭新气象。

（三）联动化传播营造舆论氛围

舆论宣传是建设学习型城市的引导。太原地区各报刊、电视、广播、网络等媒体对终身学习与学习型城市建设工作实现了常态化报道、联动化传播。

2006 年以来，《太原日报》《太原晚报》每年专门开辟全民终身学习、学习型城市建设的理论专版和学习型单位及个人先进事迹专栏；太原电视台《新闻对话》栏目开辟专访栏目，驻地省市新闻媒体也都对学习周活动形式和内容进行大篇幅宣传报道。2010 年以来，《山西晚报》《太原日报》《太原晚报》《生活晨报》等报纸每月定期登载“大讲堂”课程表，明确课程时间、地点、主题、授课老师等，方便市民选择；太原教育电视台每周六、周日的“大讲堂”栏目中滚动播出精选课程，影响很大，方便市民的个性化学习。2014 年以来，《生活晨报》、太原终身学习网、微信平台等每周定期登载天天课堂学习课表，报道市民学习动态，不断扩大“十分钟全民终身学习圈”的影响力和知晓度。

学习型城市建设舆论氛围的营造通过电视与广播相结合，线上与线下相呼应，纸媒与网络及微信客户端相融合的立体化联动态势，营造了学习型城市建设的良好舆论氛围，形成了学习型城市建设的正确舆论导向和正能量，广泛宣传了终身学习理念，提升了全民参与的热情，极大地推动了学习型城市建设工作的开展。

六、智慧助老、全民智学，赓续学习型城市建设动力

当今世界，科技日新月异，互联网、云计算、大数据等现代信息技术深刻改变着人类的思维、生产和生活方式。太原市也紧跟时代发展，着力构建网络化、数字化、个性化、终身化的教育体系，推动全民智学，为学习型城市建设注入新的发展动力。

（一）深化老年教育，推动智慧助老

2021年11月24日，《中共中央、国务院关于加强新时代老龄工作的意见》正式发布。《意见》首次提出将老年教育纳入终身教育体系，并明确依托国家开放大学筹建国家老年大学，搭建全国老年教育资源共享和公共服务平台。

在《意见》出台以前，老年人作为社区教育的重点人群之一，就一直是我市开展社区教育和终身教育工作的重点人群。早在2016年3月，根据国务院办公厅印发《老年教育发展规划（2016—2020年）》提出的"扩大老年人受教育的机会，满足老年人日益增长的精神文化和学习需求"精神，太原开放大学就正式成立老年学院，同时继承开放大学远程教育基因，充分发挥网络办学优势，开通网络"太原老年开放学院"，积极开展"实验性、示范性"老年教育研究，探索"学养结合"老年教育模式，成立了杏花岭、迎泽、小店等六家"学养结合老年教育研究培训中心"和滨河社区等八家"学养结合老年教育研究培训基地"。多年来，学校坚持"快乐学习，健康生活，提升品质，圆梦人生"教育宗旨，在校本部开设舞蹈、声乐、书法、智能手机、国画、太极、模特、摄影、瑜伽和二胡等30多个专业，累计招生近5 000千人次。

同时，不断深化老年教育特色化发展。自2016年率先在全国开展智能手机课程以来，紧紧围绕国务院办公厅印发《关于切实解决老年人运用智能技术困难的实施方案》的工作要求，将"智慧助老"作为太原市老年教育的重点和特色内容，通过体验学习、经验交流，不断探索新教学模式和方法，研发针对老年人的全媒体课程体系，营造智慧助老文化氛围，引导老年人积极融入智慧社会。2021年以来，智能手机课程通过短视频、直播等方式进行授课。其中最火一堂课抖音点击量达到842.2万、17万点赞、6.1万评论，3次登上抖音、微博同城热搜榜，得到了中国新闻网、中央财经、腾讯新闻、山西卫视、山西日报、太原日报、太原晚报等全国50多家媒体转发和采访报道。从2021年5月起，依托太原老年开放大学开展老年"游学养"课外实践活动，使得老年人在大自然和社会的课堂中有充实的交流和体验，收获知识与技能。

2022年，太原开放大学积极响应国家智慧助老政策，与山西省卫生健康委员会、太

原市卫生健康委员会共同承办全国智慧助老公益行动,依托四级社区教育机构在全市10个县(市、区)组织开展40场线下培训,重点围绕运用智能手机承担"健康山西"预约挂号和使用网约车平台出行的培训任务,通过"一、十、百、千、万"传帮带,培训了2 000名活力老人(骨干志愿者),共辐射20 000名社区老年人,使全市老年人运用智能技术的获得感、幸福感和安全感不断增强。

(二)以"互联网+"赋能学习型城市建设,引领全民智学

遵循"互联网+"发展趋势和要求,积极探索学习型城市建设发展新模式,拓宽发展新路径。尤其是自2020年以来,在全面做好疫情防控工作的基础上,依托各类学习平台和直播软件新技术,积极搭建"云平台",不断拓宽活动覆盖领域和人群,深入传播"好声音",让终身学习理念"飞入"千家万户,将我市学习型城市建设的三大载体推向新的高度,实现了从市到县(市、区)、街道(乡镇)、社区(村)全覆盖,从机关到企事业单位、从社会团体到个人的全覆盖。

太原市推动老年教育走进FM107老年之声广播,为全市广大老年听众送上丰富的课程。自2020年6月至今,共选送13名优秀教师,累计57节课,内容涵盖智能手机、书法、钢琴、营养、摄影、英语、剪纸、心理健康等多个领域。同时,还不定期举办"学党史,进课堂""网络安全与我们的生活"等各类老年网络公开课,让老年人足不出户就可以享受到丰富的老年课程,真正做到时时处处智慧学习,教育资源得到了最大程度利用。

实践永无止境,创新驱动发展。太原市学习型城市建设工作切实做到了提升认识、理清思路、创新举措、推进有力,基础扎实,示范意义广泛,成效显著,形成了具有太原市区域特色的经验做法和典型模式。但是,我们也清醒地认识到,我们的工作还存在着一些不足,如各县(市、区)社区教育经费投入不均衡、街道一级社区教育人员队伍亟待加强等。

党的二十大报告发出全面建设社会主义现代化国家新的总动员令,为建设全民终身学习的学习型社会、学习型大国指明了总体方向。开展终身教育、建设学习型城市责任重大、使命光荣。今后,我们将进一步坚定文化自信,建立健全灵活开放融合的终身教育体系、打造丰富多元的终身学习平台和内容、倡导形成追求卓越的城市学习品格,以全民学习、终身学习催生城市发展的内生动力,增强我市"终身学习文化"软实力,为奋力谱写全面建设社会主义现代化国家太原篇章贡献社区教育力量。

审稿人:时耐敏,太原市终身教育与学习型社会建设促进委员会办公室副主任、太原开放

大学(太原社区大学)副书记、校长

撰稿人:

黄建林,太原市教育局民办与成人教育管理科科长

乔向文,太原市教育局民办与成人教育管理科副科长

武　晨,太原开放大学(太原社区大学)社区教育系主任

岳　君,太原开放大学(太原社区大学)社区教育系教师

第六章　常州市学习型城市建设发展报告(2013—2023)

常州市教育局

学习是一个人全面发展的必由之路,也是一个城市创新发展的不竭动力。早在2001年8月,常州市第九届党代会郑重作出了建设学习型城市的战略决策,并将其作为一项城市自我调整、自我创新工程,取得了令人瞩目的成就。

回望常州学习型城市建设历程,可以将其分为两个阶段,其总的特点是"起步早、体系全、特色明、成效好"。2013年之前的十余年,是常州学习型城市建设的可贵探索阶段。在此期间,常州以求真务实的精神创建学习型城市,完善教育体系,搭建学习平台,建立组织体系、运行机制和保障体系,"让每个人都有学习的机会和权利,让每个人学得便捷、学得自由,让每个人都学有所依、学有所变"①,凭"以全民学习力增强城市竞争力"的特色,逐步形成全国学习型城市建设的"常州模式"。2013—2023年这十余年,是常州学习型城市建设实践逐步走向成熟的发展阶段。常州在学习型城市建设上持续推进,砥砺前行,精心打造"常有优学"教育名片。全民终身学习蔚然成风,教育现代化蒸蒸日上,"千载读书地,现代创新城"焕发出新时代活力,常州城市发展也取得了历史性成就。这一阶段的主要工作就是"常有优学"教育名片的打造,主要标志就是现代教育体系的全面完善、全民终身学习特色品牌项目全面推进和学习型城市建设成效的全面提升。

在奔向第二个百年奋斗目标,以中国式现代化全面推进中华民族伟大复兴的历史背景下,全面总结常州学习型城市十年(2013—2023)实践发展经验,深入分析学习型城市建设影响因素,努力探讨学习型城市建设现实问题与对策,必能从中汲取巨大智慧和精神力量,促进常州学习型城市建设开启新征程,迈上新台阶,推动常州高质量发展更上一层楼。

---

① 中国教育发展战略学会终身教育工作委员会. 中国学习型城市建设案例(第一辑)[M]. 北京:高等教育出版社,2013:117-132.

一、学习型城市建设历史回顾

自2013年的十年来,常州始终以改革创新的精神、健全有效的体系、泛在可选的内容、灵活多样的方式,着力打造具有区域特色的高品质终身教育,不断满足市民日益增长的终身学习需要,为学习型城市建设提供了理念、政策、实践的有力支撑。

(一)"常有优学"新名片

"常有优学"①是常州推进教育现代化建设中新的民生品牌,也是常州学习型城市建设十年(2013—2023)的标志性进展。

截至2022年10月,全市共有各级各类学校853所,在校学生101.23万人,专任教师6.17万人,较2012年分别增长了34.8%、33.7%、37.7%,教育事业规模进一步扩大,切实满足了人民群众对"学有所需"的热切期盼。

十年来,全市上下始终把教育摆在优先发展战略地位,高举"教育现代化"旗帜,瞄准"更加公平、更为优质"奋斗指向,围绕打造"常有优学"教育名片,统筹推进教育部基础教育综合改革实验区建设和苏锡常都市圈职业教育改革创新发展,加快建设更高质量的基础教育、更高水平的职业教育、更有特色的高等教育、更有成效的终身教育,奋力谱写办人民满意教育的新篇章。

1. 基础教育优质发展

十年来,常州市始终牢记"为党育人、为国育才"使命担当,坚定落实立德树人根本任务,深度推进"五育并举",全面实施"常有优生"培育计划,努力让"常有优学"的育人本色更加闪亮;始终紧扣民生保障水平走在前列要求,持续加大教育资源供给力度,不断提升教育装备应用能力,全面强化更为安全的育人环境,努力让"常有优学"的办学基色更加厚实;始终紧扣"全面提高教育质量"中心任务,以建设"基础教育综合改革实验区"为契机,在重点事项和关键环节上先行先试,努力让"常有优学"的品牌成色更加富足;始终坚持以社会需求为导向、服务人民为中心,全面提升教育服务地方经济社会发展的能力和水平,努力让"常有优学"的服务特色更加鲜明;始终全面加强新时代教师队伍建设,大力实施"常有优师"行动计划,持续探索高水平教师发展机制,奋力打造高素质专业化创新型教师队伍,努力让"常有优学"的中坚力量更加强大。

截至2022年底,全市学前教育毛入园率、义务教育巩固率、高中阶段教育毛入学率

---

① 完利梅.把"常有优学"名片擦得更亮[J].群众,2022,680(10):21-22.

均达 100%。全市普惠性幼儿园在园幼儿覆盖率达 94.82%。流动就业创业人员随迁子女在公办学校就读的比例达 93.59%。在优质幼儿园就读的学龄儿童和在优质义务教育学校就读的学生比例均超 93%。义务教育消除超大班额,基本消除大班额,100% 的学校基本达到省定办学标准。全市义务教育优质均衡监测达标率达 91.07%,位居全省第一。全市学前教育、义务教育和普通高中集团化办学覆盖率分别达 98.57%、97.49%、53.85%。创成省义务教育优质均衡发展县(市、区)5 个,钟楼区荣获“全国义务教育优质均衡发展先行创建区”。5 所高中被评为高品质示范高中首批建设立项学校或培育学校,数量位居全省第一。基础教育领域获得国家级教学成果奖一等奖 4 项、二等奖 17 项。新增国家级教学名师 2 名,省级“人民教育家培养对象”“苏教名家”“教学名师”等 32 名,省特级教师 79 名,正高级教师 119 名。

2. 职业教育创新发展

职业教育是常州经济社会的一张金名片。常州坚持高位发展,锐意创新,勇当职业教育改革攻坚的探路者和先行军。全市现有高职高专院校 8 所,在校生 8.5 万人;中职学校 10 所,在校生 3.9 万人。2019 年以来,常州入选全国首批、全省唯一“国家产教融合试点城市”,承担“部省共建整体推进苏锡常都市圈职业教育改革创新打造高质量发展样板”国家试点任务,全市每年培养技能人才 10 万人以上,每万名劳动者中高技能人才数连续 9 年位居全省第一,5 年 4 次获评省职业教育改革发展成效明显设区市,是全省获评次数最多也是唯一蝉联此项荣誉的设区市。

十年来,常州以育“技能高才”、聚“名匠大师”、筑“服务高地”、塑“职教高峰”为目标,全市省属公办高职院 100%成为省双高建设或培育单位、50%成为国家双高建设单位;中职校 100%成为省现代化示范校或优质特色学校、70%成为省“领航计划”建设单位或省优秀中职学校建设单位。建设省产教融合集成平台 6 个,获批省级重点产业学院建设点 8 个,占全省 1/6,国家首批现代产业学院 2 个,占全省 1/5,职业院校 100%牵头组建职教集团,其中两家入选国家示范性职教集团培育单位,校均合作规上企业达 100 余家。全市职业院校深度推进产教融合,开设专业与先进制造业、现代服务业的吻合度达 86%以上。常州技师学院学子宋彪勇夺第 44 届世界技能大赛工业机械装调项目冠军和大赛唯一阿尔伯特大奖。2021 年荣获省职业教育教学成果特等奖 5 个,数量占全省 1/4,位列全省第一;2022 年度荣获国家职业教育教学成果奖一等奖 1 个、二等奖 11 个,获奖总数全省第二。获批“江苏大工匠”“江苏工匠”人数位居全省首位,形成了职业教育高水平发展的“常州现象”。

3. 高等教育特色发展

十年来，常州市的高校办学水平和人才培养能力提升明显，常州大学获批一级学科博士点，3 个学科进入全球 ESI 学科排名前 1%，江苏理工学院获批硕士学位授予单位。获评国家一流本科专业建设点 16 个，省级产教融合型品牌专业建设点 9 个、培育点 2 个。在常高校累计向社会输送毕业生 37.5 万余人，为全市经济社会发展提供了强有力的人才和智力支持。建成常州大学西太湖校区、南京航空航天大学天目湖校区、河海大学金坛新校区，高等教育资源不断扩大。南航天目湖校区南区、江苏理工学院新校区开工建设，稳妥推进常州医学高等院校规划、设置及报批工作，推动高等教育实现更有特色发展。

4. 特殊教育公平发展

全面推进特殊教育融合发展，创建市级优质普通学校融合教育资源中心 50 所，63 个乡镇街道的学前、小学、初中融合教育资源中心基本实现全覆盖。充分保障残疾儿童享受公平而有质量的教育。近年来，常州市以“办好人民满意的教育”为目标，以推动特殊教育高质量发展为主题，形成“以随班就读为主体，以特教学校为骨干，以送教上门和远程教育为补充”的特殊教育发展格局，应随尽随，应融尽融，特殊教育事业发展快，成绩显著，率先在省内创办市级特殊教育专业期刊，率先在省内发布融合教育工作手册。近两年培育出省级融合教育示范区 3 个、示范校 4 所、研究基地 1 个，教育部、联合国儿童基金会“中国融合教育推进”项目校 2 所，十多项省、市特殊教育和融合教育研究课题及前瞻性项目，工作成效获央视等主流媒体关注报道。目前，常州市残疾儿童少年接受 15 年免费教育的比例达 100%，全市特殊教育实现从学前到高中全免费。全覆盖建设“常州特教在线”IEP 平台，设立中吴实验学校常州儿童福利院特教办学点。

5. 终身教育蓬勃发展

常州市全面推行终身职业技能培训制度，全面实施“532”发展战略，加快建设“两湖”创新区、新能源之都，主动破解技能人才发展之需，培养了一大批以世界技能大赛阿尔伯特大奖获得者宋彪，中华技能大奖获得者邓建军、张忠为代表的产业急需、技艺精湛的“龙城工匠”。2020 年，全国第一届职业技能大赛常州市获奖数位居全省第一；2021 年，6 个世界技能大赛中国集训基地落户常州；2022 年，第六届江苏技能状元大赛，常州市一等奖数量位居全省第一。江苏省常州技师学院被人力资源社会保障部确定为国家级高技能人才培训基地。

持续推进“职教惠民”工程，面向企业员工、新型职业农民、退役军人等群体开展技能培训，不断提升劳动者的就业与创业能力，实施各类培训项目 790 个，年培训量达 20

万人次以上。

十年来，常州企业职工继续教育培训参与率由48.2%增加到85.6%。各类成人高等学历教育机构开设专业数由40个增加到95个，成人高等学历继续教育在籍人数2.6万人，增加了96.9%。参加高等教育自学考试人数48.6万人，增加了36.2%。全市各级党政机关、企事业单位继续教育覆盖率达100%。

6. 社区教育

2013年，常州在全省率先挂牌成立开放大学。十年来，常州社区教育形成了“开放大学—社区学院—社区教育中心—社区居民(村民)学校”纵向社区教育四级网络和横向常州社区教育高校联盟的组织体系，努力为全市社区教育提供优质服务。十年来，常州社区教育以特色项目为驱动，以品牌创新为突破，不断提质增效，满足广大市民终身学习需求和社区文明创建需求，目前已打造57个市级以上终身学习各类体验基地；每年统筹开发100门社区教育面授课程，新“菜单式供给+点单式选课+广覆盖送课”的送教形式，学习内容涵盖“文化素养、现代生活、职业技能、教育辅导、健康娱乐”多个方面，目前已开发社区教育面授课程1 000余门，送教9 000多场，直接受益市民40余万人；组织建设12个社区教育名教师工作室、69个社区教育特色项目工作室、6个社区教育精品教学团队，建成近700人的社区教育师资库。

十年来，常州社区教育参与率从49%提高到69%，实现城区“送教进社区”全覆盖。全市创建全国社区教育示范区2个，全国社区教育实验区2个，率先实现省级社区教育示范区和省级标准化社区教育中心全覆盖，创建国家级职业教育与成人教育示范县(市、区)3个，省级教育服务“三农”高水平基地(富民示范基地)14个。省级社区教育特色品牌项目数量以及省级社会教育(教学)成果高等次获奖数量均居全省首位。常州“青果在线学校”上升为国家数字教育公共服务资源。常州开放大学成功立项联合国教科文组织第二批城市社区学习中心(CLC)能力建设项目，在全国“职业院校服务全民终身学习”项目评选中入选该项目第一批实验校。全省社会教育绩效考核，常州是连续三年蝉联一等奖的全省唯一设区市。在全省民生幸福“六大体系”建设监测中，常州终身教育体系名列全省第一位。

7. 家庭教育

2017年，常州在全省率先成立了市级社区家长学校总校。目前，村(社区)100%建立家长学校，建成企业家长学校161个、家庭亲子活动体验基地52个。建成省级“三全”(即社区全域、父母全程、家庭全类型)家庭教育指导服务示范社区85个，为家庭提供“推门可见、社区可感、家家可参与”的社区生活化家庭教育新模式。同时，成立了10个家庭教育工作室、16个未成年人成长指导站，培育家庭教育专家、骨干300余人。深度建设青果巷家文化综合示范街区，建成省、市级家教家风实践基地22个。

2018年以来，围绕家长关心的家庭教育热点问题，常州开发了家庭教育课程327门，开展"科学家教进万家"活动，每年组织专家向社区、企业等送课100余场。组织专家录制家庭教育微视频课程30多个，在常州电视台、中吴网播出，近20万家长收看，引导家长掌握科学的教育理念和方法。五年来，组织指导服务2万多场次，近300万名家长和青少年儿童参与其中。该项目被评为江苏省教育厅社区教育特色品牌项目，以常州开放大学为组长单位的家庭教育共同体获评江苏省成人协会的首批"江苏省社区教育共同体"项目。

8. 老年教育

老年教育阵地进一步扩大，建立了"市、辖市（区）、街道（镇）、社区（村）"四级老年教育网络。现拥有市级老年大学（老年学院）2所、县级7所，在辖市（区）老年大学全覆盖的基础上，街道（镇）老年学校建成率达100%，社区（村）老年教育文化活动场所建有率达90%以上，老年教育活动参与率达34.2%。"十三五"期间，老年教育逐渐向社会扩展，常州老年大学在市福利院颐养园、金东方颐养中心、南湖养生园等处设立分校、校外办班点和教学实践基地，养教结合和谐发展。老年教育内容与形式丰富多彩，为老年人群体喜闻乐见。2021年，在全省率先成立常州市老年教育发展中心，统筹协调全市老年教育发展。2022年，在全省率先出台老年教育"十四五"发展规划，2023年出台全省首个老年教育机构建设标准。常州老年教育发展经验被教育部选树为全国职业教育与继续教育改革典型案例。

9. 妇女教育

常州市妇联主持开设了"玉兰芬芳·WOMEN课堂"。自2017年开始，"玉兰芬芳·WOMEN课堂"实行1+N+N模式，第一个"1+N"代表着阵地："1"是市妇女儿童活动中心，"N"是分布在全市各地，同样在开展女性培训的各个课堂、场所。目前被市妇联授予"玉兰芬芳·WOMEN课堂"的女性课堂有47个，他们结合自身实际为全市女性提供技能、形象、素养、健身、艺术五类75门素质提升公益课程，同时全市的妇女儿童之家、妇女微家、妇联执委之家等上千个妇联阵地皆为流动课堂点，充分利用"玉兰芬芳·WOMEN课堂"师资库、巾帼教师志愿者队伍开展学习培训活动，年均开展近千场。

（二）学习品牌深入人心

常州学习型城市建设坚持惠民为本，学习内容契合市民需求，学习形式注重寓教于乐，注重以学铸魂、以学增智、以学正风、以学促干见实效。十年来，常州学习型城市建设熔铸于市民工作和生活之中，与时俱进创造了系列学习品牌，为广大市民终身学习提供了越来越多的便捷渠道，学习随处可见，触手可及。

1. 时时可学——在线学习平台遍布各行各业

（1）“常州终身学习在线”覆盖全市

2010 年 10 月，常州正式立项并推出了“常州终身教育在线”网站，网站由市教育局主管，委托常州开放大学主办。网站积极宣传“把学习作为一种生活方式”的理念，努力为学习者提供个性化、多元化、精品化的终身学习资源和服务。

十年来，网站根据终身教育实践的快速推进，特别是常州市民终身学习需求的不断升级完善，形成了“1+7+61”站群系统，站群系统中信息、资源“共建众享”，一个统一的终身教育数字化平台覆盖了常州全市域。网站以共建众享的机制进行系统管理，学习简单便捷。目前，网站学习资源总数超过 13 000 个，视频总时长达 6 488 小时，资源内容涵盖“文化素养、现代生活、职业技能、教育辅导、休闲娱乐、道德讲堂”六大类，为市民个性化学习提供了海量的选择。同时，网站精心设计、策划各类线上线下相结合的活动，做到月月有活动，季季有专题。自 2015 年至 2023 年 6 月底，已在网上举办 75 个活动专题，一般每个月推出一个专题活动。这些有益、有料、有奖的专题活动成为吸引更多市民学习的一大法宝，有针对性地满足了市民多样化、本土化的学习需求，受到广大市民的热烈欢迎。目前，常州终身学习在线站群平均每天的访问人次超过 5 万，学习人次超过 36.4 万，学习时长超过 14.6 万小时。

2015 年和 2018 年，“常州终身教育在线”微信版“乐学龙城”“常州终身教育在线”手机版依次开通，为市民的终身学习提供了更便捷的学习支持服务。2021 年 4 月，“常州终身教育在线”更名为“常州终身学习在线”，进一步彰显全民学习的理念，突出学习者的主体地位。“常州终身学习在线”站群系统成为常州终身教育系统的重要支撑。在中国成人教育协会指导刊物《社区教育》2016 年第一期的学习资源网站排行榜上，常州终身教育站群在注册人数和课程数量上都取得了排名全国第四的好成绩。

（2）终身学习在线站群系统服务市民

除了“常州终身学习在线”，常州还有多种学习在线为各类学习者提供学习便利。由市委组织部等部门共同开发的“常州在线学习”，覆盖县处级干部、科级及以下公务员、基层党员、企业家和市民等五类学习对象，拥有视频课件、电子图书、凤凰资讯等学习资源，具备在线交流、需求对接、学习评论等功能，是各类学习用户进行新理论、新技能、新知识培训的学习交流平台。常州市教育局主办的“青果在线学校”，为全市 40 余万中小学在校师生提供指导性学习和自主性学习等服务。常州工信局积极联合量子大学常州分院发起在线学习公益平台“云上培训、助企稳岗”,为常州市企业管理者量身定制在线学习课程。常州老年大学推出了“乐活云课堂”和“大观直播平台”,有力提高了老年教育现代化办学水平。常州市妇联发挥“幸福e家”妇联大数据平台作用,开设网上家长学校,精准家庭需求开展指导服务。常州广播电视台则利用自身优势、中吴网APP及微信公众号开办《社科百家谈》《龙城记忆》《常州青年广播学习社》等线性节目,供广大市民收视听学习。常州教育微信进入“中国教育类微信影响力排行榜”管理机构类前20强。

2. 处处能学——大小讲堂遍及全市城乡

(1) 全国终身学习品牌“龙城讲坛”独树一帜

由中共常州市委宣传部主办的“龙城讲坛”,立足于满足龙城市民“思想上解惑、文化上解闷、心理上解压”的发展宗旨,经过近20年的培育,已经成为覆盖全市的社会性、标志性、公益性、普及性、开放性的公共文化品牌,是常州市举办最早、影响最大、范围最广、受众最多的讲坛。

十年来,“龙城讲坛”举办讲座200多场,受众人数超50万人。讲坛也多次获“省优秀讲坛”称号,为“紫金讲坛”联盟成员单位之一。“龙城讲坛”常年固定在市行政中心会议室和常州图书馆两个场所举办,师资有本地资深的专家学者,也定期邀请部分外地的专家授课。“龙城讲坛”开设有市民课堂、干部课堂、企业家课堂、国学课堂、人文常州系列讲座等十余个课堂,满足了社会不同人群多层次、多样化的精神文化需求。目前,“龙城讲坛”每期讲座均在常州日报、常州晚报、中国常州网等媒体、媒介中广泛宣传,观众可以免费领票或者微信订票参与讲座。近年来,结合疫情变化,“龙城讲坛”探索线上线下相结合的方式,邀请名师做客“云端”,采用现场直播,通过网络链接名师和听众,在常州宣传、常州发布微信公众号进行直播,让听众足不出户就能享受视听文化大餐。

(2)“道德讲堂”成为全国精神文明建设品牌

2009年,常州市在全国首创道德讲堂。14年来,常州市道德讲堂按照“前延、后伸、中优化”的发展思路,逐步向全人群、全地域、全时空覆盖。道德讲堂以小见大,用“小故事”阐述“大道理”,言浅意深,润物无声。市委宣传部定期邀请全国名家大师来常举办讲座,高标准建设更高质量、更高水平、人民更满意的文明城市,“道德讲堂”成为全国精神文明建设品牌。如今,1.5万余个道德讲堂在全市生根,“每天讲堂在行动、每周总堂有活动”,受众超千万人次,被誉为“江苏道德风尚高地上的一面旗帜”。道德讲堂以“身边人”在更大范围讲述传播主流价值的“身边事”,并让“道德讲堂”不断焕发新光彩。

（3）小巷不小，讲坛常新

20年前，“小巷讲坛”从钟楼区南大街街道文亨花园社区的读报小组演变而来、应运而生，小巷讲座的自选式、主题式、互动式、进出式和共享式的5种学习模式越来越多地吸引了社区居民参与其中，其乐融融。之后，这几种社区学习模式逐渐在常州广大社区推广，“小巷讲坛”成为全国100个终身学习品牌之一。十年来，“小巷讲坛”在时代发展中被赋予新的内涵，成为新时代文明实践的重要阵地，用“润物细无声”的方式把“文明种子”撒进百姓的心田，在常州大地持续焕发着生命力和号召力。

同时，每月推出的“常州公开课”，以家庭教育、市民素质提升为主课程，经常出现一票难求的听课盛况。常州市总工会2018年正式启动“龙城职工大讲堂”“职工文艺轻骑兵”两个服务项目，开启了常州市总工会“送服务进企业”的职工终身教育新模式，惠及全市职工群众超10万名。“经信讲坛”“常阿姐”大讲堂学习品牌等都深受欢迎。

此外，在推进学习型城市建设中，常州还将学习型城市建设熔铸于文旅景点及其活动中，统筹保护和利用丰富的历史文化资源，讲好常州故事，传好常州声音，以文化人，以文育人，寓教于乐，使其成为广大市民文旅休闲和终身学习的好去处。十年来，常州博物馆、图书馆、文化馆等近百个市级以上市民终身学习服务（体验）基地、社区教育游学基地挂牌运行，无偿为广大市民终身学习提供场所和资源。“江南名士第一巷”——青果巷，举行“跟着诗词游常州”之“红色青果”首游式。“红色+”旅游线路新产品以弘扬“常州三杰精神”为主旨，以“重温红色历史、传承奋斗精神”为主题，深度融合“红色”资源和文化资源，为党史学习教育提供一批生动的“活教材”。常州博物馆成为国家一级博物馆，2022年国庆期间，博物馆人气走高，7天接待观众8.25万人次。

3. 人人乐学——学习，成为日渐浓郁的城市氛围

（1）“书香常州，全民悦读”活动持续开展

近年来，常州深入推进学习型城市建设，积极推动家庭、学校、社区联动，营造全民阅读氛围。一是打造“书香家庭”，常州市幸福种子亲子阅读中心和常州市天宁区华润国际社区被授予“全国家庭亲子阅读体验基地”。二是打造“书香校园”，持续18年开展全民阅读重点品牌之“好书伴我成长”中小学生阅读系列活动，近万名学生、千余名教师、五百余所学校在活动中获奖。三是打造“书香社区”，各地精心打造全民阅读特色品牌活动，如金坛区“乐学金沙”、钟楼区“钟声课堂”等。如今的常州，从机关到学校，从社区到农区，文韵流长，书声琅琅；从童颜稚子、中青少壮到白发老者，手不释卷，乐此不疲。在“书香常州”建设进程中，人们在书韵墨香中获得新知、汲取力量，以更加坚定自信的姿态，从书中“走出去”，走向更加广阔精彩的世界。2018年，常州顺利通过省“书香城

市”建设示范市的实地测评。

(2) 秋白书苑成为“网红”学习地

2018年起,常州市文广旅局积极探索“政府主导、社会参与、重心下移、共建共享”全新模式,建设以瞿秋白同志的名字命名的智慧图书馆“秋白书苑”,被《中国文化报》誉为“新型公共文化空间‘常州模式’”。截至目前,已建成开放“秋白书苑”39家,累计接待读者超580万人次,借还图书超200万册次,顺应了人们追求品质阅读和优雅环境的需要,成为网红学习地。“秋白书苑”实行“政府+社区+企业”合作共建方式,凸显浓厚的红色气质,既有不同的特色,又有统一的标准。如今,在城区,“秋白书苑”融入历史文化街区、院落、名人故居纪念馆、大运河,书香与历史文脉、文化名人、古老建筑交相辉映;在乡村,“秋白书苑”与生态保护、农事体验、四季风光浑然一体,市民和游客竞相“打卡”体验;在科技园区,“秋白书苑”植入高科技元素……各具特色的“秋白书苑”,已在常州街巷、乡村扎根。

(三) 学习强市再建新功

十年来,常州学习型城市建设成绩斐然。2013年,全国学习型城市建设联盟成立大会在北京召开,首批确认33个城市为学习型城市建设联盟成员,常州名列其中。“学习型城市建设常州案例”被收入《中国学习型城市建设案例》(全国共16个),专题片《一个社区教育工作者的一天》被收入《中国学习型城市建设案例(视频集)》。常州市与北京、深圳均在联合国教科文组织举办的首届国际学习型城市大会上作经验交流。

十年来,常州学习型城市建设最重要的突破是学习理念的认识深化。“学习,让城市更美好”“学习,让生活更美好”理念逐渐深入人心,“把学习作为生活方式”“促进人的全面自由发展”逐渐成为自觉。

十年来,常州学习型城市建设最大的突破是常州人以好学之风推动了常州经济社会的繁荣发展。“人人皆学,时时可学,处处能学”的环境氛围日臻浓厚,全民终身学习蔚然成风。

十年来,常州坚持教育优先保障,多年保持在一般公共预算中第一大支出的地位(表2-6-1)。全省教育现代化监测结果显示,常州教育普及度、教育开放度、教育满意度3项一级指标以及资源配置、资源共享、社会服务能力等7项二级指标,实现度均达100%,教育现代化建设水平连续8年位列全省第一方阵。到“十三五”末,全市新增劳动力人均受教育年限达15.5年。截至2022年的年底,全市技能人才共有139.4万名,其中高技能人才40.03万名,每万名劳动者中高技能人才数达1 330名,连续第九年位居全省第一。

表 2-6-1　2013—2022 年常州市教育经费投入统计　　单位:万元

年度	2013	2014	2015	2016	2017	2018	2019	2020	2021	2022
投入	70.56	75.2	76.82	86.48	91.14	463.94	105.59	129.3	134.8	139.2

1. 科技创新能力显著增强

十年来,常州积极推进人才强市战略、龙城英才计划、创新主体“倍增”行动等,科教融汇协同创新,连续 14 年荣获“全国科技进步先进市”称号,2020 年常州列全国创新型城市创新能力排行榜第 16 位(地级市第 3 位),2022 年,常州位列中国城市科技创新发展指数第 15 位、国家创新型城市第 15 位。“科创中国”试点城市建设排名全国第五,入选国家知识产权强市建设试点城市(表 2-6-2)。

表 2-6-2　2013—2022 年常州市专利申请量和专利完成量统计　　单位:件

年度	2013	2014	2015	2016	2017	2018	2019	2020	2021	2022
专利申请量	41 705	37 833	38 559	43 860	33 973	41 858	47 849	58 236	—	—
专利完成量	18 207	18 152	21 585	17 790	16 423	23 334	24 858	41 321	55 463	53 163

2. 城市综合经济竞争力及可持续竞争力

经济的增长也是学习型城市需要解决的重要问题之一,常州学习型城市建设也给常州经济发展带来了实实在在的促进作用。中国社科院《2012 年中国城市竞争力蓝皮书:中国城市竞争力报告》指出,常州位居第 27 名,2016 年位居第 21 名;在 2022 中国地级市基本现代化指数前 100 名中,常州排名江苏第 4 位,全国第 12 位。常州还获得全国文明城市四连冠、中国 2023 高质量发展十佳城市等众多荣誉。十年来,在苏、锡、常三个城市中,苏州 GDP 增长了 89.1%,无锡增长了 85%,常州则增长了 121.9%,常州是成长最快的城市(图 2-6-1 和图 2-6-2)。

二、学习型城市建设实践思考

十年来,常州学习型城市建设体系逐步完善,学习型城市特色项目品牌日益系列化,学习型城市建设影响度日益提升。事实上,这有其必然的逻辑。

(一)理论指导逻辑

学习型城市建设本身有其深刻内涵与重要意义,对此充分认识和理解是推进学习型

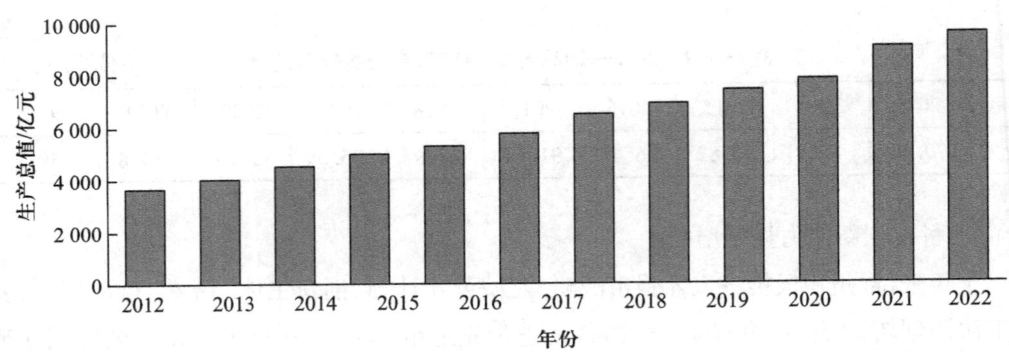

图 2-6-1　2012—2022 年常州市地区生产总值

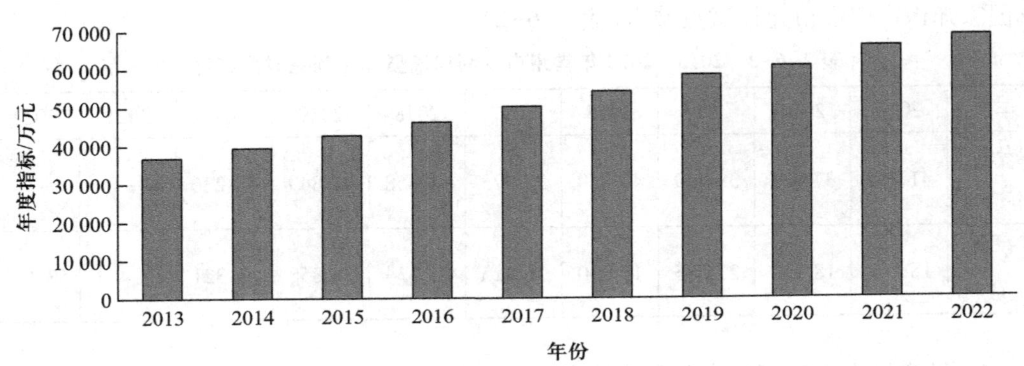

图 2-6-2　2013—2022 年常州市城镇居民人均可支配收入

城市建设的思想基础。在常州市委和市政府的领导下，常州相关机构和主要媒体对此进行了广泛的大力宣传教育。

1. 学习型城市建设是适应经济全球化，增强国家竞争力的战略举措

在知识总量迅速增长、更新速度不断加快的挑战下，经济建设和社会发展逐渐转移到依靠科技进步和劳动者素质提高的轨道上，而有组织的学习正是提高大批劳动者整体素质和推进科技进步的根本途径。学习型城市建设是形成学习型社会的基石，只有高度重视学习型城市建设，才能在全社会形成良好的学习风气，建立全民终身学习的教育体系，提高全民族的文化教育素质，增强国家的软实力和国际竞争力。

2. 学习型城市建设是激发城市创新活力，促进城市创新发展的内在要求

学习是文明传承之源，学习力是一个城市最活跃的创造力。学习型城市建设可以为城市带来以学习为导向、以创新为展望的运营模式和管理方法，这种系统、模式在城市运营中可以具体表现为各行为主体以学习和知识互动为基础所构建、形成的关系网络和文

化生态。通过推进全民学习和终身学习，提高市民的文化素养和综合素质，才能更好地塑造城市的精气神，形成一个城市的文化品格，增强城市发展的创新活力。

3. 学习型城市建设是促进人全面自由发展，人的幸福感的动力源泉

学习型城市建设与社会经济发展密切相关，以满足人民日益增长的物质文化需求为根本目标。学习型城市建设可以为城市居民提供更广泛的学习机会和资源，使他们能够更好地实现个人发展和职业发展，从而不断提高生活质量和幸福感。只有更加重视和善于学习，才能增加个体自主选择机会，才能有效满足人们的精神文化需求，促进人的自由全面发展。

（二）历史传承逻辑

在中国广袤的版图上，常州是一颗耀眼的江南明珠。常州学习型城市建设今天的显著成绩还来自其优良的历史传承，源于其深厚的文化底蕴。

1. 常人尚学，历来崇文重教，学风浓郁

常州是拥有 3 200 年历史的国家历史文化名城，被誉为"八邑名都、中吴要辅"。这里是季子故里，齐梁旧地，历来崇文重教、儒风蔚然，学派林立。从泰伯奔吴、季札封邑起，经过大浪淘沙，岁月洗涤，成就了辉煌的历史，创造出了具有丰富内涵和鲜明特征的地域文化，文化命脉千年不衰，是名副其实的千载读书地。南宋诗人陆游曾称赞常州为"儒风蔚然，为东南冠"。

2. 常人尚文，历来文人荟萃，精英辈出

常州历代名士学者众多，明清时期，常州文魁星闪耀，"科第蝉联，数代不绝"。隋唐以来，共出过 9 名状元、1 546 名进士；新中国成立后，常州籍两院院士有 60 余名。据中国大百科全书十大科学门类统计，常州出的名人数量位居全国第 4，仅次于苏州、杭州和北京。清代著名思想家龚自珍诗誉常州"天下名士有部落，东南无与常匹俦"。正是在这一浓重的文化氛围中，众多常州学子惴惴自奋，形成一种文化积淀。

3. 常人尚德，历来自奋求变，担当有为

崇文尚学是常州文化传统的第一个重要特色，文章道德永远则是常州学子最核心的追求。常州学风重经世、重道德、重文采、重气骨、重创变。这种守先绪、承后学、传递家族文化传统的强烈责任感，自奋求变和改革创新的精神才是这些常州书香门第、笔耕世家代代相传、绵延不绝的重要原因。也正是这种崇文尚学的人文精神催生了常州的人文之盛、风俗之美。

新中国成立之后，尤其是改革开放以来，常州的崇文尚学的风尚不仅没有没落，反而

以一种新的时代面貌展现在人们眼前，“学习工作化，工作学习化”，从个人学习到团队学习，全市普遍开展“学习日”活动，每月一次，一年 12 次，到现在已经坚持了 20 年，常州成为全国创建学习型城市的典型，是名副其实的“千载读书地，现代创新城”。

优秀文化是一个城市的根与魂，具有巨大的道德感召力，是当代人民群众的精神家园。其实，常人崇文重教的风气、诚信友善的品格、家国天下的情怀与现代常州的“勇争一流”的城市精神是一脉相承的。人文精神与重教崇文的高尚品格是当代常州人要继承的不朽精神。

（三）实践推进逻辑

“看似寻常最奇崛，成如容易却艰辛。”十年来，常州学习型城市建设成效显著，最根本的是常州勇于开拓、真抓实干、积极有为的实践精神。

1. 常州推进学习型城市建设的宗旨明确、目标正确

从宗旨上说，常州坚持把学习型城市建设作为重要的民生工程，全力打造“常有优学”民生名片，实施“政策惠民、实事利民、服务为民”，坚决强化“教育为民、教育惠民”的民生担当，得到了广大市民的积极响应。2023 年常州市政府工作报告中明确提出“把人民对美好生活的向往作为奋斗目标，全面打响‘六个常有’民生名片，打造共同富裕市域样板”，建设“强富美高”新常州。

2. 常州推进学习型城市建设领导正确、措施有力

十年来，常州在推进学习型城市建设中强化顶层设计，上下协同，纵横协作，众建共享，不断强化领导机制和运行机制。常州市学习型城市工作指导委员会、常州市推进终身教育工作领导小组在统筹推进学习型城市建设中发挥了独特的作用。十年来，常州市在建设学习型城市的过程中，积极整合全社会的资源，现代教育体系、公共文化服务体系、财政支持体系等不断完善，全市上下真抓实干，持续推进，有力支持和保障了学习型城市建设。

3. 常州在学习型城市建设善于守正创新

“问渠那得清如许？为有源头活水来。”常州市在建设学习型城市的过程中，十年来围绕人的全面进步和城市的创新发展，不断从学习型城市建设的实践需求和特色要求出发，创新性开展学习型城市建设的一系列项目，积极探索有效推进全民终身学习的新路子、新项目，学习型城市建设各项工作高效开展。学习模范不断增多，学习型组织不断增强。如自 2006 年开始，常州连续 17 年举办全民终身学习活动周。17 年来，常州不断创新活动形式，提升活动成效，在群众中大力普及终身教育理念，营造终身学习氛围，每年

均有超百万人参与。

三、学习型城市建设现实挑战

（一）学习型城市建设肩负新重任

一个时代有一个时代的主题，一代人有一代人的使命。党的二十大报告指出：从现在起，中国共产党的中心任务就是团结带领全国各族人民全面建成社会主义现代化强国，实现第二个百年奋斗目标，以中国式现代化全面推进中华民族伟大复兴。党的中心任务承载着全党全国各族人民的期盼，展现了百年大党初心不改、矢志不渝的执着和坚定。

党的中心任务也是学习型城市建设的中心任务，建设学习型城市肩负着历史赋予的光荣使命。习近平总书记明确指出，“现代化的本质是人的现代化”“现代化的最终目标是实现人自由而全面的发展”。人的现代化不仅是社会现代化的前提，而且是社会现代化的目的。从内涵上分析，人的现代化是人的思想观念、思维方式、行为方式、生活方式实现从传统向现代的转变，社会关系和谐发展，人的素质全面充分提高。实现这一艰巨任务，需要我们进一步推进学习型城市建设，凝聚社会共识，开发市民潜能，以学铸魂、以学增智、以学正风、以学促干，实现以人的全面发展促进城市软实力提升。因此，学习型城市建设重任在肩。

（二）学习型城市建设面临新挑战

1. 普惠发展有待进一步提高

总体上看，常州学习型城市建设成绩显著，居于全省前列。但常州学习型城市建设还存在着发展不平衡问题，如广大农村村民与市区相比，终身学习的参与度还不高，需要进一步加强宣传和引导。

2. 特色发展亟须进一步拓展

学习型城市建设需要充足的学习资源作为支撑，但是目前常州的学习资源还存在不足。一方面是一些地方学习场地、设施设备、课程开发标准化等方面还不够完善；另一方面地方特色资源、优质资源开发广度、深度和质量还有待进一步提高。

3. 创新发展意识需要进一步增强

虽然常州市民的终身学习意识和热情正在不断提高，但是仍存在一些问题，如学习成果充分认可与转换上还不够理想，学以致用渠道有待进一步拓宽。

四、学习型城市建设未来对策

针对学习型城市建设的时代使命和现存问题，面向未来需要进一步提升常州学习型建设的战略，强化学习型城市建设对策。

（一）坚持党的领导，进一步强化学习强市战略

中国式现代化是中国共产党领导的社会主义现代化。党的领导是实现中国式现代化的根本保证。新征程上推进学习型城市建设首先必须全面坚持和加强党的领导，才能把航定向、科学指引，总揽全局、协调各方，凝聚力量、行稳致远。

学习型城市是一种以学习为核心价值，全面推进城市发展的新型城市发展模式。城市与产业相互成就，学习与创新相互促进，是贯穿常州这座城市的基因底色。坚持学习强市战略，是推动城市高质量发展的重要途径。20多年前，建设学习型城市是当时常州市委作出的一项富有重大意义的战略，20年来，正是这一战略有效促进了常州城市全面、协调与可持续发展。“城市应该是终身学习和可持续发展战略的设计师和践行者。”①今天，走向历史新征程，建设“强富美高”新常州，更要进一步提升这一战略，登高望远做好顶层设计，完善学习型城市建设的政策、法规和制度，全面提升领导体系、运行体系和保障体系，强化价值引领和智慧启迪作用，把学习型城市建设重要引擎持续建设好、发挥好。

（二）坚持惠民宗旨，进一步打造“常有优学”名片

人民对美好生活的向往就是我们的奋斗目标。中国共产党的根本宗旨就是全心全意为人民服务。“坚持以人民为中心的发展思想，坚持教育面向人人、弱势群体优先，是中国建设学习型城市的基本原则。”②唯有以惠民为宗旨，才能调动广大市民学习的积极性、主动性和创造性，形成全民共同推进学习型城市建设的磅礴之力。

教育质量是学习型城市建设的关键因素。当下，市民对学习型城市建设的期待就是更高质量的发展，在学有所教、学有所得基础上学有所成、学有所乐，学习的品质和成效更进一层。这种需求是擦亮“常有优学”名片首先要强化的重点。为此，必须坚决强化

---

① 联合国教科文组织国际学习型大会. 建设学习型城市北京宣言 全民终身学习：城市的包容、繁荣与可持续发展[J]. 职业技术教育，2013(33)：41-43.

② 陈乃林. 国际视野下学习型城市建设的中国特色探析——以中国四个国际获奖的学习型城市为样本[J]. 广州城市职业学院学报，2022，16(4)：1-8.

"有学上、上好学"的责任担当,全面提升学习型城市建设质量。要强化目标导向,常州学习型城市建设的总目标是打造一个全民学习、终身学习的学习型社会,营造"人人皆学,时时可学,处处能学"的环境氛围,促进常州市经济、文化和社会的全面、协调与可持续发展。这种目标的引领也是提升学习型城市建设品质的导向与关键。为此,要根据总目标全面优化各级各类学习目标。此外,要强化问题导向。民生问题无小事,一枝一叶总关情。要深入调研,切实解决好广大市民在学习实践中的各类现实问题就是最好的努力方向与对人民诉求的最好回答。

(三)坚持创新驱动,进一步促进学习型城市创新发展

创新驱动是构建新发展格局的重要支撑。以满足人民群众学习需求为导向,加快实施创新驱动发展战略,打造高水平学习服务品牌,为学习型城市建设提供新动能,是实现高质量发展的必然选择。同时,学习型城市建设的难点是对学习型城市内涵的理解和引领,这同样需要创新驱动。"十年来,学习型城市建设的内涵主旨不断清晰和扩展,呈现出一些共同的旨归:第一,将终身学习作为思想引领;第二,将可持续发展作为目标原则;第三,将与时俱进作为实践重点。"①

创新驱动,首先要学会坚定自信,明确学习型城市建设的方向和目标,在学习型城市建设的复杂系统工程中从容应对和有序推进;其次要学会自加压力,才能激发学习型城市建设的内在活力,努力探寻学习型城市建设的各种动力之源,向群众学习、向实践学习,确保学习型城市建设取得实效;最后要学会自我革新,善于洞察和勇于直面学习型城市建设中的各种问题,想方设法克服问题,从解决问题中抓住新机遇、创造新局面。事实上,常州学习型城市的启动及其发展过程中一个个品牌的形成,正是在发现和解决城市建设过程中的问题而创立的,如道德讲堂、联席会议制度等。坚持创新驱动,一直是常州学习型城市建设实践中的鲜明特征。

(四)坚持因地制宜,进一步突出学习型城市特色发展

学习型城市是指具有浓厚的文化氛围、丰富的教育资源、良好的学习环境和设施,能够满足市民学习需求,促进市民素质提高的城市。而每个城市都有自己独特的文化传统和历史积淀,可以通过挖掘这些文化资源来突出城市的特色。在建设学习型城市的过程中,应该因地制宜,突出城市特色,打造亮点品牌。

---

① 蒋亦璐.学习型城市建设十年回溯与本土反思——基于联合国教科文组织的重要举措[J].职教论坛,2023,39(4):95-103.

一要积极挖掘地方优秀文化资源，积极整合各类教育资源，包括学校教育、社区教育、家庭教育等，形成自我优势的学习品牌；二要与城市经济发展相结合，通过推动产业升级和创新发展，培养地方需求的高素质的劳动者和创新型人才，提高城市的竞争力和发展水平。常州市是富有文化教育底蕴的城市，是一个善于创造品牌的城市，在学习型城市建设新征程上要以“常州元素”为核心，构筑城市战略品牌，持续打响“常州，教我如何不想她”城市标识，让常州学习型城市建设绽放特有的精彩。

（五）坚持开放包容，进一步建构全社会参与的治理体系

治理体系创新的关键是参与公共服务的各主体之间要突破原有关系瓶颈，形成一种需求导向、共同参与、协同发展、灵活高效的“新型关系”。① 海纳百川，有容乃大。开放包容是学习型城市建设的重要理念，一个人人热爱学习，各级各类教育协调发展，共同推进学习型城市建设，共享学习型城市建设的文明成果，才能形成一种众志成城的磅礴之力，把学习型城市推向新的更高质量的发展阶段。

国际学习型城市大会的四次宣言所体现的共同内涵就是：以终身学习、可持续发展为目标原则；以公平、包容为价值取向；以合作、共享为战略方式。② 因此，学习型城市首先应该提供一个多元化的学习环境，在学习对象上面向全体，满足不同人群的学习需求，为全民终身学习提供支持服务；其次要鼓励终身学习，面向人生全过程，提供各个阶段的学习支持服务；最后要倡导平等与公正，社会各界通力合作，提倡开放和共享的精神，促进全体市民共同学习和共同进步。

大道至简，实干为要。常州学习型城市建设这十年是砥砺奋进的十年，也是硕果累累的十年。党的二十大报告明确提出，推进教育数字化，建设全民终身学习的学习型社会、学习型大国，这为常州学习型城市建设提供了新的指导、新的机遇和新的挑战。

面对前所未有的产业振兴之势、能级跃升之势、区位质变之势、政通人和之势的常州，其学习型城市建设必将完整准确全面贯彻新发展理念，继续在改革创新、推动高质量发展上争当表率，在服务全国构建新发展格局上争做示范，在率先实现社会主义现代化上走在前列，奋力推进中国式现代化常州新实践，必将谱写“强富美高”新常州现代化建设新篇章。

征程万里风正劲，重任千钧再出发。我们相信：在常州市委、市政府的坚强领导下，

---

① 王中.基于治理体系创新的学习型社会建设路径研究[J].成人教育，2019，39(6)：13-17.

② 国卉男，秦一鸣，高晓晓.国际学习型城市建设的目标转向与新关注——基于四次学习型城市宣言的文本分析[J].福建广播电视大学学报，2020，141(3)：24-29.

常州学习型城市建设的明天会更好,常州的明天更美好!

审稿人:丁　皓,常州市教育局终身教育与民办教育处处长

撰稿人:

袁彩哲,常州开放大学副教授

丁　皓,常州市教育局终身教育与民办教育处处长

陈　莺,常州开放大学终身学习指导中心(终身教育研究中心)主任

第七章　武汉市学习型城市建设发展报告(2013—2023)

武汉市教育局

建设学习型城市是增强城市核心竞争力、构建新发展格局的迫切需要。武汉市委、市政府高度重视学习型城市建设,坚持政府主导、多方参与的发展理念,构建统筹协调、合力共创的治理模式,推动弹性灵活、衔接融通的学习制度,搭建数字驱动、多元互动的学习平台,形成标杆引领、各展所长的发展格局,在建设可持续发展的学习型城市方面,作出了积极探索。

一、发展历程

党的二十大报告提出“建设全民终身学习的学习型社会、学习型大国”。党和政府把全民终身学习作为城市发展的重要基础,创造人人皆学、时时能学、处处可学的社会环境,促进全民学习、终身学习,促进城市的包容、繁荣与可持续发展。

(一)经济实力稳步提升

《武汉市国民经济和社会发展统计公报》显示,2022 年全市生产总值 18 866.43 亿元。在遭受疫情重创的情况下,武汉市经济总量位居全国城市前十,稳住了经济基本盘。经济高质量发展特征日益显现,产业结构进一步优化,“光芯屏端网”新一代信息技术、汽车制造和服务、大健康和生物技术等重点产业集群加速发展,服务业占比 61.8%。

(二)治理效能明显增强

“十三五”期间,武汉市不断深化“三社联动”协同基层治理机制,加大社会工作专业人才培养力度,促进社区工作者职业化、专业化发展,将行政资源、专业资源和各类社会资源重新整合,协调专业社工、社区工作者、居民骨干、志愿者等多方力量参与社区治理。社区组织建设不断加强、治理能力显著提升,智慧交管、智慧水务、智慧社区等建设加速推进。

（三）生态环境明显改善

共抓长江大保护深入推进，十大标志性战役取得重要成果，污染防治攻坚战取得明显成效，空气、水体、土壤质量逐步好转，东湖成功创建全国示范河湖。全市建成区绿化覆盖率43.09%，绿地率40.05%，人均公园绿地面积14.99m^2，完成植树造林2.02万亩，武汉成功创建国际湿地城市，美丽武汉建设迈上新台阶。

（四）文化事业和文化产业繁荣发展

至2022年的年底，全市共有市直属公共图书馆2个，藏书485.0万册，接待读者434.57万人次；市直属博物馆10个，接待观众282万人次；市直属专业剧团获国家奖17个；全市开展文化惠民主题活动2 230场。“十三五”期间，武汉市先后荣获联合国教科文组织全球创意城市网络“设计之都”、国家级文化和科技融合示范基地（单体类）、国家级文化消费示范城市等称号。获评首批国家文化和旅游消费示范城市，琴台音乐节、“知音号”、武汉戏码头、武汉时装周等文化品牌效应不断展现。

（五）教育改革成效显著

全市共有各级各类教育机构3 090个，在校学生287.65万人，教职工23.78万人。学前教育基本普及，毛入园率达到92.03%；义务教育向优质均衡发展；高中阶段教育全面普及，高中阶段教育毛入学率达到98.84%；现代职业教育体系初步形成，服务经济的能力不断增强；高等教育内涵发展，核心竞争力进一步增强，高等教育毛入学率达到71.9%；新增劳动力平均受教育年限达到14.64年。

二、重要举措

（一）市委、市政府高度重视学习型城市建设

2011年，武汉市委、市政府印发了《关于推进学习型城市建设的若干意见》，明确了建立学习型城市的指导思想、工作原则和总体目标。制定了《市人民政府关于进一步提升城市能级和城市品质的实施意见》，锚定国家中心城市、长江经济带核心城市和国际化大都市总体定位，面向全国拓展功能，面向未来塑造功能，面向基础夯实功能，优化空间布局，转变发展方式，强化基础设施，拓展综合功能，提升人居环境，塑造特色魅力，创新城市治理，促进学习型城市建设，不断增强城市核心竞争力。

（二）设立议事协调机构统筹学习型城市建设

2012年，成立了以市委副书记为组长，市委常委、市委宣传部部长、市政府副市长为副组长，全市32家委办局、各区政府分管负责人为成员的武汉市推进学习型城市建设工作领导小组。先后印发了《市教育局等七部门关于推进学习型城市建设的实施意见》《市教育局等九部门关于进一步推进社区教育发展的实施意见》《武汉市推进学习型城市建设三年行动计划（2023—2025年）》等重要指导性文件，同时制定了《武汉市学习型组织创建标准》《武汉市数字化学习资源建设方案》《武汉市推进学习型城市建设工作要点》等具体措施，为学习型城市建设的具体落实与深入推进，从不同方面指明了方向、明确了任务、方法与路径。

（三）推进武汉市终身学习立法

武汉市委、市政府致力于推进武汉终身学习立法，加强对终身学习的法律保障和制度建设，推动武汉市成为具有法律保障的学习型城市。2020年以来，武汉市大力推进终身教育立法工作。经过广泛调研、征求意见、多轮修订、科学论证，形成了《武汉市终身学习立法调研报告》。市教育局组织起草的《武汉市终身学习促进条例（草案）》被列入2023年人大立法计划，自此，武汉市的终身学习事业踏上新征程。

（四）加强对学习型城市建设工作的督导

武汉市委、市政府将学习型城市建设列入经济社会发展规划，纳入党委和政府目标管理。《武汉市国民经济和社会发展第十四个五年规划和2035年远景目标纲要》指出："完善终身学习体系，建设高质量学习型城市。"对健全终身教育体系提出了新要求："构建方式更加灵活、资源更加丰富、学习更加便捷的终身学习体系，加快建设高质量学习型城市。"

武汉市建立完善了督导检查和绩效考核机制，确保学习型城市建设工作的各项任务顺利完成。制定了年度学习型城市建设工作要点，明确任务分工和责任人，对各级部门进行督导检查，及时发现问题，并要求各级部门做出改进和提升。同时，建立了相应的考核指标和评价体系，定期召开学习型城市建设工作会议，加强各级部门和责任人交流，分享经验和做法，提出改进和提升建议。

（五）组织开展学习型城市建设监测工作

学习型城市建设离不开城市中每一位市民的终身学习与成长，因此，进一步推进学习型城市监测具有重要的现实意义。武汉市学习型城市监测的探索与实践,积累了较为丰富的实践经验。一方面组织实施学习型城市建设监测工作。组织专家团队,对学习型城市建设的各项指标进行监测和评估,及时掌握学习型城市建设的情况,为学习型城市建设提供科学的指导和支持。另一方面对相关监测数据进行分析。结合教育资源、科技创新、社会文化、城市环境、社会服务等方面,建立动态监测机制,为学习型城市建设提供科学的决策依据和改进方向。

(六)持续开展“全民终身学习活动周”活动

从2005年开始,武汉已成功举办了十八届全民终身学习活动周活动。自2008年开始,武汉的活动周的开幕式就采取了由各区轮流承办的方式进行。通过活动周的承办,有力地推动了各区党委政府和区各行政部门及企事业单位对社区教育、全民终身学习的重视和支持,宣传了终身学习理念、充分展示了各区在开展社区教育、助推学习型城市建设方面取得的丰硕成果,积极营造了终身教育良好的发展环境和终身学习文化氛围。全民终身学习活动周活动作为最有影响力的终身学习品牌活动,也培植了一大批先进典型,彰显了社区教育发展、终身教育理念宣传所取得的成绩,实现了展成效、扩影响、促发展的良好效果。

三、主要进展

(一)夯实基础,构建各级各类教育相互衔接、沟通的终身教育体系

1. 促进各级各类学校教育协调发展

(1)持续推进学前教育、特殊教育普惠发展

2021年,武汉市共有幼儿园1 929所,在园幼儿38.10万人。武汉市出台学前教育生均财政拨款标准,明确普惠性民办园认定的标准和程序,大力实施第三学期学前教育行动计划,有序推进普惠攻坚,全市公办幼儿园和普惠性民办幼儿园在园幼儿占比达到85.76%,“入公办园难、入民办园贵”的矛盾得到缓解,学前三年教育毛入园率达到93.39%,比“十一五”末提高14.76个百分点。2021年,武汉市特教学生公用经费达1万元/(年·生),高于国家和省规定2025年7 000元/(年·生)标准。不让一个孩子因贫困失学。武汉市实现教育资助体系从学前教育到高等教育全覆盖。十年来,落实23.18亿元资助资金,惠及191.13万人次。

(2)深入推进义务教育优质均衡发展

十年来,武汉市高度重视促进义务教育优质均衡发展工作,全市已有7个区创建成

为优质均衡发展示范区。截至2021年,武汉市义务教育现代化学校总数达到801所,占全市义务教育学校总数的93%;市级素质教育特色学校总数达到515所,义务教育学校占比60%。412所农村义务教育薄弱学校全面脱薄(薄弱校),43所农村小规模学校、104所乡村寄宿制学校办学条件和办学水平全面提升。妥善解决进城务工人员随迁子女义务教育问题,2021年随迁子女在公办中小学就读比例达到96.98%,稳居全国同类城市前列。城乡师资配置基本均衡,大力推进教师交流轮岗工作,全市义务教育学校教师交流人数近5年来累计达1.5万人。

(3) 全面推进普通高中优质多样化发展

2021年,武汉市共有普通高中学校97所,在校生127 608人。高中阶段教育毛入学率达到99.18%,初中毕业生普职升学比稳定在6∶4左右的水平。领航学校、特色学校创建考核机制,华中师范大学一附中等17所学校、汉铁高级中学等25所学校分别被评定为武汉市普通高中领航学校、特色学校。全市开展普通高中优质资源共享计划。目前,武汉市省市级示范高中在校生占比达84.83%。

(4) 继续推进职业教育融合发展

武汉市政府制发了《关于加快发展现代职业教育的决定》等文件,推进实施《武汉市现代职业教育体系建设规划(2016—2024年)》《职业教育提质培优行动计划(2020—2023年)》。健全和完善职业教育体系,建成国家中等职业教育改革发展示范学校10所,中职重点建设5个国家级示范专业点、37个国家示范校重点专业点、127个省级重点专业点、品牌专业点和特色专业点,3所职校教学管理、学生管理、实习管理荣获"全国50强",3所市属职校被教育部认定为全国教学诊改试点单位。13所高职与市属中职开展"3+2"及"五年一贯制"合作办学。优化专业布局,服务"965"现代产业体系,建立与产业链深度融合的专业体系;深入实施职业技能等级证书制度,全面推进职业院校开展"学历证书+职业技能等级证书"(1+X证书)试点工作。武汉市职教毕业生就业稳定在95%以上,职教生已成为武汉地区产业大军的主要来源和实体经济的中坚力量。

(5) 分类推进高等教育内涵发展

2021年,武汉地区各类本、专科学生和研究生人数达到146.79万人,武汉高教大市的地位得到进一步巩固。武汉市委、市政府支持推进高校"双一流"建设,完善部地共建、省市共建和市区校沟通协调机制,提升核心竞争力。巩固和发挥武汉高等教育龙头引领作用,按照"大学校区、产业园区、城市社区"三区融合、联动发展理念,规划建设高质量大学城。目前,武汉市高等教育毛入学率达到71.9%。

2. 推进高等教育、职业教育与继续教育的融通

职业教育、高等教育、继续教育，是教育链接就业的枢纽组合，是提高国民素质、开发人力资源的关键环节。2022 年，武汉市中等职业学校毕业生升入高等教育共计 18 865 名。其中，通过“技能高考”升学 12 504 人，占比 66.12%；通过“3+2”中高职贯通升学 3 288 人，占比 17.39%；高职单独招生 1 628 人，占比 8.61%；其他方式升学 1 488 人，占比 7.87%。

案例 1

职业教育继续教育融通　积极服务社会

武汉市中等职业学校依托优质专业资源，积极开展继续教育，开展职业技能培训，服务地方发展。武汉燃气热力学校承担湖北省燃气行业技能人才培训及考核任务，2022 年开展 13 个岗位的培训及考核 45 场，考核通过率 95%，服务 7 892 人次，覆盖全省 17 个地市州。

武汉市依托湖北省终身教育学分银行开展学分银行建设。2016 年，湖北省教育厅同意依托湖北广播电视大学（湖北开放大学）成立湖北省终身教育学分银行。2018 年，该系统运维服务中心运行。2019 年，湖北省终身教育管理服务平台升级改造完毕，开始实行学习用户开户、学习成果存储等网上业务办理。组建学习成果互认联盟，以公约为纽带，搭建高校学分互认联盟，不断扩大到行业企业、社会机构等范围，推进学习成果互认和转换。搭建终身学习“立交桥”，为学习者提供多样化、个性化的终身学习服务。

3. 推动学校教育、家庭教育和社会教育相结合

武汉市是全国最早开展学校家庭社会协同育人的城市之一，建立了“党委领导、部门协作、家庭尽责、社会参与”的协同育人工作格局，家庭教育被纳入全市经济和社会发展“十四五”规划和城乡公共服务体系，有力推动学校家庭社会协同育人机制的落地实施。

（1）学校充分发挥协同育人主导作用

武汉市开展“万名教师访万家”活动，家校协同育人。为全面落实国家“双减”政策，市教育局组织开展全市教师“双减”劳动竞赛和教师五项技能竞赛，不断提升教师专业素养；同时在全市中小学全面开展课后服务，做到义务教育学校全覆盖、有需求学生全覆盖。

（2）家长履行家庭教育主体责任

家长积极参加家校互动活动、各部门和社会机构开展的家庭教育指导，不断强化家长是孩子的第一任老师、家庭是孩子的第一个课堂的责任意识，为子女健康成长创造良好家庭环境。2023 年，武汉市妇联在武汉城市职业学院设立“武汉市家庭教育指导服务中心”，推动“家庭、学校、社会”同频共振，提高家庭教育服务指导精准度。

(3) 社会有效支持服务全面育人

武汉市在全市范围内建立了以“街道(乡镇)家长学校——社区(村)家长学校”为主体的家庭教育网络,据统计,全市已有各类家长学校3 000多所,社区、村建立家长学校比率达95%以上。武汉市共青团组织已开办寒暑假托管室15年,优先服务全市小学阶段的农村留守儿童、外来务工人员子女、低收入家庭的子女、双职工子女,缓解寒暑假期间青少年“看护难”问题。武汉市妇联着力打造“家庭教育公益大讲堂”,自2017年起连续六年被列为政府民生实事项目,政府出资近200万元,每年将2 000场家庭教育课程送到家长身边,已送教10 000多场,惠及全市3 000余个社区(村),受益人数80万人次。

(二) 齐抓共创,持续推进学习型组织、共同体、文化事业建设

1. 持续开展学习型组织建设

武汉市推进学习型城市建设工作领导小组办公室制发了《学习型组织创建标准》,持续开展学习型机关、学校、社区(村)、企事业单位、家庭五大类学习型组织建设。市委组织部、市委宣传部、市直机关工委、市教育局、市民政局、市总工会和市妇联分别牵头组织和指导五大类学习型组织建设工作,形成了“政府主导,部门牵头,分类创建,全面推进”的工作机制,满足了学习型城市建设的需要。全市学习型组织覆盖面达到95%以上;近五年来,全市各类学习型组织接受评估率达78%,受表彰率52%。

2. 持续建设学习共同体

武汉市注重加快推进社区文化、科学普及、体育健身等各类资源整合,注重充分扩大教育内部资源,注重对党政机关、企事业单位、学校、社会团体、社会资源的引导,不断扩大终身教育文化学习资源的供给,不断形成人文基地学习圈、人文项目实验链,构建各具特色的终身教育文化联盟品牌体系。

(1) 建设终身教育文化联盟

武汉市积极整合各区资源,充分实现了政府部门的服务职能和优质教育文化资源的共建共享、充分实现了区域内行业部门间的优势互补,从而打造木兰文化、知音文化、汉阳树文化、中山舰文化、中国车都、青山绿水红钢城等10余个终身教育文化联盟。

案例2

整合文化资源　提升文化品位

汉阳区发掘汉阳文化元素,汇集人文资源,组建了“汉阳树”社区教育联盟。蔡甸区建设了“知音文化学习推广社区教育联盟”,整合了社区在知音文化物质载体、非物质载体、活动载体等方面的资源优势,以吸引更多的社会人士、社区居民投身知

音文化的研究、挖掘、传承、推广工作。江夏区将革命传统教育文化融入社区教育，积极整合辖区内革命烈士纪念馆、中山舰博物馆、天子山爱国主义教育基地等资源，组建了中山舰革命传统教育联盟。黄陂区将木兰文化融入社区教育，组建了木兰文化终身学习联盟，推广木兰文化教育新理念、新方法、新成果，助力广大市民提升文化底蕴。

（2）建设终身教育文化基地

武汉市各类爱国主义教育基地、各博物馆、文化馆、图书馆、科技馆等免费开放，为广大社区居民学习提供服务。武汉市教育局制发了《关于开展全市社区教育基地建设工作的通知》，截至目前，已建成85个市级社区教育基地。

（3）树立终身学习文化品牌

以“文化五城”（读书之城、博物馆之城、艺术之城、设计创意之城、大学之城）建设为载体，形成覆盖城乡、全民共享的学习服务体系。加快推进社区文化、科学普及、体育健身、健康医疗等各类资源整合，扩大教育内部资源开放，引导鼓励党政机关、企事业单位、学校、社会团体、社会资源、行业企业参与终身教育，不断扩大终身学习文化资源的供给，形成人文基地学习圈、人文项目实验链，构建独具特色的终身学习文化品牌。

案例3

全民学习显成效　终身学习结硕果

教育部、中国成人教育协会自2013年相继启动“百姓学习之星”“终身学习品牌项目”和“优秀成人继续教育院校（培训机构）”选树活动以来，武汉市广泛动员各成员单位积极参与、宣传典型。截至2022年，全市有6位百姓、6个终身学习品牌项目、2家院校机构分别进入全国“十佳”行列。全市各条战线涌现出34位全国百姓学习之星、24个全国终身学习品牌项目、10家全国优秀成人继续教育院校。

“十三五”期间，武汉市基本公共文化服务标准化均等化深入推进，市、区、街（乡镇）和社区（村）四级公共文化服务设施网络体系基本形成，覆盖率100%。新建提升各类公共文化设施1 200余个，建成街头24小时自助图书馆50个和地铁自助图书馆147个。广播电视公共服务提质增效，实现农村智能广播网“村村响”。丰富群众文化生活，每年举办武汉之夏、武汉高校艺术节等各类主题活动1 500场次以上。

3. 文化遗产保护利用传承水平稳步提升

“十三五”期间，武汉市新增国家重点保护单位9处，国家重点保护单位数量增至33处，市级以上文物保护单位达275处。武汉地区现有博物馆123家，数量居副省级城市第 2 位;其中,国家一级博物馆增至 6 家,数量居副省级城市第 3 位。为让“文物”活起来,近三年,每年线上线下参观博物馆在 1 200 万人次以上。

4. 振兴武汉戏曲“大码头”成效明显

“十三五”期间,先后举办武汉国际杂技艺术节、琴台音乐节、武汉“戏码头”中华戏曲艺术节、纪念陈伯华大师 100 周年诞辰系列纪念活动暨中国(武汉)汉剧艺术节等大型剧(节)31 个;其中,2022 年第十一届琴台音乐节,线上线下观众人数累计达 1 462 万人次。

5. 文化产业影响力不断增强

武汉位列全国十大热门旅游目的地、十大夜游目的地城市,知音号、长江灯光秀等名闻全国。开展武汉“中法文化之春”“武汉-印度文化周”“中韩文化交流年”等文化和旅游交流活动。五年来,累计派出对外文化旅游交流团组 148 个,同比增长 7.2%,出访人员 908 人次;接待国(境)外来汉文化旅游交流团组 593 个,来访人员 2.064 万人次,同比分别增长 33.6%和 100.83%。

(三)办好百姓身边教育,发展城乡社区教育

从“十一五”开始,武汉市教育局对各区终身教育工作实行目标管理,将居民培训率作为绩效考核目标下达到各区。针对各区实际,国家级社区教育示范区居民培训率达 50%,国家级社区教育实验区居民培训率达 40%,其他区达 30%的培训目标,并逐年提高。到 2022 年,我市城乡社区居民培训率达 52%。

1. 社区教育网络不断完善

武汉市建成了完善的社区教育网络,市—区—街(镇)—居(村、社)四级社区教育培训学校(中心)建成率 100%。武汉市建有 1 所市级社区教育学院和 13 所区级社区教育学院,161 个街道(乡镇)社区学校,2 057 个居委会(村)教学点(学校)。全市用于社区居民教育培训的场地面积达 54.94 万 m^2。

建成 5 个全国社区教育示范区、3 个全国社区教育实验区,国家级社区教育实验区和示范区占武汉市城区总数的 61.5%。武汉市共有 5 家单位分别参与联合国教科文组织“农村社区学习中心(CLC)能力建设”“城市社区学习中心(CLC)能力建设”项目实验。

2. 队伍建设日臻完善

社区教育的发展,系统建设是保障,队伍建设是关键。武汉市现有社区教育专职教师 2 024 名,兼职教师 5 529 名,志愿者近 6.8 万名。

（1）建立市区两级社区教育师资库

广泛吸纳教育系统名师、热心公益事业人士、离退休老干部、老专家充实到社区教育队伍，实现市区两级社区教育师资库资源共享。

（2）巩固和壮大社区教育辅导员、讲师团队伍

各区在中小学选派优秀教师，组建社区教育辅导员、专职社区教育工作团队，派驻到各个街道开展社区教育工作。

（3）社区教育理论队伍建设

成立了全市社区教育专家咨询委员会，加强社区教育理论和实践研究。建立社区教育队伍培训制度。每年定期开展社区教育管理干部、专兼职教师培训，提高队伍素质和业务能力。

案例 4

打造“一堂好课” 提升教育质量

武昌区社区教育学院不断提升教学质量，着力打造“一堂好课”。学院推出“分管教师下校听课”制度，设计了“社区学校课堂教学评分标准”，组织各分校进行“如何上好社区学校一堂课”专题培训，开展了社区学校“一堂好课”评选活动。通过明确教学目标、教学要求，规范教学方法、教学课程，彰显教学形式、教学艺术。用声乐、舞蹈、英语、武术等引人入胜的精品课堂把社区妇女、儿童、老年人凝聚在一起，为 3 万名社区学员营造了幸福生活驿站，使社区居民学有所乐、学有所获，让居民更加喜爱社区学校，使社区学校成了高人气、聚精神的学习平台和活动中心。

3. 经费投入逐步提高

为保证社区教育工作有序发展，武汉市不断加大经费投入，在教育经费中列入成人继续教育专项经费，并逐步提高。2022 年，各区专项经费（不含人头费和一次性建设投入）投入 1 170 万元，基础建设经费总投入 1 450 万元。市级成人继续教育经费由最初的 300 万元提升到 2010 年的 600 万元，2015 年又增加到 1 000 万元。各示范区、实验区人均经费超 2 元。

4. 服务重点人群学习

（1）满足青少年校外素质教育需求

社区教育是青少年学校教育、家庭教育的延伸，是青少年传承传统文化、提升综合文化素养的重要平台。开办了“周末少儿艺术公益课堂、家长公益课堂”“习茶道 续传承”科普生态体验之旅等青少年校外素质教育活动。

案例5

家校携手　共育芬芳

青山区在全国率先开设“四点半”学校，为青少年校外素质教育提供服务。目前，又开办了专门针对家长的“家长学校名家讲堂”，将学习的对象扩展到家长，将教育的触角延伸至每一个家庭，努力构筑学校、社区、家庭“三结合”的学生成长教育网络。江汉区大力推进“学校-社区教育共同体”工作，组建“江汉区家长与家庭教育”讲师团，以家长教育、家庭教育为主要目标，深入学校、社区开展巡回讲座，广泛开展家长培训，先后开展“家校携手、共育芬芳”“亲子沟通的艺术”等培训讲座60余场。

（2）满足老年人多元化学习需求

武汉市现有60岁以上老年人口占比约17.23%，已进入“深度老龄化”阶段。据统计，全市有35%以上的老年人有进入老年大学学习的意愿，老年大学已成“一座难求”之势。武汉市充分发挥了老年教育社会参与功能，依托文化休闲广场、文化活动室等社区文化基础设施，积极开展社区老年文化活动。一批组织、机构和企业深入社区，开展智慧助老、银龄科普、健康大讲堂等公益行动，满足老年人的教、学、乐、为服务需求。

案例6

融入“一带一路”　老年教育大有可为

2018年9月，来自波黑、阿曼、乌干达等13个发展中国家政府女官员来到东西湖区常青花园老年大学考察中国妇女创新创业、参与社区治理、参加社会活动等方面的情况，尤其是妇女参加终身教育活动情况。外方女官员对老年大学的教学活动、课程设置非常感兴趣，纷纷参与到课堂教学活动中，体会课程的乐趣。来自波黑联邦发展局的官员说“中国女性参加的活动很广泛，积极投身社会事务，这让我很惊讶”，表示随着“一带一路”倡议的深入推进，老年教育在推进国际文化交流、服务与融入“一带一路”工作中将有更多作为。

（3）满足特殊群体的学习需求

“十三五”期间，武汉市新增残疾人就业6 410人，残疾人基本康复服务覆盖率92.6%；关爱帮助残疾人的社会氛围日益浓厚，残疾人经常性参加基层文体活动累计达到10万人次。武汉市城建局在全市建筑工地大力创建农民工业余学校，累计创建合格农民工业余学校6 359所。武汉市卫生健康委32次免费送教到工地业余学校，进行安全生产、卫生防疫、劳动保护等多方面培训。

案例 7

幸福生活大讲堂　传播幸福生活

武汉市社区教育学院组织开展了“幸福生活大讲堂”活动。重点关注老年人、妇女、儿童、下岗职工等人群，开设了服务青少年——环境与成长系列；服务老年人——休闲与福寿系列；服务职业人——才艺与发展系列；公民教育——心理与幸福等 4 个系列主题教育培训，采用“大课堂现场录播，讲座全程直播”的方式扩大受众面，得到社区居民的一致好评。江岸区在参与“大讲堂”活动过程中，承办了《青少年学习习惯的养成》《汉口开埠与武汉城市发展》《家校互补共同培育成功后代》等 3 场大型讲座，参与居民达 1 000 余人。

（4）满足农村地区居民技能学习需求

社区教育已成为农民素质培训、农业科技推广、农村劳动力转移服务、农村科技信息交流、农村文化活动的主阵地。全市各区努力构建“专业选拔与认定、教育与技能培训、培育跟踪服务”三位一体的职业农民培训体系，开展特色鲜明的新型职业农民培训活动，积极培育农业种植能手、乡土工匠、乡土文化名人、非物质文化遗产传承人。

案例 8

乡村特色文化品牌：服务社会　走向世界

新洲区三店街、阳逻街和蔡甸区大集街是全国农村社区学习中心（CLC）能力建设项目实验点，承担了“乡村记忆”农村文化传承实验项目。2018 年 11 月，联合国教科文组织农村社区学习中心（CLC）能力建设总项目组专家一行到武汉调研考察，专家们一致认为，武汉市对农村社区教育中心如何“打造特色文化品牌”服务经济社会建设，所取得的成就和探索出来的经验，对乡村振兴的发展具有借鉴意义。表示将把武汉市 CLC 项目研究成果编入中国终身学习、成人教育与社区学习中心发展报告，融入联合国教科文组织“农村社区学习中心（CLC）”建设标准框架，将武汉乡村记忆实验成果纳入联合国教科文组织相关文库建设，向世界推介。

5. 项目实践有声有色

武汉市以项目建设为导向，推动社区教育高质量发展。武汉市教育局组织开展了社区教育实验街道、实验项目、数字化学习社区等项目建设与实验工作。至 2022 年，全市已有 5 个区级社区教育学院通过标准化建设验收，123 个社区被确定为市级数字化学习社区试点单位，48 个市级社区教育实验街道和 73 个市级社区教育实验项目验收合格。武汉市有 7 家单位被评为湖北省社区教育体验基地。组织全市参与教育部职成司“能者为师”特色课程共享行动、“智慧助老”优质工作案例、教育培训项目及课程资源推介工作，全市有110个参与申报，43个项目获全国推介。

6. 发展社区教育促进社区治理和社区建设

武汉市深耕社区教育，整合社会力量和资源，构建起社区教育“三融合三引领”格局，促进社区治理和社区建设。一是融合社区教育机构，引领居民终身学习。社区教育的普惠性，提升居民的幸福感和获得感，促进社区和谐发展。二是融合社区教育力量，引领社区建设人才。通过社区教育，为社区培养各类人才，提升居民综合素养。三是融合社区教育课程，促进社区善治良序。社区教育通过弘扬社会主义核心价值观、传扬时代精神使居民自觉树立责任意识、主人翁意识，从而形成社区凝聚力，增强居民群众的社区认同感、归属感、责任感和荣誉感。

案例9

“班长议事会”关注民生　融入治理

武昌区社区教育学院“班长议事会”实验项目，已在全区14所街道分校、38个社区教学点广泛开展。以社区学校为平台、以班长议事会为纽带，整合社区资源、发动学员，通过“班长议事会”协商解决群众关心的社区中存在的诸如牛皮癣、养宠为患、居民纠纷无人调解等问题，在协商解决问题的过程中，加强了居民间交流沟通，同时也不断提升了居民对社区教育工作的认同感与归属感。在2018年全国“创新社会治理典型案例”评比中，武昌区的“社区学校班长议事会”项目，获评全国优秀案例奖。

（四）开展全民阅读，建设书香武汉

“书香武汉·全民读书月”从2012年创办，迄今持续举办12年，是武汉市持续时间最长、参与人数最多、市民群众受惠最多、对城市发展影响最深远的综合性公共文化活动品牌之一，采用线上线下互动的方式进行，4月启动，贯穿全年。评选2022年度“最受市民喜爱的阅读空间”“最美阅读人”，引发全社会关注，在微信上获得累计超220万的投票总数。2023年全民读书月活动现场发布了“2022年度武汉市居民阅读调查主要指数”，调查结果显示：2022年武汉市全民阅读综合实力强劲，居民阅读总指数为78.21点。其中，武汉市居民个人阅读指数为83.40点，公共阅读服务指数为73.41点。与2021年相比，2022年武汉市全民阅读综合发展水平稳步提升。2022年武汉市未成年人图书阅读率和图书阅读量持续稳定增长，人均图书阅读量为11.97本。2022年，“书香武汉”全民阅读综合服务平台上线，提供百万种数字资源，最大限度满足市民数字阅读需求。武汉连续荣膺全国“十佳数字阅读城市”称号。

近年来，武汉市委、市政府加大对城市公共阅读空间的规划和投入，新建武汉中心书城，改造提升28个市级新华书店门店，建成23个大学校园书店，建设33家城市书房，建成1 200个社区书屋、2 149个农家书屋和29 800多个职工书屋，连同社会主体共投资近100亿元，形成了省区市公共图书馆、校园图书馆、社区书屋、城市书房、实体书店、主题书吧、农家书屋等相互联通的线下阅读空间网络，打造12分钟文化圈。

（五）建设共享数字化学习公共服务平台

一是建立武汉开放大学，发展远程开放教育。2020年12月，经湖北省人民政府批准，武汉市广播电视大学正式更名为武汉开放大学，由武汉市政府举办和管理。在非学历教育方面，学校采用“互联网+教育”开放式学习模式，面向社会全体成员，基于网络自主学习、远程学习支持服务与面授辅导相结合。学校是国家数字化学习资源中心武汉中心，建有覆盖全市可同时容纳数万人上网学习的网络学习平台。

二是建设武汉终身学习网站和社区教育微信公众号，开展社区教育。武汉市推进学习型城市建设工作领导小组办公室制发了数字化学习资源建设方案，对“武汉终身学习网”进行完善充实。平台设有魅力武汉、终身学习两大版块，涵盖就业指导、医疗保健等21个子栏目。随着手机客户端的广泛运用，武汉市于2018年正式开通了“武汉社区教育”微信公众号，江岸区、江汉区、汉阳区、武昌区、青山区、洪山区等区先后开通了社区教育微信公众号，成为终身学习的有力补充。

三是建设武汉教育云、智慧课堂等各类教育平台，开展学生教育。整合全武汉最优质的学校及名师资源，集教育资讯、教育培训辅导、第二课堂活动于一身，建立了武汉市教育局“云服务”平台。2020年，受新冠肺炎疫情影响，市教育局借助武汉教育云平台，为全市百万中小学搭建了“空中课堂”，停课不停学。武汉市建成覆盖全市农村中小学的高宽带网络，班均带宽近100M。多媒体教室覆盖率、教师移动终端覆盖率均达到100%。实现优质资源共享，助推农村地区教育教学高质量发展。

四是建设博物馆、图书馆等“互联网+”平台，传播知识。武汉博物馆组织志愿者开展“寻访武汉老街　悦读城市故事”活动，深入武汉老街、老巷、老建筑、文化遗址、历史遗迹，以实地踏访与线上互动结合的方式带领公众寻找武汉城市记忆，挖掘武汉地方历史文化底蕴，传承武汉城市文脉。通过武汉博物馆官方视频号、快手、抖音、哔哩哔哩等短视频平台持续推送，以云直播等方式，至今已推送近60期，累计受众达500万人。

（六）加强学习型城市国内国际交流合作

1. 开展学习型城市理论研究和共建共享

2012年，武汉市教育局组织全市社区教育专家，开展专项课题《学习型社区建设的理论与实践》研究，课题研究专著《转型与发展——基于武汉市学习型社区建设的探索与实践》作为2013年全市全民终身学习活动周展示成果之一，并被评为2014年武汉市社会科学界联合会优秀课题一等奖。2015年，武汉承担了全国学习型城市联盟科研课题《推进学习型城区建设研究》的研究任务，课题研究顺利结题；课题研究阶段性成果在2015年全国终身学习论坛上做专题交流。2015年，武汉市组织专家对《全国学习型城市建设测评指导性指标体系》进行了认真学习研究，并于2016年参加全国专题研讨会与会交流。

2. 参与举办国内国际会议

在全国层面，武汉作为全国学习型城市建设首批联盟城市之一，不断加强与联盟城市之间的学习交流，共同推进学习型城市建设。在教育部、中国成人教育协会举办的"学习型城市建设高级研讨班""全国社区教育管理者研修班"上，武汉市作为城市代表做学习型城市建设、社区教育经验交流。

在国际层面，展示分享学习型城市发展的"武汉故事"，向世界传播"中国声音"。在首届全球学习型城市大会上，武汉市提交了《中国学习型城市建设案例（第一辑）》中《武汉市学习型城市建设案例》；《中国学习型城市建设发展报告》中收录了《武汉市学习型城市建设发展报告》。2016年，武汉市成功加入联合国教科文组织全球学习型城市网络，先后应邀参加第三、第四、第五届全球学习型城市会议。在第四届全球学习型城市大会上，武汉市被确定为联合国教科文组织全球学习型城市网络协调员城市之一，协调集群城市开展老年群体项目研究。2020年、2021年，武汉市主办了两场老年教育国际视频研讨会，向世界介绍"武汉经验"。

四、成效与经验

在市委、市政府的高度重视下，武汉市在建设可持续发展的学习型城市方面，走出了一条与文化强市、教育强市、人才强市融合推进的学习型城市发展之路。

（一）促进城市可持续发展

1. 促进城市经济高质量发展

十年来，武汉市依靠科技进步、知识创新，全力推进国家中心城市、长江经济带核心城市和国际化大都市的建设。坚持学习型城市建设与社会发展相结合,促进城市经济高质量发展。产业结构进一步优化,“光芯屏端网”新一代信息技术、汽车制造和服务、大健康和生物技术等重点产业集群加速发展;创新动能持续增强,138 家国家级创新平台发挥作用,全球首款 128 层 QLC 三维闪存芯片等一批重大自主创新成果在武汉问世;产业综合竞争力显著提高,经济总量跃上万亿元新能级,经济实现跨越式发展。

2. 促进城市社会繁荣、和谐与稳定

坚持学习型城市建设与城市文明建设相结合,促进城市社会繁荣、和谐、稳定。物质文明和精神文明同步推进,文化软实力增强,城市精神彰显,市民素质不断提升。成功蝉联全国文明城市,教育均衡化程度全面提升,就业创业水平和质量稳步提高,基本实现社保之都全覆盖,城乡低保、居民基础养老金水平居全国同类城市前列,治理能力和治理水平显著提升。

3. 促进城市生态文明和绿色发展

坚持学习型城市建设与城市生态建设相结合,促进城市生态文明和绿色发展。开展社会动员行动、学校教育行动等十大“绿色行动”,让广大市民真正成为生态文明城市建设的参与者、实践者和受益者;推动构建生态环境治理全民行动体系;推动各类主题宣传活动;弘扬生态文明理念;提升市民保护生态环境的意识。武汉市绿色空间大幅拓展,新增绿道 1 210 km,人均绿地面积 12.5 m^2。

4. 促进城市数字化、智能化水平不断提升

以教育信息化推动终身教育发展,形成“人人皆学、处处能学、时时可学”的终身教育生态。鼓励各级各类终身教育机构开发数字学习新产品,促进市民智能学习和云上学习,增进资源互通与链接,为市民终身学习提供更加广泛的学习场所和更加丰富的学习资源。利用 5G、大数据、人工智能、物联网、虚拟现实等数字技术,优化线上与线下联通,虚拟与现实相容的泛在学习机制。在学习流程中嵌入引导技术、绘制社区智慧服务“学习地图”,缩短社区“学习圈”,方便社区居民开展自主学习。

5. 促进教育更加开放、协同、融合

积极探索“互联网+学习型城市”,打造数据驱动、跨界融合的终身学习平台,增进市区两级学习资源的互联互通,不同层级学习平台的互鉴互联。开放博物馆、美术馆、科技馆、中小学校、高校、社区学院等机构和场所,将社会、组织和个人资源转化为公共学习资源。建设终身教育文化联盟,共建共享政府部门服务职能和优质文化资源,实现区域内文化的优势共享。助推中小学教育与社区教育互惠发展、职业教育服务终身教育、高校与社区教育共建共享,以教育的赋能发展促进各类教育的横向融合。

（二）促进市民全面发展

开展全覆盖和全纳教育，形成“人人皆学、处处能学、时时可学”的终身教育生态。形成以武汉市开放大学、武汉市社区教育指导中心、武汉老年大学为龙头，区社区教育学院、区老年大学、区活动中心、青少年空间为骨干，各类社区学校（教学点）、老年学校、社区青少年学校、家长学校、社会教育培训机构为基地的终身教育网络。建设15分钟生活圈、12分钟文体圈、10分钟公共活动圈、12分钟智慧健身休闲服务圈，满足居民差异化的学习需求，促进市民素质和素养提升。

（三）形成武汉特色的学习型城市建设模式

武汉市政府坚持以人民为中心，优化学习资源配置，提高终身教育发展质量，满足居民基础性、多元化、个性化、高质量的终身学习需求，提升市民素养和城市文明程度，为建设“创新引领的全球城市和江风湖韵的美丽武汉提供智力支撑”。

全面融入国家区域发展战略，强化长江经济带核心城市作用，发挥促进中部崛起战略支点作用，主动适应新一轮科技革命和产业变革，实施科教兴市战略，进一步密切教育链、人才链与产业链、创新链的有效对接，建成学习资源丰富、学习氛围浓厚、学习条件充沛、优势人才集中、充满创新精神和发展活力的高质量学习城市，成为国内领先、国际先进的学习型城市。

充分发挥推进学习型城市建设工作领导小组统筹协调作用，完善顶层设计、强化体系建设、制度建设、机制建设，加强市区各部门协调和资源整合力度，明确责任分工、强化过程管理、目标管理、监测评价、督导考核，达成各类学习型组织内涵式发展、社区教育赋能发展、专业人才创新发展、老年教育高质量发展、城市文化特色发展、资源建设共享发展、学习监测常态化发展的共识。

（四）强化学习型城市建设保障

1. 制度保障

武汉市委、市政府高度重视学习型城市建设，将学习型城市建设列入当地经济社会发展规划，纳入党委和政府目标管理。《中共武汉市委关于制定全市国民经济和社会发展第十四个五年计划和二〇三五远景目标的建议》指出：“完善终身学习体系，建设高质量学习型城市”。武汉市教育局制定的《武汉教育现代化2035》中，专门将“建成泛在的终身学习体系”作为单独版块进行长期规划并予以部署。2023年，武汉市终身学习制度提上法治建设日程。

2. 队伍保障

推进终身教育管理者、专兼职教师、志愿者队伍的优化管理，完善市区两级师资库，建立推介、选聘、评价、激励机制。加大培养培训体系建设，提升教师队伍综合素养。坚持以“培训培训者、培训指导者”为宗旨，定期开展师资培训和管理者培训，培养专职教师和专业管理者；开展“能者为师”“寻找江城名师”等活动项目，集聚社会技能和特色人才，储备结构和内容丰富的兼职教师队伍。

推进社区教育管理者、专兼职教师、志愿者队伍的优化管理，完善师资库，建立推介、选聘、评价、激励机制。加强思想政治、师德师风、教学水平和管理能力建设，加大培养培训体系建设，提升教师队伍综合素养。聚焦终身教育课程体系，加大教师配置力度，保障社区教育师资队伍规模，探索实施名师工作室培育项目、建立家校社协同育人机制。

3. 经费保障

积极拓宽学习型城市建设投入渠道，形成政府、企事业单位、社会团体和学习者共同承担的投入机制。公共财政把建设学习型城市所需经费纳入财政预算，设立专项经费。建立以政府投入为主、多渠道投入的终身教育经费保障机制。

五、学习型城市建设面临的挑战与展望

（一）面临的挑战

近十年，武汉市学习型城市建设快速发展，在推进社会可持续发展方面发挥了重要作用，但与全国先进学习型城市相比，武汉还存在一定的差距，面临诸多困难与挑战。

1. 多部门共同参与的领导协调机制有待完善

学习型城市建设是一项复杂的系统性工程，是与城市发展同步的长期工作，需要一个强有力的组织体系和运行机制来提供支撑。武汉市在市委、市政府的领导下，成立了推进学习型城市建设工作领导小组，负责组织领导和协调全市学习型城市建设工作，但各个部门在资源建设和提供服务等方面还没有形成较为完善的资源共享机制，功能职责有待进一步发挥。

2. 学习型城市建设测评体系有待优化

开展学习型城市建设监测工作，以科学适度的监测指标引导学习型城市建设的方向，以完善合理的工作机制，促进学习型城市的协同发展，提升学习型城市建设水平。但目前学习型城市建设监测的数据采集偏重教育体系，来自其他部门的数据较少，监测结果的指导意义难以保证。因此，学习型城市的建设需要社会各部门共同参与，其测评体

系也需要整个政府系统各部门的重视和协同。

3. 各区学习型城市建设发展不平衡

武汉市现辖13个城区(7个中心城区、6个远城区),其中4个中心城区和1个远城区获评全国社区教育示范区,3个中心城区和1个远城区获评全国社区教育实验区,剩余4个区均为远城区。各区的学习型城市建设发展进程有明显差距。正是各区在地理位置、经济发展、文化特色、政府行政能力等方面的不同,导致其在财政投入、人员配置、制度建设、居民参与等方面存在较大差异,从而使各区学习型城市建设发展不平衡。

(二) 未来展望

随着社会和经济的快速发展,武汉市在学习型城市建设方面在未来还有很大的发展空间。下面,从七个方面展望未来武汉市学习型城市建设的发展前景。

1. 学习型城市建设将进一步融入武汉地区发展战略

武汉市学习型城市建设将进一步融入武汉地区发展战略,将学习型城市建设与城市经济、社会发展和人民群众的生活密切联系起来,为新时代武汉市的全面发展提供强有力的支撑。武汉将通过构建学习型政府、学习型企业、学习型社区、学习型团队等多种形式,推进教育、科技、文化等领域的创新和发展,实现城市经济、社会和文化的可持续发展。

2. 武汉终身学习立法进程将进一步加快

随着武汉市学习型城市建设的不断推进,武汉市委、市政府将进一步加快武汉终身学习立法的进程,为武汉市学习型城市建设提供坚实的法律保障,构建全方位、多层次、多样化的终身学习体系,以适应不断变化的社会和经济环境。

3. 进一步完善政府主导多部门参与的学习型城市建设协调机制

政府主导多部门参与的学习型城市建设协调机制是建立学习型城市的重要保障。在未来,武汉市委、市政府将进一步完善政府主导多部门参与的学习型城市建设协调机制,加大政策力度,强化学习型城市评估与监测体系。加强各部门之间的沟通和协作,形成更加有力的合力,推动学习型城市建设不断取得新的进展。

4. 成人继续教育将进一步得到快速发展

随着科技的不断发展,成人继续教育将变得更加便利。武汉市将加强网络教育的建设,为广大成年人提供更便捷的学习方式。进一步加强对成人教育的投入和支持。建设海量高质量网络教育资源,提高教育的质量和水平。注重培养具有实用技能的人才,为成年人提供更多实用技能的学习机会，促进人才的全面发展。注重提高成人教育的社会认知度和营造文化氛围。加强对成人教育的宣传和推广，提高社会对成人教育的认知度和重视程度，将为武汉市的发展注入强大的人才支持力量。

5. 全纳、公平、有质量的教育和终身学习将得到进一步落实

全纳教育将成为武汉教育的重要趋势。全纳教育将得到更广泛的推广和实施，让更多特殊儿童能够接受教育，促进社会的公平和包容。落实优质教育资源的均衡分配，让更多人享受到公平的教育机会。注重培养学生的综合素质和实践能力，让学生掌握更多的实用知识和技能，更好地适应现代社会的发展。终身学习将成为武汉人才发展的重要途径。武汉市将更加注重人才的综合素质和能力培养，人们在不同的阶段都能够接受教育和培训。

6. 实施教育数字化战略行动将教育发展成果更多惠及全体市民

武汉市将进一步推进教育数字化战略行动，加强教育信息化建设，推进教育智慧化，建设数字教育生态圈，依托国家新一代人工智能创新发展试验区，突破类脑计算、深度学习、智能传感、模式识别等人工智能关键技术，做大智慧交通产业，推进智慧医疗产业建设，发展智慧教育产业，布局智慧养老产业，为市民提供更加便捷、高效、优质、智能的教育服务。不断丰富数字教育应用场景，推动数字技术与传统教育融合发展，创新教育理念、方法、形态，让数字技术为教育赋能、更好地服务于育人的本质。让更多的市民享受到数字教育的便利和好处，促进教育现代化和城市智慧化的发展。

7. 学习型城市建设助力武汉城市绿色转型

武汉市学习型城市建设将与武汉城市绿色转型紧密结合，推动武汉城市由传统产业向绿色产业转型，实现生态文明建设和可持续发展。武汉市将加强城市管理和服务，在绿色低碳转型发展上加强社会参与和监督，努力打通生态文明建设社区治理“最后一公里”，实现美好环境与幸福生活共同缔造。积极践行绿水青山就是金山银山的理念，持续擦亮国际湿地城市名片，全力冲刺国家生态园林城市，提高市民的生活质量和幸福感，促进城市的全面发展。

武汉市学习型城市建设未来充满着希望和机遇。武汉市将继续推进学习型城市建设，加强教育创新和教育改革，推动城市智慧化和数字化建设，实现教育和城市的全面发展。同时，武汉市将推进城市绿色转型，促进城市生态文明建设和可持续发展，为市民提供更加美好、健康的生活环境。

审稿人：罗春华，武汉市教育局职业教育与成人教育处处长

撰稿人：

王　峥，武汉老年大学（中共武汉市委老干部党校）副校长

李慧群，武汉市新洲区社区教育学院副院长

胡　辉，武汉市汉阳区社区教育学院副院长

徐　琴，武汉市仪表电子学校党群工作部副主任

第八章　广州市学习型城市建设发展报告(2013—2023)

广州市教育局

一、建设背景

(一)"开放包容"的城市文化基因

广州是具有2 200多年的历史文化名城,极具岭南文化魅力。广州是我国古代海上丝绸之路的始发地,近代民主革命的策源地,改革开放的先行地,被誉为"千年花城、千年商都、千年古城",是中国唯一开放2 000多年从未关闭过的世界著名港口城市。

广州是国家中心城市、国际商贸中心、综合交通枢纽 、粤港澳大湾区的核心引擎,是广东省的省会及政治、经济、科技、教育和文化中心,面积7 434.40km^2,常住人口1 873.41万(其中户籍人口1 034.91万),2022年地区生产总值为2.88万亿元,城镇化率86.48%①。2023年,广州"自然指数-科研城市"排名跃居全球第十,国家高新技术企业达8 700多家,总量居全国前三。在城市发展中,广州形成了"敢为人先、开放包容、务实创新、生猛鲜活"的城市性格,具有鲜明的城市文化软实力。

广州被联合国评为"国际花园城市"、获联合国改善人居环境最佳范例奖、五次获评全国最具幸福感城市、国家历史文化名城、国家森林城市、国家食品安全示范城市等②。

(二)"以人民为中心"的城市治理

广州坚持以人民为中心的城市治理思想,办好人民满意的教育,着力民生福祉。从学前教育、特殊教育、九年义务教育、高中阶段教育、职业教育、高等教育直至继续教育,不断巩固普及水平、提高质量、促进公平。据统计,截至2020年,全市新增劳动力平均受

---

① 资料来源:《2022年广州市人口规模及分布情况》。

② 资料来源:文明广州公众号。

教育年限为15年，学前三年毛入园率为113.86%，高中阶段教育毛入学率为108.89%，每10万人口在校大学生数为8 962人。广州市实施中小学校三年提升计划及收尾工程，新改扩建一批中小学校，不断扩大优质学位供给。“十三五”期间，全市共新增中小学（幼儿园）482所，新增基础教育学位34.45万个，其中新增公办基础教育学位32.34万个。截至2020年底，全市公办幼儿园在园幼儿占比51.11%，普惠性幼儿园在园幼儿占比87.04%；实施市级示范性高中建设项目，新增市级示范性高中32所，全市示范性普通高中达到73所，示范性高中学位占比超过85%；中职、高职、本科贯通衔接的现代职业技术（技工）教育体系基本形成，职业技术（技工）教育服务经济社会发展的能力进一步增强①。两所职业技术学院入选国家“双高计划”建设单位。高等教育结构不断优化，两所高水平大学建设成效显著，建成香港科技大学（广州）、广州交通大学，广州幼儿师范高等专科学校的建设工作取得重要进展。在2023软件中国大学排名中，广州6所高校上榜前100。

（三）“学习力驱动”的城市可持续发展

广州教育始于西汉末年，三国时期出现番禺虞苑办学，南宋时期设有书院；清朝时广州设立最高学府——府学宫，民间义学和社学不断发展，清末年间各类书院及教会学校纷纷创办，康有为开办万木草堂教授新学；近代革命时期，广州农民运动讲习所成为革命思想的摇篮；新中国成立后，广州开展了扫盲教育和职工教育，推动市民学习和城市产业发展；改革开放后，大力发展夜大、电大、职工学校等，培养大批改革开放急需人才。随着城市经济社会和终身教育思想潮流发展，终身学习理念逐渐在广州得到普及推广。

为了倡导终身教育和终身学习理念，强化城市学习文化培育和学习力提升，2010年广州承担国家教育体制改革项目，2012年正式颁发实施《推进广州学习型社会建设试点项目实施方案》，加强顶层设计和政策支持，持续构建服务全民的终身学习体系，致力营造“人人皆学、处处能学、时时可学”的浓厚学习氛围，满足市民多类型、多样化、个性化的学习需求，推动城市文明进步和可持续发展。

广州以形成“公平卓越、活力创新、开放包容”的广州教育新体系为目标，力求全面、高水平实现教育现代化，率先建成学习型社会和人力资源强市。广州朝着创建教育部全国“智慧教育示范区”“智慧图书馆之城”“博物馆之城”等目标迈进，学习资源变得更加普遍可及，使人们的美好生活得以滋养，让城市更具生命力。

---

① 数据来源：《广州市教育事业发展“十四五”规划》。

二、完善构建城市终身学习服务体系

为有效推进学习型城市建设，广州致力于完善构建服务全民终身的现代教育体系，不断提升终身教育与终身学习服务体系的整体质量和水平，全方位推动“人人皆学、处处能学、时时可学”的实现。

（一）明确愿景，完善制度保障

广州市委、市政府始终高度重视学习型城市建设，加强顶层设计和制度建设。为推进学习型城市建设，广州承担国家教育体制改革试点项目——“广州学习型社会建设”，2012 年颁发实施的《推进广州学习型社会建设试点项目实施方案》明确提出按照“人人皆学、处处能学、时时可学”的终身学习理念，围绕创建国家中心城市学习型社会的发展要求，建立“整合联动、购买服务、开放学习”三大机制，构建“一核双网”（“一核”为广州学习型社会建设联席会议，“双网”为数字化学习网和社区教育网）的学习型社会架构，搭建各类教育培训纵向衔接、横向沟通、灵活开放的终身教育体系；探索运用“双网”的公共服务体系、社会建设的管理体制和运行机制。

从 2016 年《广州市国民经济和社会发展第十三个五年规划纲要》到 2021 年《广州市国民经济和社会发展第十四个五年规划和 2035 年远景目标纲要》和《广州教育现代化 2035》等重要文件都对学习型城市建设提出了发展目标，这些为更高质量的学习型城市建设提供了制度支持。

（二）协同创新，构建多元服务体系

广州市委教育工作委员会作为学习型城市建设的统筹管理机构，负责宏观规划与统筹协调。广州市教育局职业教育与终身教育处作为职能部门，负责全市学习型城市建设的政策发展、组织实施与督导评估等工作。依托广州开放大学和广州城市职业学院分别成立广州市数字化学习服务指导中心和社区教育指导中心，具体负责指导全市终身教育业务工作。“双中心”为推进广州市学习型城市建设提供了运行机制保障，有效整合了高职院校、开放大学的教学服务资源优势。

为了建设更加便捷的市民“家门口”的学习服务体系，广州市数字化学习服务指导中心构建了全市数字化学习中心体系；同时，为了服务积极应对人口老龄化国家战略，近五年来建成了包含 1 所市级老年开放大学、24 所区级老年学院、117 所镇（街）老年学校，693 个村（社区）教学点的“市—区—镇（街）—村（社区）”四级办学网络。社区教育指导

中心构建了广州社区学院—区分院—镇（街）学校—村（社区）教学点的四级办学网络。办学网络建设积极推进了基层社区市民的学习机会平等和优质资源共享。

同时，广州推动和鼓励各部门、各类学校、企事业单位、社会组织、民办机构等积极开展多类型多样化社会培训服务，拓宽优质教育资源的多元化供给渠道，形成了多元主体参与学习型城市建设的良好局面。

（三）着力数字赋能，打造泛在学习环境

为发挥数字赋能终身学习优势，推进教育服务从基本均衡向优质均衡发展，广州先后建成“广州终身学习网”“广州市中小学教师继续教育网”“广州老年教育综合管理平台”等公共学习服务平台。在广州市教育局指导下，广州市数字化学习服务指导中心制定“四化双网”建设方案，以“数字化”的技术构建“时时能学”的“天网”体系，以“标准化”的理念铺设“处处可学”的“地网”终端，以“专业化”的服务支撑“优质资源”的规模应用，以“品牌化”的策略营造“人人皆学”的社会氛围，致力于构建“四化双网”终身教育公共服务平台。2021 年，广州开放大学与广州广播电视台跨界合作，共建“广州老年学堂”全媒体矩阵项目，创新构建“直播+短视频+回放收看”的移动学习场景，探索以短视频为代表的新媒体技术和资源在老年教育的创新应用，成为国内领先的老年教育新媒体传播平台。

（四）构建学习空间体系，提供丰富学习资源

广州注重发挥图书馆、博物馆、文化馆、体育馆等公共学习空间作用，为市民提供多类多样、周到便利的学习支持服务。

1. 图书馆

近十年来，广州图书馆的数量和服务面积得到了显著扩展，为广大市民提供了更多的阅读和学习资源。广州市公共图书馆、分馆共 339 所，其中广州图书馆 18 所，广州少年儿童图书馆 5 所，区图书馆 316 所。广州市图书馆举办各类阅读推广活动、知识讲座和培训课程等服务，致力于提升市民的阅读素养和信息获取能力，打造“图书馆之城”①。

2. 博物馆

广州市博物馆共 66 所，其中，国家一级博物馆 5 家、二级博物馆 11 家、三级博物馆 7 家。一批重点博物馆包括南汉陵博物馆、粤剧艺术博物馆、南粤先贤馆相继建成开放，

---

① 资料来源：广州市文化广电旅游局网站。

广州美术馆、广州海事博物馆、广州华侨博物馆建设工程稳步推进。博物馆服务质量稳步提升,每年推出各类精品展览450个以上,用文物讲好广州故事。各博物馆不断推出高质量的陈列展览、社会教育活动,共举办展览2 042个,获省级及以上展览类奖项17个,接待观众4 350万人次,其中未成年观众842万人次。市属博物馆举办社会教育活动14 096次,举办线上活动535次,关注人数1.8亿人次①。

3. 文化馆

广州市共有199所文化馆(站),除了广州市文化馆,广州11个区各设置了一所文化馆,共12所,其余为文化站。社区(村)综合性文化服务中心2 744个,基本形成城市"10分钟文化圈"和农村"10里文化圈"。着力推进广州公共文化云平台建设,整合公共文化资源,推动线上线下融合,演出演播并举②。

4. 体育馆

广州各类体育场地19 650个,总面积3 080.18万m^2。在67种主要体育场地类型中,数量排名前七位的体育场地分别是篮球场、全民健身路径、羽毛球场、小运动场、城市健身步道、乒乓球场和室外游泳池,共计15 094个,占76.81%。广州的体育馆提供了丰富的体育设施和场地,满足了市民进行健身锻炼和体育活动的需求。同时,体育馆还举办了各类体育赛事和健身活动,鼓励市民参与体育运动,提高身体素质和健康水平③。

(五)推动特色品牌项目,营造浓厚学习氛围

广州市通过开展系列活动,打造优质学习品牌项目,营造了全民终身学习的氛围,极大满足了市民终身学习的需求。

1. 全民终身学习活动周

每年举行广州"全民终身学习活动周"活动,由广州市教育局组织,各区轮流承办,其间安排主题鲜明,丰富多彩的终身学习活动。同时评选一批"百姓学习之星""终身学习品牌项目",认真发掘全民终身学习的励志故事和典型人物,总结当地开展社区教育、老年教育、职工教育等各类成人继续教育的典型做法和经验。

2. 南国书香节

南国书香节始创于1993年。2007年起,在政府的推动下,"南国书香节"与"羊城书

---

① 数据来源:广州市文化广电旅游局网站《广州市博物馆事业"十四五"发展规划和2035年远景目标》。

② 数据来源:广州市文化广电旅游局网站《广州市文化和旅游发展"十四五"规划》。

③ 数据来源:广州市体育局网站《广州市第六次全国体育场地普查数据公报》。

展”开始二展合一，并确定为每年举办一届。该活动旨在使市民养成爱好阅读的好习惯，在机关、学校、企业、社区、家庭、连队等各个领域展开“书香”系列活动等，成功营造了市民爱书、读书、尚书的良好氛围，为广大市民和读者奉上了一场精彩快乐的文化盛宴。

3. 羊城学堂

由中共广州市委宣传部、广州市社会科学界联合会主办，广州图书馆、信息时报社协办的面向社会公众的公益性讲坛。作为“书香羊城——全民阅读系列活动”的重要组成部分，羊城学堂面向社会公众，普及科学知识，传播先进文化，引导社会思想，促进市民形成良好学习习惯，营造学习新风尚，促进创建学习型社会和世界文化名城。羊城学堂邀请热心公益事业、学识渊博、演讲精彩的社会名流和专家学者作为主讲嘉宾，讲座集知识性和趣味性为一体，已成为市民学习与交流的重要平台。

4. 终身学习大讲堂

“广州终身学习大讲堂”自2016年开展以来，在市教育局指导和支持下，由广州开放大学组织实施，采取“送教上门”的形式，借助遍布全市11个区的教学点，每年开展专题讲座约200场。通过“线上线下结合”的方式，有效扩大优质教学资源的覆盖面，其创新“社区老年教育+互联网”、关注城乡社区治理“最后一公里”做法，探索出了独特经验，被评为全国2019年“终身学习品牌项目”。

5. 职工大学堂

近五年，广州市总工会39个校区培训职工123万余人次，全市建成职工书屋2 000多家，举办羊城工匠杯600多项赛事，提升广州职工技能和综合素养水平。

6. 科普教育

广州市科协聚焦提高市民科学素质，优化科普活动品牌；做好老品牌，深入开展广州市全国科普日主会场活动，打造“我是创客+”“栽种未来”等科普品牌，编印重点人群科学素质读物；广州市教育局开展青少年科普进校园行动；培育新品牌，打造《燃烧吧大脑》电视栏目、广州科普微视频大赛、广州“科学实验秀”挑战赛、社区银龄科普学堂等新品牌，做优广州科普开放日活动，持续增强科普活动吸引力。

三、持续强化重点群体学习机会的平等与可及

特殊、弱势、边缘等重点群体的学习机会平等与可及，体现出学习型城市建设的底色。广州市委、市政府高度重视重点群体的终身学习福祉和促进参与“宜居宜业”城市建设，长期系统推动面向重点群体终身学习的专项行动，创建更加优质的公平学习环境。

（一）优化特殊教育体系，彰显城市温度①

全市坚持遵循特殊教育发展规律，以“高质量、适宜融合”为目标，致力为特殊群体创设优质学习环境。为切实保障残疾人受教育权利，促进特殊教育事业发展，制定《广州市“十四五”特殊教育发展提升行动计划》，全面促进特殊教育质量提升、规范发展。

1．政策保障

（1）多措并举增加全学段学位

义务教育阶段在目前全市 47 个特教班基础上，明确全市数量达到 80 个的指标要求。学前教育阶段要建设 33 个融合教育基地园（基地园须建有特教班或资源教室），推动达成省要求的持证残疾幼儿学前三年入园率达 90%的要求。高中教育阶段要求每区新增 1 个以上中等职业学校启能班，扩宽市属启聪、启明学校高中阶段特殊学生招生类型。高等教育阶段首次将“支持广州市城市职业学院等高校与市属特殊教育学校联合举办残疾人大专班”写入文件。

（2）两大抓手提升融合教育质量

开展特殊教育集团化办学试点，在特殊教育学校与普通学校之间、省级随班就读示范校与普通学校之间，开展融合教育集团化办学，扩大优质资源覆盖面。健全特殊教育资源（指导）中心体系，明确建设市级、区级、校级资源（指导）中心，要求发挥资源（指导）中心对融合教育的巡回指导、教师培训和质量评价等功能。

（3）软硬件同步优化支撑条件

推进标准化特殊学校建设，要求各区制定《特殊教育学校标准化建设达标工作方案》，促进每区至少 1 所特殊教育学校全面达到标准化建设要求。加大融合教育经费补助，提出市财政对普通学校新建资源教室、特教班分别给予 20 万元和 30 万元一间的补助，明确继续实施特殊学生学前至高中 15 年免费教育。

（4）部门协作共同推进落实

完善市、区两级特殊教育发展联席会议制度，进一步促进教育、发展改革、民政、财政、人力资源和社会保障、卫生健康、残联等多部门合力推动特殊教育发展。充分发挥市、区两级特殊教育专家指导委员会作用，组织教育、医疗、康复等领域专家学者开展政策咨询、专业指导、科学研究和残疾儿童少年入学评估等工作，营造特殊教育改革发展良好氛围，切实让特殊孩子享受优质适宜的教育。

---

① 资料来源：推动高质量发展典型案例——办实事解民忧　推动广州特殊教育质量再提升（广州市教育局）。

2. 发展成效

在残疾儿童安置方面，适龄残疾儿童义务教育入学率达99%，超额完成“达95%”的目标，出台残疾儿童转介安置的实施办法，全国首创中等职业学校“启能班”教育模式；在资源建设供给方面，到2022年，建成资源教室328个、特教班71个，实现各区均建有特殊教育学校的目标，6所特殊教育学校符合标准化要求；在体制机制建设方面，建立了特殊教育联席会议制度，成立特殊教育专家指导委员会，通过联席会议协调特殊教育重大事项，通过专家指导委员会广泛听取专业意见，为科学决策提供参考依据；在师资队伍建设方面，进一步推进分级分类的特殊教育教师培训，出台建设高素质专业化特殊教育教师队伍的指导意见；在教科研指导上，依托市教研院开展特殊教育校本课程、个别化教育课程建设，搭建了“市—区—校”三级教研体系；在经费保障上，通过专项项目补助，逐步加大普惠力度。

（二）打造妇女儿童培训特色品牌

广州市颁发实施《广州市妇女儿童发展十年规划（2011—2020）》及《广州市妇女发展规划（2021—2030年）》《广州市儿童发展规划（2021—2030年）》，建成“南粤家政”“羊城小市长”等一批妇女儿童教育特色品牌，推动市民参与城市可持续发展，提升城市可持续发展参与度①。

1. 妇女职业培训特色项目

（1）“南粤家政”羊城行动

广州市妇联以实施“南粤家政”羊城行动为契机，聚力打造广州市家政服务综合平台，发展“互联网+家政”，平台目前已入驻广州家政服务市场主要企业531家，登记从业人员达26.4万人，建立了庞大、动态、有效的家政“活”数据库和资源库。

广州作为全国首批家政服务业提质扩容“领跑者”行动重点城市，大力推动培训服务，全面提高家政从业人员的综合素质。截至2022年11月，线上线下岗前培训已多达10 947班次，参加培训7.8万人次，实现6万名从业人员持“安心服务证”上岗提供安心服务，持证人数居全省之首。广州市探索建立对口帮扶及远程人才培养机制，带领家政企业深入贵州、新疆、西藏等地开展家政服务劳务对接，促进困难家庭劳动力稳定就业和

① 资料来源：（1）《广州妇儿事业走在全省前列！新规划突出“家庭领域”内容》（南方都市报，2022年7月19日）；（2）《广州市妇女干部学校简介》《广州妇女儿童工作十大案例|广州妇联聚力数字家政，锻造全国家政平台“领跑者”》《广州妇女儿童工作十大案例|“羊城小市长”：广州妇联匠心打造未成年人思想道德建设“常青树”品牌》（“广州女性”微信公众号）；（3）《广州市人民政府关于印发广州市妇女发展规划和广州市儿童发展规划的通知》（广州市人民政府网）。

持续增收。

（2）妇女干部教育品牌

广州市妇联依托广州市妇女干部学校，开展妇女干部的继续教育、岗位培训、专项培训和女性素质提升培训、妇女教育理论研究等。全面实施“138工程”，以女性素质教育为中心，创建女性空间、实施圆梦计划、携手大爱同行，积极打造岗位培训、高校研修、女性素养提升、妇女大学堂、女性文化沙龙、女性论坛、送教下基层和公益行动等八个学习交流平台，形成多层次、多渠道的办学格局，成为培养妇女干部的重要阵地和摇篮。近年来，学校与粤港澳大湾区政府、企事业单位联合，组成80余名专家团队，开发课题400多个，先后举办女干部粤港澳大湾区建设专题培训班、基层妇联执委创新能力提升班、农村巾帼领头雁班等各类培训班、专题讲座80多期，逾1万多人次参加，受到广大妇女干部和群众的高度认可。

2. 少年儿童综合素养提升项目

为激发14岁以下的少年儿童作为城市小主人的责任意识和使命担当，1996年以来，广州市妇联持续组织开展“羊城小市长”系列活动。活动以少年儿童最喜闻乐见的形式，将‘引领’和‘参与’融为一体贯穿始终，搭建少年儿童建言献策平台。从首届设计‘我为广州献一计’主题开始，开展“我是亚运小主人”“出彩城市小主人　助力湾区大建设”、庆祝中国共产党成立100周年“羊城小先锋”等专题活动，推广垃圾分类等建议被市委、市政府采纳。活动坚持以“德为先、才为主、艺为辅”为选拔标准，践行素质教育理念，开展即兴演讲、才艺展示、现场辩论、社会调研、领导小组讨论和施政演说等寓教于乐的教育体验活动，多维度多举措提升少年儿童的综合素质。至2022年，“羊城小市长”系列活动先后产生了95名“羊城小市长”、1名“友谊小市长”和10名“羊城小先锋”，活动参与人数超过80万，成为广州市未成年人思想道德建设的“金字招牌”。

（三）构建老年学习服务体系，增强城市友好度

广州构建市级公共服务平台，建成覆盖全市的老年学习服务体系，老年人终身学习理念不断增强，学习参与率显著提升，学校、社区、远程、社会、自主学习的老年教育协调发展，老年教育已成为广州终身教育体系的重要组成部分。

按照“党委领导、政府主导、全民参与、社会行动”的指导方针，广州不断推进老年教育治理体系和治理能力现代化建设，扩大老年教育四级供给体系，推进老年教育数字化发展，推动资源下沉基层社区。目前形成了以广州市老年干部大学、广州开放大学（广州老年开放大学）系统为主体，市民政局、市文广新局、市老龄委、高校、机关企事业单位及

其他社会力量等多元参与的办学格局。截至 2023 年 7 月，全市建有区级分校（学院）35 所[其中区级老年干部大学分校（老年干部活动中心）11 所、广州老年开放大学区级学院 24 所]，镇（街）、村（社区）学习中心 1 000 多个。形成科技游学、广州老年学堂、智慧助老、成果展演、学习共同体等一批具有影响力的特色品牌项目，“学习中养老”成为新时代广州老年人新生活方式。

1. 政府重视，完善体制机制

中共广州市委教育工作领导小组统筹协调广州学习型城市建设（含老年教育）发展。2020 年 1 月，市政府教育督导室将老年教育工作列为 2020 年三项专项督导之一，并组织开展了老年教育工作专项督导；2023 年 1 月，中共广州市委全面深化改革委员会印发《关于推进新时代广州老年教育高质量发展的意见》，明确老年教育发展目标及体制机制。其他文件如《广州市教育现代化 2035》《广州市教育事业发展“十四五”规划》《广州市推进老年教育发展实施方案（2018—2020 年）》《广州市老龄事业发展“十四五”规划》等。

2. 多元协同，创新服务机制

供给体系建设方面，广州依托老干部、教育两大体系，以老干部活动中心、党群服务中心、颐康中心等为阵地，在全市 11 区建成市—区—街（镇）—居（村）的四级办学网络，实施市、区联动推进机制，办好“家门口的老年大学”。数字化服务平台方面，开发“教、学、督、管、服”一体化的广州老年教育综合服务平台，开展广州老年学堂视频号的公益移动教学，搭建数字化、智能化的老年开放大学 APP、公众号、“学习地图”小程序等，建成线上微课程资源库。队伍建设方面，建成广州老年教育师资库、志愿者库，形成常态化专项支持培训机制。经费保障方面，2019 年起专门设立“广州老年教育建设”财政专项，为全市老年教育提供公共服务，推广优质特色课程（项目）；通过市教育局财政转移支付方式，支持各区开展老年教育；老干部体系办学经费由市、区财政全额拨款支持；基本形成政府、市场、社会组织、学习者等多主体分担的老年教育经费筹措机制。研究与交流方面，广州市老年干部大学牵头成立广州地区老年大学协会，创办《广州老年教育研究》学术刊物，开展老年教育“中国模式”等系列重大课题研究，推动老年教育国际交流与合作；广州开放大学（广州老年开放大学）2021 年组织出版广州首部《广州老年教育发展报告》等。

3. 特色发展，拓展教育领域

（1）坚持教育为本的办学思想

广州开放大学（广州老年开放大学）构建“10+X”模块化课程体系建设，开展线上线下结合的教学模式改革、特色项目培育、支持服务创新等，基于老年学情分析，精准实施形式多样的教育活动促进老年人充分的社会参与，推动老年开放教育高质量的供给侧结构性改革。

(2) 实施"智慧助老"专项行动，破解老年人"数字鸿沟"

编写出版《老年人学用智能手机》等系列全媒体资源。精"智"生活，精彩无限等一批课程获评为教育部"智慧助老"优质教育培训项目。

(3) 融入社会治理，服务基层社区

涌现出"隔代教育""来穗老年人融入教育""护老有法""秀全大妈"等一批特色课程(项目)。

(4) 开展"康养学游"，推动特色发展

在从化、花都、番禺、南沙等区开展养教融合，运用政校企协同机制，设计开发"岭南文化课堂""老年课堂——文旅游学指南"等 7 门学游全媒体课程，探索康养学游一体化融合教学。越秀区成为全省首批"智慧健康养老示范基地"；花都区被评为"全国首批游学养十大目的地"之一。

四、项目驱动学习型组织建设

学习型组织是学习型城市建设的"基石"。广州创新学习型组织建设的路径和方式，着力以综合素养和能力提升为目标，通过项目驱动学习型乡村、企业、学校、社区等发展，构建市民"家门口"的学习阵地和保障机制，助力城市可持续发展。

(一)"农村专项"推进学习型乡村建设

1. "羊城村官上大学"工程

习近平总书记指出，"推动乡村全面振兴，关键靠人。要建设一支政治过硬、本领过硬、作风过硬的乡村振兴干部队伍，吸引包括致富带头人、返乡创业大学生、退役军人等在内的各类人才在乡村振兴中建功立业"。以学习项目推动优质资源进乡村社区，建设学习型乡村是推动学习型城市高质量发展的重要路径。

(1) 主要举措

为全面提升广州农村基层管理干部的综合素养和学历水平，助力学习型农村社区建设，2012 年以来，中共广州市委组织部立足广州农村干部队伍实际，实施"羊城村官上大学"工程(以下简称"工程")，探索出台全面提升农村基层干部综合素质的重大举措，并委托广州开放大学承办教育教学工作，发挥该校遍布全市 11 区办学体系和互联网教学优势，共建“1+10”教学网络，坚持就近入学与送教进田间地头结合，线下线上学习、多种考核结合，为广大农村基层干部学员提供“时时能学，处处可学”的教育供给服务，探索形成了具有岭南特色的国家中心城市农村基层干部“双螺旋”人才培养新模式。

（2）主要成效

广州市共有 1 144 个行政村、1 540 个社区，村（社区）数占全省总数的十分之一。2011 年村（社区）“两委”换届后，全市大专以上学历的村“两委”班子成员只有 865 人，占比 11.9%，村“两委”班子学历层次低，履职能力不强，普遍存在本领不强、本领恐慌问题，基层党组织存在软弱涣散的情况，与广州国家中心城市乡村振兴任务要求有较大差距。

10 余年来，工程已培养广州农村基层干部队伍 16 426 人。2021 年初换届后，广州村“两委”干部大专以上学历占比达 88.6%，较工程开展前提高了近 77 个百分点。通过实施本工程，广州市农村基层干部队伍学历结构实现较大优化，农村基层干部政治素养、业务素质、作风纪律整体实现大幅度跨越。2019 年以来，广州市多个村被评为“全国乡村治理示范村”。

（3）主要特色

“领头雁”推动农村终身学习发展。本工程不断深化教学改革，创新教学机制，出版教材 6 种，建成教学实践基地 17 个，发布全网络课程 61 门，其中 1 门课程被中央组织部评为“中国好课”，为农村基层干部学员提供优质的学习支持服务，确保了教学质量，提升了自身的素质，也逐渐树立了全民学习终身学习的理念，并在实际工作中带动身边的干部、群众学习。

2. 广州市乡村教师学历提升计划

为解决乡村教师学历提升、城乡教师队伍发展不均衡、教师发展的“工学矛盾”等问题，2019 年以来，广州市教育局委托广州开放大学实施“广州市乡村教师学历提升项目”。

项目实施“工学一体化”，利用互联网+教育及大数据管理手段，采取面授辅导与网络自主学习混合式相结合的方式，由广州开放大学负责提供远程教学平台、移动学习平台和考试平台等，并组织实施教学。搭建学分银行，实施继续教育学时、积分与学历教育学分“双立交桥”，解决教师继续教育课程与开放大学学历课程双向认定的问题。

截至 2023 年 7 月，项目覆盖 7 个乡村振兴区域的 1 000 多所幼儿园和中小学校教师，完成服务 4 787 名乡村教师，其中 56 名教师获得职称晋升，学员满意度达 98%，惠及乡村学生 6 万多人，并获得媒体报道 22 次。

（二）“求学圆梦”助力学习型企业建设

作为一线产业工人主力军的农民工群体是城市新市民的重要组成部分，也是推进产业转型升级发展和建设学习型企业的重要力量。为提升农民工学历层次、技术技能及文化素质，畅通其发展上升通道，促进融入城市发展，广州作为全国“求学圆梦行动”计划的主要策源地，十年来持续推进“求学圆梦行动”计划，形成了以广州开放大学为代表的“四方联动，双证融通，能力学历双提升”的继续教育广州模式，全市累计培养农民工超过 50 万。

1. 四方联动助“圆梦”

为提升产业工人的综合素养和岗位能力，建设企业良好的终身学习环境，2010 年，广州市总工会与广州开放大学合作启动“广州市百万职工素质大提升计划”，通过提供职工素养、职业技能培训等面向全市工会开展非学历教育；2013 年，广东省总工会建成“广东职工教育网”，开始实施“广东省千万职工大培训行动”，并面向全市职工开展学历教育；2014 年，广东省总工会与国家开放大学合作开展“新型产业工人培养和发展助力计划”，由该校负责具体实施；2016 年 3 月，教育部、全国总工会开始在全国推广实施农民工求学圆梦的学历和职业能力提升计划。

2. “圆梦”广州模式

坚持服务地方产业升级中融入城市需求，以助力个人综合素质提升和适应岗位需求为核心，以提升学历层次和职业岗位能力为目标，创新多主体协同机制，逐渐形成了“四方联动，双证融通，能力学历双提升”的继续教育模式，是全国范围开展农民工“求学圆梦行动”的机制探索、推广起源与实践成果。针对社会资源供给不够集中、相关主体的协调联动不足，缺乏助力农民工长期稳定就业的继续教育路径和有效平台等现实问题，“求学圆梦行动”主动创新构建“四方联动”协同合作育人机制，通过学历教育与非学历培训“双证融通”探索工学结合新内涵，通过智慧施教实践，创新实施“线上理论学习+线下岗位实践+全方位支持服务”教学改革，持续深化产教融合，引领“求学圆梦行动”迈向高质量发展。

3. 构建“互联网+”职工继续教育服务体系

一是建设职工教育网公共服务平台。通过平台实施“政府补贴上大学”专项资助计划，圆了很多产业工人的大学梦。二是建立学习平台。探索打造了“互联网+”的人才培养模式，实现基于手机的移动教学与支持服务模式，方便农民工随时随地开展个性化学习。三是依托国家开放大学学分银行平台，内训学习成果认定与转换实行个性化的“一企一审”制，开展个性化服务与质量保障。

（三）“智慧师训”赋能学习型学校建设

《中国教育现代化 2035》提出“建设高素质专业化创新型教师队伍，加快信息化时代教育变革”的战略任务，广州市委、市政府高度重视基础教育教师队伍的继续教育工作，构建服务全市中小学教师培训服务体系，依托优质项目推进广州学习型学校建设，创设终身学习良好环境和浓厚氛围。

1. 总体情况

在广州市教育局指导下，从 2003 年起，广州开放大学持续探索构建依托互联网+思维的新技术应用、多元融合的智慧学习环境、全方位支持的智慧管理服务、多维开放的资源供给体系和大数据理念的智慧评价体系五大要素的“研训用”一体化特色智慧生态师训体系，为全市 3 000 多所中小学（含中职学校、幼儿园）的 18 万名教师提供大规模、优质高效的远程继续教育培训，年培训量突破 300 万人次，并因此被誉为教师培训的“广州模式”。广州教师培训模式远程培训特色和优势明显，入选教育部“国培计划”机构，智慧培训工程和协同创新工程助力广州市创建教育部全国“智慧教育示范区”。

广州开放大学负责广州市远程培训教师发展中心和广州市民办学校教师发展中心建设，承担广州创建全国“智慧教育示范区”项目、教育部人工智能助推教师队伍建设行动试点项目、国家人工智能社会治理实验（教育）广州智能教育教师发展中心的 3 项国家级教育试点、实验重大项目的主要实施任务。坚持以优质项目为依托，推进全市数字化赋能教育信息化管理、教师队伍建设数字化转型发展。基于长期实践探索，广州“智慧师训”创新形成了构建区域特色的教师专业发展指标体系新标准、中台创新技术架构分离核心数据与业务、依托联动市区校师四级画像数据创新教师专业发展机制的特色优势，奠定了全市学习型学校建设可持续发展的坚实基础和保障机制。

2. “提升工程 1.0”到“2.0”

2003 年，广州市教育局委托广州开放大学探索面向全市中小学教师开展“互联网+”远程培训服务。2014 年起，广州开放大学受委托负责实施教育部“全国中小学教师信息技术应用能力提升工程”。学校积极参与建构市、区、校三级教师协同发展的模式体系，创新实施中小学教师信息技术网络研修混合培训；其间，学校还创建了“南方教师在线”平台，培训区域延伸至 10 个省、自治区、直辖市，打造了区域教师培训公共服务品牌和教师培训标准示范，并多次获《中国教育报》等权威媒体高度评价。2019 年，学校主要负责实施的“智慧培训工程”和“协同创新工程”助力广州市入选教育部全国“智慧教育示范区”创建项目。

2021年，按省、市教育主管部门部署，广州市全面启动“提升工程2.0”培训工作。同年，学校入选中央网信办、国家发改委、教育部等八部委联合公布的“国家智能社会治理实验基地（教育）”“广州市智能教育教师发展中心”落地广州开放大学，《智慧培训应用案例》被评为教育领域“人工智能社会实验地区典型案例”；广州市入选“教育部第二批人工智能助推教师队伍建设试点地区”，广州开放大学是主要实施单位。2021—2022年，广州开放大学承担广东省世行贷款“班班通”项目，为粤东西北的中小学教师提供信息技术应用培训，两个周期共培训近2万人，为粤东西北的边远地区乡村振兴、基础教育高质量发展提供了有效的“智力”支持。

3. 主要特色

（1）坚持立德树人，聚焦师德师风建设

“智慧师训”着力提升广大教师的思想政治素养和师德师风水平，引导践行社会主义核心价值观，发挥以德化人、言传身教的引领示范作用。一方面把“党的二十大精神”“习近平新时代中国特色社会主义思想”“深化师德师风建设”“培养造就新时代高素质教师队伍”等纳入全员培训课程内容体系；另一方面，重视弘扬和传承中华优秀传统文化，提升教师文化素养底蕴，增强文化自信心。

（2）注重技术赋能，全面覆盖个性培训

2014年至2020年，广州市完成了近15万名教师的信息技术应用全覆盖培训，其中10万余名教师形成了个人发展测评报告，以信息技术为抓手有效提升了全市基础教育教学教研水平，涌现了大批名师名课。依托广州开放大学的“国培机构”资质为江西省、广西壮族自治区、河南省等十余个省份实施了以信息技术应用为特色的大批次教师培训。在新冠疫情期间，广州市率先在全国教育系统完成广州地区8 000所学校和教育机构、20万教职员工的疫情知识“全覆盖、全满分”培训；向全国公益推广“广州市校园防控新型冠状病毒性肺炎系列培训课程”，31个省、自治区、直辖市的100多万中小学教师受益。

“提升工程2.0”通过示范项目推进开展教师信息技术应用能力培训，实现校长信息化领导力、教师信息化教学能力、培训团队信息化指导能力“三提升”等，为广州市全面提高教育教学水平、实现教育现代化提供了有力支撑。在推进过程中，总结提炼的《“五合一四应用三课程”区域协同推进能力提升工程2.0案例》获评为2020年全国提升工程2.0典型案例。

（3）着力精准扶智，推进助力乡村振兴

广州市发挥“智慧师训”优势，聚焦乡村教师综合素养和能力提升，实施定制式培训服务。2019年起，按照市委、市政府乡村振兴战略的部署，在市教育局支持和指导下，广州开放大学组织实施"广州市乡村教师学历提升计划"，依托线上+线下相结合的立体化城乡办学体系，创建学历教育与非学历培训的学分银行转换机制，将关爱和支持服务送到广大乡村教师的"家门口"，突破乡村教师学历提升"圆大学梦"最后一公里瓶颈。

学校还积极探索跨区域全口径、全方位、融入式智能结对帮扶新模式，以"馆校合作"专递课堂直播活动等形式，与广东省英德市、平远县和贵州省毕节市等开展教育帮扶工作，促进跨区域城乡优质资源均衡发展，服务乡村振兴。

五、未来展望

广州致力于确保包容和公平的优质教育，让全民终身享有学习机会①。为贯彻落实党的二十大提出"推进教育数字化，建设全民终身学习的学习型社会、学习型大国"的战略部署，加快推进广州教育治理体系和治理能力现代化发展，办好人民满意的教育，广州市委、市政府2021年印发《广州市教育现代化2035》。到2025年，广州总体实现教育现代化，形成全面、协调、高质量发展的广州教育新格局，成为粤港澳大湾区教育改革与发展的示范城市。到2035年，全面、高水平实现教育现代化，率先建成学习型社会和人力资源强市，形成与国家中心城市、国际大都市相匹配的公平卓越、活力创新、开放包容的广州教育新体系，成为全国教育改革发展的标杆城市，全面建成服务全民终身学习的现代化教育体系，全面形成多样特色高质量的公共教育服务体系，全面确立中外教育交流合作的枢纽地位，全面构建共建共治共享的教育治理新格局，推动广州高质量发展，加快实现老城市新活力，以"四个出新出彩"引领各项工作全面出新出彩，为广州在全省在全面建设社会主义现代化国家新征程中走在全国前列、创造新的辉煌中勇当排头兵提供人才支撑和智力支持。

建成灵活共享融通的全民终身学习体系。一是完善终身学习资源供给体系。包括健全市、区、镇(街)、村(社区)四级教育网络，完善延伸至镇(街)的三级数字化办学体系，推动社区学校(文教体活动中心)全覆盖，推动广州老年开放大学及其区级分院建设，逐步实现镇(街)老年学校布点全覆盖，继续推动学习型企业、社区、团队等学习型组织建设和发展，建立服务学生与家长需求的家庭教育指导服务体系等。二是完善市民终身学习保障体系。包括健全由教育行政部门主管，行业组织、高校及社会团体共同参与的跨部门统筹和协调机制，依托广州智慧教育公共服务平台，建设开放共享的全民终身

---

① 未来展望部分的资料来源:《广州市教育现代化2035》。

学习网络和服务平台，加强终身学习资格框架和学分银行制度建设，推动职业教育与普通教育、学历教育与非学历教育、职前教育与职后培训相互沟通衔接和学分互认制度发展，构建和完善基于大数据的市民终身学习监测评价体系和终身教育决策服务体系等。

建设国家智慧教育示范区，建成与国家、省资源公共服务平台互联互通、开放灵活的广州数字教育资源公共服务体系等。

按照《关于推进新时代广州老年教育高质量发展的意见》部署，根据突出齐抓共管、突出开放共享、突出特色发展、突出作用发挥的原则，致力于形成具有国际领先、国内示范、广州特色的老年教育发展新格局。

审稿人：李　营，广州市教育局职业教育与终身教育处处长

撰稿人：

张信和，广州开放大学社区与老年教育处处长（广州市数字化学习服务指导中心主任）、副教授

张国杰，广州老年开放大学副校长

陈翼翀，广州开放大学社区与老年教育处主任科员

谢文婷，广州开放大学社区与老年教育处教师

孙朝霞，广州开放大学社区与老年教育处副处长（广州市数字化学习服务指导中心副主任）

第九章　深圳市学习型城市建设发展报告(2013—2023)

深圳市教育局

一、基本情况

深圳市地处广东省南部,东临大亚湾和大鹏湾,西濒珠江口和伶仃洋,南与香港特别行政区相连,北部与东莞市、惠州市接壤,为全国性经济中心城市和国家创新型城市,粤港澳大湾区核心引擎城市之一。截至 2022 年底,全市下辖 11 个区(含深汕特别合作区),总面积 1 997.47 km²,常住人口 1 766.18 万人。

党的十八大以来,深圳抢抓建设粤港澳大湾区、深圳先行示范区和实施综合改革试点重大历史机遇,在高质量全面建成小康社会基础上,全面建设成为一座充满魅力、动力、活力和创新力的国际化创新型城市。深圳市的地区生产总值从 2013 年的 15 234.24 亿元增长至 2022 年的 32 387.68 亿元,经济总量位居全球城市第十位。深圳连续六届荣膺全国文明城市,2021 年度全国文明城市测评排名更是上升至全国第二,再次位列全国文明典范城市创建首批试点城市之一。深圳作为“改革之城”,已从“先行先试”迈向“示范引领”。

(一)教育事业高质量跨越式发展

十年来,深圳市委、市政府始终秉持“教育成就民生幸福,教育决定城市未来”的理念,努力办好人民满意的教育。全市国家财政性教育经费投入从 285 亿元增长到 1 117 亿元,教育支出占一般公共预算支出比重由 2013 年的 16%提高到 2022 年的 18.6%;新建各类学校(幼儿园)1 006 所,在校学生人数从 151.84 万人增长至 266.21 万人,15 岁及以上人口的平均受教育年限由 10.91 年提高至 11.86 年。终身教育网络日益完善,育人质量和办学水平全面提升。

1. 学前教育、基础教育成绩斐然

学前教育超额完成“5080”攻坚任务，基础教育跑出高质量发展“加速度”。面对急剧增长的学位需求，深圳力促学前教育和基础教育优质均衡发展。强力推动公办幼儿园建设“大提速”，着力提高普惠园质量。新增幼儿园749家，公办园在园儿童占比跃升至51.6%；普惠园在园儿童占比达到88.56%。全市规范化幼儿园比例达到98%，现有市一级幼儿园773所，省一级134所，省一级幼儿园数量全省最多。基本形成“广覆盖、保基本、有质量”的学前教育发展格局，学前教育公益普惠发展路径改革列入国家教育体制改革重点项目。

基础教育“量”“质”持续双提升。新改扩建普通中小学239所，推进集团化办学，着力优化基础教育资源配置，组建基础教育集团53个，市属优质学校集团化办学覆盖到全市90%以上的区。2018年1月，出台《非深户籍人员子女接受义务教育管理办法》，大力保障随迁子女入学，目前义务教育58.7%的学位提供给了非深户籍学生。2022年，全市公办义务教育学校标准化率达100%，民办义务教育学校标准化率达96%。基础教育形成鲜明优势特色，创新教育、智慧教育产生广泛影响。2020年，深圳更是作为全省唯一城市，被确定为普通高中新课程新教材实施国家级示范区，城市整体被确定为“基于教学改革、融合信息技术的新型教与学模式”的国家级信息化教学实验区。

2. 职业教育冲击世界一流，高等教育快速补齐短板

为打造深圳市现代城市职业教育体系，出台《教育部、广东省人民政府关于推进深圳职业教育高端发展　争创世界一流的实施意见》，组建深圳东西部中-高职业教育集团，在全国首创中高本一体化协同发展新模式，中高职毕业生就业率常年保持98%以上，为城市输送大批高素质技能人才。深化产教融合，校企共建高水平实训基地219个，联办特色产业学院35家，探索形成适合中国国情的“双元”育人模式。深圳职业技术学院成功升级为职业本科，并加快对外合作步伐，依托联合国教科文组织平台在德国、马来西亚等8个国家建立职业教育海外培训中心。

加快建设国际化开放式创新型高等教育体系。十年来，全市高等院校从11所增长到15所，在校学生从9.78万人增长到19.59万人；高校牵头建设4个重大科技基础设施、9个诺贝尔奖科学家实验室，国家重点实验室实现零的突破。现有全职两院院士超过30人，高校已成为全市高层次人才最集中领域。南方科技大学数学学科入选国家“双一流”建设计划，深圳大学、南方科技大学共8个学科新进人ESI排名前1%，深圳高校ESI排名前1%学科达到25个。南方科技大学、香港中文大学(深圳)、深圳北理莫斯科大学等新建高校全部“去编化”管理，实行理事会治理，形成充满活力的竞争激励机制。

成立西丽湖国际科教城 X9 高校院所联盟，探索区域内高校院所紧密合作、资源共享新机制。

3. 全民素质教育常态长效，“一老一小”服务全面覆盖

深入开展社区教育，创建学习型组织，推动全民阅读、终身学习，持续提升全民综合素质，主动适应城市生产生活需要。印发《深圳市民文明素养提升行动纲要（2017—2020 年）》，深入开展“修心”“养德”“守法”“尚智”“崇文”“健体”六大行动，全面提升市民思想素养、道德素养、法治素养、科学素养、文化素养、健康素养。持续开展学习型街道（社区）创建及评估工作，全市 700 余个社区实现“深圳市学习型社区”全覆盖，44 个街道通过“深圳市学习型街道”评估验收。推出“深 i 学”全民终身学习平台，推出市民终身教育学分银行，累计为 160 万人次提供了免费优质课程资源和教育培训服务。连续 23 年开展深圳读书月活动，深圳被联合国教科文组织授予“全球全民阅读典范城市”称号；连续举办 18 届全民终身学习活动周活动，承办 2016 年全国总开幕式，标识方案被中国成人教育协会采纳，向全国推广；组织征集、评选和编印《深圳社区教育服务社会民生创新工作案例》9 辑，积累案例 267 个。

探索“一老一小”整体解决方案深圳答卷，努力实现“老有颐养”“幼有善育”，增进民生福祉。积极推进长青老年大学标准化建设，建立完善市—区—街道—社区四级办学网络，现有各类老年大学 737 所。建有社区养老服务机构 142 家，社区养老服务设施 219 个。推进老年人养教结合一体化，积极探索智慧养老、老幼共融等新模式。全力发展普惠多元化托育服务体系，迄今全市共有托育服务机构 718 家，已实现普惠托儿机构街道全覆盖。其中市级示范托育机构 18 家，获评“广东省示范托育机构”8 家，获评国家级示范单位 1 家。

（二）公共文化服务提质增效惠民

十年来，深圳坚持以公益性、基本性、均等性、便利性为原则，构建和完善现代化的公共文化服务体系，打造“十分钟文化圈”。各级文化部门连年编印公共文化服务指引、推出城市化文化菜单，全方位、多层次为市民提供优质文化产品和终身学习服务。

1. 各类公共文化服务阵地织密网络、便民惠民

截至 2022 年底，全市共有公共图书馆（室）743 家，各类自助图书馆 306 台，文化馆（站）84 个，博物馆 60 个，美术馆 33 个，各类体育健身场地数量 30 411 个，各类公园 1 260 个，各类文化广场 381 个。全市超 80%的街道和社区建成基层综合性文化服务中心；平均每万人拥有公共文化设施面积 7 100 m^2，2022 年深圳居民人均阅读量约 18 本，

其中纸质书 6.33 本，电子书 11.66 本，远高于全国人均阅读量（纸质图书阅读量 4.76 本，电子书 3.30 本）。先后建成五级党群服务阵地和新时代文明实践阵地，各级党群服务中心 1 050 个，新时代文明实践中心（所/站）791 个。

2. 各类文艺体育活动守正出新、引领潮流

自 2018 年以来，先后举办 5 届“深圳非物质文化遗产周”活动，积极推进非遗文化融合发展，截至 2021 年底，全市纳入各级非遗代表性项目名录的非遗项目有 214 项，其中国家级 8 项、省级 27 项、市级 63 项；各级非遗代表性传承人 176 人，其中国家级 3 人、省级 24 人、市级传承人 30 人；各级非遗展示传承场所 39 处。打造以大鹏所城、南头古城为代表的特色文化街区，培育深圳文博会、深圳设计周、外来青工文化节、一带一路国际音乐节、大剧院艺术节、创意 12 月等国内外知名文化品牌活动。文艺精品频出，积极推动中国文化“走出去”。党的十八大以来，深圳共有 24 部作品获评中宣部“五个一工程”奖，73 部作品获评省“五个一工程”奖；原创歌剧《先行者》登陆中国歌剧节，交响乐《英雄颂》恢弘奏响国家大剧院，人工智能主题舞剧《深 AI 你》奔赴全国巡演，原创舞剧《咏春》应邀展开海外巡演。

3. 各类主题教育阵地错位发展、协同育人

各级各相关部门结合工作职责，搭建教育学习和文化活动平台，面向特定人群和广大市民，深入开展宣传教育活动。截至 2022 年底，各级妇联建有妇女儿童之家 761 个、儿童友好基地 452 个；全市建有国防教育基地和爱国主义教育基地 44 个；市级廉政教育基地 9 个；市级家教家风实践基地 21 个；市级公益性健康教育基地 16 家；科普教育基地 152 家，垃圾分类教育科普馆 22 家，应急消防科普教育基地 426 家；市级自然学校 22 家，省级自然教育基地 10 个，山海连城自然教育联盟成员单位 150 家……各类主题教育阵地极大丰富了深圳终身教育的形式和内容，构筑全环境全方位育人格局。

（三）引才聚智筑牢全球科创高地

十年来，深圳已构建起日趋完善的“基础研究+技术攻关+成果产业化+科技金融+人才支撑”全过程创新生态链。深圳先后举办国际人才交流大会、全球创新人才论坛、青年科学家 502 论坛、上合组织青年科技创新论坛等活动。发布全国首个国际人才街区地方标准，以立法形式在全国首设深圳人才日。加强与香港互动融合，探索“身份在香港、工作在深圳”的海外引才用才新路径。截至 2022 年 10 月，深圳已有全职院士 86 人，高层次人才 2.2 万人，留学回国人员超过 19 万人，各类人才总量超 663 万人。

聚焦干事创业，搭建更多开放引才的平台载体，推动大湾区综合性国家科学中心、鹏

城实验室等战略科技力量布局深圳，推进前海深港现代服务业合作区、光明科学城、河套深港科技创新合作区、西丽湖国际科教城建设，全市创新载体超 3 100 家，挂牌成立 13 家诺贝尔奖（图灵奖）科学家实验室，构建以企业为主体、市场为导向、产学研深度融合的技术创新体系。国家高新技术企业数量从 2 800 家增至 21 000 家，专利授权量从 2012 年的 4.87 万件增加到 2021 年的 27.92 万件，PCT 国际专利申请量从 2012 年的 0.80 万件增加到 2021 年的 1.74 万件，先后获国家级科技奖项 148 项、中国专利金奖 9 项。一串串数据变化彰显深圳科技创新的“加速度”，“企业+高校+新型研发机构”的创新联合体迸发出超强能量。

二、主要举措

基于深圳的城市特点，深圳市政府致力于从组织机构、政策、制度、队伍、体系和资源等方面为学习型城市建设提供条件保障，并以服务全民终身学习的现代教育体系建设、学习型社会建设为重点开展学习型城市建设。

（一）坚持党的建设，完善运行机制

党的十八大以来，以习近平同志为核心的党中央更加重视终身学习体系和学习型社会建设。2013 年 6 月 19 日，深圳市政府建立了以市长为总召集人，33 个相关部门和各区（含新区）为成员单位的“深圳市建设学习型城市联席会议制度”，负责推动终身教育、社区教育、老年教育、学习型城市建设等工作。为推动深圳市高水平学习型城市建设，满足市民学习需求，深圳市全力打造市民终身学习“四大平台”：一是构建以市—区—街道—社区四级社区教育为主阵地的公民素质教育平台，整合各区（含新区）现有社区教育资源，面向社会开展公民素质教育；二是构建以深圳开放大学为主阵地的学习型城市建设指导服务平台，为深圳社区教育、学习型城市建设服务；三是构建以全市职业院校（含技工学校）为主阵地的职业技能训练平台，开展符合国家相关法律规定的各种职业与成人教育活动和行业自律、互助与交流；四是构建以全市各社会培训机构教学资源为主阵地的专业能力与择业能力选修平台，整合各类教育资源形成强大的合力，为推动全民终身学习提供优质教育服务平台，为建设高水平学习型城市添砖加瓦。

（二）坚持政策先行，创造良好氛围

为切实保障推进学习型城市建设，深圳出台了一系列相关政策，为全民终身学习提供有力的制度保障。1994 年，出台的《深圳经济特区成人教育管理条例》，开启国内成人

教育地方性法规之先河；2010 年，深圳《中长期教育改革和发展规划纲要（2010—2020 年）》提出“到 2020 年建成高水平人力资源强市和学习型城市”；深圳市教育“十三五”规划提出“建成全民学习、终身学习的高水平学习型城市”；2019 年，《关于推进教育高质量发展的意见》提出“加快建设世界级学习型城市”；深圳市中长期教育发展规划提出“到 2035 年成为建设社会主义现代化强国的城市范例，实现全民终身教育”，创造全民学习、终身学习的良好氛围。

深圳市把全民素质提升计划写入政府工作报告，2010—2023 年，先后出台《深圳市中长期教育改革和发展规划纲要（2010—2020 年）》《关于深入开展全民阅读活动加快推进学习型城市建设的若干意见》《关于建立深圳市建设学习型城市联席会议制度的通知》《深圳市争创全球学习型城市工作方案》《深圳经济特区全民阅读促进条例》《深圳市特殊教育提升计划（2015—2016 年）》《深圳市建设中国特色社会主义先行示范区的行动方案（2019—2025 年）》《关于开展深圳市学习型街道创建工作的通知》《深圳加快建设区域文化中心城市和彰显国家文化软实力的现代文明之城实施方案》《深圳教育先行示范规划纲要（2021—2035 年）》等，紧密联系市卫生健康委、市民政局、市总工会、团市委、市妇联等有关部门，加强协调配合，为深圳市民素质提升提供有力政策支持和保障。政策涵盖学前教育、义务教育、高中教育及各类成人需求，尤其是残疾人、老人、妇女、儿童、流动人口及其子女的教育。此外，通过编制《教育发展战略》《教育发展规划》《教育蓝皮书》《教育年度发展报告》《教育年鉴》等，固化学习型城市和教育可持续发展目标。

（三）坚持多元办学，健全学习体系

完善以学校教育为基础的国民教育体系是深圳构建全民终身学习体系的核心内容。截至 2022 年底，我市有各级各类学校和幼儿园 2 862 所，在校生 266.21 万人，专任教师 17.55 万人，教职工达 26.35 万人。基础教育规模居一线城市前列。各级学校生均经费标准居全国前列。全市公办义务教育标准化学校率达 99%；规范化幼儿园率达 98%。

近年来，深圳抢抓一流大学和一流学科建设机遇，加快集聚国内外优质资源，高等教育的发展驶入快车道，交出一张令人瞩目的“增量”成绩单。全日制高校达 14 所，全日制在校生达 15.5 万人，基本建立起国际化开放式创新型的高等教育体系。围绕战略性新兴产业，南方科技大学与行业龙头企业共成立联合科技机构 85 家，全年完成科技成果转化共 17 个项目，针对 10 个重点科技领域布局高价值专利培育专项工程，取得新授权专利 568 件。深圳大学/四川大学谢和平院士团队与东方电气集团联合打造的全球首个海上风电无淡化海水原位直接电解制氢平台近期将在福建进行海上中试，有望推动该技

术产业快速落地，树立海上可再生能源直接制氢领域标杆。

创新发展老年教育是深圳构建终身学习体系的一大特色。深圳市现有市级老年大学2所，分别是深圳市长青老龄大学和深圳老年大学，其中深圳市长青老龄大学由市老干部局于1986年成立，深圳老年大学由深圳广播电视大学（现更名为深圳开放大学）于2020年5月19日成立。2020年6月，长青老龄大学在全市推进体系标准化建设，截至目前，已建有市区（单位）街社四级分校736所，其中市级1所、区级11所、单位级4所、街道级74所、社区级646所。深圳老年大学秉持"敬学广惠　有教无类"的办学宗旨，累计开设53个教学班，线上线下累计招生突破5 000人，参与学习的老年学员突破55万人次，开展线上线下各类社区活动100余场，参与学习的社区居民突破70万人次。近年来，深圳老年大学的教育教学成果多次获得国家老年大学一等奖、二等奖、三等奖、优秀奖和优秀组织奖，教师获得百姓学习之星、最佳指导教师、国家老年大学良师奖等荣誉称号，其培育的"智慧助老""湾畔学堂"等学习品牌先后获得教育部、深圳市优秀案例。

（四）坚持提升服务，推动组织创建

目前，深圳已创建全国社区教育示范区和实验区各2个、广东省社区教育试验区2个，建成市级社区学院（培训学院）30个、街道社区学院（教育中心）50个。为推进深圳市高水平学习型城市建设，深圳市教育局和深圳市人民政府教育督导室于2012年初制定《深圳市学习型社区评估标准》，印发《深圳市教育局关于开展深圳市学习型社区创建工作的通知》；2020年初，制定《深圳市学习型街道评估指标体系（试行》，印发《深圳市教育局关于开展深圳市学习型街道创建工作的通知》。截至目前，全市700余个社区实现"深圳市学习型社区"全覆盖，近三年创建44个"深圳市学习型街道"，市级层面奖励经费超过8 000万元。通过"深圳市学习型组织"创建活动，优化学习环境，有效提升教育质量，为社区居民学习、工作、生活等需要提供各类优质教育服务，为我市高水平学习型城市建设奠定基础。

深圳市各部门、街道和社区持续支持培育各类共同体建设。为探索学习共同体建设新途径、新方式，宝安区职业训练中心（城市学院）2020年入选中国成人教育协会立项第一批"区域终身学习发展共同体"项目试验点，与广州市黄埔社区学院、北京市顺义区社区教育学院、东莞市寮步镇成人文化技术学校（社区学院）、东莞市凤岗镇成人文化技术学校（社区学院）、成都新区社区教育学院组成"五花+托三果"共同体，共同开展有关社区教育融入社区（乡村）治理、家庭教育服务社区治理、学习共同体建设等项目探索和实践，不断探索社区教育新路径。社区教育开展方式多样和成效有效提升，宝安区职业训

练中心（城市学院）在航城街道9个社区开展“社区学习共同体”的培育与实践试点工作，培育20个具有本地特色的“学习共同体”，并在此基础上总结经验，形成可复制推广的《深圳市宝安区“社区学习共同体”评价标准（试行）》，获评“区域终身学习发展共同体”项目示范点。

（五）坚持协同创新，打造品牌活动

深圳市各区各单位协同创新，共谋深圳终身教育的发展与提高，努力形成了“政府统筹领导、教育部门主管、各区各业配合、社区自主发展、全社会积极参与”的教育新格局，为建设学习型城市打造形式多样内涵丰富的品牌活动。

深圳读书月，是由深圳市委、市政府于2000年创办的一项大型综合性群众读书文化活动。该活动秉承营造书香社会、实现市民文化权利的宗旨，以“阅读·进步·圆梦”为总主题，着力于提升市民素质，建设学习型城市。迄今深圳读书月累计举办文化活动9 000余项，吸引1.8亿人次参与，向希望小学、深圳青工书屋捐赠爱心图书近3 000万册，邀请专家学者200余位，打造出深圳读书论坛、深圳书展、经典诗文朗诵会、年度十大好书、年度十大童书、温馨阅读不眠夜、深读书空间、赠书献爱心、发展大局观名家领读、深港澳中学生随笔大赛等知名品牌活动，参与人次从首届的170多万人次上升到第二十三届的超1 000万人次。2013年10月，联合国教科文组织特别授予深圳“全球全民阅读典范城市”称号，以表彰深圳坚持不懈推动国际化建设和全球文化交流合作，尤其在推广书籍和阅读方面为全球树立了典范。

自2005年以来，深圳市按照教育部关于举办全民终身学习活动周通知的精神，每年10月下旬至12月开展深圳市全民终身学习活动周，共同主办单位和部门达33个。职业院校（含技工院校）、各类校外培训机构（达1 000个单位）共同参与，各类教育机构积极配合。全市各部门、各单位在积极宣传终身学习思想和理念的同时，广泛发动市民积极投身终身学习行列，为市民免费提供各类技能技术培训课程和专题讲座，举办社区教育终身教育成果展览、在社区中开展体验社区教育现场活动，各类免费培训课程达500种以上，各类专题讲座上千场次。评选出一批深圳市“百姓学习之星”和全国“百姓学习之星”，打造一批深圳市“终身学习品牌项目”和全国“终身学习品牌项目”，积极助推我市全民终身学习。

深圳市民文化大讲堂自2005年举办以来，邀请各领域专家学者开展超过1 300场讲座，荣获文化部“第三届中国文化创新奖”“中国十大文化创新工程”，被教育部授予“全国终身学习活动品牌”。

（六）坚持整合资源，构建网络体系

为贯彻落实党的二十大报告提出的"推进教育数字化，建设全民终身学习的学习型社会、学习型大国"要求，深圳创新学习方式和途径，整合共享数字化终身学习服务平台，发挥深圳以5G、云计算、大数据、人工智能、区块链等为代表的新一代信息技术优势，创设时时可学、处处能学、人人皆学的终身学习环境。

深圳图书馆围绕数字阅读与市民终身学习理念不断加强数字资源建设，打造内容丰富、使用便捷、保障有力的数字图书馆服务平台。目前，全市数字资源联合建设成员馆已达13家，包括11家公共馆、1家科技馆、1家高校图书馆；联合采购的数据库达9种。深圳图书馆现拥有91个中外文数据库、25个移动端阅读资源库、506万册件电子文献，囊括学术论文、电子报刊、电子图书、学位论文、会议论文、研究报告、音视频资源、移动资源等多种类型数字资源，内容涵盖政治、经济、文学、艺术、科学、法律、医学等各个专业领域。读者只要登录深圳图书馆的PC、移动客户端，就可随时随地进行阅读、查阅资料。

2010年10月，深圳市教育局依托深圳开放大学（原深圳广播电视大学）正式开通"深圳市民终身学习网"，2021年底建设升级为"深i学"全民终身学习平台。该平台是面向全体市民，集学历教育、非学历教育、技能提升、各类知识讲座和课程学习为一体的终身学习大平台。目前注册人数已突破240万，累计浏览量突破2亿次。平台整体设置8大首页，1个总首页整体展示，7个子首页分别为党史学习教育、市文明办的文明素养提升学习专区、光明区的"三校一体""乐学光明"专区、同时针对青少年、老年人、女性人群、培训中心设置了专属学习专区。每月上新丰富的多元化资源，设置老年大学多种专栏，包括养生保健、休闲生活、技能提升等，向全体社区市民提供免费学习资源近20万个。依托平台面向深圳市民开展课程、讲座、直播和线上线下学习活动200余场，参与学习的市民突破100万人次，极大满足了市民终身学习的需求。

三、主要经验

党的二十大报告指出，"中国式现代化，是中国共产党领导的社会主义现代化，既有各国现代化的共同特征，更有基于自己国情的中国特色"，中国式现代化道路特征独特鲜明，真正具有为中国老百姓所喜闻乐见的中国作风和中国气派。全面准确把握中国式现代化的内涵特征、本质要求和推进中国式现代化的重大原则，对于把握历史规律、掌握历史主动、创造时代伟业具有重要指导意义。

"服务全民终身学习的现代教育体系"是学习型社会建设的主要载体和形成的重要

标志。“学习型社会”是“以终身教育体系为基础，以学习者为中心，人人均能终身学习的理想社会”。作为一种区别于传统社会形态的新型社会发展形态，它本质上是以知识经济和信息技术为基础、教育与社会及个人高度统一、以人的终身学习和终身发展为目标的社会。学习型社会强调全民终身学习需求、现代教育体系和社会三者的互相促进、密切融合、协调统一，其目的是使全民愿意学习、全民懂得学习、全民能够学习、全民不断学习。因此，只有建成了服务全民终身学习的现代教育体系，学习型社会才能实现，学习型城市才能成为真实且立体的构建。

新征程上，如何适应中国式现代化的基本要求，大力推进全民终身学习，建设学习型大国学习型城市，助力实现中华民族伟大复兴，是终身教育工作必须回答好的问题。在牢记习近平总书记关于“服务全民终身学习”的使命任务的基础上，深圳这座年轻城市的市民们上下一心，全力以赴，共同谱写着新时代终身教育高质量发展的篇章。结合深圳这十年的实际进展以及期间开展重点工作，现概括主要经验为“一坚持、二覆盖、三服务”，具体如下。

（一）坚持理念普及先行，坚持读书月活动

建设服务全民终身学习的现代教育体系是一次巨大的战略转型，转型关键不在于“型”，而在于“神”，这个神就是理念。建设学习型城市的首要任务，是坚定不移地坚持以新时代中国特色社会主义思想为指导；始终如一地坚持大力推广和普及终身教育和终身学习理念，使之广布各界，深入人心，形成自觉；十年如一日地坚持每年举办读书月活动等文化品牌类活动，营造书香城市浓郁氛围。

作为现代教育体系的主要组成部分，应在国民教育体系各级各类教育的管理者和师生中积极普及终身教育理念，使学生逐步形成终身学习意识和能力，从根本上避免学生成年后不具备终身学习意识和能力的问题。各级各类教育对终身学习理念的培养各有侧重：幼儿园和小学阶段培养学习和探究兴趣，初步掌握自我学习和探究能力；中学阶段认识职业和人生，强化学习和探究能力，培养创新意识和能力，初步具备自我发展意识和能力；高等教育阶段学会独立学习和终身学习，养成自我发展意识，具备探究和创新能力。对于社会成人，应通过多种渠道唤起他们的学习意识，培养终身学习能力。要使民众认识到学习的群体差异性、个体差异性和需求多样性，培养评价自身学习需求的意识和能力。要使家长认识到学习对于家庭教育的价值，使农民认识到学习对于就业和致富的价值，使工作者认识到学习对于职业提升的价值，使老人认识到学习对于丰富老年生活的价值，使全体民众认识到学习对于提高生活品质和陶冶性情的价值。

深圳培育出读书月活动、深圳文博会、深圳设计周、一带一路国际音乐节、大剧院艺术节、创意12月等颇有影响的文化品牌活动。深圳始终高度重视全民阅读工作,依托学习型社区创建、举办读书月等活动,积极培养市民良好阅读习惯,全面营造书香深圳的浓厚氛围。与2010年相比,深圳市人均受教育年限由10.91年提高至11.86年,每10万人中大学(大专及以上)文化程度人口由17 545人上升为28 849人。科技创新能力日益强大。2019年全社会研发投入经费1 328亿元,占GDP4.9%;2020年PCT国际专利申请量2.02万件,连续17年居全国首位;每万人发明专利拥有量达119.1件,居全国前列。

(二)覆盖全民众、覆盖全机构

习近平总书记指出"构建衔接沟通各级各类教育、认可多种学习成果的终身学习立交桥""构建网络化、数字化、个性化、终身化的教育体系,建设'人人皆学、处处能学、时时可学'的学习型社会""积极推动人工智能和教育深度融合,促进教育变革创新,充分发挥人工智能优势,加快发展伴随每个人一生的教育、平等面向每个人的教育、适合每个人的教育、更加开放灵活的教育""要完善全民终身学习推进机制,构建方式更加灵活、资源更加丰富、学习更加便捷的终身学习体系"。中国式现代化赋予教育现代化以新的内涵特征、历史使命与发展路径。实现教育现代化必须着力推进终身教育高质量发展,加快建成服务全民终身学习的现代教育体系,做到全民众、全机构、全平台的覆盖。

城市经济发展的密码,人口是一项不可忽视的重要指标。与2010年第六次全国人口普查相比,深圳十年间常住人口增加了约714万人,增速高达68.47%。党的十八大以来,十年稳步跨越,深圳高质量发展之路大道康庄。"来了就是深圳人",是公认让外地人最暖心的一句标语,深圳也因此被看作全国对外来人口最包容的城市。第七次人口普查数据显示,2020年深圳拥有大学(大专及以上)文化程度的人口为506.6万人,而2010年这一数字为179.0万人,10年间增加了327.6万人,深圳的人口素质在稳步提升。深圳能成为"最强人口收割机",离不开政策的探索与改革,关键是更尊重和善待人才的态度。2015年,深圳开始执行《人才安居办法》,对人才落户进一步放低要求,对人才入户量不设指标数量上限,引领全国各地人才策略的"范式"。充足的劳动力对深圳来说意味着强大的生产力和消费力,而经济的快速增长又继续创造更多的机会和平台,吸引更多人口涌入深圳。

深圳作为全国改革开放的排头兵,以覆盖全民众为目标,充分运用人才吸引力法则,进一步增强了城市吸引力,人口集聚效应显著,促使常住人口保持较快增长,年轻有活力、高素质人口不断向深圳聚集，为深圳经济的高质量发展提供源源不断的动力。

深圳民间组织和社会组织也是学习型城市建设的多元主体。在人才充沛、政策扶持及福利优渥的基础上，学习型城市建设工作以覆盖全机构为抓手，大力扶持学习型机构建设。截至 2023 年 7 月，全市共登记社会组织 10 513 家(含社会团体、民非企业和基金会)。一定数量、活跃的阅读组织及其高效率地运转是学习型城市的重要指标。从实践的角度看，深圳民间阅读组织不仅传播阅读理念，塑造城市精神气质，还丰富市民文化生活，促进书香社会建设，更是通过打造读书品牌，推动全民阅读专业化和常态化，并且主题多元，融入生活，为大家所欢迎，也深刻影响城市社会繁荣、和谐与稳定。

（三）服务新改革、服务新教育、服务大湾区

全市教育系统以习近平新时代中国特色社会主义思想为指导，贯彻落实全国全省和全市教育大会精神，不忘初心、牢记使命，以办好人民满意的教育为宗旨，坚持立德树人，紧紧围绕市委、市政府中心工作，坚定不移扩规模、提质量、推改革，主动担当、开拓进取，大力推进教育先行示范及教育综合改革行动。教育部基础教育综合实验区、普通高中新课程新教材实施国家级示范区、国家信息化教学实验区、国家智慧教育示范区建设和教师队伍建设等形成多项经验并在国家级会议上分享。出台《深圳市教育发展“十四五”规划》和教育经费保障、校长教师发展、教育教学研究、监测评价督导“四个体系”建设改革方案，成立由国内外知名专家组成的高等教育、基础教育、职业教育三个专家咨询委员会。持续推进职教高地建设，深入贯彻落实《教育部 广东省人民政府关于推进深圳职业教育高端发展 争创世界一流的实施意见》，重点项目启动率达 100%，基本完成高地建设各项任务，其中深圳职业教育产教深度融合模式被国家发改委作为“深圳经验”向全国推广。积极推进高校体制机制改革，开展深圳经济特区高等教育立法调研以及全国高校支撑深圳经济社会发展评价研究，教育部和深圳市探索实施中外合作办学项目和不具有法人资格的中外合作办学机构部市联合审批机制。

深圳经济社会发展和产业结构不断调整和提高，得以为深圳市不同人群提供差异化的新教育服务，为加快深圳市终身教育发展，推动高水平学习型城市建设，积极满足市民多元的终身学习需求，促进社会成员的才能与价值全面发展。深圳市政府成立实施全民素质提升计划领导小组，负责市民终身学习组织实施与监测评估。设立“深圳市学习型城市建设指导和服务中心”，负责全市社区教育工作的组织和管理。构建以市—区—街道—社区四级终身教育网络体系和监测评价体系，促进学习型城市建设持续发展。

深圳市统计局数据显示，2022 年深圳地区生产总值 3.238 万亿元，同比增长 3.3%，

人均突破 18.32 万元，在全国主要城市中位居前列，居粤港澳大湾区城市群首位，居亚洲城市第四位。丰厚的经济实力，带来的是深圳“民生财政”出手不凡。深圳市财政支出重点向社会保障、公共卫生、教育等基本公共服务领域倾斜，其中教育支出占一般公共预算支出比重由 2013 年的 16%提高到 2022 年的 18.6%。作为全国性经济中心城市和国家创新型城市，粤港澳大湾区核心引擎城市之一，改革开放的排头兵，深圳始终坚持创新驱动发展，以经济实力驱动“双区”发展，强化人口集聚效应，促使常住人口保持较快增长。年轻有活力、高素质人口不断向深圳、向大湾区聚集，为深圳经济及教育的高质量发展提供源源不断的动力。

四、挑战与展望

完整、丰满的城市空间由理性和情感、现实和想象构成，优质、理想的城市发展，既需要通过强大的、可持续的经济力量和优质的、适合人居的环境，建构起城市的理性部分和现实维度，也需要通过独具特色、充满活力、繁荣昌盛的文化和和谐的社会环境，创造出迷人的城市情感空间和城市想象空间。这种理想的城市空间及其高质量发展可以通过学习获得，因为学习是横跨高质量发展三大支柱即“经济、社会和环境”的一个重要维度。学习所获得的方式、方法可以为理想城市空间的建构和实现城市高质量发展提供有效途径。

（一）面临的挑战

一是学习型城市建设与经济社会发展要求还有不相适应的方面。深圳新定位是建设中国特色社会主义先行示范区，精神文明建设虽取得了不少成绩，但与经济发展还有比较明显差距。需要在更高水平上推动建设学习型城市，加强顶层长远设计，勇做试验田，上下一盘棋，探索学习型城市的常态化的运作模式，协调发展物质文明与精神文明。

二是全市整体还没有构建起完整的全民终身学习支撑体系，没有出台相应的促进条例，制度基础不够牢固。

三是各区学习型城市建设发展不平衡。各区在学习城市建设工作中，组织形式、制度机制、经费保障等方面存在不平衡。

四是学习型城市建设面临转型与创新。后疫情时代，人们获取知识的方式和渠道发生重大变化，已有的学习支撑形式面临挑战。如何强化典型引领，广泛开展学习型企业、学习型家庭、学习型社团等各类学习型组织创建活动，完善评选奖励机制。如何支持行业企业在职工教育培训中发挥主渠道作用，将职工教育培训纳入行业企业发展规划和年度工作计划。如何引导社区居民自发组建形式多样的学习团队、活动小组等学习共同体，实现自我组织、自我教育、自我管理、自我服务，不断增强各类组织的凝聚力和创新力，推动学习型城市建设。

（二）未来展望

面对国际国内新形势新机遇，要抓住全力推进“双区驱动”、打造社会主义现代化先行区典范的战略机遇期，加快推动人口红利由数量型向质量型转变，加快推动市民素质教育、社区教育、主题教育、终身教育、网络教育协同发展，以市民人口综合素质和产业工人专业技能全面提升服务城市经济社会高质量发展，为全面建成湾区核心、智创高地、共享家园提供强大的人力资源支撑，努力争创全球学习型城市。

一是构建学习型城市建设与经济发展联动机制。学习型城市建设工作是一项需要集全民、全社会、各行各业之力，持之以恒、共同建设的大型终身学习工程项目，要形成常态化、系统化的管理机制。

二是加快终身学习立法进程，随着《深圳市促进终身学习条例》出台，学习城市建设的法治基础得以夯实。全市依法建设终身学习管理体系，全市社区教育、老年教育等方面教育投入总量不断增长，建立持续性和增长性的经费保障机制。

三是学习型城市建设将进一步融入国家和“粤港澳大湾区”发展战略，成立由市委主要领导挂帅的指导委员会，设立独立组织机构具体落实，制定学习型城市建设中长期发展规划并完善经费保障和考核机制。市区两级将学习城市建设纳入中长期发展规划，市区两级政府设立学习城市建设指导办公室，实现纵向贯通、横向联动，实现资源共享、交流互动。

四是完善政府主导多部门参与的学习型城市建设协调机制。充分发挥深圳开放大学、长青老龄大学等在课程资源、场地资源、理论研究和探索经验方面的优势，整合全市教育资源，尊重不同群体的学习特点，实行线上与线下结合，相互促进。依据后疫情时代人们学习的特点，积极组织实施教育数字化战略行动，将教育发展成果更多惠及全体市民。

审稿人：钟子荣，深圳市教育局职业与终身教育处处长

撰稿人：

吴　媛，深圳市教育局职业与终身教育处挂职干部

吴晓辉，深圳开放大学终身教育学院院长

翁娜娜,深圳开放大学终身教育学院教师
叶庆良,深圳开放大学科研与发展规划处处长
赵　菲,深圳开放大学科研与发展规划处教师

第十章　南京市学习型城市建设发展报告（2013—2023）

南京市教育局

南京，是中国四大古都之一，有着 2 500 多年建城史和近 500 年的建都史，被称为"六朝古都""十朝都会"。南京，是长江三角洲世界级城市群重要中心城市、人均国内生产总值（GDP）居全国省会城市首位的中国制造业名城。南京，是全国重要的科研教育基地，正在建设引领性国家创新型城市，《自然》杂志科研城市指数连续四年居全球第八。多个"标签"的叠加，让这片土地根植了深厚的学习基因，迸发着鲜活的城市魅力，也让这个城市和其 960 万民众有期待，更有信心加入"联合国教科文组织全球学习型城市"大家庭，贡献"博学、博雅、博爱"的南京视角和南京样本。

一、学习是时代薪火相传的需要

（一）顺势而为，迈向城市国际化的"南京步伐"

习近平总书记在党的二十大报告中专门提出，推进教育数字化，建设全民终身学习的学习型社会、学习型大国。就是希望中国民众把终身学习理念贯穿一生，在更好适应经济社会全面发展的基础上不断学习。随着 20 世纪以来第三次工业革命带来的产业和就业结构巨变，国际社会逐步形成关于终身学习和学习型社会的共识。近半个世纪以来，陆续兴起的信息技术革命，与可持续发展议程相关的教育和学习模式革新以及人工智能对教育与学习环境业态的重塑，都为终身学习和学习型社会的理论创新与实践探索开拓了广阔的空间。随着开展多样化、个性化的终身学习，建设符合区域实际的学习型社会，逐渐形成社会认同，全球学习型城市建设的热潮应运而生。目前，世界上有 1 000 个左右城市正处在学习型城市的建设过程中。作为常住人口近千万的特大型城市，南京已经构建起从学前到全龄的完整教育体系，并对培养劳动者的劳动技能、全面素质、终身学习习惯等有着系统谋划和长期坚持。申报并建设全球学习型城市，正是与世界交融和应时代发展的需要关切；是对国家完善终身学习体系、建设学习型社会、提高国民素质要求的积极响应;是深入挖掘南京历史文化和科教资源优势,提升城市国际化水平,提升城市发展能级的关键路径;是符合南京城市发展战略,推动南京在更高的平台上全面贯彻新发展理念,在教育领域"走在前做示范"的重要举措。

(二)乘势而为,增添城市高品质的"南京名片"

2019年10月31日,联合国教科文组织宣布南京入选"世界文学之都",南京成为中国第一个获此称号的城市。这张新的城市名片,为南京城市发展愿景增添了浓墨重彩的一笔。"文学之都"称号的得来,既深深地得力于源远流长的文脉滋养,亦受益于现代以来连绵不断的创新与再生,受益于南京对提升城市品质的不懈追求,也让南京更有底气申请加入联合国教科文组织全球学习型城市网络的大家庭。因为南京入选文学之都的基底,也是南京申报学习型城市的重要基础之一。这里有着众多的社团和社会组织。南京活跃着超过1 000家的文学社团和协会组织,这些"学习型组织"用旺盛的创作热情,为城市创造着巨大的精神价值和社会效益。在数字化时代,南京还成立了专门的网络作家协会,拥有网络文学谷、网络文学院以及网络文学创意产业园,成为全国华语网络文学的高地。这里有着生机勃勃的分享和传播精神。

500年前,南京就作为全国最重要的出版中心,把学习内容充分向外辐射。《西游记》首先在南京刻印传世,在此创作刊行的"三言二拍"更成为我国古代由口头艺术转为案头文学的第一座丰碑。这里有着推进中外文化和学习交流的传统。公元16世纪,南京率先将"四书五经"翻译到欧洲。译自南京的《红楼梦》《儒林外史》在国内外广受好评。全球还有60多种外国文学作品在南京翻译成中文。南京是中国最早演出莎士比亚剧作的城市,由译林出版社与伯明翰大学合作建立的"莎士比亚(中国)中心"于2016年在南京挂牌成立。这里更拥有足够多的阅读者、讲述者和学习爱好者。中国第一所公共图书馆建在南京,著名外交家、中国驻法国大使馆前大使吴建民先生对故乡南京的最深印象就是"南京整个氛围就是崇尚读书"。在南京,全民读书蔚然成风,仅民间自发形成的读书会就有450多家。时代在演进,阅读的载体在变化,可不变的是南京人对阅读、对学习的热爱,对精神世界的守望。

(三)有备而来,展现城市现代化的"南京窗口"

早在2003年,南京就开展了《学习型组织建设与评估》研究,提出由6大类15项指标构成的《学习型城市建设评价指标体系》和个人、家庭、团队、企业、机关、社区、组织链等各类学习型组织评估指标。2013年,出台《关于打造世界教育名城 建设学习型城市促进人的现代化的意见》并长期践行推进。2016 年,依托南京开放大学成立“南京市终身教育服务指导中心”,每年定期发布社区教育、终身教育等发展报告,对终身学习成效开展全方位评估。在 2013 年出台的《意见》中,南京对学习型城市的建设,《意见》有了自己的思考。聚焦于基本建成“历史积淀深厚、质量水平一流、名校名师众多、风格特色鲜明”的世界教育名城。基本建成“氛围浓厚、人才荟萃、充满活力、富有品位”的学习型城市。而根据时代的需要、城市的发展和联合国教科文组织全球学习型城市网络加入的新要求,南京又进一步优化完善了建设学习型城市的中长期目标愿景。到 2025 年,教育现代化继续保持全国一流水平,市民人文素质和科学素养不断提高,便捷、灵活、包容的终身学习方式得到普遍推广,实现从学前到成人、出生到终身的教育全覆盖,“人人皆学、处处能学、时时可学”的学习型城市特色彰显。到 2035 年,市民公平获得教育机会、平等参与社会事务、平等获得个人发展权利得到充分保障;巩固完善全民终身学习的现代化教育体系与基本公共服务体系,教育发展主要指标达到发达国家平均水平;优质教育资源供给与配置基本均衡,教育数字化服务能力大幅提升,老年人、青少年和弱势人群的受教育权利重点保障,学习型组织和终身学习应用场景泛在可及;基本建成“博学、博雅、博爱”的现代化新南京。

二、学习是南京永不停歇的追求

(一)学习的南京,学在社会共赴间

南京的学习型城市建设,是政府牵头统筹、多元力量参与、综合调配资源的全社会共同奔赴。2013 年,南京市成立由市委办公厅、市委组织部、市委宣传部、市发改委、市教育局、市民政局、市财政局、市人社局、南京开放大学等 22 个政府部门、部分驻宁高校、社会公益组织、企事业单位代表为小组成员单位参加,由市领导担任组长的“南京市学习型城市建设和终身教育工作领导小组”,建立联席会议制度,设立基础教育、职业提升、全民学习等专项组。在资金投入上,按照“政府拨一点、社会筹一点、单位出一点、个人拿一点”的办法,建立多渠道投入的经费保障机制。加大向农村和成人继续教育倾斜的力度,社区教育专项培训经费由市、区两级分别按常住人口总数人均不低于 2 元标准纳入财政预算。市区两级每年安排社区教育专项财政预算 3 600 多万元,家庭继续教育支出享受个人所得税抵扣,企业教育培训经费按职工工资总额 1. 5%~2. 5%提取,残疾学生生均公用经费为正常学生 8 倍以上。在协同管理上,采取“政府购买服务、社区免费提供公共空间、企业自愿赞助、志愿者提供师资”等合作形式。在人员队伍建设上,按照“专职为骨干、兼职为主体、志愿者为补充”的原则,建立一支相对稳定的社区教育管理队伍和师

资队伍。通过多方聚力,综合调用资源,南京已形成政府、企业、市民等利益相关方共同参与、协调联动,“自上而下”和“自下而上”两种机制取长补短,共同推进学习型城市建设的模式。

(二) 学习的南京,学在触手可及间

南京的学习型城市建设,是文化艺术场馆、科学教育资源的线上线下无缝切换。在线下,从中国创建最早的大型综合性国家级博物馆“南京博物院”,到全省最“年轻”的国家一级馆“中国科举博物馆”,再到镶嵌于1865、国创园产业园区中的“永银钱币博物馆”“丝绸博物馆”,南京共有52家博物馆(纪念馆)在江苏省文物局备案,还有近200家富有特色的专题展馆,可谓博物馆荟萃。中国第三、亚洲第四大图书馆“南京图书馆”,是中国第一所公共图书馆,馆藏总量超过1 200万册,并于1990年创办了盲人有声读物图书馆。距今已有80多年历史的江苏省美术馆,是中国近现代第一座国家级的美术馆。在2018年南京历史文化名城会博览会期间,“南京发布”官网特别制作了中英文双语的《南京博物馆全媒体地图》,将遍布全城的各个博物馆搜罗其中,成为博物馆学习地图。在南京,古老悠久的文化遗产、丰富的地上地下文物遗存,都是城市发展轨迹的历史见证。而这些资源向市民免费开放,更是让历史的时光凝结都成了触手可及的学习资源。在线上,南京拥有全市共享的市民免费学习平台“南京学习在线”。这是由南京市教育局主办、南京开放大学管理,集慕课学习、图书阅读、信息交流、资源管理及社会服务于一体,建站16年的市、区两级开放大学线上学习网络体系。网站拥有门类齐全、专业权威的海量资源,为全体市民提供了一个人人皆学、时时能学、处处可学的学习环境。截至2022年,网站注册人数超过130万人,跃居为全市家喻户晓的大规模、综合类教育门户网站。在南京,学习资源“随处可驻足、随手可体验”不再是愿景和梦想,而是时时处处常伴身边。

(三) 学习的南京,学在近悦远来间

南京的学习型城市建设,是深厚的学养资源、蓬勃的新南京人活力、持久的全民热情奏响的和谐乐章。南京是一座崇文重教的城市,有51所高等院校,高校数、两院院士数、大学学历人口比例居全国前列,是仅次于北京和上海的“国内高教第三城”。在“985”和“211”时代,南京拥有2所“985”和8所“211”大学,进入“双一流”时代后,南京拥有12所“双一流”高校。2022年末,南京在校大学生人数达95.6万人,在长三角地区排名第一。近百万的在校大学生数量,给南京的学习型城市建设平添了不少青春活力和创新

魅力。近年来,南京每年都要举办 10 余场大规模与学习相关的节庆活动。中国最早开办读书节的城市是南京,节庆期间,全民阅读活动和讲座、论坛、研讨、交流、实地寻访活动精彩纷呈,至今已连续举办 23 届。南京戏剧节引进大量舞台戏剧精品,组织举办包括“原创剧本征集”“懂年轻、懂戏剧”“高校戏剧行”等系列活动,广大民众还能有幸听取国内戏剧专家的精彩演讲。朗读者公益助盲活动始于 2012 年,以“排除盲人阅读障碍”为宗旨,服务江苏省范围全龄段盲人读者 3 万余人,举办助盲公益活动 166 场,为视障人群全方位打造一座用耳朵聆听的有声图书馆。全民阅读春风行动,旨在丰富居民精神文化生活,深入推进全民阅读工作,以更好满足人民群众特别是农民群众、农村留守儿童及困难家庭儿童的阅读需求,动员全社会力量开展阅读推广活动和精准志愿服务活动。

（四）学习的南京,学在山水城林间

南京的学习型城市建设,是融汇在山水城林、文化遗产间行走的力量。这里旅游资源丰富,是首批中国优秀旅游城市。“十里秦淮”是南京的母亲河,是孕育金陵古老文化的摇篮;依水而建,因水而兴的“夫子庙-秦淮风光带”是集自然风光、山水园林、庙宇学堂、街市民居、民俗风情为一体的人文景点,是中国首个开放式 5A 级景区。钟山风景区屹立于扬子江畔,融山水城林浑然一体,集六朝、明朝、民国文化和生态、休闲文化于一山之中,被誉为“中华城中人文第一山”。玄武湖,与杭州西湖、嘉兴南湖并称“江南三大名湖”,是江南地区最大的城内公园。除此之外,这里还有世界文化遗产“明孝陵”“汤山古猿人洞”“明故宫”等全国重点文物保护单位 49 处,“东汉石头城遗迹”“定林寺摩崖题刻”等江苏省文物保护单位 114 处,“崇正书院”“周处读书台”等市级文物保护单位 347 处。在南京,旅行是一种生活方式,“城区即景区,旅游即生活”;在南京,旅行更是一种学习方式,是与大自然的亲密接触,是与名山大川的深入交流,是与时光岁月的对话应和,是生活在这里的人对过去、现在和未来的探索。在这个“行走的课堂”中,“万千世界皆可研读、万千空间皆是课堂、万千大众皆可为师”,学习让我们看到更大的世界,让我们找到属于自己的美好与感动,让我们把这份热爱传递给更多的人。

（五）学习的南京,学在强心健体间

南京的学习型城市建设,是外健体魄、内塑精神,强心健体深入融合的全面发展。在增强体魄方面,我们关注全民健身和全民健康,引导青少年从小结交运动场这个“好朋友”。2023 年,《南京市青少年体育“5621”计划实施办法》出台,提出在每个区至少推动 5 个运动项目,每个项目至少布局 6 所小学、2 所初中、1 所高中。这项计划在全市共布局400所文化学校，涉及34个体育项目，实现12个区全覆盖。南京还搭建起了青少年阳光体育节“十大体育联盟”，每年带动全市青少年学生近20万人次参加。在立足现有体育与健康课程、集体体育锻炼、大课间活动的基础上，全市中小学开展“两月一主题、一月一活动”的主题化校园体育活动，全面提升学生运动能力和体质健康水平。南京“体教融合”工作硕果累累，获得两个世界冠军、3个国家级称号，2022年被确定为“十四五”期间全国足球发展重点城市。在塑造精神和信仰方面，我们响应党中央号召，做新时代的“追梦人”。区、街全覆盖，遍及社区街巷的新时代文明实践中心，让思想的学习交流成为百姓日常。通过打造理论宣讲平台，支持来自基层群众的文艺创作演出队伍建设，组织引导志愿者开展全覆盖、分众化、菜单式的文明实践学习教育活动，百姓的思想觉悟、道德水准、文明素养和全社会文明程度显著提升。在这里，社区居民议事会、乡村村民议事会变身学习会、交流会，学习型组织建设和文明创建、社会治理、乡村振兴等有效结合，打通了共同学习、宣传教育、服务群众的最后“一公里”。

（六）学习的南京，学在历史文脉间

南京的学习型城市建设，浸润在千年历史文脉中，传唱在诗词歌赋里，沉淀在文化遗产中。东吴定都南京，吟“江南好，建业旧长安”；谢朓于健康城，颂“江南佳丽地，金陵帝王州”；刘禹锡立乌衣巷口，感“旧时王谢堂前燕，飞入寻常百姓家”；李白登凤凰台，叹“吴宫花草埋幽径，晋代衣冠成古丘”；王安石泊船瓜洲，盼“春风又绿江南岸，明月何时照我还”；谈允谦观大报恩寺琉璃塔，赞“莫疑缔造鬼神工，万物坚持一气中”；毛泽东带领人民解放军解放南京，唱“钟山风雨起苍黄，百万雄师过大江”；如今的南京，重现南都繁会盛景，正是“虎踞龙盘今胜昔，天翻地覆慨而慷”。传唱在诗词歌赋里的南京，鉴古知今，一草一木皆是知识和智慧的源泉。除了诗词歌赋，南京的非物质文化遗产在全国乃至世界也有不可小觑的地位。2022年，南京出台《关于进一步加强非物质文化遗产保护工作的实施意见》，提出进一步拓展非物质文化遗产的利用路径，加大非物质文化遗产传播普及力度，融入国民教育，促进非物质文化遗产在校园、在社区传承，拓宽境外传播渠道，提升南京非物质文化遗产的国际知名度和影响力。南京剪纸、云锦织造、金陵刻经印刷、古琴金陵琴派4项列入人类非遗代表作，秦淮灯会、南京白局、溧水龙舞、金箔锻制等7项列入国家级名录，还有绒花、泥人、秦淮小吃等64项列入省级名录。秦淮灯会，作为首批国家级非物质文化遗产，已连续举办37届，每届持续50多天。灯会采用独特的文脉延续方式，在文学资源最丰富的秦淮河畔举行，各色彩灯大多选取经典文学素材来制作，民众边赏灯边参与吟诗猜谜等文学活动，每一届灯会都是一场推广、普及文学历史

知识的学习盛会。

（七）学习的南京，学在互鉴交流间

南京的学习型城市建设，是在国际交流中理解和包容文化，是在友好城市互动中取长补短、互学互鉴。南京已经结对友好城市和友好合作城市101座，遍及五大洲54个国家，国际友城成为南京对外交流的重要桥梁。自1978年与日本名古屋市缔结全省首对国际友城关系以来，南京围绕经贸、科技、文化等领域深化开放交流，拓展全球合作，国际交往中心城市建设不断提速。南京有两座友城，一座是文莱首都斯里巴加湾，另一座是尼泊尔首都加德满都。加德满都市是尼泊尔首都和最大城市，拥有1 200多年的古老历史。随着“一带一路”倡议全面推进，两市交往尤其是人文交流不断加强。南京和圣路易斯于1979年11月结为友好城市，这是中美两国间第一对友好城市，是由外交部牵线，全国友协促成。与伊朗南部最大城市设拉子市的友好达成，始于2009年中车南京浦镇车辆公司的设拉子的地铁项目，在2018年正式携手缔结友城，成为南京在西亚地区的第一个正式结好的友城。2020年，南京受邀参加设拉子市和世界大都会协会联合组织的城市更新国际论坛，双方在发展领域的交流学习不断深入。位于秦淮河西南部的国际友谊公园，内设国际友城雕塑、友城展览馆，全部免费向公众开放。在交流中学习，在互学中互鉴，通过扩大对外交流的平台，南京也在持续围绕应对全球气候变化、绿色低碳发展等议题，加强与C40城市气候领导联盟等重要国际组织交流合作。争取更多国际性专业协会和组织在宁落户、更多区域性和国际性活动在宁举办，更好推动南京在国际舞台上亮相发声，实现南京国际影响力整体跃升。

（八）学习的南京，学在全民友好间

南京的学习型城市建设，是全龄友好、全员友好，为所有愿意并希望学习的民众，特别是弱势群体提供平等学习的机会。南京连续多年教育发展指数居全国领先水平，义务教育阶段人口覆盖率100%，全市义务教育优质资源覆盖率达98.6%，主要劳动年龄人口平均受教育年限达13年。南京为外来务工人员随迁子女实行建立市、区、校三级随班就读资源中心体系，其义务教育经费全额纳入公共财政保障，每年接收义务教育阶段起始年级随迁子女入学2万余人，帮助5万人次家庭经济困难学生享受减免和补贴近亿元。南京在全国首倡开展“全民终身学习活动周”活动，由市、区、街（镇）、社区四级联动常态化举办，创建独具特色的“中华学堂”“文博进万家”“金陵书院”等学习品牌载体，现已连续举办17年，累计开展活动近万场，数千万人次参与。南京重视保障女性平等享有教育

权利，推动性别平等教育进校园，设计推广专门的性别平等课程，义务教育阶段男女儿童入学率皆为100%。南京致力于办群众满意的老年大学，全市共有金陵老年大学等规模老年大学37所，在校生4.7万人，各类线上线下教学点服务老年学员29万人。南京坚持特殊教育资源配置优先向学前和职高教育倾斜、向普通学校倾斜、向中重度障碍学生群体倾斜，特需学生15年免费教育全覆盖。对孤独症学生进行科学评估，分类安置在普通中小学幼儿园和特殊教育学校，让孤独症儿童就近就便享受优质教康融合服务。为低保、零就业、特困职工、残疾人等边缘人群和弱势群体免费提供职业指导、就业推荐和职业技能培训等。这些行动和举措，助推全体南京市民确立终身教育理念，逐渐养成终身学习习惯，促进受教育机会和权利人人均等，公共学习资源利用率显著提升。

（九）学习的南京，学在行动实践间

南京的学习型城市建设，是动脑和动手相结合、理论和实践相补充的知行合一。在南京，对环境保护、节能降碳的学习实践“从小娃娃抓起，在全社会开花”。全市中小学开设长江保护、垃圾分类等社会实践课程，大学和职业学院开设环境保护等相关专业，社区倡导环境友好良好习惯养成，干部培训包括“碳达峰碳中和战略”和气候变化应对策略等内容。课堂知识和研学活动亲密接触，“守护微笑天使——我与江豚共成长”等活动，让大家能够在鱼嘴湿地公园看江豚嬉戏，在长江江豚科教中心学习长江地理地貌、长江江豚等濒危物种保护等内容，还可以自己动手制作江豚仿真模型，真切感受并提高爱护长江生态环境的意识。在南京，有专门服务农业、农村、农民的“农科教讲师团”项目，以教育“促就业、助致富”为目标，承担农业科技推广、宣教的服务指导工作。讲师团拥有具有高级以上专业技术职称的农业技术专家117人，多年来深入南京各农村示范基地、走进田间地头授课指导，广受农户好评。项目开展培训2 200余场，考核认定新型职业农民17 000余人，先后获得全国“特别受百姓喜爱的终身学习品牌项目”、江苏省“社区教育特色品牌项目”等殊荣，在缩小城乡差距，促进农民群体获得平等优质的学习机会、推动乡村振兴等方面发挥了重要作用。在南京，有帮助老人跨越“数字鸿沟”的“我来教您用智能手机”项目，送服务到老人身边，帮助老人熟练掌握微信聊天、预约挂号、健康扫码、手机支付、网约车出行等实用功能，享受便捷的“数字生活”。项目在全市设置超500个社区培训点，同时还联动银行网点、中介机构等百姓身边的服务业载体共同加入，持续开展数百场活动，超10万人次参与。在南京，以就业为导向的职业教育被视作体面工作的基础支撑。开设中小学生劳动和职业技能体验课，开展青年人才创业创新大赛，组织企业家辅导青年创业，把创业精神融入各项学习竞赛活动之中。健全职业技能

培训体系，年均开展补贴性职业技能培训近 18 万人次，中高职毕业生就业率达 95%以上。

（十）学习的南京，学在家校联动间

南京的学习型城市建设，是家庭教育、学校教育和社会教育的携手共进。始于 2017 年的“向善家长学校”项目，针对全市最大保障房片区家长受教育程度普遍不高、总体素质偏低的现状，致力于引领区域家长与子女凝聚起向善向上的力量，让向好向美成为家庭成员的共同价值追求和自觉行动指南。学校面向辖区 18 所中小学幼儿园学生家庭，立足“把孩子培养好，把家庭建设好，把社会治理好”，实施教育专家指导员、家庭教育体验课等六项工程。定期邀请全国知名家庭教育专家授课，孙云晓、卢勤、张圣华等 40 多位全国知名教育专家走进“向善家长学校”，超过 5 万人次家长参与学习。为方便家长日常学习，学校还将专家学者所上课程整理成标准教案，组建培训志愿教师队伍，每周为家长们上一节普及课，扩大优质课程家长受益面。学校编写《家庭教育专家锦囊》，建立社区家庭教育指导站，创办“向善家长”微信公众号，开展系列社会实践活动 200 余场，惠及亲子 3 万余人次。试点家长专业成长项目，开办家长长期培训班，编制推行《家长自我教育记录本》，培养出 300 余名“超级家长”。家长们自愿组成的家长义工团、讲师团，深入辖区与其他家长结对成长。“向善家长学校”项目获得了南京市第二批社会主义核心价值观教育实践创新案例“十佳案例”、江苏省社会教育（教学）成果二等奖、南京市终身学习品牌项目、江苏省社区教育品牌项目等多项荣誉，有力促进了家长自我成长和家校教育联动。

三、学习是未来精彩无限的畅想

申报并期待加入全球学习型城市网络，是南京学习型城市建设的新起点，是南京与已经在全球学习型城市建设征程上有所建树和成绩的 11 个兄弟城市共同学习成长的新机遇。面向未来，我们希望能为中国学习型城市建设贡献更多的“南京力量”。

（一）促进全民健康发展，让每个人都有强健的学习体魄

为加快实施《“健康南京 2030”规划纲要》，全市对标国内先进水平，普及健康生活方式，建设健康的生态环境和社会环境，全方位、全周期保障市民健康。到 2030 年，全民健康素养水平全面提升，健康生活方式全面普及，居民主要健康影响因素得到全面控制，重大慢性病过早死亡率全面下降，居民主要健康指标居发达地区领先水平。在推进全民健

身方面有更大作为。均衡布局构建城市公园绿地体系,完善公园绿地10分钟服务圈,推动“10分钟体育健身圈”向城乡一体化发展。推动各类体育社会组织向基层群众身边覆盖延伸,加强社会体育指导员队伍建设。普及科学健身知识,倡导群众养成健身运动习惯。在促进全民健康方面实施更多举措。促进妇幼健康,实施母婴安全行动计划和妇幼健康保障工程,完善婴幼儿照护服务和残疾儿童康复救助制度。促进学生健康,全面实施中小学生体质健康报告书和大学生体质健康标准等级证书制度,中小学生每天校内锻炼不少于1小时,掌握2项体育运动技能。打造老年宜居环境,创建老年友好型社区。医疗机构为70岁以上老年人提供挂号就医等便利服务绿色通道。促进残疾人健康,推进残疾人“人人享有康复服务”。建立医疗机构与残疾人专业康复机构双向转诊机制,推动基层医疗卫生机构与残疾人开展家庭医生签约服务。提升社区康复能力,指导社区和家庭为残疾人提供专业化康复服务。

(二)促进教育均衡发展,让每个人都有平等的学习机会

秉持公平包容的思想,推行全纳教育,让那些身处不同环境的学生,都能平等地获得教育资源的机会和渠道。深入推进义务教育发展优质均衡,在财政投入、师资配备等方面重点向农村、薄弱校、新建校倾斜,加快推进优质资源向新区、郊区、保障房片区、教育薄弱地区辐射,有效缩小校际差距。推动教育开放合作,打开校门,共享教育发展成果。进一步优化完善从学前教育延续到老年教育的终身教育体系,为市民提供充裕的学习资源和公平的学习机会。依法保障随迁子女平等接受义务教育的权利,保证符合政策的随迁子女享受与本市户籍学生同等待遇,在各方面做到一视同仁。关爱保护留守儿童,加强关爱服务和救助保护,强化家庭监护主体责任,确保留守儿童人身安全。健全完善现代特殊教育体系,建立融合教育质量评估指标体系,进一步拓宽特殊学生接受高中以上阶段和继续教育渠道。建好用好课程基地、校外综合实践基地,开展多样化保护生态环境实践活动,培养学生保护环境意识和能力。优化社区教育办学体系建设,完善具有南京特色的社区教育课程体系,探索建立社区教育教师职称系列,畅通社区教育教师职业发展渠道。促进终身教育开放共享,发挥“南京学习在线”主阵地作用,建设终身学习资源网上超市,探索终身教育学习成果认证、积累和转换制度,加快学分银行、虚拟社群、学习地图等建设,努力构建“线上线下、互联互通”的终身教育新模式。

(三)促进产教融合发展,让每个人都有体面的就业保障

开展职业教育提质培优工程,加强职业教育资源整合,优化专业布局,促进职业教育

提档升级和高质量发展。推动市属应用型本科大学与企业联合开展专业硕士学位试点工作。加强技工院校规范化建设,促进技工院校健康有序发展和整体办学水平提升。持续深化产教融合、校企合作。加大市级产教融合型企业培育力度,支持本科高校申报国家、省级重点产业学院建设。全面推行现代学徒制,健全学生到企业实习实训制度。支持行业领军企业主导建设全市乃至全省职教集团,建设高水平专业化产教融合实训基地。发挥专业学院在实习实训、师资培养、产业对接等方面功能,打造符合产业发展的专业群、产业链。建立完善多方参与的专业人才培养方案动态调整和审核审批制度。大力支持"南京高等职业教育创新创业园"建设。培育建设产教融合型企业,开发职业启蒙和职业体验等继续教育培训项目,建设产教深度融合实训平台。推动市属高校建立跨学科、跨专业、跨年级的校企联合创新创业教育实训平台、创新创业示范基地、科技创业实习基地。支持在宁高校创新发展,探索引进国内外高水平大学来宁合作举办特色教育机构,提升国际合作层次。支持建设列入国家和省建设计划、与南京产业需求紧密匹配的一流学科专业,支持专业机构培养产业创新人才。完善海外人才和本地高校学生在宁创业就业专项教育保障政策,推动引进创业就业海外人才 8 万名,青年大学生创业企业突破 10 万家。

国际创意城市网络,全球学习型城市,南京来了! 我们将围绕建设"人人皆学,时时可学,处处能学"的学习型城市口号,以更多"看得见"的举措,把全民学习和终身学习落实到"最后一公里"。兴博学之风,做博雅之人,建博爱之都,让终身学习成为闪亮的城市名片,建成"博学、博雅、博爱"的学习型新南京。

审稿人:黄子亮,南京市教育局职社处处长、一级调研员、南京市成人教育学会副会长兼秘书长

撰稿人:

范朝礼,南京大学商学院客座教授、中共江苏省委研究室原副主任

袁　爽,南京市文学之都促进会副秘书长、南京全球学习型城市官方联络人

宋冬梅,南京市教育局职社处工作人员

第十一章　苏州市学习型城市建设发展报告（2013—2023）

苏州市教育局

苏州是全球知名的历史文化名城、风景旅游城市，位于江苏省东南部，长江三角洲中部。全市拥有4个县级市、6个行政区，总面积8 657.32km²，常住人口1 200余万人。苏州有着2 500多年历史，是吴文化的发祥地，拥有园林百余座，也是国家高新技术产业基地，长江三角洲城市群重要的中心城市之一。苏州经济、文化、科技繁荣，2022年地区生产总值（GDP）达2.4万亿元，跻身全国综合经济大市前列，拙政园等9个苏州园林被列为联合国教科文组织世界文化遗产，昆曲等7项传统技艺入选联合国教科文组织人类非物质文化遗产代表作名录，公共图书馆、博物馆、文化馆160所，人均体育场地面积3.91m²，每10万人中拥有专利1 434件。

一、苏州学习型城市建设目标

《2030年可持续发展议程》是人类的共同愿景，也是世界各国领导人与各国人民之间达成的社会契约。这既是一份造福人类和地球的行动清单，也是谋求取得成功的一幅蓝图。苏州作为一个经济发达、文化繁荣的城市，秉承“崇文睿智，开放包容，争先创优，和谐致远”的城市精神，始终坚持以提高人民群众文化素质为核心目标，增强市民学习意识和学习能力，加快城市知识化进程，实施可持续健康发展的学习型城市建设战略，建设教育服务可及化、学习资源精品化、学习形式多样化、终身学习氛围浓厚的学习型城市，积极发挥示范引领作用，促进国际交流与合作。

到2025年，形成政府主导、社会协同、全民参与、资源共享的学习型城市建设工作机制；形成人人皆学、处处能学、时时可学的终身学习服务体系；形成全面覆盖、城乡均衡的工作格局；营造浓厚的全民终身学习氛围，使学习成为市民生活的常态。

到2030年，在学习型城市建设中，注重与经济、政治、文化、社会、生态文明各类建设保持动态平衡。着力保障各类人群的学习机会和权利，实现学前教育优质普惠发展、义务教育优质均衡发展、普通高中优质特色发展、职业教育优质领先发展、高等教育优质共享发展、社区教育优质便民发展,实现国民教育、继续教育和老年教育全面贯通,建成文化底蕴深厚、充满创新精神和发展活力的全民终身学习之城。

二、苏州学习型城市建设历程

苏州历来崇文重教、人文荟萃,伴随着经济发展和社会进步,"崇文"成了苏州文明昌盛的社会共识。1982 年,率先成为全国首个基本普及小学教育的地区;1992 年,率先成为全国首个基本普及九年制义务教育的地级市;1998 年,率先成为全国首个普及高中段教育的地级市;2004 年,率先成为全国首个普及高等教育的地级市;2007 年,率先在全省整体通过教育现代化建设水平评估;2012 年,率先拥有全国首个高等教育国际化示范区;2013 年,率先成为全国首个义务教育发展基本均衡地级市;2015 年,率先在全国将家庭教育课程纳入政府公共服务体系,率先成为全国首批中小学生艺术素质测评实验区;2018 年,率先成为首个承办全国中小学生艺术展演活动的地级市,率先启动全国首批智慧教育示范区建设;2020 年,国家市场监督管理总局发布"2019 年,全国公共服务质量监测结果",苏州市公共教育领域满意度得分全省第一、全国第三,位居 15 个地区生产总值(GDP)万亿元以上城市首位。

苏州也是全国开展终身教育工作较早的地区之一。1999 年以来,苏州相继出台了《苏州市终身教育实验工作方案》《关于加强社区教育工作推进学习型苏州建设的意见》等政策文件,成立苏州市终身教育促进委员会;2015 年,加入全国学习型城市建设联盟,承办了第十一届"全民终身学习活动周全国总开幕式";2018 年,荣膺联合国教科文组织世界遗产典范城市。近两年来,《苏州市终身学习促进条例》《苏州市文明行为促进条例》《苏州市大运河文化保护传承利用条例》《苏州市科技创新促进条例》等涉及学习型城市建设的地方性法规相继实施,为苏州学习型城市建设提供了法律保障,促进城市可持续发展。

三、苏州学习型城市建设举措

根据联合国教科文组织对学习型城市的关键特征框架要求,建设学习城市的主要任务是:全面提高基础教育、高等教育的普及率,促进学校、家庭与社区的终身学习,拓展社会机构、公共场馆、工作场所等学习效率,通过创新学习手段,普及数字化智能化信息技术应用,提升终身学习产品的质量,构建"人人是学习之人,处处是学习之所,时时有学习之机"的学习型社会。苏州在学习型城市的关键特征框架下,结合本地实际情况,做了许多有助于推动学习城市建设的工作，主要包括以下几点。

（一）创新学习型城市建设体制机制

1. “协同治理”，创新学习型城市建设管理体制

一是建立市、县两级终身教育促进委员会，对各有关部门开展学习型城市建设职能进行了具体的规定。委员会办公室设在苏州市教育局，市教育局牵头建立促委会工作群，保持动态沟通，组织召开工作例会，各部门就开展终身学习工作的具体项目和活动内容进行交流商讨，确定相关合作事项，实现学习资源共享。二是先后成立苏州市终身教育学会、苏州市社会教育服务指导中心，共同协助市教育局开展终身教育工作，形成了“一体两翼”的管理格局，以市教育局为主体，在学习型城市建设的策略设计、经费投入、队伍建设等方面取得了一定的成效，逐步将苏州的社区教育、终身教育引向规范化、制度化发展。

2. “政校社”联动，创新学习型城市建设运行机制

以优质资源供给与居民学习需求的精准对接为工作目标，建立了共同推进终身教育的工作机制，发挥了统筹规划功能，实现部门融合、政校协作的创新发展格局，完善了终身教育4+N管理网络，以市、县（区）、乡镇（街道）、村（居）四级社区教育机构为主，辅之分布在各地的特色化市民学习阵地。全市现有各级社区学校2 129所，省级社区教育示范区、标准化社区教育中心100%全覆盖。各级老年学校1 797所，市、县两级老年大学全覆盖，拓展了市民学习苑、终身学习体验基地、名师工作室、养教联动基地等多种类型的学习阵地。遴选建设了“太湖雪蚕桑文化产业基地”等多所教育服务“三农”高水平基地，开展教育助农工作。全市城乡居民社区教育参与率保持60%以上、经常性参与教育活动的老年人占比保持30%以上，“十三五”期间组织市民在线学习3 500余万人次。

（二）完善学习型城市建设服务体系

建设学习型城市需要建立和完善全民终身学习的教育服务支持体系。苏州根据联合国教科文组织对学习型城市建设的关键特征框架，大力营造学习氛围，积极创新学习方式，在学校、家庭、社区、公共场馆和工作场所等建立学习场所，配备学习设施，鼓励和支持各类学习行为，不断完善全民终身学习的教育服务体系。

1. 聚焦民生热点，加强立法保障

全国首部以“终身学习”为主题的地方专项立法《苏州市终身学习促进条例》已于2023年6月正式实施，明确了各级政府、各部门及全社会应尽的职责与义务，明确了市

民享有选择权、受保障权、受帮助权、获得公正评价等学习权利。聚焦民生热点，建设百所“家门口的老年大学”入选2023年市政府民生事实项目，依托四级老年教育网络，通过送教上门、社区学校适老化改造、引入社会资源等方式，扩增了老年教育学位8.5万个，新增课程1 400余门，进一步提升了全市老年教育供给水平。

2. 传播学习理念，提高思想认识

加大宣传力度，引导广大市民了解建设学习型城市的理念和意义。每年举办“全民终身学习活动周”，在市县两级主流媒体、有关单位微信公众号发布活动讯息、活动倡议。引导各地通过专题网站，集中宣传包括老年教育、社区教育在内的继续教育事业的优秀工作案例和发展成果，宣传展示“学习之星”和“社区教育品牌项目”事迹，宣传推广当地优质教育资源，引导推动全社会为城乡社区居民提供继续教育和终身学习服务，形成以社区教育中心为主阵地，全社会共同参与的宣传学习活动氛围。

3. 引入社会力量，构建要素市场

苏州探索构建全民终身学习要素市场，基于市民学习需求，以项目化运作为抓手，引导社会力量有效参与，将社会优质资源进行提优转化，为终身学习所用，逐渐形成了以“教育+”为特色的社区教育项目化模式，社区教育项目推进工作纳入县级政府履职情况考核。通过“教育惠民、教育惠农、教育惠企”“社区教育实验项目”“社区教育游学项目”“老年教育赋能项目”等市级项目的建设，推动了全市项目化运作模式的形成，实现了社区教育与社会优质教育资源的双向融通，形成了全社会共同参与的良好局面。结合苏州地方旅游资源开展了“沙家浜红绿新学堂”“木渎古韵风情”等32个社区教育市民游学项目，开发游学线路94条，接待学员77万余人。

4. 提升专业能力，打造优秀团队

苏州高度重视社区教育教师队伍建设，聚焦教师专业发展，合理谋划“名特优”教师的“教、科、研、训”支持平台，开展了优秀团队建设、社区教育教师能力大赛、优秀课程评比和社区教育特色品牌项目建设、社会教育课题研究、社区教育优秀论文评比等工作。“苏工苏作传承项目”获评为教育部首批社区教育“能者为师”实践创新项目。苏州市“银龄智慧赋能教育”等15个项目入围教育部“智慧助老”优质项目。

5. 区域协同发展，构建教育共同体

积极推进终身学习区域一体化协同发展，建立全方位、多层次、项目化、常态化的交流合作机制，共享优质资源。常熟、相城、工业园区三地共建成立了环阳澄湖社区教育学习共同体。与上海普陀、浙江嘉兴、安徽芜湖建立了终身教育事业共同体。苏州开放大学带领各地开放大学与贵州、延安、广西等地相关学校建立社区教育帮扶结对联盟，发挥了苏州的资源优势，深入开展帮扶工作。

6. 加强科学研究，引领实践创新

针对学习型城市建设存在的问题和当前终身学习的热点，组织开展课题研究，近年来先后完成了《苏州市社区教育发展战略研究》《苏州市基层社区教育体制机制的改革创新研究》《苏州市社区教育师资队伍研究》《苏州市终身教育立法研究》《学习型城市社区教育资源协同开放机制研究》《项目化管理在社区教育中的应用研究》《社区教育提升社区治理能力的策略研究》等科研课题。《基于"精准滴灌"理念的苏州社区教育模式构建和实践》获省教学成果奖一等奖。

（三）开展各级各类学习型组织建设

1. 通过地方立法推动学习型组织建设

鼓励开展学习型企业、学习型单位、学习型社区、学习型家庭、学习型社团等各类学习型组织建设，促进学习型社会建设。鼓励各类学习型组织开展本组织成员的终身学习活动。鼓励老年人自主学习，支持建立各类兴趣学习团队。旨在把苏州建设成为以各类学习型组织为依托，以人力资源开发为核心，具有浓厚时代气息和鲜明地方特色的学习型城市。

2. 开展六类学习型组织建设

以转变职能、改进作风、搞好服务、提高效率，建设政治坚定、务实高效、勤政廉洁、人民满意的党政机关为共同目标，建设学习型单位；以大力推进体制创新、机制创新、科技创新、管理创新，建设企业文化，增强企业综合竞争力为总体目标，建设学习型企业；以提高社会文明程度和市民综合素质、满足居民精神文化生活需求为共同目标，建设学习型社区；以建设经济繁荣、环境整洁、文明法治、生活富裕的现代小康村镇为共同目标，建设学习型村镇；以倡导健康文明的生活方式、培养良好的家庭美德、建设和睦的现代家庭为总体目标，建设学习型家庭；以提升团队的整体素质和核心成员的驾驭能力为目标，建设学习型团队。

（四）打造苏州特色的学习型城市建设

苏州在学习型城市建设过程中，始终秉持"历史文化名城"和"现代化城市"的城市定位，坚持特色发展。

1. 教育资源丰富

苏州拥有普通高等学校 26 所、各级各类中小学校 854 所、幼儿园 1 015 所，教职工

191 003 人,使全市 2 216 541 名在校生(儿童)获得优质公平的教育。各级各类学校在教育教学中,注重培养学生终身学习的理念、兴趣、习惯、方法,提升自主学习能力,发挥师资、科研、课程开发、场地、教学设备等方面的优势,为开展终身学习提供服务。各级各类学校和其他教育机构向社区开放数字化学习资源及服务。职业培训机构提供职业技能培训和继续教育服务,满足不同层次人才需求。

2. 文化氛围浓厚

苏州文化底蕴深厚,传承和发扬苏州历史文化遗产,将拙政园、留园、网师园、环秀山庄、沧浪亭、狮子林、艺圃、耦园、退思园等 9 个世界文化遗产,昆曲、古琴、苏州端午习俗、苏州宋锦、苏州缂丝、苏州香山帮传统建筑营造技艺、碧螺春绿茶制作技艺等人类非物质文化遗产,以社区教育课程、游学等形式,满足各类人群的文化学习需求。

3. 数字技术融合

苏州市政府一直致力于打造学习型城市,通过政策引导和投资扶持,推动学习资源的建设与开发,同时积极推动互联网、数字技术的应用,提高学习资源的便利性和可及性。通过远程教育平台,提供便捷的学习方式,建设在线课程 2 万门,在“苏周到”APP 上线网上老年大学。苏州实施了教育信息化五年行动计划,教育城域网实现了万兆进校园、千兆到班级、百兆到桌面,无线校园覆盖率超过 90%。建设未来教室 335 间,全市多媒体教室共有 23 170 间。基本实现了教学应用覆盖全体教师、学习应用覆盖全体适龄学生、数字校园建设覆盖全体学校。

4. 全民参与共建

苏州鼓励市民积极参与学习型城市建设,以法律保障市民学习权利,通过发起各类学习活动、组织志愿者服务等方式,实现全民教育、全民学习的目标。鼓励社会组织、单位、家庭以及具备专业知识、技能的个人为市民终身学习提供专业志愿服务。鼓励公职人员、人大代表、政协委员、先进模范人物、社会公众人物在终身学习促进工作中发挥表率作用。彰显了苏州“面向所有人、为了所有人”的人民城市的建设理念。

四、苏州学习型城市建设成效

(一)全民终身学习理念深入人心

随着学习型城市的持续建设,全民终身学习的理念已深入人心。一是市民年均参与终身学习线下活动 852 万人次,线上学习年均达 700 万人次。居民社区教育参与率达 66.6%,居民对社区教育的满意度综合得分 90 分以上。二是全市各地各部门围绕“书香城市”建设目标协同开展“苏州阅读节”,每年推出 1 000 多项阅读活动,吸引数百万新老苏州人的积极参与。三是每年举办全民终身学习活动周、全民阅读节、老年文化周、江南文化艺术国际旅游节、苏州文化博览会、金鸡湖马拉松、苏州国际精英创业周、苏州科学家日等庆祝活动，获得了市民的积极响应和参与。四是开展学习型企业、学习型单位、学习型社区、学习型家庭、学习型社团等学习组织建设。五是定期评选“市民学习之星”，表彰“优秀教育工作者”等，鼓励了单位和个人的持续学习。

（二）全民综合素质不断提升

以人为本的学习型城市建设促进了全体市民的综合素质的提升，更能够适应和面对现代社会的各种挑战和机遇。一是文化素质提升，市民阅读和接受优秀文化作品的意识增强，参与文艺活动的积极性提高。二是社会责任意识提升，市民对社会公共事务的关注度提高，对志愿服务的投入增加。三是法律意识提升，市民更加注重法律法规的学习和遵守，依法维护自己和他人的权益。四是环保素养提升，市民的环保意识增强，对生态环境的保护有一定的自觉性和行动力。五是科技素养提升，市民接触科技手段的频率增大，科技应用的水平提高，便捷性和效率性得到提高。六是健康素养提升，市民对健康生活方式的认识更加深刻，积极采取健康饮食、运动等方式；同时对自身身体状况进行关注和管理。

（三）城市健康可持续发展

学习型城市建设有力地推动了苏州城市健康持续发展，为城市发展注入了“永动力”。一是保持科技创新综合实力连续多年居全省首位，150 余家世界 500 强企业在苏州兴业。高新技术产业产值占规模以上工业总产值的比重达 36.1%。各类人才总量 363 万人，其中高层次人才 37 万人，高技能人才 91.2 万人。二是国家新一代人工智能创新发展试验区、国家生物药技术创新中心、国家第三代半导体技术创新中心获批建设，全国首个先进技术成果区域转化中心——长三角转化中心落户我市。三是全年城镇新增就业人数 22 万人，苏州籍高校毕业生就业率达 98%，连续三年荣获中国年度最佳促进就业城市。四是城乡居民收入均位居全国前列。

（四）就业创业融入学习型城市建设

苏州在学习型城市建设中注重提高各年龄段劳动者就业创业能力。一是无差别提供政府补贴性技能培训，覆盖岗前培训、岗位提升、技能成才等职业生涯全周期，企业职工培训年均 20 万人以上。二是建成创业基地 238 家，服务指导企业 3.79 万家，带动就业25万人。建设城乡劳动者职业技能培训定点机构126家。三是实施苏州特色项目制培训,70%以上的专业(工种)涉及生物医药、智能制造、集成电路、数字内容等产业创新集群。四是探索开展国(境)外职业技能比照认定,对接德国AHK等职业技能等级证书。五是营造尊重劳动、技能成才的良好氛围,全市共备案技能竞赛49个,逾260个赛项。连续14年举办"苏州国际精英创业周",将开幕日确定为"苏州科学家日",吸引全球人才(项目)落地苏州。

(五)国际影响力持续增强

一是在2023年第二届中国城市国际传播论坛上,苏州市荣获"中国国际传播综合影响力先锋城市"称号。二是2004年,苏州市与联合国教科文组织合作举办第28届世界遗产大会,2014年与联合国教科文组织合作举办首届也是目前唯一的世界语言大会,两次大会在保护世界遗产和非物质文化遗产,加深对世界语言、世界语言资源和世界语言生活研究等方面影响深远。三是举办第二届苏州·中国文化产业峰会、第四届江南文化艺术·国际旅游节、第十一届苏州文博会,承办第四届大运河文化旅游博览会。四是深入推进联合国教科文组织城市、农村社区学习中心(CLC)能力建设项目,充分发挥副组长单位作用,与中国成人教育协会共同推进"城市社区学习中心(CLC)能力建设"项目,积极参与"农村社区学习中心(CLC)能力建设"项目,苏州承担4个项目点建设任务。该项目在全国范围内推动终身学习理念,探索学习型城市社区的规律和路径,提升社区自身能力建设,推进学习型城市建设等方面具有深远影响。

五、苏州学习型城市建设展望和建议

(一)苏州学习城市建设展望

未来的学习型城市将是一个兼具高效、智慧、生态、文化的城市。随着苏州"学习型城市"建设的不断深入,苏州将更加注重知识创新和可持续发展,加强高等教育和科技创新,进一步提高人才培养水平。以下是几个展望:

1. 以人为本

未来的学习型城市建设将更加注重以人为本的设计理念,以提高人们的学习效率和生活品质为目标。城市将更加关注普及教育、弘扬文化、提高人民素质等问题,激发市民的学习热情和自我发展空间。

2. 数据智能化

智能技术将进一步推动学习型城市建设。基于大数据、人工智能和物联网技术,城市内的各种设施和资源将实现智能互联和智能管理，提高城市的管理和服务水平。

3. 绿色可持续

未来的学习型城市将更加注重绿色、低碳、节能和可持续的发展。城市将大力推进生态建设、环保治理和资源回收等工作，以实现城市和自然的和谐共生。

4. 合作全球化

未来的学习型城市将更加注重全球交流与合作。城市之间的文化、教育、科技交流将更加频繁和深入，通过共建共享的方式，实现城市之间的互动与共同发展。

（二）苏州学习城市发展建议

作为一座充满活力和创新精神的城市，苏州市学习型城市建设成效显著，未来将继续深入实施学习型城市建设战略，推动教育、文化、产业等多个领域协同协作，引领全市人民实现更高水平的综合发展。

1. 进一步营造建设学习型城市的浓厚氛围

充分发挥新闻媒体的主渠道作用，继续组织开展有声势、有深度、持久性的宣传报道，展示城市风采，优化发展环境，营造浓厚的建设学习型城市氛围。一是加大新闻宣传力度，要加强与省级新闻媒体的合作，市主要新闻媒体要积极主动地策划设计专题、专栏，把倡导终身学习、全民学习的先进理念作为新闻媒体的一项重要任务，持续有效地宣传深化学习型城市建设的特色活动、典型经验和具体成效。二是做好社会环境宣传，在城市主要干道设立公益性广告宣传牌，在社区设立宣传栏，加强有关建设学习型城市户外公益广告的宣传。

2. 进一步构筑建设学习型城市的基础平台

一是积极实施科教兴市和教育优先发展战略，继续完善包括基础教育、职业教育、高等教育、继续教育在内的终身教育体系，进一步推进教育现代化，努力培养具有创新精神和实践能力、适应未来经济社会发展要求的劳动者队伍，为城市的现代化建设源源不断地输送合格的新生人力资源。二是进一步推动各级各类学校教育设施和教学资源向社区和社会开放，使各类工人文化宫、青少年活动中心、妇儿活动中心及各类图书馆、博物馆、科技馆、文化宫等成为学习型城市的功能性设施，能够为市民随时随地学习提供多渠道、多时空、多媒体的学习机会和方式。三是大力抓好各类人才队伍建设平台。完善人才引进、竞争、激励、评价、分配机制，使优秀人才脱颖而出；改善各类人才的工作条件和生活待遇；设立各种形式的奖励基金，对为城市经济和社会发展作出突出贡献的人才给予奖励。

3. 进一步创新建设学习型城市的活动载体

一是为促进城市居民的创新学习、知识分享和基本技能培训而设计各种活动形式和设施，如智能化图书馆、数字化学习中心、创客空间、公共科学馆、文化创意园区等。这些活动载体的设计和实施，旨在提高城市居民的终身学习能力和素质，增强其创新创造意识和实践能力，从而进一步推进城市的智慧化、可持续发展。二是在创新学习型城市活动载体的设计中，应该以学习者为中心，注重提高学习者体验和满意度。三是完善相关技术设施和管理机制，确保活动载体的可持续运营和维护，同时还应该与城市规划和公共服务相协调，实现优化资源配置和共享。

4. 进一步加强建设学习型城市的保障机制

建设学习型城市是一个不断推进的动态过程，学习型城市保障机制的建立，有助于使建设学习型城市工作走上经常化、制度化、规范化的轨道。一是加强组织领导，实施以评促建。各级教育行政部门负责对本行政区域内终身学习促进工作的指导、协调、监督和检查，定期对《条例》的实施情况进行调研和评估。协调有关部门建立和完善终身学习相关制度，保障终身学习促进工作顺利推进。研制《社区教育现代化示范区建设标准》，对组织管理、基础能力、融合发展、保障促进、教育成效、特色创新等多个方面提出新的工作要求，全面提升本地居民综合素质、生活质量，推动社区可持续发展。二是加强协调管理，完善制度体系。将终身学习促进工作纳入年度目标管理考核内容，制订相应的实施措施。依托终身教育促进委员会组成的终身学习促进工作协调领导小组，协调解决辖区内终身学习促进工作的重大问题；建立和完善本辖区终身学习促进工作的监督检查、教育指导、奖励机制，畅通投诉、需求等反馈渠道，充分保障市民终身学习权利的实施。三是强化督导评估，推动工作落地。出台《苏州市教育督导条例》，以地方立法的方式有力推进终身学习监测评估。各地各部门要增强担当、联动推进，完善检查监督、教育指导、奖励惩戒等工作机制，将执行情况纳入工作督导，列入年度教育工作目标考核，定期开展检查督导。

鉴于联合国可持续发展目标（SDGs）均与学习型社区的地方实践相关联，我们有必要建设更加可持续发展的城市和乡村，实现《2030 年可持续发展议程》。苏州市将是全球目标和地方社会联系起来的最佳桥梁，因此，通过学习型城市建设，特别是学习型农村社区建设可以将可持续发展目标本土化，从而调整全球目标使之适应地方背景。未来的学习型城市将成为一个集知识、文化、服务、生态于一体的城市群体，为城市市民和全球社会创造更加美好的未来。苏州市将深化教育改革，完善教育评估和质量监控机制，不断提升教育教学水平和服务质量。

审稿人:徐　展,苏州市教育局语言文字与继续教育处副处长

撰稿人:

孙桂英,苏州开放大学高级讲师

张可伟,苏州市终身教育学会会长

徐　展,苏州市教育局语言文字与继续教育处副处长

刘　恬,苏州市终身教育学会秘书长

第三部分

典 型 案 例

案例一　北京创建可持续学习型城市的特色探索

北京教育科学研究院

一、生态学习社区是绿色社区与学习型社区的创新融合

生态学习社区是以终身学习和可持续发展理念为指导，构建社区教育、社区文化和社区文明；实施社区增绿、垃圾分类、社区宜居和绿色生活方式；实现以共建共治和志愿服务为支柱的社区治理创新，是学习型社区与绿色社区的融合样态。

（一）生态学习社区具有“外在于形内化于心”的重要特征

社区绿化、整洁干净、井然有序是外在的、看得见的，社区居民坚持垃圾分类、绿色出行、节约资源、爱护环境则需要基于信念发自内心，而进一步践行绿色生活方式对于生态学习社区建设十分关键。

（二）“个人—家庭—社区”是创建生态学习社区的基本路径

终身学习是生态学习社区的核心价值，从个人终身学习理念到家庭终身学习行动，再到社区终身学习文化，终身学习就表现为社区中的无所不在，实现“人人皆学，时时可学，处处能学”落地社区。从个人绿色理念和行动，到绿色家庭建设，再到绿色社区全面发展，也是由小及大的建构模式。

（三）生态学习社区是终身学习与可持续发展在社区的深度融合

终身学习与可持续发展是国际社会的两大重要理念，是联合国教科文组织在全球力推的重要行动。终身学习是实现人与社会可持续发展的基本路径。终身学习的主体是人，可持续发展的核心是人，二者高度关联（图 3-1-1）。2015 年，联合国提出 17 个可持续发展目标（SDGs），其中第 11 个是“可持续城市与社区”，生态学习社区则是可持续城市与社区的具体呈现。

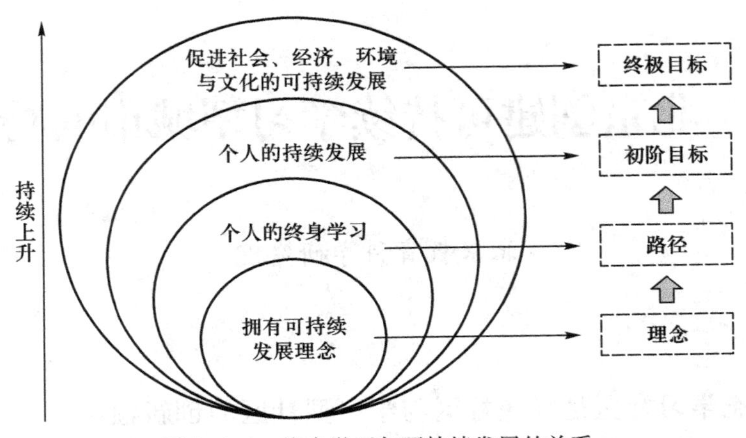

图 3-1-1　终身学习与可持续发展的关系

二、从终身学习、楼门文化、绿色阳台和健康生活方式多维度打造新时代生态学习社区

“十四五”期间，北京重点推动了在朝阳、石景山、延庆、顺义 4 个区的生态学习社区试点，把绿色社区和学习型社区紧密结合，将绿色家庭和书香家庭共建，通过社区增绿、和谐宜居、社区文化和共学共治，实现终身学习与可持续发展在社区的融合落地（表 3-1-1）。

表 3-1-1　北京生态学习社区实验点

城区	街道	社区	特色
朝阳区	和平里街道	砖角楼社区	以社区书屋为依托的社区终身学习
		煤炭科技苑社区	
	来广营街道	朝阳绿色家园社区	绿色阳台、社区乐龄学习
		绣菊园社区	
石景山区	老山街道	老山东里社区	社区学习共同体、志愿者行动和社区治理创新
	八宝山街道	沁山水南社区	
	八角街道	景阳东街第二社区	
延庆区	儒林街道	悦安居社区	家校社协同、社区垃圾分类
		温泉西里社区	
顺义区	仁和镇	前进花园	学习型新村、楼门文化建设
	后沙峪镇	江山赋社区	
	北石槽镇	下西市村	
		寺上村	

（一）以社区书屋和社区学习共同体为依托推动社区终身学习

在生态学习社区，由居委会发起社区书屋建设，倡议每个家庭“我为社区捐本书”活动，采用共建共享、循环流动、持续更新的方式让书屋充满活力动起来。依托社区书屋，建立家庭—社区读书社，开展社区读书沙龙，评选书香家庭，让全民阅读在社区蔚然成风。

（二）以楼门文化为载体建设具有丰富内涵的社区文化

楼门文化的基本形态是文化上墙，对居民楼的每个单元，每个楼层、楼道加以合理设计和空间利用，让优秀传统文化、非遗文化、红色文化、京味文化、健康养生文化、自然生态文化等入楼门进单元。楼门文化的主题由居民共商议定，大家共同贡献智慧和积极参与，以文化建设为纽带增进邻里交往、睦邻友好和守望相助。

（三）以绿色阳台和共享社区花坛为支点为社区增绿添彩

由社区发出倡议进行绿色阳台打造和开展绿色阳台评比活动，绿色阳台的内容包括绿植培养、芽苗菜种植、多肉植物养护，让居室居家增加绿色建设“生态家”，并把绿色辐射社区。在生态学习社区开展共享社区花坛和绿植认领活动，有意愿的家庭共享自家花盆，在社区公共绿地或适宜空间集中并持续养护，让每个家庭增进社区家园意识，爱护社区，美化社区环境。

（四）以垃圾分类为重点塑造绿色健康生活方式

严格垃圾分类是生态学习社区的重要内容，从个人到家庭到社区，深入开展垃圾分类宣传、指导、桶前值守和志愿行动。立足垃圾分类，同时开展节水节粮、节能环保、废物利用、低碳生活、绿色出行、健康饮食等系列教育培训和宣传倡议活动，让绿色健康生活方式入脑入心进到家庭。

三、坚持“党建引领”“志愿行动”和“以文化人”书写社区治理新篇章

绿色、学习、治理是生态学习社区的关键词，北京试点推进生态学习社区，从绿色建设到和谐宜居，从终身学习到社区文化，从参与共建到治理优化，构筑面向未来充满活力的社区新样态。

（一）充分发挥社区党员的引领带动作用

生态学习社区是一个新生事物，建设生态学习社区必须抓住“关键少数”，这个关键

少数首先是社区党员。利用党员双报到机制，生态学习社区组织系列党员活动，包括清洁社区环境、带头垃圾分类、党员读书学习。生态学习社区的建设实践表明，党员作用组织得好发挥得好，社区建设与治理就有显著优化。

（二）重在参与和志愿行动在社区彰显价值

积极发动居民参与共建共享共治是生态学习社区的重要经验，越来越多的居民关心社区，参与社区建设，社区就会更加有序、和谐、美丽。组建和不断扩大社区志愿者队伍，让志愿行动融入社区学习、社区文化、社区安全和社区增绿，并起到辐射带动作用，社区治理就能实现可持续发展。

（三）以文化人和依学治理在社区大有作为

社区的核心是人，生态学习社区建设的关键在人。通过书香家庭、社区文化建设，持续提升居民的理念和综合素质，许多问题得到自然化解。生态学习社区的建设减少了“12345”热线投诉就是一个例证。习近平总书记提出“依靠学习走向未来”，对个人对家庭对社区都是如此，因此社区终身学习要坚定不移。

四、生态学习社区成为北京建设可持续学习型城市的新落点

“可持续学习型城市”的核心要义是“以学习型城市建设促进城市可持续发展”。2017 年陈吉宁市长提出“学习型城市建设将助推北京建成天蓝水清、森林环绕的生态城市，建成世界超大城市可持续发展的典范”。北京在全国率先提出生态学习社区，首个开展生态学习社区试验，持续提升社区居民生态文明素养和终身学习力，优化生态人居环境，形成了新时代人与社区和谐发展、可持续发展的格局样态，成为北京探索可持续发展学习型城市的重要亮色。北京在第五届国际学习型城市大会受邀进行大会发言，特别介绍了建设生态学习社区的推动效果，产生了广泛反响，生态学习社区向世界传播了北京创建生态城市的“中国声音”。

撰稿人：

史　枫，北京教育科学研究院终身学习与可持续发展教育研究所所长、研究员

张　婧，北京教育科学研究院终身学习与可持续发展教育研究所副研究员、博士

桂　敏，北京教育科学研究院终身学习与可持续发展教育研究所副研究员、博士

案例二 “职继协同　区校联合”学习型城市建设天津模式的探索与实践

天津市教育委员会

习近平总书记在党的二十大报告中指出：“推进教育数字化，建设全民终身学习的学习型社会、学习型大国。”天津市委、市政府深刻领会以习近平同志为核心的党中央作出这一战略部署和赋予教育的新使命新任务，遵循习近平总书记对天津工作提出的“三个着力”重要要求，高度重视学习型城市建设，紧紧围绕学习型社会、学习型强国国家定位和全国学习型城市整体发展规划，不断强化现代化建设人才支撑，全面推进天津学习型城市建设高质量发展。

经过十年多的探索，天津首创了职业教育与继续教育相互协同、高等院校与行政区域相互联动的运行机制，形成“职继协同　区校联合”学习型城市建设天津模式，基本构建起开放融合、方式灵活、资源丰富、学习便捷的终身学习体系和“人人皆学、处处能学、时时可学”的学习型社会主义现代化大都市。

一、顶层设计　因地制宜进行合理规划

天津在过去的十年里，持续出台相关政策，全面推进职业教育、高等教育与继续教育的融合发展。2010 年教育部和天津市共建国家职业教育改革创新示范区，明确将“统筹扩大继续教育资源，加强社区教育工作”纳入共建内容。天津市颁布的《天津市中长期教育改革和发展规划纲要(2010—2020 年)》明确提出“继续教育与普通教育、职业教育、高等教育沟通与衔接”。2015 年，教育部和天津市共建国家现代职业教育改革创新示范区，明确提出“职业教育与继续教育协同”概念，天津充分发挥职业教育优势，推动继续教育发展。2017 年，《市教委等九部门关于进一步推进天津市社区教育发展的意见》提出，“建立学校资源共享机制，组建教育联合体”，开启高等教育与社区教育的融合。其后历年天津继续教育工作要点都将“职继协同　区校联合”明确提出并纳入重要内容。2021 年，《市教委等六部门关于进一步推进天津市老年教育发展的意见》的出台，进一步

加强了各职能部门与教育的协同，促进了“职继协同　区校联合”工作的体制机制优化。

尤其是习近平总书记在党的二十大报告中提出“统筹职业教育、高等教育、继续教育协同创新”，作为加快建设高质量教育体系的时代命题，既体现出建设学习型社会、学习型大国的内在要求，也反映出职业教育、高等教育、继续教育高质量发展的共同主题。天津“职继协同　区校联合”的工作实践也因响应了党和国家这一重大决策部署，形成了具体的落实落地举措和显著实践特色。

二、模式创新　注重发展研究特色招法

（一）强化职继协同，推动终身学习内涵发展

实施职业教育与包含社区教育、老年教育在内的继续教育协同发展，以天津优质的职业教育为基础，以学历继续教育、职业培训和社区教育终身学习为依托，创新职业教育办学理念，实施职业教育社区化、社区教育职业化。以“职业教育活动周”和“全民终身学习活动周”为引擎，将职业教育融入终身教育、社区教育融入职业教育，加快职业教育、社区教育、继续教育的相互衔接与协调发展。在增强职业教育办学活力的同时，充分利用天津职业教育资源优势，推动社区教育、老年教育内涵发展，完善天津终身教育体系。

（二）打造区校联合体，提升高校社会服务能力

在天津各行政区和各高等学校之间建立服务终身学习的联合体，实现天津16个行政区与64所高等院校之间的相互对接，由区、街乡镇、社区利用老年（社区）学校和学习中心提供场地、搭建平台，高等院校利用专业、师资、课程等优势资源，面向区域开展职工继续教育、社区教育等，解决社区教育资源不足问题，不完全统计，区校终身学习联合体服务市民终身学习规模已达100万人。

（三）建立四级办学体系，促进老年教育均衡发展

出台系列文件将老年教育作为学习型城市建设的重要内容，纳入终身教育体系，构建起完善的“市老年大学—区老年大学—乡镇（街道）老年学校—村（社区、居委会）老年教育学习中心”老年教育四级办学体系，老年教育学校覆盖率达到100%，极大地提升老年人终身学习的获得感、幸福感。

（四）多平台互联组合，打造终身学习精品项目

运用“互联网+”多平台服务支持和推广活动，打造终身学习精品项目。专门成立市

级社区教育指导中心，建立“天津终身学习网”“专业技术人员继续教育网”等平台，建设覆盖全市的数字化学习资源平台；建立市民学习体验中心，每年评选“百姓学习之星”“终身学习活动品牌”，树立先进学习榜样，激发市民学习热情、学校与社会组织参与热情；持续举办全民终身学习活动周，真正让活动走进社区，走近百姓身边。

三、机制建设　科学管理形成有效保障

（一）强化机制建设推动学习型城市建设

组建涵盖20多个部门，由副市长牵头的市级学习型城市建设管理机构，形成市区两级、各部门、各区域部门相互协同协作的学习型城市建设工作机制。将学习型城市建设写入天津市国民经济和社会发展“十三五”“十四五”规划，推进学习型城市建设的总体发展，强化协同协作，促进各类学习资源开放共享，有效实现街道（乡镇）及村（居）资源共享共用，服务全民终身学习。

（二）实施常态化学习型城市质量监测

在市教委直接领导下，建立由市教委继续教育处、市教科院终身教育研究所、天津开放大学和天津城市职业学院等四个单位共同组成天津市学习型城市建设监测项目工作小组，指导有关部门和各区开展学习型城市创建，持续对天津学习型城市建设的质量与发展进行监测。截至目前，天津市已经连续三年实施学习型城市建设动态监测，为学习型城市高质量发展提供科学依据和指导。

（三）强化科学理论研究提供智库服务

天津市教委为推进学习型城市建设的科学化与规范化，从2018年起实施天津市终身教育研究计划，设立终身教育研究专题项目，围绕学历继续教育、社区教育、老年教育、农村教育、学习型城市建设和完善终身教育体系建设中存在的理论问题、热点问题及难点问题进行科学研究与实践探索，研究成果为推进完善终身教育体系和学习型城市建设提供了具有可操作性的方案。

四、深入实践　成果显著形成天津模式

（一）打造天津模式促进三教融合发展

“职继协同　区校联合”天津学习型城市发展模式的创立，极大地推动了天津职业

教育、高等教育优质教育资源与继续教育资源的融合互通与协同发展，形成了高等教育、职业教育、继续教育统筹发展、协同创新的天津范式。实现了三教在教育内容与教育方式上的协同创新，解决了学习型城市建设优质课程与优质师资严重匮乏的问题，为社区教育、老年教育注入新鲜内容与发展动力。

（二）集团化发展实现终身教育全覆盖

聚集多方力量形成集团化办学优势，助力天津市学习型城市建设的快速发展。建成“城市职教集团”“环城职教集团”“城郊职教集团”“滨海职教集团”四个职教集团，覆盖全市16个行政区域，构建起职业教育、成人教育、社区教育、老年教育及各类培训的联动发展机制，借助集团专业教育资源，面向社区开放办学，为全市提供高质量的职业教育、成人教育、社区教育、老年教育及各类培训等多种教育服务。

（三）提升城市综合实力促进可持续发展

“职继协同　区校联合”天津模式的实施，提供了更多的教育机会和资源，培养更多高素质人才，提高了居民受教育水平和综合素质，为天津城市经济发展提供源源不断的动力，提高城市竞争力的同时，也促进了社会的和谐发展，提升城市的文化软实力，增加城市的文化魅力和吸引力。统计数据显示，截至2022年底，开展学历继续教育的高校共31所，成人高等院校8所，非学历继续教育培训服务能力持续增强，仅2022年天津市33所高校共举办了非学历继续教育711项，对接天津市及京津冀区域发展需求和产业转型升级需要，开展规模化培训。老年教育蓬勃发展，截至2022年底，天津市共建有26所老年大学，建立了267个乡镇（街道）老年学校，4 548个村（居委会）老年教育学习中心。

（四）天津模式成效显著获得高度认可

天津首创的职业教育服务终身学习的模式在全国得到推广，相关学院天津城市职业学院成为联合国教科文组织“城市社区学习中心（CLC）能力建设项目”试点单位。重要成果“职继协同构建区域型职教集团，为建设学习型城区提供有效供给的创新实践”获得2018年国家级教学成果奖一等奖。“职继协同　区校联合”天津模式，受到了教育部职成司、中国成人教育协会领导的充分肯定和高度认可，中国教育报、中国教育电视台、天津日报等多家媒体关注和持续报道。

（五）拓展服务范围助力区域协同发展

天津学习型城市建设成果不仅服务天津市发展，而且也通过多种形式助力全国其他地区发展。建设多层级终身学习公共服务平台和社区数字化学习中心，创立“京津冀川浙鲁”社区教育联盟，通过资源共建共享，向联盟地区推出涵盖生活保健、心理健康、文化艺术等24类近万节高清微课程资源，与其他省市互换共享课程6 000余节，网站注册总人数20.8万人，形成了“移动学习+直播”的教育新模式。高等院校面向全国免费开放国家级教学资源库，以天津医学高等专科学校为例，其护理专业国家级教学资源库，注册学习用户达63万余人，覆盖全国院校、企事业单位340余家，服务全国学生619 428人、全国教师14 996人、企业用户及社会学习者4 887人，建成资源共13 603条。

五、展望未来　持续创新推动高质量发展

“职继协同　区校联合”是在大教育背景下推动天津学习型城市建设和经济社会高质量发展的一份答卷。

未来五年，是天津在全面建成高质量小康社会基础上，开启全面建设社会主义现代化大都市新征程的重要阶段。天津市学习型城市的建设将聚焦天津城市发展整体定位，重点在制度完善与内涵建设方面进行突破，进一步健全工作机制和法规建设，完善学习型城市的保障机制；进一步深化高等教育、职业教育与继续教育三教融合、协同发展，拓展“区校终身学习联合体”模式功能和覆盖范围，创设更多公平优质的教育资源和服务，满足学习者日益增长个性化和终身化的学习需求；进一步提升终身教育信息化水平，优化社区教育网络平台与数字化学习资源，提升远程教育服务和教育管理能力；进一步加强各方协同协作，将天津市学习型城市建设推向新高度，不断提升人民群众终身学习的获得感、幸福感。

审稿人：罗延安，天津市委教育工委委员、市教委副主任
撰稿人：
缪　楠，天津市教委继续教育处处长
王　勤，天津市教委继续教育处副处长
鲁士发，天津市社区指导中心办公室主任

案例三　能者为师:开启成都市社区教育师资建设新模式

成都开放大学

“能者为师”是成都市探索创新社区教育师资队伍建设新模式,是实现社区教育价值回归的重要途径。成都社区教育起步较早,自2000年教育部在全国实验推动社区教育以来,青羊区等区县率先启动了成都社区教育的实验与探索。发展初期,成都社区教育师资体量不足的问题尤为突出,各级社区教育主要依靠聘请退休教师和社会志愿者,导致课程内容陈旧、教学模式单一,使得市民社区教育参与率偏低,社会评价不高。为引入优秀社区教育师资,成都向社会求师资的活动取名“能者为师”,在全国率先开展“能者为师”招募活动。

一、发展历程

(一) 初级探索阶段(2014—2015年)

2013年,教育部职成司印发的《社区教育工作者岗位基本要求》引发了社会对社区教育师资问题的高度关注。《礼记·学记》曰,“能博喻,然后能为师”,受此古训启发,成都依托原有的社区教育教师试讲比赛机制,将之转化为面向社会的师资遴选活动,并冠名为“能者为师”。2014年,成都在全国率先开展名为“能者为师——寻找社区好老师”社区教育兼职教师招募活动,以“零门槛”“三不限”为原则,吸引了5个区县,近百名各个领域的行家里手参与海选,社区教育教师首次得以面向社会进行补充。2015年,第二届“能者为师”活动确定了10余个参赛点,邀请各区(市)县社区教育学院以协办的方式参与其中,活动参与面进一步扩大,影响力进一步增强。

(二) 宣传推广阶段(2016年)

2016年,成都社区大学与华西都市报联合,联动各类社会机构、行业,扩大“能者为师”活动的覆盖面,进一步整合资源,扩大社会影响力。第三届“能者为师”活动参与人数达到了500余人，探讨实践了“海选、初赛、决赛”的比赛模式，形成更规范化活动流程。在充实成都社区教育师资队伍的同时，品牌进入宣传推广阶段。

（三）全面推进阶段（2017—2021年）

2017年起，“能者为师”由成都市教育局、成都社区大学联合主办，22个区（市）县教育局承办遴选推介活动，同时邀请成都市成人教育协会等各类社会资源参与，活动进入全面推进阶段，建设发展运行机制不断完善，参与的社会资源更加丰富、开展方式不断创新、品牌辨识度不断提升。同年设立了对参与单位和个人的激励办法，评选优秀组织单位、优秀组织者等；部分区县将该项工作纳入目标考核。2019年，市级层面支持经费和项目实施，区县也做了相应经费匹配；2020年12月，成都受邀在全国专题研讨会中介绍活动开展的经验做法。2021年，活动特设“银发达人”专题遴选，促成老年人从受教育对象转化为积极的社区教育人力资源。

（四）优质发展阶段（2022年至今）

2022年，成都市对“能者为师”活动进行品牌化提升，向全球招募设计了统一标识，提升辨识。2022年4月，成都社区教育“能者为师”名师工作室项目入选全国社区教育“能者为师”创新项目首批名单。2022年12月，成都市印发的《成都市社区教育“能者为师”名师工作室建设及管理办法的通知》进一步为“能者为师”活动加强政策保障，截至2022年底，成都市建有“社区教育名师工作室”30个，社区教师突破3 000人。2022年7月，2022年成渝地区首届终身教育院长论坛暨“能者为师”成果展示活动在成都举行，标志着成渝地区终身教育建设将步入师资资源和课程开发实现共建、共研、共享、共赢的发展新格局。

二、经验做法

（一）建立体制机制，完善活动体系

建立了以市级部门为主导，各区（市）县为主抓，镇（社区）主办的常态化建设发展机制体制。由成都市教育局、成都社区大学联合主办，23个区（市）县教育局承办，成都市成人教育协会、成都高职中专教育学会、成都职业教育校企联合会、各区（市）县社区教育学院（中心）协办，旨在利用各类社会资源，整合优质师资队伍，提升成都市社区教育服务水平。

（二）完善激励机制，加强政策保障

成都市级层面设立了优秀组织奖、优秀组织者奖及组织奖，并纳入目标考核。为冠亚季军及优秀参赛选手将挂牌成立成都市社区教育“名师工作室”，为每个工作室提供了年度工作经费，同时提供培训、送教、宣传、活动等教育教学资源。成都市印发的《成都市社区教育“能者为师”名师工作室建设及管理办法的通知》中明确要“充实全市社区教育师资库，进一步整合社会各界优质人力资源参与到学习型城市建设中”，进一步为“能者为师”活动加强政策保障。

（三）优化活动模式，扩大活动覆盖面

为更好地服务活动参与人员，形成公平公正的比赛模式，自 2017 年起，将活动流程层级化、功能化、全面化，在原有的“海选、初赛、决赛”的基础上，增加了网络评选、展演赛、巡讲环节。23 个区（市）县全参与，进一步推进了活动的覆盖面。活动参与者年龄结构从中年为主转变为老、中、青多种年龄层次参与。传统观念老年人、残疾人、失业者等弱势群体参与者逐渐增加，活动还特设了“银发社区教育达人”，为“乐龄银发人才中心”的筹建提供了重要选才途径。

三、基本成效

（一）实现了品牌量质飞跃发展

“能者为师”活动规模、覆盖面、影响力达成了质的飞跃，成为成都市民广泛知晓的终身教育品牌。报名人数从两位数发展到超 2 000 人；从首届仅涉及成都 7 个区（市）县，到如今实现社区教育兼职教师遴选市域 23 个区（市）县全覆盖；从首次举办时仅设 3 个遴选场次，到目前的区县初选，市级优中再选优，最优者全市集中展演的分级多层选拔；关注活动的市民已从首届现场观摩 500 人扩大到目前线上线下互动的 100 万人；活动参与者年龄结构从中年为主转变为老、中、青多种年龄层次参与。2022 年 4 月，成都社区教育“能者为师”名师工作室入选全国社区教育“能者为师”创新项目首批名单。

（二）创新了优质资源获取方式

活动发掘了一批优质师资，吸引了众多民间的能工巧匠、行家里手加入社区教育兼职教师队伍。与此同时，一批丰富多元的教学资源走进成都社区教育课堂。参赛作品中有市民素养、智慧助老、应急救护、金融防骗、天府文化、绿色生态等基础课程资源，手碟

演奏、皮具制作等特色课程资源也进入了市级优质资源库。

（三）增强了社区教育协同能力

以“选”促“建”的活动组织模式，在撬动成都四级社区教育机构整体发力的同时，使得多层级跨部门社区教育协调机制统筹能力持续增强。活动在实施的全过程中不断宣传人人皆学、时时能学、处处可学的终身学习理念，拓展社区教育的功能外延，使社区教育增强了教育协同能力。

（四）彰显了社区教育社会价值

“能者为师”活动深度嵌入社区发展治理。活动的宣传通过社区，活动的开展服务社区，活动的成果属于社区。蓉漂小伙“以怎样开一家咖啡店”引领社区创业先锋；退役消防员成为社区教学明星；全职主妇在离开工作岗位多年后凭借一技之长返回自己热爱的教学岗位；一大批身边的达人通过教学向市民展现社区中蓬勃向上的力量。活动以教育形式整合了社区资源，促进了社区认同，激活了社区的公共价值创造。

（五）丰富了社区教育人文精神

在近几届的活动中，传统观念中属于弱势群体的参与者逐渐增加。老年参与者的激增，促使今年的“能者为师”特设“银发能者”专题遴选，促成老年人从被动的接受教育对象转化为积极的社区教育人力资源。残疾人，失业者也在本届活动中崭露头角。70多岁的老妇翩跹起舞；残疾的乡村姑娘用面团向市民呈现三星堆主题面具等案例不断涌现，展示了“能者为师”愈发广域的精神维度。

四、建设方向

（一）加强师资统筹发展

依托历届活动中优秀者建立的名师工作室，进一步完善工作室机制，持续发挥“能师”作用，打造教学研究基地，培育名师团队，通过建设数字化专兼职师资库管理服务平台实现市县两级优质师资、社区教育师资库和社区教育专家库的融通共建和充分共享，探索建立成都市域内师资力量动态统筹调配机制。

（二）深化课程内涵建设

依托活动发掘特色课程，构建具有区域特色的社区教育课程体系，提升课程综合服务能力,满足不同类型市民的多元化学习需求。强化党建对社区教育的引领作用,深化社区教育课程和理论研究的融合,打造一批价值导向鲜明,传承文化基因、表现区域特色的特色读本和精品课程。建设系列化的主题视频微课,丰富线上学习平台教育资源。

(三) 强化队伍保障机制

进一步提炼和总结成都社区教育兼职队伍建设规律,借鉴上海、浙江等地社区教育师资建设先进经验,协同相关部门组织行业专家研制成都社区教育兼职教师和工作者的管理制度和评价标准。开拓社区教育教师职业化、专业化发展路径,为成都社区教育在“十四五”期间可持续高质量发展保驾护航。

撰稿人:

覃　珺,成都市教育局终身教育与民办教育处二级调研员

姜安宇,成都开放大学社区教育中心教师

戢静艳,成都开放大学社区教育中心教师

案例四　幸福教育进社区(沈阳)

沈阳市教育局

2013 年 8 月,习近平总书记在沈阳市多福社区考察时指出:“社区建设光靠钱不行,要与邻为善、以邻为伴”。2022 年 8 月,习近平总书记再次亲临沈阳,在牡丹社区考察调研时强调:“一老一幼是大多数家庭的主要关切。”中共沈阳市委、市政府按照习近平总书记重要指示,以老年群体和青少年为主要服务对象,以学习型城市建设为抓手,通过开展“幸福教育进社区”项目,有效满足了重点人群的学习需求,提升了社区居民的生活品质和幸福指数,为新时代学习型城市建设提供了新的发展模式。

一、项目背景

沈阳市是我国开展社区教育比较早的城市之一,现有教育部命名的全国社区教育示范区 4 个,实验区 1 个。多年来,沈阳市按照《教育部等七部门关于推进学习型城市建设的意见》《教育部等九部门关于进一步推进社区教育发展的意见》要求,构建了党委领导、政府统筹,部门搭台、专业推进,社区自治、多元参与,百花齐放、居民乐享的社区教育工作模式,为沈阳市建设学习型城市打下了坚实基础,2013 年,被中国成人教育协会确定为全国首批学习型城市联盟成员单位。“十四五”以来,中共沈阳市委、市政府在以往学习型城市建设的基础上,按照党的二十大提出的建设学习型社会、学习型大国战略目标,根据新时代社区教育发展的新特点,不断探索新时代学习型城市建设的工作路径,着力培育和打造幸福教育品牌,并于 2023 年将“幸福教育进社区”项目纳入市政府 40 件民生实事,从加强和改进社区教育工作方面不断助力学习型城市建设制度化、体系化、特色化发展。

二、工作模式

(一)高站位谋划,做优顶层设计

一是把学习型城市建设放在基层治理现代化大背景下系统谋划。2021 年,成立了由市委书记任主任的“沈阳市深入践行‘两邻’理念，推进基层治理现代化工作委员会”并下设办公室。市“两邻委”下发了《沈阳市幸福教育进社区行动计划》，明确提出社区幸福教育课堂建设等工作目标，将温馨的幸福教育服务送到老百姓身边。二是加强组织领导。成立市、区两级“幸福教育进社区工作专班”，市级专班由分管教育工作的副市长牵头，市教育局具体负责；区级专班由区、县（市）分管领导牵头，建立教育、民政、财政以及组织部门协同推进工作机制。同时，明确街道和社区在幸福教育课堂建设中的责任和具体工作，建立月调度制度。三是夯实基础建设，高标准建设社区教育办学机构。支持市开放大学、各区县市开展老年大学建设，在全市社区以“安全、健康、乐学、成长”为核心内涵开设幸福教育课堂，2023 年，社区幸福教育课堂实现全覆盖，完善了市、区县、街道、学校四级社区教育体系建设。

（二）高标准布局，筑牢阵地根基

一是强化党建引领。坚持“党旗飘扬到哪里，幸福教育课堂就开设到哪里”，依托社区党群服务中心，建设幸福教育课堂固定场所，实现社区 100%全覆盖。以行政手段推动幸福教育课堂“四有”建设（即有场地、有设备、有课程、有师资），通过幸福教育课堂建设，推动学习型城市建设制度化、规范化、常态化发展。二是强化示范引领。精心打造 180 个市级社区幸福教育课堂示范点，预计 2025 年累计建设市级示范点 330 个，以点带面推动全市社区幸福教育课堂建设全面展开。三是注重建设品质，在市级示范点内设置满足日常教育教学的固定场所，配备 LED 显示屏、电脑、音箱、桌椅、书架等设备，创设体现“安全、健康、乐学、成长”幸福教育内涵的课堂环境。

（三）高品质建设，做强专业支撑

一是夯实工作体系。完善市社区教育服务指导中心、区县（市）社区教育学院、街道社区教育中心、社区居民学校以及小区睦邻学习点五级社区教育服务体系。二是配置专业队伍。组建三个讲师团：中小学人员讲师团——按照“一对一”“一对多”的模式，推动 415 所中小学校与 1 153 个社区对接；社区人员兼职讲师团——面向社会公开招募高校、社会专业人才、退休教师、在校大学生，发挥其特长，为社区和学校送课；组建社区志愿者讲师团——指导街道、社区招募有专业特长的志愿者和社会组织，满足居民个性化学习需求。三个讲师团的建立，构建了多维互补、共享共建的师资队伍，目前教师队伍已有 8 152 人。三是强化资金保障。5 年来，累计投入专项经费 6 264 万元，2023 年，市本级教育支出附加资金 2 967.59 万元保障幸福教育进社区项目建设。

（四）高质量推进，坐实课程供给

一是坐实线下送课。坚持“问需于民、问计于民、问效于民”，采取“居民点单、社区统筹、按需筹划、多元送课”的方式，构建公共服务课程和个性化课程体系，制定送课目录单，由市社区教育服务指导中心和区县（市）社区教育学院根据社区居民需求，选派教师送课进社区。二是做强线上送课。依托5G、人工智能、虚拟现实、大数据、云计算等新技术建成了沈阳终身学习公共服务平台，依托沈阳开放教育公众号开设了沈阳市“教育慧邻”云课堂，结合原有的沈阳网络教育电视、沈阳教育资源公共服务平台，推动社区教育、职业教育、“两邻”教育、老年教育线上线下融合发展。三是创新服务内容。依托社区幸福教育课堂开设教育政策“直通车”项目，将教育政策送进社区。通过将入学、资助等教育政策汇编成册，推出政策电子版，公开咨询电话，并选派教育专属网格员“一对一”深入社区，将教育政策送到居民身边。

三、工作成效

幸福教育进社区项目，立足于民生工程建设，顺应终身学习发展趋势，通过组织中小学校、志愿服务机构等社会组织和退休教师、社会热心人士等社会力量送教上课，突破原有单线发展社区教育的方式，更好地满足了城乡居民多元化的学习需求，进一步丰富了学习型城市建设内涵。

（一）重点满足了一老一幼的学习需求，办出了学习型城市建设的温度

1. 社区与学校联合开展“学校放假、社区开学”活动

每年寒暑假在社区开展“学校放假、社区开学”活动，选派教育志愿者开展绘画、书法等兴趣培养以及环保、劳动、敬老等社会实践活动。2022年寒假，有977个社区组织开展社会实践活动3 513次，10.57万人次中小学生参与其中，极大地丰富了学生的假期生活。

2. 结合睦邻建设线上线下开展智慧助老活动

面向全市社区居民开通“睦邻相伴、知识随行、共迎新春”线上课堂，开设“践行‘两邻’理念、共建红色家园”“中国传统文化——春节”“奉天有礼、交往有仪”等课程。根据老年人学习愿望和生活特点，线上线下相结合为老年人送去国学、养生等课程，2023年上半年累计送课6.88万课时，惠及人群91.3万人次。老年教育供给水平不断提升，成为全市终身教育新的增长点，受到社会各界的充分好评和老年人的热烈

欢迎。

（二）进一步丰富了课程内容，增加了学习型城市建设的厚度

1. 多元的课程内容增强了吸引力

线下依托社区幸福课堂，开设习近平新时代中国特色社会主义思想、声乐、舞蹈、绘画、书法、国学、职业技能、文明礼仪等6大类30余个门类课程，惠及沈阳市民近180万人次，同时，创新开展“互联网+继续教育”实现线上送课满足居民自主学习需求，累计300余万人次参与学习。

2. 丰富的活动形式厚植了凝聚力

设置书法、绘画、剪纸、诗词、好文章，家庭歌咏、诗朗诵等比赛主题，以家庭为单位的线上社区居民系列大赛活动持续深入开展。2022年虽受疫情影响，仍有2 596个家庭参赛，极大地丰富了疫情期间社区居民和家庭的文化生活。

3. 立体的政策宣传提升了影响力

全市教育政策“直通车”社区集中宣传日活动定期开展，教育资助、入学、招生、学校收费等教育政策源源不断送到居民身边，今年5月，通过线上直播+线下咨询方式开展的教育资助政策专题宣传活动，有4.75万名城乡居民参加。

（三）城市带动乡村，拓宽了学习型城市建设的广度

1. 幸福课堂建设以城带乡

2023年在全市1 153个社区幸福教育课堂全覆盖的基础上，又开设300个村屯幸福教育课堂，实现了乡镇政府所在地行政村100%全覆盖。

2. 睦邻学习点建设城乡共进

从2017年全市第一个睦邻学习点“秀有乐驿站”的建立，到2023年已经培育815个城乡睦邻学习点，已覆盖全市13个区（县市），涉及城区和乡村2万多个家庭，年均参加活动的居民达100万人次。2023年2月，《半月谈》2023年第1期专题报道沈阳睦邻学习点建设。

沈阳市将牢记习近平总书记的殷殷嘱托，坚持将满足社区居民日益增长的学习需求作为保障和改善民生的重要抓手，继续做强做优幸福教育进社区（村屯）终身学习品牌，为推动沈阳市学习型城市建设作出更大贡献。

审稿人:张二烨,沈阳开放大学社区学院院长

撰稿人:

潘士君,辽宁成人教育培训指导中心主任

单学智,沈阳市教育局职业教育处副处长

案例五　广州老年学堂:老年教育插上数字化翅膀

广州开放大学

人口老龄化是贯穿21世纪的基本国情,以习近平同志为核心的党中央高度重视老龄工作。党的二十大报告再次强调“实施积极应对人口老龄化国家战略”。按照广州市委、市政府的战略部署,在广州市教育局的统筹下,2011年广州开放大学(以下简称“广开大”)承担实施国家教育体制改革试点项目“推进学习型社会建设”,多措并举发展社区老年教育和数字化终身教育服务,努力破解老年教育优质教学资源不充足、不平衡、不精准的问题。近年来,在数字化和老龄化的双重叠加背景下,老年群体因“生理性弱势”“文化性弱势”“社会性弱势”等遭遇银色“数字鸿沟”,如何提升老年人的数字素养、弥合“数字鸿沟”成为亟待解决的重要课题。为此,2018年1月,在国家开放大学、广州市教育局的大力支持下,广开大挂牌成立广州老年开放大学,充分发挥数字化教育优势,聚焦广大老年群体实际需求,围绕扩大优质教学资源的供给,创优提质发展老年教育。以“生存(Existence)—关系(Relatedness)—发展(Growth)”需求理论为依据,提出以老年人数字素养为导向构建适老化课程体系、开发适学性数字资源、探索适教型培训方式的改革思路,切实提高老年人数字素养,促进老年人更好地融入数字社会生活。2021年6月,广开大与广州市广播电视台(以下简称“广电台”)跨界合作,共建“广州老年学堂”全媒体矩阵项目,创新“教育+传媒”合作模式,构建“直播+短视频+回放收看”的移动学习场景,探索以短视频为代表的新媒体技术和资源在老年教育的创新应用。

一、跨界协同,优势互补

“广州老年学堂”作为服务老年人、传播高质量知识类教学视频资源的微信视频号,由广开大与广电台联合运营。广开大主要负责专题筛选、师资选定、提供场景,宣传发动等策划和教学方面的工作;广电台负责短视频的制作和发布,以及直播的技术实现。双方共同拥有“广州老年学堂”微信视频号以及相关的视频资源成果的权益,实现优势的互补。

二、优化生态，环环相扣

“广州老年学堂”依托微信构建的生态，在实际运营中，通过“广州老年开放大学”微信公众号定期发布“直播预告”“短视频更新”等推文，引导老年人关注“广州老年学堂”视频号，同时加入相关主题的微信群。在学员微信群中发布直播的链接和短视频的链接，引导学员点赞和转发，促使更多的人关注“广州老年开放大学”微信公众号和“广州老年学堂”视频号，推动关注量持续增加。

三、精选主题，名师优课

“广州老年学堂”倡导“内容为王”，主题和师资的选择是项目成功的关键因素。在贯彻“立德树人”总要求的基础上，选题充分考虑老年人的需求热点，涵盖心理健康、中医养生、运动健身、声乐舞蹈等热门主题，担任主播的老师以一线任课教师为主，同时邀请相关行家达人参与，通过专项培训提升主播教师的表现力和临场反应，在直播中设立“课代表”的角色，由富有经验的电视台记者担任，在直播过程中主要发挥引导协调与活跃气氛的作用。

四、高频高效，制作精良

“广州老年学堂”视频号团队积极探索高效率的制作模式，每次直播课结束后迅速根据重点内容和学员的反馈信息，现场拍摄短视频素材，经过编辑人员的加工，一般直播课当天就会推出相关的短视频更新，强化“直播教学+短视频发布”的组合作用。制作团队按照专业级的要求打造短视频的质量，镜头组合、字幕解说、背景音乐等遵循短视频的新媒体传播特性，受到学员的好评。

五、成效显著，示范引领

截至 2023 年 6 月 30 日，“广州老年学堂”共发布 397 个原创短视频，收获 255. 53 万次的浏览；共开展 113 场直播，累计浏览量为 932. 94 万，其中微信视频号浏览量为 16. 22 万，花城+APP 浏览量为 916. 72 万，成为国内领先的老年教育新媒体传播平台。涌现出陈志聪、何艺婵、何冠洲为代表的一批老年教育“金师”，他们把“手机摄影”“生活美学”等课程进行“重构”，开展体验式“直播教学”，通过短视频进行传播，吸引了大批老年学员参加学习。广开大与广电台的合作持续深化，通过“老年教育+新媒体”开展优质内容生产和立体传播的模式，有效扩大了优质教学资源的供给与覆盖，受到老年人的普遍欢迎。

广开大依托“广州老年学堂”项目的创新实践，在“智慧助老”工作领域取得了多方面的成果，全国首部省会城市老年教育发展报告——《广州老年教育发展报告》和面向老年群体的社区老年教育全媒体系列丛书2021年正式公开出版(共计12册)，其中教材《银发潮人的智慧生活》入选“2022年向全国老年人推荐优秀出版物”，学术论文《“互联网+”背景下老年大学短视频教学的运营策略与实践——以“广州老年学堂”为例》发表于《高等继续教育学报》，《数字化转型和智能化升级：“互联网+”新型大学建设研究》发表于《中国教育现代化》，引起社会多方的高度关注。仅2023年上半年，教育部职成司、中国成人教育协会、国家老年大学等十多家机构及同行专程前来就办学体系构建、互联网+办学模式、社区老年教育服务下沉基层等相关问题进行深度调研。中国教育报、南方日报、广州日报、羊城晚报、“学习强国”平台、新华网、光明网、人民网和广电台等多家媒体进行了50余次报道，“广州老年学堂”已成为具有广泛影响力的老年教育品牌。作为重要案例，助力广州成功申报入选联合国教科文组织评选的“全球学习型城市网络会员”。

审稿人：熊　军，广州开放大学党委副书记、校长

撰稿人：

张国杰，广州老年开放大学副校长

郑　亚，广州老年开放大学副校长

易欣雨，广州老年开放大学教师

案例六　创新引领　改革赋能
打造老年教育高质量发展“常州模式”

常州市老年教育发展中心

常州老年教育近10年发展历程，是不断探索和完善的过程，也是不断加强规范化建设和提升现代化水平的过程。常州老年教育始终坚持走“创新、协调、绿色、开放、共享”的新发展理念，以扩大老年教育供给为重点，拓展老年教育发展途径，让老年人共享改革发展成果，以实现老有所教、老有所学、老有所为、老有所乐为目标，逐步形成了覆盖广泛、规范有序、灵活多样，具有常州特色的老年教育发展新格局。2021年9月，常州老年教育发展经验被教育部选树为全国继续教育改革发展优秀典型案例。

一、以制度为引领，规划发展“一盘棋”

（一）加大政策保障力度

2021年常州制定出台《常州市“十四五”老年教育发展规划》，以问题为导向，明确优先发展城乡社区老年教育、提升老年大学的办学水平、鼓励各种教育资源参与举办老年大学以及积极发展网上老年大学等四项目标任务。根据“规划”精神，2023年5月出台了《常州市老年教育机构建设与评估指导意见》及《常州市老年大学（学校）建设标准及评估细则（试行）》《常州市社区老年教育办学点建设标准及评估细则（试行）》，详细制定了各类老年教育机构的建设标准、达标要求及评级规则，是全省首个以标准化建设促进老年教育发展的市级地方标准，为全面推进老年教育阵地建设、队伍建设、课程建设、机制建设提供了有力的政策支持和制度保障。

（二）强化全市统筹协调

2020年，在全省率先成立常州市老年教育发展中心，与常州老年大学实行“一套班子，两块牌子”。其主要职责为负责全市老年教育课程开发与设置、师资培训、资源整合、成果推广等工作，协助教育行政部门拟定全市老年教育发展规划和相关政策等，并与常州老年大学深度融合,充分发挥常州老年大学的示范辐射作用,进一步拓展市级老年大学的办学和发展空间,加快推进全市老年教育事业发展。

(三)完善四级办学网络

截至2022年,常州市现有市级老年大学(老年学院)2所,县级7所,全市所有街(镇)均建立了老年教育学校,50%以上的社区(村)建有老年教育教学点。以四级老年教育网络为主体,多种教育载体为补充,覆盖城乡的老年教育体系初步形成。全市参加各级各类老年教育学习活动人数占老年人比例达32.8%。市开放大学、辖市(区)社区培训学院、街道(镇)社区教育中心、社区居民学校四级社区教育网络体系,均承担老年教育的办学职能,并发挥了重要作用。市老年大学和溧阳、金坛、新北、天宁、钟楼、经开等6所县级老年大学获评省级示范老年大学,为区域内的老年教育发展树立典型,示范引领。

二、以课程为基石,激活教学"一池水"

(一)拓展丰富课程内容

全市各级各类老年教育机构课程涵盖14个学科百余个专业(课程),特别是国学常识、地方历史名人、老年心理、智能化操作、休闲运动和为社区培养文体骨干的广场舞指导、群艺编导和指挥、社区体育指导等新开设课程,受到基层社区和老年朋友的欢迎。2020年起,常州市老年远程教育和网络课程有了较快发展。"常州终身学习在线"网站和微信公众号"老年教育"专栏课程十分丰富;天宁区老年大学启动"幸福+老年大学信息化行动",通过大数据分析,为课程体系优化提供参考;常州老年大学推出"乐活云课堂"和"大观直播平台",实现"人人皆学,时时可学、处处能学"的愿望,做到了"停课不停学、停课不停教",线上授课率达到95%,让广大老年学员切实感受到了网络教学带来的便捷和收获。

(二)全面改革课程体系

常州建立了在老年教育培养方案指导下的专业课程框架体系,构建各专业的课程模块,形成由公共基础课程任选模块、专业基础课程必选模块、专业分立课程选修模块和专业拓展课程互选模块组成的"金字塔式"老年教育课程结构;推行"精品课程"和"特色课程"建设;建立了学员课程分流制度,实施了学员的弹性学制、学分管理和毕结业制度。各级老年教育机构围绕核心课程铸精造特,筛选一批学员比较喜欢的课程,精心培植一批优质课程，形成有特色的精品课程，并编写相应教材和讲义。

（三）创新课程建设与研究

常州老年教育学者撰写的《老年大学：从“规范化”到“标准化”》《人文学科在老年教育中的缺失及对策》《试论老年大学回归教育本源的若干问题——兼论老年教育培养功能及其培养规格》《新时期老年大学师资队伍建设的探索》等论文获全国老年教育理论研讨会多个奖项。2022 年，在全省老年教育教材与论文评选中，常州 10 种教材获得“优秀教材”奖，4 种教材获得“优秀校本教材”奖；获得优秀论文一等奖 5 篇、二等奖 3 篇、三等奖 1 篇。

三、以协作为路径，联动区域“一条心”

（一）探索集团化办学模式

积极探究老年教育集团化办学，逐渐探索形成了 5 大主要模式。一是校际联盟的“1+N”模式，依托原有名牌老年学校，将其教育品牌与同类薄弱学校融合，进行品牌复制，形成具有名牌学校特色的教育集团。二是区域联合的“总校（中心校）”模式，将乡镇（街道）、村（居委）等连片社区，按区域建立老年大学总校或中心校，下辖若干卫星校和社区办学点。三是校企联盟的“养教结合”模式，通过老年教育和养老事业的资源共享，达到集团内校企双方的互利共赢和养教需求的无缝对接。四是城乡联动的“以城带乡”模式，利用集团优势和纽带，以城带乡，上下联动，合作办学，一体发展。五是上挂下联的“跨界式合作”模式，从外部寻求合作，充分享用来自社会的各种教育资源。

（二）建立课程建设协作组

在常州市老年教育发展中心的统筹指导下，市级和县区级老年大学联合成立全市老年教育书画、声乐、舞蹈、器乐和运动课程协作组，组织开展全市老年教育优质课评选和老年教育论文比赛等。以课程群协同发展的“集群对接”模式以及远程教育联盟的“空中课堂”模式为引领，推动形成高质量、低成本、创新共赢的老年教育课程建设协作组织。

（三）推进多元主体办学

常州开放大学揭牌成立老年教育学院，常州老年大学在市福利院颐养园、金东方颐养中心、南湖养生园、军休干部服务中心等机构设立分校、校外办班点和教学实践基地 15 个。江苏开放大学、武进开放大学、金东方颐养中心共同筹建了全省首家老年教育

"养教联动"示范基地。江苏理工学院、常州刘国钧高职校等院校的教师及志愿者积极参与老年大学和社区的老年教育课程改革和课程教学工作。

四、以服务为目标，智慧助老"一条龙"

（一）实施指导性培养方案

常州编制《老年人学习计算机、手机应用指导性培养方案》，设计了专业课程框架体系，包含专业预科、基础课、分立课、拓展课在内的四大类30余门课程，出版《智能手机实用知识及其操作详录》配套教材。在师资建设上，专兼并用，分类培训集聚人力；在课程设置上，"长短"互补，凸显课程创新特色；在实施模式上，"双线"结合，带动课程普及推广；在学习成效上，"学用"交融，驱动学习质量提升。

（二）送教到家门口指尖上

结合助老课程和线上教学的经验，常州市印制智慧助老折页，组织千人支志愿者队伍，深入常州市50余个社区、干休所、养老院，开展智能手机基本应用培训。2021年智慧助老行动共发放智慧助老单页宣传页1.1万份，为60多个社区、小区和养老机构送教上门，累计培训2.83万人。2022年，"智慧助老"培训老年人2万人次，同时培训专兼职师资100人。组织百余名学员参与省"老年达人"运用智能技术大赛，选拔出的常州代表队蝉联省一等奖、最佳组织奖，智能技术培训模式日趋成熟。

（三）数字赋能老年教育新发展

常州市智慧助老专题课程成功申报"江苏省老年教育学习资源库子库"；《加强培训教育，提高老年人智能技术应用能力》《乐龄e学畅享智能生活》被评为江苏省"智慧助老"专题典型工作案例；《加强培训教育，提高老年人智能技术应用能力》《"幸福+"智慧助老系列微视频课程——智慧娱乐系列课程资源》被教育部职成司评为"智慧助老"优质课程资源；"幸福微学堂——玩转智能手机开启老年幸福生活"项目被教育部职成司评为"智慧助老"优质教育培训项目。

但求夕阳无限好，何须惆怅近黄昏，常州老年教育的蓬勃建设和发展，让越来越多的老年人选择在退休后回归课堂、走向舞台、重返社会。老有所学，老有所乐，老有所为，老有所养，"常有颐养"新名片成为常州市学习型城市建设又一道亮丽的风景线。

审稿人:丁　皓,常州市教育局终身教育与民办教育处处长

撰稿人:

王亮伟,常州市老年教育发展中心副主任

王文倩,常州市老年教育发展中心秘书处处长助理

案例七　激发学习型组织建设活力，促进全民终身学习（上海）

上海市学习型组织建设研究中心

为了进一步推动上海市学习型组织建设，上海市教委会同市文明办、市机关工委、市总工会、市妇联等有关单位，分类研制学习型组织建设的工作制度和指标体系，并委托市教科院建立专门机构具体落实相关工作，成功推选出首批学习型组织。

一、基本情况

由上海市教委牵头，会同各相关单位制定出台新一轮学习型组织建设工作机制。印发《关于进一步推进本市学习型组织建设工作的通知》，发布学习型机关（事业单位）、学习型企事业单位、学习型社区和学习型家庭等建设标准。颁布《关于试点开展上海市优秀学习型组织推荐工作的通知》，开展优秀学习型组织试点推荐工作。完善学习型组织建设基础设施，建设上海市优秀学习型组织建设信息化平台，为各类优秀学习型组织提供了线上展示空间。开展“上海市学习型组织 Logo 征集活动”，在全民终身学习活动周上公布学习型组织标识，营造了学习型组织建设的良好氛围，进一步凝聚了学习型组织和学习型社会建设的理念与内涵。

二、主要工作

（一）建立完善学习型组织建设工作机制

由市教委牵头，会同市文明办、市机关工委、市总工会、市妇联等单位，共同制定和实施了“十四五”期间推动四类学习型组织建设和发展的工作制度和相关举措，编制并发布切合当前学习型机关（事业单位）、学习型企事业单位、学习型社区和学习型家庭等四类组织自身建设和发展特点的指标体系，进一步明确了分阶段推进各类学习型组织建设的目标和任务，形成分工明确、多方协作的学习型组织建设工作架构。市教委还委托市教科院成立了“上海市学习型组织建设研究中心”，发挥上海学习网、上海市终身教育研究会等专业团队、社会组织力量，共同推进落实各项任务。

（二）打造“一组织一空间”的学习型组织建设与展示平台

市教委委托上海学习网建设了“上海市学习型组织建设与展示平台”，通过设置基础模块、动态模块和结果模块三个部分，支持电脑端和移动端两种呈现与访问方式，为各类获评优秀学习型组织的单位、家庭提供了“一组织一空间”的在线学习、资料归档和风采展示的特色舞台。该平台既可以为各类学习型组织在线存储和积累日常的过程性学习资料和各类档案，也可在线实时发布反映学习活动情况的文字信息或影音视频，充分展示组织成员的学习成果，使更多单位、社区和家庭能够以此为窗口，与广大学习型组织、同伴互相学习、互相借鉴，使典型经验和有效做法得到更广泛的传播与复制。该平台还为每年举办的各类推荐评优、案例征集和主题活动提供了汇总、筛选和点赞、推广等功能，同时为各类优秀学习型组织定期推送各类终身教育优质资源，进一步促进学习型组织的成长和发展。

（三）开展学习型组织建设的特色宣传活动

为广泛宣传学习型组织建设工作，扩大学习型组织的知晓度和影响力，上海于 2022 年 10 月至 11 月中上旬，通过网络发动，面向全国开展了“助力学习型社会建设，赋能城市文化软实力——上海市学习型组织建设标志设计征集活动”。来自数十个省市的近 150 多个设计机构和独立设计师共投稿作品 164 件。经专家初评后，筛选出 10 件作品在上海学习网上进行公众投票。最终，综合各方评审意见，选择了最能体现上海学习型组织建设内涵、最具独立设计理念的作品，并于第十八届全民终身学习活动周开幕式上进行了正式发布。

（四）开展优秀学习型组织的试点推荐工作

经市学习促进办的统筹协调，市教委会同各类学习型组织建设牵头部门进一步明确推荐及评选优秀学习型组织的工作程序。2022 年，在全市有关条线及部分试点区开展了优秀学习型组织试点推荐与案例遴选工作。其中，市级机关工委负责推荐市级机关系统中的学习型机关（事业单位），市总工会负责推荐局、产业等条块的学习型企事业单位，市学习型社会建设指导服务中心办公室负责统筹评审试点区学习型社区，市妇联负责统筹推荐和评审条线、试点区学习型家庭。经过层层推荐、专家评审和全市公示等程序，最终产生首批优秀学习型组织 66 个，其中，优秀学习型机关（事业单位）19 个、优秀学习型企事业单位 19 个、优秀学习型社区 9 个、优秀学习型家庭 19 个。同时编发了

《2022 年上海市优秀学习型组织案例汇编》。通过本轮试点推荐和组织宣传发动的过程，有效激发了更多机构、单位、社区和家庭积极参与学习型组织建设的热情，为后续开展以评促建、阶梯式培育工作奠定了良好基础。

三、主要成效与经验

（一）抓机遇、破难题，筑牢学习型组织建设的“硬支撑”，打开推进工作的新局面

贯彻落实党的二十大有关“建设全民终身学习的学习型社会、学习型大国”的要求，根据上海市提出的“十四五”期间“率先建成以城市学习力为驱动的更高水平、更高质量的学习型社会”的建设目标，抓住机遇、迎难而上，通过跨部门合作共同研究、策划和出台推进全市学习型组织建设的若干政策文件，充分发动高校、科研单位、社会团体等力量共同参与，在前期调研的基础上形成多份调研报告、可行性评估报告，为构建新一轮学习型组织建设提供了坚实的理论支撑和制度保障，形成了具有上海特点、符合时代特征的学习型组织建设模式和经验，使学习型组织建设成为上海推动学习型社会发展的重要支撑。

（二）夯基础、提能级，强化学习型组织建设的分层分类指导，形成长效管理机制

通过对各类优秀学习型组织的分层分类推荐遴选，强化了对获评优秀学习型组织称号的机构、单位、社区和家庭的过程性指导，通过组织年度特色活动、定期提供终身教育优质资源等，更加精准、高效地服务各类学习型组织，引导他们不断完善组织结构、提升学习能力、规范组织行为、丰富学习活动，指导他们对照各类学习型组织的建设标准，从优秀起步，逐步提升建设能级，最终成为具有典型引领作用的示范性学习型组织，形成阶梯式培育的长效推进模式。市教委等牵头部门还通过组建专业研究团队，广泛开展对各区域、各类型学习型组织的监测、调研，及时总结、提炼各类组织的建设经验，从制度建设、经费保障、学习形态、品牌项目、组织发动等各方面总结优秀学习型组织的创建经验和特色做法，不断探索创新符合本市学习型社会发展实际的工作模式和运行机制，在全市营造互相学习、互相促进的良好学习型组织建设氛围。

审稿人：闫鹏涛，上海市教育委员会终身教育处处长

撰稿人：

姚　岚，上海市教育委员会终身教育处四级调研员

国卉男，上海市教育科学研究院终身教育研究室副主任，上海市学习型组织建设研究中心副主任、副研究员

案例八　扎实推进学习型城市建设，服务宁波“名城名都”发展

宁波市教育局

一、宁波建设学习型城市的基本情况介绍

党的二十大报告中对加快建设教育强国作出一系列重要部署，强调“推进教育数字化，建设全民终身学习的学习型社会、学习型大国”。宁波市近年来以习近平新时代中国特色社会主义思想为指导，以促进人的全面发展和提高社会文明程度为宗旨，坚持以人为本、深化内涵，以加快学习型城市建设为核心，构建人人皆学、处处能学、时时可学的社会环境，促进城市的包容、繁荣与可持续发展，助力现代化滨海大都市建设。

（一）坚持制度化建设，依法保障全民终身学习

2015 年，宁波颁布了《宁波市终身教育促进条例》，依法成立终身教育与学习型城市建设促进委员会，为推进终身教育体系构建和学习型城市建设提供了法律和组织保障。根据党的二十大精神，宁波市人大对条例进行修订立法调研。宁波还先后出台《宁波市职工教育条例》《宁波市职业技能培训条例》和《关于开展创建学习型社区、企业的实施意见》等地方性法规与政策文件，率先成为全国学习型城市建设联盟成员单位。宁波基本构建起市、县、镇、村四个层级和由学校、行业、社区、网络四大系统组成的全民终身学习服务体系。全市 10 个区县（市）中有 3 个国家级农村职业教育和成人教育示范县、5 个全国社区教育示范区、2 个全国社区教育实验区，省级学习型城区创建率达到 100%全覆盖。全市拥有宁波开放大学（宁波社区大学）、宁波市职业与成人教育学院各 1 所，县级社区学院 10 所，独立建制的乡镇（街道）成人学校 112 所，村级成人学校教学点 2 693 个。近十年来，培育全国“百姓学习之星”11 人，全国“终身学习品牌项目”15 个。宁波还加入了学习型城市建设监测项目实践，启动了首批监测工作，形成了监测报告。

（二）坚持多元化运作，提供公平优质学习保障

2023年全国教育工作会议将“统筹推进教育数字化和学习型社会、学习型大国建设”列为教育工作的主攻方向和重点任务之一，宁波前期已经做了一些探索。

宁波终身学习公共服务平台是为全市市民终身学习提供支持服务的信息化平台，支持多端登录使用，融合全市各类继续教育培训资源。系统上线至今，已上架近1 000门课程，2022年总观看次数约58万次，用户总数约91.8万人。目前，我们还正依托浙江省终身教育学分银行和“浙学通”，探索开发覆盖全市的社区智慧学习多跨场景，包括社区教育、老年教育、邻里学堂、社团活动等内容，打造全民数字学习新平台。区县（市）还建立了慈溪市“99学吧”、鄞州区数字化学习网、江北区终身学习网等一批区域终身学习数字化平台，开启了互联网+个性化服务新时代。

2015年，市政府出台鼓励民间资本进入教育领域的实施意见，支持民办教育机构参与政府企业职工培训项目，通过引进知名培训机构、购买服务等方式高质量完成终身学习特色资源研发，并且携手互联网巨头阿里巴巴积极打造农村电商孵化中心。试点实行政府购买、机构介入、市场运行、第三方评估的新模式，推动教养结合的老年教育市场化运作。宁波还统筹开发全市社会学习资源，促进学习资源开放共享，基本实现美术馆艺术展览、公共艺术图书、电子阅览、艺术普及讲座和学术报告免费开放，各级各类文化馆（站）公共空间设施场地全部免费开放。

（三）坚持品质化提升，服务宁波“名城名都”建设

宁波认真贯彻《教育部等七部门关于推进学习型城市建设的意见》精神，坚持政府投入为主，保障各级社区学院和成人学校经费投入。全市社区教育人均经费达到4元/人以上（经费较充足的街道乡镇可以达到10元/人以上）。2022年，全市社区教育经费共计8 616万元，其中，各级政府拨款6 611万，各级社区学院（成人学校）社会培训收入2 005万元。全市社区教育工作者中，有专职教职工1 109人，兼职教师数3 750人，社区教育志愿者73 168人，基本来自教育系统教师、民间文化能人、企业管理人员等，由各用人单位进行考核，实现动态调整。

宁波面向全体学习者提供个性化继续教育服务，如面向企业，开展一线职工技能提升工程；面向农村，开展新型职业农民培养工程，实施“优秀农民上高校”、农科教结合等项目；面向进城务工人员，开展“文化百科大讲堂”“成人双证制高中”等活动；面向老年群体，依托县级社区学院和乡镇（街道）成人学校，挂牌成立社区老年大学；面向妇女群

体，开展“母亲素养工程”；面向中小学生，开展“海之梦”学生社会实践。近三年，全市每年完成各级各类非学历培训400~500万人次，满足了不同人群学习需求。

二、宁波建设学习型城市的路径与经验

（一）坚持项目引领，全域覆盖学习型社会建设需求

宁波在“十三五”和“十四五”期间分别实施终身教育“提升工程”和“双高工程”，“十三五”期间，累计投入1.1亿元资金推进全市终身学习，在提升终身教育品质、完善终身教育体系、提高市民素质中发挥了重要的积极作用。“十四五”期间，宁波为满足市民个性化学习需求，构建开放性、多元化、广覆盖、更便捷的市民终身学习支持服务体系，实施了终身教育“双高”工程，支持建设好20所宁波市高水平成人学校、30所新兴特色成人学校、100所标准化社区老年大学、60个终身学习品牌项目、50个乡村产业振兴创新项目、30个优秀教师团队、50个能人工作室。集中力量建设一批新时代高水平成校、高效益项目，不断满足各类人群学习需求，增强服务经济社会发展能力。

（二）围绕国家战略，谋求学习型城市建设新动能

围绕乡村振兴战略，宁波自2018年起，先后出台了《关于进一步加强农村成校建设增强服务乡村振兴能力的意见》《宁波市推进社区教育进农村文化礼堂的实施方案》等文件，全力寻找宁波终身教育服务乡村振兴新的着力点。几年实践下来，培育孵化各类乡镇成校教科研成果60余项，涌现了大佳何成校“跑道式养鱼”、前童成校“民宿培训嘉年华”、观海卫成校“双季”葡萄种植等一批先进“成教服务乡村振兴”品牌样板，掀起了全市乡镇成校服务乡村振兴的浪潮。

围绕人口老龄化国家战略，宁波出台了《宁波市关于加快发展老年教育的实施意见》，积极探索老年教育新模式。截至2022年底，教育系统已构建起4所市本级、12所区（县、市）级、145个乡镇（街道）级、1 417个村（社区、机构）级的四级老年教育办学网络，开设老年教育教学长班2 232个，注册学员83 063人，为全市老年朋友提供老有所学、老有所为、老有所乐的平台。老年教育采用了“课程+社团+活动+网络”的供给模式，累计开设了1 735门线下课程，在线资源课程累计共6 611门，共有859个老年学习社团，数字化学习平台共125个，在线老年教育达95万人次。

围绕精准扶贫战略，宁波瞄准革命老区、留守妇女、失土农民、休渔渔民等，依托市、县、镇、村上千个成人教育教学点，精准对接区域人才发展需求，因地制宜组织广大农民开展新型职业农民培训、农民实用人才培训、农民“双证制”培训等，实施精准脱贫培训，

因地制宜实施了“订单式”“创业式”等多种培训形式，打造了四明山老区的红枫、奉化溪口的雷笋、宁海的留守妇女缝纫、镇海的海田阿姨家政等农民脱贫致富、全面小康的品牌培训项目。

（三）注重因地制宜，打造宁波特色终身教育品牌

在建设学习型社会，服务全民终身学习的过程中，宁波立足本土实际，从人民群众的实际需求出发，打造了多个具有广泛影响力、良好社会口碑的民生工程和项目，在推进教育服务能力、提高社会治理水平、提升市民文化素质、创建文明城市等方面发挥着积极效应。比如，2021 年宁波开放大学积极服务社会，与宁波市司法局、江北区政府共建宁波调解学院，是全国首个地市级调解学院。成立两年来，受宁波市司法局、市人民调解协会、市中级人民法院等单位的委托，圆满完成 40 余个调解业务能力提升培训班，获得学员高度好评，也吸引了温州市司法局、金华市司法局、浙江省法制报培训中心等前来取经。鄞州区为缓解双职工子女课后无人看管的问题，在全国首创“社区四点钟学校”，主动满足群众需要，开办多年以来获得了社会大众的广泛认可，先后获得“宁波市最具影响力文明服务品牌”和“浙江省十佳社区服务品牌”称号。镇海区的“社区学习圈”特色鲜明，构筑志趣相聚型、区域特色型、资源辐射型三大类型近 300 个市民学习圈，吸纳社会学员 2 万多名等。

审稿人：王　飞，宁波市教育局党委委员、副局长
撰稿人：
章敏杰，宁波市教育局终身与民办教育处处长
王　丹，宁波市教育局终身与民办教育处副处长

案例九 推动高校社区联盟深化教育资源共享(武汉)

武汉市洪山区社区教育学院

洪山区是武汉市建设大学之城的核心区域,区内拥有35所高校(“双一流”建设高校7所)、60万在校大学生、94个国家重点学科、14个国家重点实验室。在推进社区教育深度发展的过程中,洪山区发挥科教资源优势,以教育资源共享为理念,以“高校-社区教育联盟”为载体,促进社区教育赋能发展。

一、高校-社区教育联盟的实验进展

社区教育资源是发展社区教育的根本所在,尤其是优势资源更是建设社区教育品牌和培育社区教育特色的关键。如何充分利用高校和科研院所的资源优势,开展有品质的社区教育活动成为洪山区社区教育实验的重点。

在共建共享理念的指导下,高校与地方共同开发利用高校智力资源、场馆资源以及社区地域资源,寻求多方面的合作,促进城区与大学的融合发展,促进了社区治理和社区和谐,拓宽了社区教育的渠道,将天然优势转变为发展动力。

在2013年全民终身学习活动周之际,区政府与辖区内7所高校[中国地质大学(武汉)、武汉理工大学、华中农业大学、武汉体育学院、武昌工学院、武汉城市职业学院、武汉科技大学]签订了“高校社区教育联盟战略合作协议”,旨在实现资源共享,构建区域教育战略共同体和特色社区教育模式。

2014年制定的《洪山区高校社区教育联盟推进工作的实施意见》成为教育联盟实施的路线图。珞南街等7个街道、博苑社区等12社区为首批实验点,与高校开展社区教育共建共享活动。迄今已有7个街道、23个社区与高校签订了联盟协议,共建共享活动取得明显成效。

二、高校-社区教育联盟优势

在近10年的实践探索中,武汉市教育局职成教处、武汉市社区教育学院领导和专家为洪山区提供了坚实的社区教育专业支持，并多次深入洪山区进行业务指导，用新发展理念引领项目实施。区政府致力于社区教育的顶层设计，区教育局和社区教育学院积极搭建平台，街道、社区主动开展活动，初步形成了三级共建共享机制。总结反思，我们觉得高校社区教育联盟具有如下几个优势：

（一）联盟有支撑

街道（社区）与周边高校结盟，高校的优质资源可以辐射到各个社区；街道致力于推进社区基层治理与服务创新；社区在教育联盟推进方案的框架下，发挥自转功能，开展面向所有社区成员的主题教育，等等。街校联盟，为在人才共育、项目合作、活动联办、资源共享等方面开展各项活动提供了保障。

（二）活动有载体

共建单位从课程开发、分类培训、教育活动、文明创建入手，努力寻求高校与社区合作的有效路径。如利用暑期开展青少年活动，在节假日、纪念日开展主题活动，平时常年开展老年大学的教学活动等，做到适时、适用。

（三）合作有深度

除了面对一般人群的教育培训和教育宣传外，还开展满足社区高端人群需求的专家讲堂、专项合作和课题研究，大大提高了高校社区教育合作的品位。

（四）项目有特色

各街道社区从实际出发，积极探索“一街一品”。如珞南街的“街校牵手行动”，关山街的“十里科普长廊”“理论面对面”等活动，立意高、方法新、平台宽。

三、高校-社区教育联盟实施路径

高校-社区教育联盟在实施过程中，本着互惠互利、共同发展的原则，逐渐探索出合作实施路径。

（一）合作开展项目实验

充分利用大学学科优势和专家团队优势，开展科研课题研究和特色项目打造，解决社区教育发展中的重要问题，使社区教育先进理念落地生根，有效地促进社区教育和治理能力水平的提升。

2017 年,区社区教育学院和华中师范大学社会学院开始联合实施“社区学习团队孵化”项目,打造有特色的学习团队和社区教育基地,探索社区教育团队孵化的路径、方法;合作开展《高校与社区教育联盟工作的探索与研究》《洪山区“四点半学校”的发展现状》《社区老年人学习需求与精神追求研究》《洪山区社区教育的特色发展和品牌建设研究》等课题研究,研究成果有效地指导我区社区教育实践。

(二) 场馆资源共享利用

利用高校及科研院所图书、展览、科技、运动等场馆优势,拓宽社区教育平台。以街乡为单位组织,结合社区居民的需求,有计划、有步骤地开展丰富多彩的教育活动。

2012 年,关山街与辖区科研院所和科普场馆签订社区教育合作协议,联手打造了“十里科普长廊”。联合沿线分布的武汉植物园、中国地质大学(武汉)逸夫博物馆、湖北气象科普馆、中科院水生生物研究所白鳍豚馆、洪山科技馆、中南民族大学民族学博物馆、武汉纺织大学纺织博物馆、中南财经政法大学中国货币金融历史博物馆等 8 大科普场馆,搭建“开发平台、开放平台、网络平台”等“三个平台”,“签订一份教育联盟协议、编印一份场馆基本信息资源宣传册、组织一次集中教育展示活动、开展一次教育宣传、编印一组社区教育宣传画、刻录一张科普教育宣传光碟”等“六个一”教育活动。2014 年,关山街“十里科普长廊”被评为全国终身学习活动品牌。

(三) 专家支持社区培训

聘请高校教师组成“专家讲坛”,帮助社区构建丰富的课程体系。通过专家学者进社区、进家庭,开展全方位、多类型、多层次、多序列的教育培训活动,让社区居民在家门口就能参与最前沿、最权威、最实用的学习培训。

珞南街和武汉理工大学开展“街校牵手行动”,合作开展《珞南文史的编撰与研究》,大力宣传地域文化;依托大学的科技资源,在博苑社区建成青少年科技长廊,常年组织社区青少年开展“研学+科普+互联网”互动式科技体验实践,激励他们从小爱科学、学科学、用科学。与华中师范大学文学院联合打造“全民阅读”珞南街基地,邀请教授学者举办“古典诗词阅读”等系列讲座,大力弘扬中华优秀传统文化。2013 年,珞南街被评为全国创造学习社区示范街道;2017 年,珞南街“科技启梦 · 青春‘e’起来”被评为全国终身学习活动品牌。

（四）学生爱心志愿服务

在街道社区建立大学生志愿者社会实践基地，实现学用结合、兴趣结合、专业结合、爱心传播。大学生志愿者走进社区，成为社区教育的新生力量。

华中师范大学社区为解决学生放学与家长下班间隔期间的子女教育和看护问题，主动开办了“四点半”学校，征集了一批优秀的大学生志愿者，配备专门的辅导老师，通过健全的制度、严格的管理、灵活多样的课程设置、寓教于乐的教育活动，努力为孩子们塑造一个温馨、快乐、安全的学习和娱乐环境，让他们快乐学习，健康成长，解决了家长的后顾之忧。

（五）高校参与社区管理

利用高校科教人才优势，聘请高校教师在社区挂职参与事务管理，指导社区治理，促进社区建设，同时把社区作为大学生的社会实践和实习基地，发挥他们的专业能力，服务社区又能增长才干，助力正确的世界观、人生观、价值观和道德观的养成。

珞南街与辖区高校达成了“借力引智”的共识，聘请武汉理工大学马克思主义学院教授担任金桥社区、丽岛花园社区、狮城名居社区和博苑社区“社区管理顾问”，选聘 10 名研究生到社区担任“书记助理”，参与各类文化娱乐活动的策划组织、方案制定、布置实施、信息上报等工作，为开展活动献计献策，提升了活动质量。

（六）共同组织主题活动

高校师生和学生社团组织参与社区教育活动，社区干部居民共同参与活动过程，共同品鉴活动成果，凸显了活动价值，提升了社区教育的参与率和满意率。

黄家湖社区与湖北中医药大学联办“我健康，我快乐”中秋晚会；与长江工商学院联办“金话筒”主持人大赛，选手们大展身手，各显其能，散文朗诵、劲歌热舞，形式多样。

四、高校-社区教育联盟努力方向

高校-社区教育联盟为洪山区社区教育创新发展开辟了新路径。在联盟强有力的支撑下，洪山区成功创建了全国社区教育示范区、全国数字化学习先行区，社区教育品质和内涵有了质的提升。

（1）区级层面还要加强顶层设计，科学规划、合理布局全区这盘棋，将高校社区教育联盟工作与全区经济社会发展结合，与大学之城建设紧密结合，在组织领导、专家团队、联盟制度等方面还需要进一步构建和完善。

（2）高校的社区教育资源优质而且丰富，在资源共享和利用方面还可以探索打破地理局限，搭建共享平台，以需求为导向建构跨区域联盟，逐步扩大对全区的辐射影响，促进社区的均衡发展。

（3）街道社区也要进一步发挥主体作用，加强计划性、针对性和创新性，将高校社区教育联盟合理地融入社区治理工作中，从而有效推进社区文明、和谐和社区民生工程建设。

审稿人：宋晓菊，武汉市洪山区教育局职业教育与成人教育科科长
撰稿人：
李崇荣，武汉市洪山区社区教育学院院长
陈爱忠，武汉市洪山区社区教育学院高级讲师
王利平，武汉市洪山区社区教育学院高级讲师

案例十　打造“十分钟全民终身学习圈”（太原）

太原开放大学

一、案例背景

太原市社区教育工作起步早、基础实。在新时代之初，即出台了全国省会城市第一部终身教育地方性法规，率先迈入法治化运行轨道；新时代十年，太原市社区教育工作在《太原市终身教育促进条例》的规范下不断取得新突破，尤其在“家门口办学”方面成效显著，依托太原市全民终身学习天天课堂（以下简称“天天课堂”）为广大社区居民提供了泛在可及的社区教育服务。

二、案例主题

“天天课堂”是由太原社区大学（太原开放大学）主办，县（市、区）社区学院承办，街道（乡镇）社区学校、社区分校具体实施的学习活动，覆盖全市所有社区以及有小学布点的乡村，将终身教育的触角覆盖到全市每个角落，打造“十分钟全民终身学习圈”，为广大市民提供便捷的教育服务。

“天天课堂”致力于办好家门口的学习课堂，立足于社区居民的个性化学习需求，提供形式多样、内容丰富的学习活动，推动社区教育进村入户、紧接地气，适民需顺民意，让社区居民学有所获，满足社会成员个性化、多样化、优质化和终身化学习需求。

三、主要做法

（一）强化顶层设计，不断完善制度保障

2016年，太原市委、市政府印发《关于进一步推进学习型城市建设的实施意见》，明确要求持续做好“全民终身学习天天课堂”的组织工作，确保每周每个村（社区）至少举办一场“天天课堂”活动，打造“十分钟全民终身学习圈”。2019年，太原市教育局等九部门出台《关于进一步推进社区教育发展的意见》，进一步强调要坚持办好“全民终身学习

活动周”“大讲堂”“天天课堂”等群众喜闻乐见的学习活动，扩大全民终身学习影响力，不断提高社区教育的认知度和参与度，提升社区居民的满意度和获得感。作为太原市社区教育与学习型城市建设工作的纲领性文件，“两个意见”肯定了“天天课堂”在社区教育与学习型城市建设工作中的载体作用，并从场地、经费、人员、活动等多方面保障这项工作的开展，为社区教育在社区、在居民家门口生根开花结果提供强大的制度保障。

（二）服务地方战略，彰显社区教育活力

服务地方经济社会发展需要是实现社区教育创新发展的不竭动力与重要源泉。“天天课堂”作为太原市社区教育工作的重要载体，坚持常规学习活动和重点主题学习活动并行不悖的发展模式。常规学习活动侧重“居民需要什么讲什么”，授课内容既有诗词创作欣赏，又有书画临摹切磋，既有四季健康养生，也有消防救援演练，学习课堂既可以设在社区活动室，又可以设在田间地头，民之所需即是教之所向；重点主题学习活动紧扣太原市经济社会发展大局，2019 年以来，围绕太原市举办第二届全国青年运动会、开展党史学习教育、学习宣传贯彻落实党的二十大精神等重大事件，“天天课堂”举办了“做时代新人，创文明城市，迎二青盛会”“学党史、悟思想、办实事、开新局”“喜迎二十大·永远跟党走·奋进新征程”等专项重点主题学习活动，在将社区教育和学习型城市建设工作不断推向深入的同时为太原市全方位推动高质量发展贡献了社区教育力量。

（三）系统上下联动，合力织密学习网络

“天天课堂”是由太原市 1 084 所四级社区教育机构共同推动的学习活动。市社区大学统筹、指导和推动本区域“天天课堂”工作的开展，负责业务指导、资源建设、队伍培训、政策咨询和信息宣传等。县（市、区）社区学院负责课程开发、教育示范、项目开发、品牌建设等。街道（乡镇）社区学校负责区域内资源整合，组织实施“天天课堂”活动，指导社区（村）社区分校各项工作。社区（村）社区分校负责组织居民学习，开展内容丰富、形式多样的教育培训活动。四级社区教育机构职责明确、各司其职、通力合作，建立了课表上报机制、定期通报机制、考核表彰机制，确保工作有部署、有措施、有落实、有成效，形成工作闭环。

（四）整合多方资源，协同推进社区教育

教育部等九部门印发的《关于进一步推进社区教育发展的意见》明确提出“坚持统

筹协调,整合社区教育资源”的安排。太原市在推进“天天课堂”过程中充分整合学校资源、社区资源和社会资源,探索多元主体协同推进机制,通过交流合作,达到社区教育效能最大化。

杏花岭区巨轮街道联合党群服务中心、辖区中小学校、驻地单位共同开展“天天课堂”,为不同人群提供多样化的学习途径,实现了菜单式社区教育学习模式,常态化为居民提供文化、娱乐、健康、教育等多类型服务,让辖区居民不出门就能享受到系统优质的教学内容。在多元主体协同推进“天天课堂”模式之下,培育出“友邻‘学习圈’共绘‘同心圆’”社区教育品牌,并于2021年荣获山西省和全国终身学习品牌项目。

太原社区大学结合办学优势,自2016年开设智慧助老主题“天天课堂”,积累了丰富的办学资源。2022年,积极响应国家智慧助老政策,与山西省卫生健康委员会、太原市卫生健康委员会共同承办全国智慧助老公益行动,依托四级社区教育机构在全市10个县(市、区)组织开展40场线下培训,重点围绕运用智能手机承担“健康山西”预约挂号和使用网约车平台出行的培训任务,通过“一、十、百、千、万”传帮带,培训了2 000名活力老人(骨干志愿者),共辐射20 000名社区老年人,使全市老年人运用智能技术的获得感、幸福感和安全感不断增强。

(五)创新宣传形式,营造浓厚学习氛围

太原市充分利用各级各类宣传文化阵地,创新宣传形式,丰富方法手段,积极营造“人人皆学、处处能学、时时可学”的浓厚氛围。课表定期在太原市主流媒体《生活晨报》、太原终身学习网、社区教育机构官方公众号公布,为居民提供及时准确的学习资讯。与此同时,《生活晨报》开设专版报道在“天天课堂”开展过程中涌现出来的坚持学习、事迹突出、生动感人的学习故事。如《活到老学到老! 太原90岁老人免费开老年班教英语》讲述了90岁老人张鸣和坚持学习并带动身边人学习的励志故事,经报道后产生了广泛的影响。

随着新媒体的不断普及,全市社区教育工作者依托“天天课堂”平台,不断探索创新互联网+社区教育的内涵和形式。运用人人讲、ClassIn、小鹅通、小鱼易联、腾讯视频、钉钉等平台为广大居民提供公益直播课,不断拓宽学习活动覆盖领域和人群,深入传播“好声音”,让终身学习理念“飞入”千家万户,引领“全民智学”成为广大居民学习新常态。

四、成果成效

“天天课堂”自2014年启动以来,经历了从无到有、由小聚大,不断动态优化的发展

过程，逐渐成为集社会性、群众性、人本性、生活性和生命性为一体的终身学习和社会服务活动品牌，在 2016 年被评为全国“特别受百姓喜爱的终身学习活动品牌”。荣誉的背后，是课程内容的不断升级、师资队伍的不断完善和社区（村）居民的不断成长。

（一）课程内容不断升级

“天天课堂”累计为市民提供 177 961 场次学习课程，惠及市民达 356 万人次。在课程数量供给不断扩大的同时，打造了一批符合居民需求、内容健康向上、特色鲜明、表现形式丰富多样、易于传播推广的高质量课程资源，并在多类课程评选活动中斩获佳绩。

2016 年，杏花岭区社区教育学院制作的《山西老陈醋酿制技艺》荣获“第二届 NERC 杯全国社区教育优秀微课程”一等奖，太原社区大学的“微信常用功能介绍”、万柏林区教育局的“茶商道”、迎泽区社区学院的“如何制作刀削面”、晋源区晋源中心小学的“晋祠讲解”等微课程荣获优秀奖。

2017 年，出版全国首套《学养结合》教材，荣获“高校第三年龄大学联盟精品教材”评选二等奖。“老年人手机手势操作”“老年人手机地图的使用”等微课程获得“第三届 NERC 杯全国社区教育微课程评选”优秀奖。

2018 年，开发《三晋帝王选》《汾东旧话》（上下）、《学习型家庭风采》等本土教材，微课程“山西面塑技艺与传承”获得“第四届 NERC 杯全国社区教育微课程评选”二等奖。

2019 年，编写《跟我学编织》《汾东乡吟》《杏花岭区老年教育课题研究》等书籍，开发“晋剧——‘打宫’小旦与小生的表演技巧”“话说柳巷”等微视频课程，荣获全国二等奖等荣誉。

2020 年和 2021 年，重点开发家庭教育和老年教育系列微课程，并在太原市 FM97.5 老年之声《幸福社区》栏目《社区课堂》节目进行推广，积极探索电台线上课程转线下课程模式。

2022 年，“老年智能手机课程开发”项目入选教育部首批“能者为师”实践创新特色类项目，《老年轻松玩转智能手机》入选中国教育在线 2021 年度老年教育优秀案例，两项荣誉都为山西省唯一。

（二）师资队伍不断完善

为保障“天天课堂”项目的持续深入开展，全市组建起 17 482 名专兼职社区教育教师队伍（包括志愿者），形成较为稳定的社区教育师资力量。实施培训工程，优化社区辅导员队伍。全市各县(市、区)动员、组织、抽调、选拔 1 061 名各级各类骨干教师组建了社区教育辅导员队伍,分派到各个社区,充实社区教育管理和师资力量。市终身教育与学习型社会建设促进委员会办公室通过各行业主管部门、各单位积极推荐、专家评选,选出 133 名有特长、有才艺,有演讲能力、知识渊博且热心公益事业的行业人才组建了太原市全民终身教育百名专家讲师团。不断优化队伍建设,深化全民终身学习效果。

(三) 社区(村)居民不断成长

办好居民满意的社区教育,促进居民不断成长,让居民通过学习有更多的获得感、幸福感,是“天天课堂”的永恒宗旨和落脚点。“天天课堂”积极寻找社区(村)内有特长的居民,鼓励并组织他们走上讲台展示自己,将自己的一技之长与身边人分享。在践行这一宗旨的过程中,涌现出了一大批草根讲师和学员之星。

张桂英,2018 年全国“百姓学习之星”获得者,坚持从事面塑艺术工作几十年,致力于我国传统手工艺的传承和发扬的山西省非物质文化遗产保护项目、代县面塑第四代非遗传承人,依托“天天课堂”推动面塑文化进社区。目前,在杏花岭区涧河街道涧河社区成立了“面花工作室”,所授课程成为“天天课堂”特色课程,使代县面塑这一珍贵的民间技艺得到了更好的传承和发扬光大。

丁丽,2021 年山西省“百姓学习之星”获得者,通过义务授课、视频教学、文化沙龙等形式,在太原市杏花岭社区教育学院、迎泽区教育学院、太原社区大学、太原市实验中学、山西省实验小学、新星幼儿园等单位开展“天天课堂”茶艺科普教育,6 000 余人受惠。

进入新时代以来,太原市共培育 19 名全国“百姓学习之星”,其中,“事迹特别感人的百姓学习之星”2 名。他们始终活跃在离居民最近的地方传授知识,积极引导带动周围群众广泛参与学习,为全民终身学习发挥了示范引领作用。

五、案例评析

“十年磨一剑,砺得梅花香”。“天天课堂”在新时代十年的发展历程,也是我国社区教育由粗放式发展向集约式、精细化发展的关键转型期。“天天课堂”与社区教育共同成长的实践证明,办好“家门口的全民终身学习课堂”是实现社区教育高质量发展的基石和引擎。在当前“构建服务全民终身学习的教育体系”的时代背景之下,适应新时代区域经济社会发展需要和服务人民对美好生活的向往,是“天天课堂”永葆蓬勃生命力的重要基础和内在要求。站在新的起点之上,“天天课堂”将继续深耕于居民赖以生存的社区（村），服务于每一位社区（村）居民，通过喜闻乐见的学习让群众有更多、更直接、更实在的获得感、幸福感和安全感。

审稿人：时耐敏，太原市终身教育与学习型社会建设促进委员会办公室副主任、太原开放大学（太原社区大学）副书记、校长

撰稿人：

黄建林，太原市教育局民办与成人教育管理科科长

武　晨，太原开放大学（太原社区大学）社区教育系主任

岳　君，太原开放大学（太原社区大学）社区教育系教师

案例十一　“智慧学习”促进全民终身教育发展(深圳)

深圳开放大学

一、基本情况

“深 i 学”全民终身学习平台(以下简称“深 i 学”)为深圳市教育局主管,深圳开放大学承建,面向全体市民打造的“以人工智能为技术支撑,以互动式、智能化的学习体验为核心”的终身学习综合支持服务平台(图 3-11-1)。“深 i 学”,谐音“深爱学”,寓意“人人可学、随时可学、处处可学”的全民爱学习教育理念,并贯彻落实党的二十大报告提出的“建设全民终身学习的学习型社会、学习型大国”精神,积极响应深圳市政府建设学习型城市的号召,大力推进深圳市全民终身学习、建设学习型社会的建设和落地。同时,“深 i 学”已与“i 深圳”进行了对接打通,全力助推深圳终身教育工作。

“深 i 学”集学历教育、非学历教育、技能提升、各类知识讲座和教学活动为一体,是全面贴近市民工作、学习、生活需求的大教育终身学习平台,实现了 PC 端、APP 端、微信公众号三端融合。平台整体规划了 9 大首页(含 1 个总首页、8 个专题子首页),专题子首页分别为新思想专区、党史学习专区、市文明办的“文明第一课”(文明素养提升学习专区)、光明区“三校一体”“乐学光明”专区、护航未来(青少年专区)、老年大学(老年人专区)、女子学院(女性人群专区)、培训中心(适岗培训专区)。

通过此学习平台,深圳已基本实现以智能、精品、品牌为特质的终身教育,“办好一个平台,服务每一片社区,惠及每一位老者市民”是“深 i 学”的宗旨。目前平台注册人数已突破 243 万,月访问量超过 1 000 万次,累计访问量突破 2 亿人次。平台还通过线上直播、线下面授班、小视频、主题讲座等学习方式,实时同步老年大学、社区活动、湾畔学堂、适岗培训等教学活动,将最新鲜的知识第一时间分享给深圳广大市民朋友。

图 3-11-1 “深 i 学”PC 端门户总首页

二、亮点功能

（一）千人千面功能

基于学员画像针对性推荐学习资源，每个学员页面都不一样。同时，突破传统的被动学习方式，学员可以主动分享生成内容，构建自己专属的学习空间，空间是可编辑、动态更新的，并且可以将个人空间转发分享至好友，从而实现可共享、可互动的专属学习圈层。

（二）实时共享互动

广大市民以及老年大学的长者们，很容易就能拍出精彩的短视频，尽情展示自己的学习、生活风采，并且可以点赞、关注，一键生成精美的海报分享给好友，真正践行“老有所学、老有所乐”的建设理念。

（三）智能伴学

针对打字不便的长者，“深 i 学”的智能伴学机器人提供 24 小时服务，通过语音即可精准检索到某个学习资源，甚至是资源视频的某一秒，实现学习的“智慧助老”。

（四）智能直播

疫情期间，各区教育局、各高校、各企业单位用“深 i 学”开展各类直播、培训和学习活动，手机即可随时随地开播，智能风控适时巡检管控敏感信息，全面保障安全性；管理后台支持灵活设置权限，比如光明区教育局每个学校、年级、班级都利用平台自主开展直播，家长课堂的单场课程直播同时在线人数最高达到 2 万人。

（五）智能陪练

“深 i 学”开展的“每日一练”智慧学习挑战赛，创新使用人机对话方式，加强学员学习体验感，学员之间可以相互 PK，大大提高学员的学习积极性和趣味性。

（六）学分银行

“深 i 学”打通了学分在线申请—审核—查询等一体化功能，用户在手机端即可适时查询、申报个人学分。同时，用户线上及线下的学习行为均可以申报学分。从而真正搭建起终身学习立交桥，更好地促进学习成果积累、认证和转换，畅通人才终身成长通道。

三、主要做法

（一）“共建+自建+共享”，丰富终身学习资源

通过“共建+自建+共享”等方式快速搭建丰富多样的课程资源，为深圳市民提供多样化学习资源。

（二）差异化教育服务，满足多元学习需求

针对深圳城市特点，为不同市民人群提供个性化、差异化的教育教学服务，积极满足市民多元的终身学习需求，促进社会成员的才能与价值全面发展。

一是大力发展深圳社区老年教育，开展适合老年人特点的教育活动，如保健、法律、德育、家政、休闲等不同类型老年课程，同时通过“深 i 学”平台拓展老年教育资源，培养老年教育学习点。

二是积极开展广大市民拓展教育，开展以年轻人为主的深圳市民课程教育活动，开设包括英语口语、戏剧欣赏、面试技巧、国学修养、时尚生活、文化艺术、休闲旅游、信息技术等多方面课程，营造时尚的教育氛围，进一步推进社区教育课程的开发和建设工作。

三是全面开展在岗人员培训，为服务深圳市建设先行示范区，对人力资源提出了新要求，优化人力资源结构，提升整体创新能力，全面开展在岗人员完成相应的理论知识学习和职业技能、职业资格培训（图 3-11-2）。

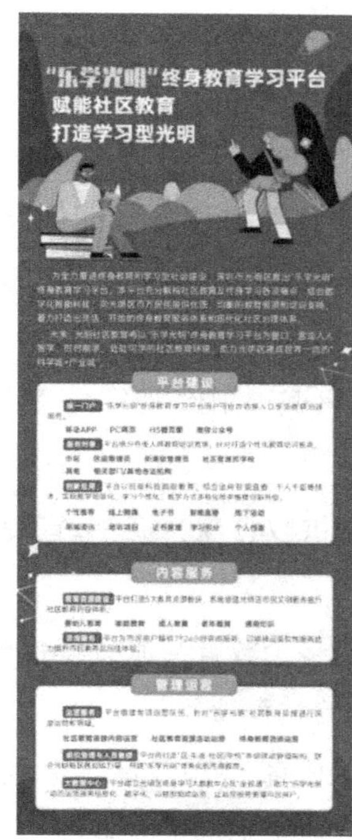

图 3-11-2 “深 i 学”相关讲座

（三）“互联网+”机制，促进学习者活学活用

坚持以“互联网+”发展思路，以“用户扩大、黏性增强、品牌强化”为目标，以构建核

心用户群为策略，通过建立基于老年人、普通市民、企业职工三类核心人群的运营体系，持续性、针对性地运营活动，让平台真正“活”起来。

一是引入用户增长机制。建立丰富多样的终身学习用户增长机制，鼓励更多的用户参与到终身学习中来。平台借助互联网热门媒体资源，向社会公开广泛宣传和推广终身学习。同时借助深圳开放大学自身平台资源，联动“市—区—街道—企业”各级单位力量，开展线上线下活动。打通政府单位平台，多渠道吸引用户参与学习。

二是建立用户激励体系。平台支持统一的用户积分激励体系，用户在平台进行学习、考试、培训、直播、签到、互动等所有学习行为均有相应的积分奖励，以此打通用户学习激励流程闭环，从激励层面触发用户学习行为，提高终身学习积极性。

（四）重点打造终身学习品牌，带动市民终身学习

以提升深圳全体市民素养为目标，打造“文明第一课”“乐学光明”等终身学习品牌，通过品牌效应带动全体市民终身学习的积极性和持续性，为大力推进深圳学习型城市建设添砖加瓦。

四、经验效果

“深 i 学”全民终身学习平台，真正做好专项教育工作赋能和支持，服务相关团体、组织的日常培训、教育教学活动和项目开展工作，促进平台覆盖更多更广的终身学习群体，推动智慧学习教育工作的发展。目前，已实现以下赋能成果：

一是平台赋能。为有意向参与市民终身学习工作的单位提供课程制作平台、学员报读与学习平台、终身学习统一账户与学分银行。

二是流量赋能。为有意向参与市民终身教育工作的单位提供教育项目展示、宣传，让用户了解并参与专项教育学习。

三是整合赋能。以“深 i 学”全民终身学习平台为纽带，鼓励多个教育与服务单位整合共赢，探索可持续发展的教育模式，为深圳市民带来更多优质的教育项目。

四是终身赋能。完成深圳市民素养提升、岗位技能学习、老年人教育、专项教育等各级各类群体和教育业务的组织、管理及培训，并通过优质的终身学习支持服务，践行终身学习。

2021 年 12 月 28 日，中国国际高新技术成果交易会 2021 年 IDG 亚太智慧城市大奖评选结果揭晓，“深 i 学”全民终身学习平台，凭借在数字化学习领域的积极探索和卓越成效，得到了专家组成员的一致认可，荣获“2021 中国领军智慧学习平台”称号（图 3-11-3）。2022 年 4 月，“深 i 学”全民终身学习平台项目入选教育部职业教育与

成人教育司“智慧助老”优质工作案例首批推介名单(全国38个,广东省2个),并于2022年12月获得深圳市社区教育服务民生创新工作优秀案例一等奖。

图3-11-3 “深i学”荣获“2021中国领军智慧学习平台”称号

五、活动展望

为促进终身学习,新平台融合大数据分析与机器深度学习,成功实现教学场景化、学习个性化、教学方式多样化,终身学习方式多维度升级。结合人工智能、大数据、深度学习等技术,打造远程互动教学、VR直播、智能陪练等智能教学场景,提供体系化、精品化、开放化的内容建设机制,并形成“AI智能”“千人千面”“共建互惠”“学贯终身”“一库一网”的功能特点,以科技赋能教育,培育知名学习品牌,激活教育新生态,以优质服务惠及市民。今后,深圳开放大学将努力推动建设“互联网+终身学习先锋阵地”“市民学历和素质提升开放阵地”“粤港澳开放教育文化交流阵地”等终身学习主阵地,为深圳“双区建设”和综合改革试点作出新的贡献,全力推动“深i学”助力深圳全民终身教育发展。

审稿人:肖盛生,深圳市教育局职业与终身教育处副处长

撰稿人:

唐伟志,深圳开放大学党委委员、副校长,教授

余小舵,深圳开放大学终身教育学院副院长,讲师

张　伟,深圳开放大学终身教育学院教师

案例十二 “三式三体三联动”智慧助老项目(大连)

大连开放大学

一、项目背景

大连是我国较早提出建设学习型城市的城市之一。2001 年 6 月,中共大连市委九届一次全会通过了《关于建设学习型城市的决定》。同年 8 月,中共大连市委办公厅、大连市政府办公厅转发了大连市委宣传部《关于建设学习型城市的实施意见》,自此,掀起大连市学习型城市建设热潮。2013 年,大连市被中国成人教育协会确定为全国首批学习型城市联盟成员单位。至今,大连市建设学习型城市建设已历经 22 年。2022 年,党的二十大胜利召开,按照党中央“推进教育数字化,建设全民终身学习的学习型社会、学习型大国”战略部署,大连在进一步谋划新时代全方位推进学习型城市建设新策略的同时,根据社会老龄化实际和老年教育在学习型城市建设中的特殊地位,对于老年群体的学习方式给予了重点关注,通过开展“三式三体三联动”智慧助老项目,开创新时代学习型城市建设新途径,不断促进学习型城市建设制度化、体系化、特色化发展,收到良好成效。

伴随大连社会老龄化的到来,互联网、大数据、人工智能等信息技术也同时快速发展,深刻影响和改变了社会生产生活方式。在庞大的老龄群体中,不少老年人不会上网,不会使用智能手机,在出行、就医、消费等日常生活中遇到不便,无法充分享受数字化服务带来的便利,“数字鸿沟”成为许多老年人学习和生活的屏障。为有效应对老龄化与数字化的双重挑战,破解数字化与老龄化的矛盾,有效解决老年人在运用智能技术方面的困难,让老年人更好共享信息化发展成果,大连开放大学牵头成立“三式三体三联动”智慧助老项目团队,通过研究探索老年教育教学模式,推进学习型城市建设深化开展,取得了良好的成效。

二、“三式三体三联动”智慧助老项目的内涵

“三式三体三联动”智慧助老项目是大连市落实国务院印发的《关于切实解决老年人运用智能技术困难的实施方案》、教育部办公厅《关于广泛开展老年人运用智能技术教育培训的通知》精神，在老年教育领域开展的课程教学实践项目。老龄化和数字化是项目实施的两个基本出发点。“三式”指的是开展智慧助老教育活动的三种教学模式；“三体”指的是三个学习载体；“三联动”指的是互相联系的三级教学平台。

（一）利用三种教学模式开展智慧助老课程教学

1. 模拟仿真

为方便一部分行动不便或年长理解能力较弱的老年人，学校建设了 VR 体验教室，引入了如火灾逃生应急等课程的 VR 实景资源，邀请老年学员利用模拟仿真技术进行体验式学习。

2. 定制实境

部分农村偏远地区，很多留守老人的家中没有电子产品或不能很好操作手机，针对这种情况，学校下派专业教师走进村子、居委会，帮助设计实境体验教室，让偏远地区老年人能够在实境中增强学习效果，体验学习快乐。

3. 内驱外引

在教学实践中不断发现新问题，及时更新课程教学内容和教学形式，同时引入专业人士开展课程教学，如与移动、联通等公司合作开展网络技术培训，与银行等金融机构合作开展防诈骗培训等。

（二）搭建三个学习载体将智慧助老课程教学落到实处

1. 课堂学习载体

在传统的老年教育课堂上植入智能技术应用内容，从点到面，逐步推广。通过成立课程核心团队，编制教材，培训师资和志愿者等手段，将课程下沉到区县、街镇、社区村屯三级办学机构。

2. 网络学习载体

利用互联网，通过录微课程、“享学大连”小程序开设公益直播课程等载体，满足老年人时时可学，处处能学的诉求。

3. 体验学习载体

建设VR体验教室、课程体验教室、临时体验场景等学习载体，开展体验式教学。

(三) 建设三级教学平台，让智慧助老课程惠及更多人群

1. 市级平台建设

市级智慧助老教学平台主要依托市开放大学建设，主要功能是对全市智慧助老工作的行使统筹协调职责。2017年12月，依托大连开放大学挂牌成立大连社区大学。2018年4月，依托大连开放大学挂牌成立大连市社区教育指导中心；同年5月，国家老年开放大学批复成立了大连老年开放大学。

2. 区县平台建设

县(市、区)智慧助老教学平台主要依托区县社区学院建设，由区县社区教育学院完成智慧助老的课程开发、教育示范、业务指导、理论研究等任务。目前，全市11个区县，已经全部成立社区学院(老年大学)。主要城区已实现区级社区学院、街道社区学校社区教育网络的全覆盖。

3. 街道(乡镇)平台建设

街道(乡镇)智慧助老教学平台主要依靠街道(乡镇)社区学校来建设，负责指导村(社区)教学站(点)的智慧助老教学工作。目前已在120个乡镇(街道)社区学校，685个社区(村)建设了智慧助老教学点。

三、项目实施过程

(一) 酝酿探索阶段(2014—2018年)

大连开放大学牵头，有关部门配合成立"智慧助老项目组"，遴选具有一定办学优势的社区教育机构，作为"智慧助老"教学试点单位。从老年群体实际需求出发，搭建课程学习载体，开发"智能手机应用"等多门课程，采用一对一、手把手、一帮一、一帮多的教学方式，保证教学效果。精准帮扶老年人的智能手机应用问题，为学员学习、工作和生活提供便利。

(二) 提炼孵化阶段(2018—2019年)

项目组结合已有的试点经验，招聘专业人士，成立专业孵化团队，培养10位课程骨干教师，培训100名授课讲师，带动1 000位课程志愿者，由点带面，联合开展"智慧助老"教学活动。在这一阶段，团队教师更注重教学模式和教学载体的创新。教学模式由

传统课堂转换为“模拟仿真课堂”“定制实境课堂”，帮助学员建立新的学习情景，同时，通过搭建村居课程体验教室、临时体验场景，拓宽“智慧助老”课程实施载体，为老年学员提供“泛在可学”的课程，激发学员的学习热情。

（三）推广应用阶段（2020—2023）

通过前两个阶段的培育，项目逐渐稳定，从2020年开始，大连市利用全市社区（老年）教育三级网络，通过微课程、“享学大连”小程序等载体，全面推进“三式三体三联动”老年教育教学模式发展。大连市社区教育指导中心印发了《关于开展“敬老月”“智慧助老”教育行动的通知》，要求全市各区、市（县）积极发挥网络效应，联通三级办学网络。课程团队通过视频直播课的形式对全市区（市、县）、街道、村居的讲师、志愿者进行课程培训，保证课程能够在三级体系平台中有效推广。

四、“三式三体三联动”智慧助老项目的应用效果

据不完全统计，仅2021年“敬老月”活动期间，全市共开展智慧助老相关线上、线下讲座173讲，公益课程275次，送课进社区104次，全市通过媒体报道、官网平台、发放宣传资料、制作条幅、投放电子屏等形式广泛开展智慧助老教学实践宣传，共有近3.5万人次参与了学习。该成果在“享学大连”小程序中开设直播课，通过智慧课堂丰富老年人的文化娱乐生活，课程访问量达到近10万人次。智慧助老核心课程“智能手机应用”制作了手册，免费发放给有需要的老人自学，仅“敬老月”期间就发放了8 820本。两年来，“智慧助老”项目取得了明显的成效，实现了一代帮一代、低龄扶老龄的波浪式养老服务良性循环。通过开展“智慧助老”项目，进一步促进了教育服务队伍规范化建设，成功帮助一大批老人跨越了“数字鸿沟”，争做“智慧老人”，成为新时代大连学习型城市建设中老年群体的新追求。

审稿人：王玉宝，大连市社区教育指导中心办公室副主任

撰稿人：

潘士君，辽宁成人教育培训指导中心主任

刘冬萍，大连开放大学社区大学主任

案例十三　南京市依托社区教育全力服务“三农”　助力乡村振兴

南京市教育局

南京市依托社区教育资源，以“讲师团流动授课、优秀项目靶向培训、基地示范引领”为抓手，全力服务和保障“三农”工作，促进农业全面升级、农村全面进步、农民全面发展。“十三五”期间，全市累计开展农民实用技术培训150余万人次，农村劳动力转移培训40余万人次。

一、流动授课，讲师团将教育培训送到“田间地头”

早在2002年，南京市教育局就联合金陵科技学院成立“南京市农科教讲师团”，以教育“促就业、助致富”为目标，深入农村田间地头为农民致富提供农业技术培训和指导，获评全国首批“特别受百姓喜爱的终身学习品牌项目”。一是精心挑选讲师团专家成员。讲师团现聘用专家126名，均是在本行业有影响且熟悉区域农业发展现状和趋势的专家，100%具有高级以上专业技术职称。讲师团对每位专家提出“五个一”的工作要求，即每年开展一项课题研究、推广一项重点技术、落实一个联系点、发表一篇专业技术文章、争取获得一项科技成果。二是精准传授提升帮扶效益。讲师团立足专业支撑不断拓宽服务范围，适时拓展农村成人教育发展的新领域和服务的新功能，形成行政人员讲政策、专家教授讲理论、技术人员讲操作的授课体系。讲师团自成立以来，开展了八大类80多项培训，累计组织农民培训1 600余场，开展技术服务600余场，编制发放培训资料超过1.7万册，培训农民超14万人次，帮助1.7万余人通过考核被认定为新型职业农民。三是精细跟踪确保帮扶质量。讲师团免费开展送科教下乡与跟踪服务活动，总行程达50余万公里，遍布全市所有涉农街（镇）。20余年来，讲师团专家每到一处都主动给当地农民留下联系方式，课堂上传授理论知识，田间地头解决实际问题，脱贫一个人、致富一家人、带动一帮人。南京八卦洲蔬菜种植户张运喜在讲师团专家的建议和技术支持下，改种南京人爱吃的“七头一脑”（香椿头、荠菜头、马兰头、枸杞头、豌豆头、小蒜头、草头、菊花脑)，当年就实现经济效益翻番，随后他成立了蔬菜专业合作社，带动当地居民共同致富。

二、建设基地，社区教育中心整合资源带动农民致富

“十三五”期间，南京市实现了省级标准化社区教育中心全覆盖。在此基础上，南京市充分发挥社区教育中心阵地作用，支持街(镇)社区教育中心建设教育服务“三农”基地，累计建成9个江苏省教育服务“三农”高水平基地。一是构建基地建设模式。社区教育中心与具有一定生产经营规模的农业企业开展合作，由社区教育中心提供教育培训和技术支撑，依托农业企业引领带动3个以上新型农业经营主体，形成“社区教育中心+农业企业+农户”的产业运作模式。基地每年为当地超过1 000人次的农民提供教育培训，为超过500名的农民提供信息、技术、销售等服务。二是筑牢基地建设基础。社区教育中心依托家庭农场、专业大户、农民专业合作社、农业产业化龙头企业等新型农业经营主体，通过技术培训示范引领，大力推广并转化农业科技成果。栖霞区八卦洲街道果蔬种植教育服务“三农”高水平基地主营蔬菜和葡萄种植，自主种植面积600余亩，带领农民种植面积200余亩。基地合作社入股社员10人、入社44人，带动农户146户，实行“统一布局、统一种苗、统一防治、统一包装、统一销售、盈利分红”，辐射周边农户共同致富。三是谋求基地建设实效。教育服务“三农”基地致力于培养高素质农民，助力农民增产增收。浦口区桥林街道“南京好大米”产学研基地成立之初示范区域面积仅300余亩，目前已增加到7 355亩，优质良种覆盖率达100%。桥林街道社区教育中心以基地为主阵地，每年开展8次以上水稻产品信息讲座，受益人员超1 200人次，示范带动3个新型农业示范户，帮助其年收入增长超过12%，同时，积极服务周边2 000多户非成员农户技能提升。

三、打造项目，靶向培训帮助提升农民就业增收能力

南京市各区社区学院和各街(镇)社区教育中心坚持“贴近市场、贴近岗位、贴近需求”，通过针对性强、符合区域产业特点的品牌培训项目，切实提高农民就业增收能力。2019—2022年，市教育局累计培育25个市级“教育服务乡村振兴战略实施优秀项目”。一是注重遴选优秀项目。围绕“产业兴旺、生态宜居、乡风文明、治理有效、生活富裕”乡村振兴战略总要求，设立五大类优秀培训项目，由区社区学院或街(镇)社区教育中心担任实施主体或占据主导地位。二是优化项目培育策略。组织专家组对入选的优秀项目进行研判，根据项目特质确定差异化培育策略，并提供全程跟踪服务。江宁区淳化街道

的谋“服务三农”教育创“珠米飘香”品牌项目，通过组织开展“珍珠米”栽培与推广系列培训，促进特色农业品牌产品“珍珠米”产销，先后在10个社区举办专家讲座数十场，培训农民近2 000人。浦口区星甸街道的涵养“茶人”“玉剑”飘香项目，依托赭洛山茶文化基地建立产教联动培育专业“茶人”机制，开展茶叶种植与茶文化培育教育培训，先后帮助3 000余人走上专业“茶人”之路。三是强化失地农民培训。关注失地农民和失业、转岗、新上岗农民工岗前培训和岗位技能提升需求，通过培训提升职业素养和可持续发展能力。浦口区永宁街道社区教育中心的家政服务技能培训项目重点开展月嫂、育婴师、保洁工、护理工等培训，解决辖区低学历群体就业难问题，已举办家政服务培训19期，培训675人，推荐就业604人。溧水区晶桥镇社区教育中心通过让科技素养与生态建设项目同步，累计完成1 500余人次的生产技术培训与指导服务，为培训学员提供就业岗位1 200多个，帮助生态园增收2 000余万元。

审稿人：黄子亮，南京市教育局职社处处长、一级调研员、南京市成人教育学会副会长兼秘书长

撰稿人：

宋冬梅，南京市教育局职社处工作人员

王明海，金陵科技学院继续教育学院农科教办公室主任、副教授

案例十四 链接各类社区资源 助力社区老年人学习智能手机(苏州)

苏州市吴江区社区培训学院

一、主要背景

目前,苏州市吴江区老年人学习智能手机的积极性越来越高,老年大学的智能手机班常常是人满为患。经过走访和问卷的调查,我们了解到,这是由多种因素引起的:

(1) 经济的发展。吴江地处长三角地区,经济发达,手机成为人们的生活必需品,包括老年人,拥有一部智能手机,在经济上已经不成为障碍。特别是年轻人手机更换的频率较高,他们常常把使用时间不长的半新手机送给自己的长辈。

(2) 人际交往的需要。随着智能手机使用的普及,人与人之间信息的交流越来越与手机关联,晚辈、朋友的微信聊天、视频播放等成了老年人羡慕的对象。

(3) 生活便利的需要。随着手机支付、公交出行、医院挂号等手机功能的普及,老年人也越来越感受到手机使用的迫切。

老年人智能手机学习的渠道主要有:自己摸索、由晚辈教、请同伴教、进老年大学学。但是,由于不少老年人文化水平不高,记忆力相对比较差,碎片化的学习常常使他们前学后忘,最后有的就只能望“机”生叹。自己摸索,摸了半天都没入门;晚辈和同伴教了一遍又一遍,当有些不耐烦的话出现时,老年人自己也不好意思再向他们请教了;老年大学虽是好去处,但是那里招生人数毕竟有限,加上老的学员一直不肯离去,新的学员永远报不进来,那些文化程度不高,一辈子很少跟学校打过交道的老年人,更是不敢踏进老年大学半步。

在了解到这些情况后,吴江区社区培训学院决定编写教材,开发老年智能手机数字化课程,搭建平台,组织服务团队,为老年人学习智能手机开辟一条新的道路。

二、实施过程

（一）基本思路

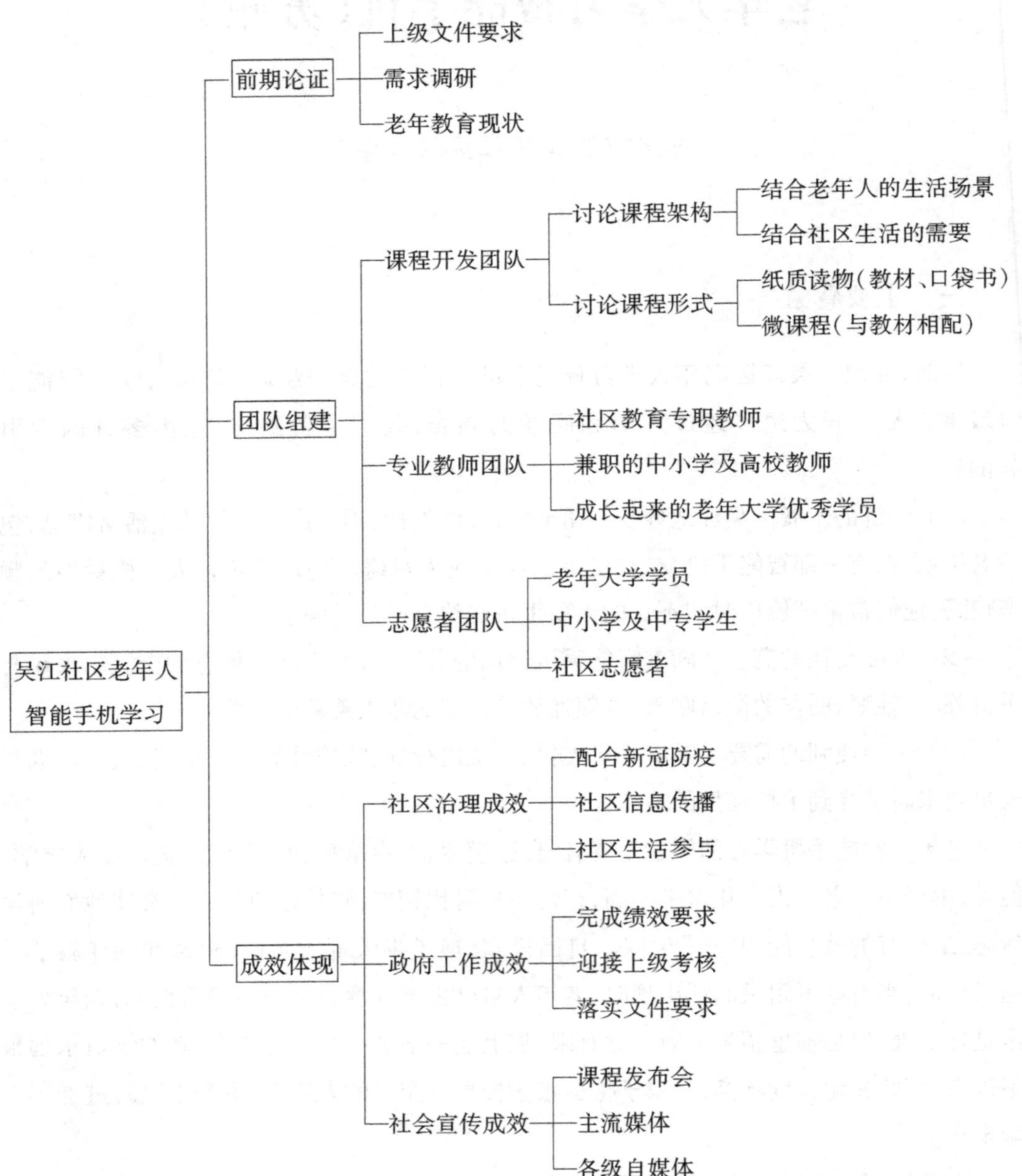

吴江社区老年人智能手机学习
前期论证
上级文件要求
需求调研
老年教育现状
团队组建
课程开发团队
讨论课程架构
结合老年人的生活场景
结合社区生活的需要
讨论课程形式
纸质读物（教材、口袋书）
微课程（与教材相配）
专业教师团队
社区教育专职教师
兼职的中小学及高校教师
成长起来的老年大学优秀学员
志愿者团队
老年大学学员
中小学及中专学生
社区志愿者
成效体现
社区治理成效
配合新冠防疫
社区信息传播
社区生活参与
政府工作成效
完成绩效要求
迎接上级考核
落实文件要求
社会宣传成效
课程发布会
主流媒体
各级自媒体

（二）具体内容

1. 需求调研

2020 年 11 月，为贯彻落实国家助力老年人破解智能技术困难的相关文件精神，苏州市吴江区社区培训学院走访了卫生健康委、教育、民政、老干部局等部门，根据他们的需求编制了《吴江区老年人智能技术运用情况调查问卷》，在全区开展了需求调查。通过调查了解到：一是老年人学习主体的学习能力有限，感知、记忆、思维的能力减退，高龄老人中仍存在文盲，个性化需求大。二是教师主体方面数量不足，大多是自学成才，边教边学，教学素养不高。三是教育实施过程中，教学资源少，系统性、适老性欠缺。四是城乡老年人学习资源不平衡，全社会对老年人处于技术困境的认识还不足。在前期调研的基础上，学院决定组建团队，搭建传播平台，开发适老化的课程，广泛招募志愿者，以赛促建、以赛促学不断提高教师队伍的素养。

2. 组建团队

2021 年 3 月，吴江区社区培训学院联合各乡镇社区教育中心，组建“智慧助老”课程研究和开发团队，团队成员共 9 人，其中研究生学历 3 人，党员教师 5 人，长期从事老年智能技术教学的老师 4 人。团队教师先后学习国家和省、市的相关文件，交流多年来老年人智能技术课程教学的经验、成果以及相应的痛点和难点，分析调研统计的结果，形成调研报告。经过团队成员多次的会议讨论和研究，具体明确了：① “悦学吴江”微信平台课程发布和运行的可行性以及制作微课需要统一的技术参数；② 编写《快易通——智能手机》教材，确定编写的原则、方向、目录和分工；③ 配合教材开发，确定开发与教材相配合的适老化的直观数字化微课；④ 确定课程推广的路径、方法和步骤。

3. 课程开发

针对老年人的认知特点与生活需求，课程建设团队以高频事项和服务场景作为教学主线，有效涵盖消费、就医、出行等多个生活场域，编印 1 万册智能手机学习读本《智能手机快易通——吴江区老年人运用智能技术专项普及培训手册》，手册采用 A4 大开本、全彩印刷、字体清晰、图片生动、语言通俗易懂；同时新建配套视频微课 51 课时，关注“悦学吴江”微信公众号，进入公众号页面后点击下方菜单栏中的智能技术，选择相应的章节即可获取课程视频，视频课程采用全真界面，配音和缓，步骤详尽，可反复观看，适老程度高。

4. 注重传播

课程开发完成后，吴江区教育局、发改委、卫生健康委、民政局、老干部局联合召开课程发布会;各乡镇社区教育中心老师和志愿者走入城乡社区,将教材送到老年人手中,同时辅导看视频,操作手机;由区老龄协会牵头,举办课程培训班,面向全区300多个老年人日间照料中心工作人员进行培训,在15个设施条件好、服务老年人群多的日间照料中心挂牌作为城市社区学习中心能力建设项目点;在小学、中学和中专各设试点学校,布置暑假社会实践作业,开展“我教爷爷奶奶学手机”等活动,倡导拿着教材、根据视频教家里的老年人学习使用手机。

5. 展示成果

2021年底,吴江区对老年人智能手机的推广使用工作进行阶段性的总结。一是开展教育故事征集活动,邀请所有参与者将在老年智能手机普及工作中的所感所想用故事的形式展示出来,这里既有各镇的社区教育中心教师为将工作落地而使出的各种妙招高招,也有各志愿者参与此项工作中所感受到无比的光荣和快乐,还有一些老年学员学会智能手机使用后所感受到的兴奋和幸福,更有孩子们发动全家教会家里的长辈使用智能手机后的自豪与感动。教育故事最后汇编成册,在全民终身学习活动周上发放,受到欢迎。二是组织竞赛活动,先是以镇为单位,以教材为基础,组织老年人智能手机使用的知识竞赛。在此基础上,每个镇选出三名老年选手参加网上的操作竞赛。竞赛增加了学习的趣味,也检验了学习的成果。

三、典型纪实:从“老班长”到“好老师”的嬗变

在盛泽镇老年大学智能手机班里,30多位学员正在专心致志地听着一位老者授课,并进行指尖操作。这位老者就是72岁高龄的沈莹仁老师。老沈怀有一颗仁爱之心,在这里义务服务已有5个年头,有6期220位老人接受他的手机培训。8年来,沈莹仁经历了从电脑班的“老班长”,到手机班的“好老师”的嬗变。

(一)一叠讲义见仁心

在盛泽镇老年大学办公室案头有一叠讲义,181页,共计12万字,这是电脑班班长沈莹仁发给班里学友的课堂笔记,体现他热情待人、无私奉献的仁爱之心。

沈莹仁2010年从吴江新华丝织厂退休,便“六十岁学吹打”,学起了电脑,但难免遇到不少困难。2014年得知老伴在盛泽老年大学里学了电脑长进快,自己也报了个初级班。老伴说:“你已自学过,为何不报中级班?”他说:“学无捷径,还是先得把基础夯实好。”他那脚踏实地的学风不仅让他学得扎实,也成为日后教老年朋友掌握手机的“宝典”。为了学得好,他总是早早到电脑教室去抢座位,这样听得清,记得快,问得容易。他

唯恐漏掉一个知识点，回家便趁热打铁，整理记录誊清，成为笔记，每天一页。

成功总是青睐勤奋者。他悟性高，以至打字从笔画输入法，提高到拼音输入法。由于他电脑技能学得快，加之古道热肠，被大家选为班长。他说，班长意味着自己的责任，我不能让一位学友落下！有时候，沈莹仁接到学友来电："老沈，今天教的QQ，下一步该怎么办?""今天我有事，老师上的哪些内容?"电话接得多了，他便琢磨着：在电话里，一时讲不清的，还不如索性开个"空中课堂"。他在班里发起组建微信群，将自己的听课内容整理成"上课笔记"，每上一堂课发一期，线上线下齐发力，果然收到不错的效果。

课堂上，老师一个人既要授课还要答疑进行指导，忙得不可开交。他便主动担起了"帮教员"。就这样，从计算机初级班起，到中级班，直至高级班，一连当了3年6期的老班长，发至网上的上课笔记8本，181页，约12万字。为此，老年大学赞扬他工作高度负责，组织能力强。老师称赞他是"好帮手"；学友敬佩他是"好班长"。而他却淡淡地说："我是与大家一起探讨，相互学习，共同提高的啊！"

（二）一帧图片记善举

有一张沈莹仁与老人的合影，它是老沈热心辅导老人玩手机的写照，其背后有着动人的故事。

一天清晨，他在公园晨练，休息时看手机，旁边的老人看他操作智能手机非常"溜"，便对他说："真羡慕你，手机玩得那么好，而我成了新文盲了！你能教教我吗?"从那时起，老人对使用智能手机的渴望常常在老沈脑际浮现，他想：与其我一个人弄手机没劲，还不如同他们一起弄手机有劲。他开始对一些有交往的朋友"开小灶"，感到相互学习更好。此时，他邂逅一位盛泽老年大学的校友王月琴，她热衷于终身教育工作，在居家养老服务中心开办了智能手机班。她说，老年朋友学习热情高涨，报名人数爆棚，邀请老沈去帮忙，老沈本来就有让更多老年人与自己一样享受信息时代带来成果的意愿，便一口答应，参加义务授课。

在老人手机班里，一开始有的老人说，这样又难又烦，我记性不好是学不会的。他从增强老人学习信心入手，告诉他们：摆弄手机必须按系统的规律来操作，靠的不是记性，靠的是多练，熟能生巧。比如在上"把照相机的相片放到手机中"这一课时，他从打开"文件管理"教起，接着打开"本地空间"，然后是"内部储存"，边说边演示，收到了很好的教学效果。为了上好课，他认真备课，根据自己摸索出来的经验，自编了《手机操作文档》等资料，共有96篇文章，并且随着手机系统的更新，适时做些变更，可谓"苟日新，日日新，又日新"。

桃李不语,自成蹊径。老沈教手机,贴近老年学员,有的放矢,贴近生活,事半功倍,有口皆碑。有的老人说,我遇到手机疑难事时,宁愿问老沈,也不问小辈,他多耐心啊!而老沈说:“我看到你们会用支付宝付款,会淘宝购物截图时,比我成功还来得开心!”

沈莹仁是一个进取心极强的人,已经在支付宝、手机银行、购物软件方面得心应手了,掌握了文档编排,诸如家庭档案、医卫档案,尤其是公交时刻表一出来,市民都争着要。如今,他正在打算编写个人在“江苏人社”APP 线上申领第三代社保卡的方法步骤供他人方便使用。“一人独乐,不如与人同乐。”他如是说。

四、结果分析

(一)成效

1. 与社区的融合度增强

特别是防疫期间,老年人智能手机的使用,方便了老年人的出行,也方便了社区的治理。除去原有的区、镇老年大学学员,全区完成线下培训 334 场,培训总量达 8 363 人次;社区(村)日间照料中心完成线下培训 120 场,培训总量达 2 000 多人次;将此次培训工程与中小学暑期文明实践活动相结合,其中汾湖职业高级中学将职业教育、社会教育与老年教育有机融合,以幼带老,完成 1 000 多人培训任务,以跨代教育新理念推进培训工程;线上微课 51 课时,视频课程累计点击量达 5 000 多次,并且仍在不断上升。

2. 丰富了社区教育资源

编写完成本土化智能手机培训教材《智能手机快易通——吴江区老年人运用智能技术专项普及培训手册》,开发 51 课时数字化微课,在“悦学吴江”微信公众号中成功上线,实现全媒体课程的建设,方便老年朋友们随时、随地、反复地学习。各个社区老年人日间照料中心发展成为城市社区学习空间,成为老年人学习的重要场所资源。广大中小学老师、学生,社区工作人员、志愿者,他们积极参与到社区老年人智能手机学习推广中来,成为社区教育的重要力量。

3. 社区老年人的学习能力得到展现

对于学习智能手机,许多社区老年人有着心理障碍,觉得这是年轻人的工具,是消费的奢侈品,是十分复杂的电子产品。通过面向社区的推广和普及,老年人发现智能手机的智能真正考验的不是使用者的智能,而是设计者的智能,给使用者带来的是简易、亲切和方便,打破了他们原有的心理抵触,社区老年人的学习能力因此也得到了展现。在 2021 年举办的吴江区老年人智能手机操作使用竞赛中,各个社区的老年人热情高涨,使用熟练,展现了老年人很好的学习风采。

4. 教师的课程开发能力增强，频频获奖

在苏州市老年人智能技术优秀数字化课程资源评比中，吴江区震泽镇社区教育中心与吴江区社区培训学院联合制作完成的“手机导航”荣获一等奖，吴江区同里镇社区教育中心与吴江区社区培训学院联合建设的“玩转微信公众号”荣获二等奖，吴江区桃源镇社区教育中心与吴江区社区培训学院联合建设的“微信群的创建与管理”荣获三等奖，吴江区震泽镇社区教育中心与吴江区社区培训学院联合建设的“苏康码申领”荣获三等奖，吴江区老年大学“手机摄影与微视频制作”荣获三等奖。在师资能力提升方面，王淑琪老师的说课“老年人玩转微信”荣获首届苏州市社区教育教师能力大赛二等奖，陈杰老师的说课“微信群的创建与管理”荣获第二届苏州市社区教育教师能力大赛二等奖。

（二）不足

1. 即时性服务不够

智能手机的学习是操作性的学习，学习目标的达成就体现为操作的顺畅实现，但是社区老年人往往因记忆的衰退而使得在学习场景中学到的内容，在生活场景中会忘记，不知道怎么操作，所以教育服务的随时性、即时性就非常重要，仅仅社区教育自身的力量可能是难以做到的，需要更大范围内动员社会力量，这可能也是社区教育的一项职能，是社区教育更好融入社区治理的一个探索。

2. 高龄化服务不足

随着社会的进步，社区 75 岁以上高龄老人越来越多，他们往往是社区老年人智能手机普及的难点，也是提高社区治理能力的重点。高龄老年人的活动范围窄，接受能力弱，动作操作缓慢。如何适合高龄老人的生活和身心特点，开展智能手机普及的服务，这可能需要结合社区的为老服务活动，通过睦邻学习、庭院学习、家庭学习等创新方式，提高服务的针对性和有效性。

3. 文盲者服务不适

吴江区的城市社区绝大多数是由原来的农村社区发展过来的，尤其是社区老年人群，在他们中间，文盲和半文盲还占着相当大的比例，这使得他们在老年人智能手机的应用中首先遇到文字的障碍，为此，社区教育工作者也常常不知所措，产生回避、推却或是抱怨的心理。如何针对社区老年人中的文盲人群开展好老年智能手机应用的教育服务，提高他们的兴趣和学习热情，这是社区教育工作者，也是社区工作者所需要一起探讨和解决的一个问题。

4. 社区化服务不全

吴江区区域面积大，城市社区分布散，老年人智能手机服务往往偏重中心城区，而对于偏远的社区常常照顾不到，或是停留在发发资料、拉个横幅等这样的表面工作，如何形成工作的机制，如何实现日常的运作，这还需要从健全网络、培养队伍等方面不断地加强。

（三）改进方向

1. 更重视前期调研

以真实的需求为平台开发和课程建设的依据，摸清本地区老年人的切实需要与学习意愿，有的放矢，实事求是。

2. 更重视课程的细分

在细分需求的前提下，依据老年学习者的个性化特征与学习现状，遵循教育规律，研发出适合老年人使用的书本教材及视听课程，多维度优化老年人学习效果。

3. 更重视平台的传播

与传统课程开发相比，现代课程开发必须考虑到利用好网络传播的平台，尽管老年人开始不会上网，不会看课程，但教会他们之后，他们可以自己对照教材，反复看，反复学，系统学，解决了老年朋友常学常忘的问题。

4. 更重视细致的服务

利用好现有的老年活动基地，积极送教上门，不断寻求跨年龄、多部门通力合作，纵向横向拓展施教面，积极搭建培训平台，形成优质教育合力。

审稿人：袁喜春，苏州市吴江区教育局职社科副科长

撰稿人：

方拥军，苏州市吴江区社区培训学院社区教育处主任

朱禹寰，苏州市吴江区社区培训学院社区教育处工作人员

参考文献

[1] 习近平. 高举中国特色社会主义伟大旗帜为全面建设社会主义现代化国家而团结奋斗——在中国共产党第二十次全国代表大会上的报告[EB/OL]. 求是网(2022-10-25).

[2] 联合国教科文组织国际教育发展委员会. 学会生存——教育世界的今天和明天[M]. 北京:教育科学出版社,1996.

[3] 国际21世纪教育委员会. 教育——财富蕴藏其中[M]. 联合国教科文组织总部中文科,译. 北京:教育科学出版社,1996.

[4] 联合国教科文组织. 反思教育:向"全球共同利益"的理念转变?[M]. 联合国教科文组织总部中文科,译. 北京:教育科学出版社,2017.

[5] 联合国教科文组织终身学习研究所. 成人学习和教育全球报告(三)[M]. 上海终身教育研究院,译. 上海:华东师范大学出版社,2019.

[6] 联合国教科文组织. 一起重新构想我们的未来,为教育打造新的社会契约[M]. 北京:教育科学出版社,2022.

[7] 郝克明. 跨进学习社会——建设终身学习体系和学习型社会的研究[M]. 上海:上海高教电子音像出版社,2014.

[8] 学习型社会建设研究课题组. 学习型社会建设的理论与实践——学习型社会建设研究课题总报告[M]. 北京:高等教育出版社,2010.

[9] 学习型社会建设研究课题组. 学习型社会建设的理论与实践——学习型社会建设研究子课题报告集[M]. 北京:高等教育出版社,2010:104-139.

[10] 叶忠海. 学习型城市建设研究[M]. 上海:同济大学出版社,2011:8-9.

[11] 吴晓川,张翠珠,杨树雨,等. 学习型城市建设指标体系研究[M]. 北京:北京出版社,2014:16-18.

[12] 时龙,蔡宝田. 学习型城市与城市教育[M]. 北京:首都师范大学出版社,2005:51-52.

[13] 高志敏. 学习型城市的发展愿景与发展目标研究[J]. 成人教育学刊,2009(9).

[14] 吴亚杰,王默.学习让城市更美好:全球12座学习型城市的实践[J].开放学习研究,2016(3).

[15] 王京生.全民阅读与学习型城市建设[N].中国文化报,2021-04-19.

[16] 赵华,国卉男.面向现代化的新时代学习型城市建设的国际视野与国内经验[J].教育与职业,2021(11).

[17] 国卉男,吴遵民,韩保磊.中国学习型城市建设:从国际到本土的嬗越[J].开放教育研究,2015(12).

[18] 韩晓波,高艺文,杨溪."互联网+"背景下北京学习型城市建设路径分析[J].江苏广播电视,2022(16).

[19] 王元,孙玫璐,程豪.学习型城市建设与启示[EB/OL].公务员之家网.(2019-10-07).

[20] 蒋亦璐.学习型城市及其相关概念辨析[J].职教论坛,2017(3).

[21] 中国教育发展战略学会终身教育工作委员会.中国学习型城市建设案例(第一辑)[M].北京:高等教育出版社,2013.

[22] 中国成人教育协会.中国学习型城市建设发展报告[M].杭州:西泠印社出版社,2015.

[23] 马兆兴.太原市学习型城市建设发展报告[M].太原:三晋出版社,2013.

[24] 张华.天津市学习型城市建设的发展路径[M].天津:天津教育出版社,2014.

[25] 杭州市推进学习型城市建设工作指导委员会办公室.全球学习型城市——杭州样本[M] 杭州:浙江大学出版社,2018.

[26] 张翠珠,史枫,桂敏,等.北京市学习型城市发展报告[M].北京:知识产权出版社,2022.

[27] 王志强,陈曙,冯国红,等.深化宁波学习型城市建设研究[M].杭州:浙江大学出版社,2018.

[28] 顾凤佳.上海学习型城市建设[M].上海:学林出版社,2022.

[29] 蒋亦璐.学习型城市建设的理念与行动[M].北京:国家开放大学出版社,2020.

[30] 张伟远,许玲.终身教育与学习型城市建设[M].北京:国家开放大学出版社,2019.

[31] 戴立益.建设学习型城市大学的担当与创新[M].上海:华东师范大学出版社,2018.

［32］肖菲，陈晓燕，刘雨婷. 社会治理理论视阈下国际学习型城市建设的比较研究［M］. 南昌：江西人民出版社，2018.

［33］欧阳忠明，李国颖，潘天君. 国际学习型城市建设研究：历程、现状与思考［J］. 现代远距离教育，2016(4)：10-21.

［34］李名梁，欧灵桐. 基于知识图谱分析的我国学习型城市研究热点、主题演化与展望［J］. 江苏高职教育，2023(2)：44-53.

［35］蒋亦璐. 学习型城市建设十年回溯与本土反思——基于联合国教科文组织的重要举措［J］. 职教论坛，2023(4)：95-104，110.

［36］蒋亦璐. 学习型城市建设的全球历史回溯与本土现实思考［J］. 开放学习研究，2017(2)：33-40.

［37］张桂琴. 近 20 年来国内学习型城市研究综述［J］. 广州：广播电视大学学报，2019(4)：32-37.

［38］程豪，李家成，匡颖，等. 反思与突破：学习型城市建设的高质量发展［J］. 开放教育研究，2021(2)：42-50.

［39］陶孟祝. 回望与前瞻：我国学习型城市研究述评——基于 CSSCI 数据库(2000—2018 年)的分析［J］. 河北大学成人教育学院学报，2019(4)：53-61.

［40］朗沃斯 N. 反思与创新：学习型城市理念演进及未来［J］. 苑大勇，译. 开放学习研究，2017(2)：27-32.

［41］王仁彧. 学习型城市建设：国际经验与理性探索［J］. 中国职业技术教育，2016(17).

［42］国卉男，吴遵民，韩保磊. 中国学习型城市建设：从国际到本土的嬗越与重构［J］. 开放教育研究，2015(6)：112-118.

［43］李兴敏，袁子钦，姚秀娟. 我国学习型城市研究期刊论文的文献计量和内容分析［J］. 职教论坛，2015(21)：46-52.

［44］叶忠海，张永，马丽华. 中国学习型城市建设十年：历程、特点与规律性［J］. 开放教育研究，2013(4)：26-31.

［45］年智英，陈丽，谢浩. 世界学习型城市发展趋势：理念、标准与策略［J］. 比较教育研究，2014(11)：36-42.

［46］朱敏. 包容是终身学习与可持续城市发展的基本原则——第四届国际学习型城市大会成果《麦德林宣言》解读［J］. 终身教育研究，2019(6)：3-9.

［47］张创伟，高志敏. 全球、全民与全面：《可持续学习型城市墨西哥城声明》述评

[J]. 教育研究,2017(4):136-145.

[48] 国卉男,秦一鸣. 城市集群视域下学习型城市的价值驱动与全球图景——以“UNESCO 学习型城市奖”获奖城市为例[J]. 教育发展研究,2022(5).

[49] 苑大勇,刘茹梦. 从中国北京到韩国延寿:联合国教科文组织学习型城市的传承与创新[J]. 开放学习研究,2022(1).

[50] 陶孟祝,傅蕾. 可持续学习型城市的应然路径探索——基于国际 12 座城市的经验解析[J]. 当代继续教育,2019(3):29-36.

[51] 肖菲,陈晓燕. 社会治理视域下学习型城市建设实践的共性和个性分析——以埃斯波、北京、南杨州、梅尔顿为例[J]. 中国成人教育,2018(16).

[52] 吕欣姗,白滨. 全民学习与知识共享:韩国水原市学习型城市建设经验及启示[J]. 中国成人教育,2021(14).

[53] 葛喜艳. 韩国学习型城市发展经验研究——以京畿道光明市为例[J]. 山东农业工程学院学报,2019(1).

[54] 藏鸿雁,徐辉富. 新加坡学习型城市建设理念、举措及借鉴[J]. 中国成人教育,2018(9).

[55] 王桂丽. 非洲学习型城市建设的个案研究——以埃塞俄比亚巴赫达尔市为例[J]. 河北大学成人教育学院学报,2018(4).

[56] 国卉男,秦一鸣,游赛红,等. 学习型城市监测:从国际实践到本土重构[J]. 职教论坛,2022(2).

[57] 顾凤佳,朱益明. 国际学习型城市评价指标比较:反思与展望[J]. 开放教育研究,2019(6):112-120.

[58] 王仁彧. 学习型城市建设的国际比较与标准认定[J]. 河北师范大学学报(教育科学版),2017(2):45-49.

[59] 高志敏,贾凡,蒋亦璐. 帕提农神庙 · 学习型城市——UNESCO 全球学习型城市评价指标体系解读[J]. 教育发展研究,2013(11):6-13.

[60] 张创伟. 欧洲学习型城市质量保证框架述评[J]. 远程教育杂志,2016(4):85-92.

[61] 王春晓. 欧洲学习型城市质量分析框架初探[J]. 当代继续教育,2015(2).

[62] 谢浩. 学习型城市评价工具的国际比较研究[J]. 开放学习研究,2017(3):12-17.

[63] 郑炜君,蒋亦璐. 学习型城市建设中的利益相关者分析[J]. 中国职业技术教

育,2022(3):18-25.

[64] 肖菲,陈晓燕.基于利益相关者理论的学习型城市建设探究[J].中国成人教育,2016(16).

[65] 周素萍,全世海.学习型城市评价指标体系的建立及应用研究[J].开放教育研究,2014(4):111-120.

[66] 翟春,宋成.高等学校在学习型城市建设中的引领作用研究[J].辽宁行政学院学报,2015(10).

[67] 蒋亦璐,汤霓.我国远程高等教育服务学习型城市建设探究[J].中国职业技术教育,2021(18).

[68] 朱品一.开放大学在学习型城市建设中的职能及实现路径研究[J].辽宁广播电视大学学报,2019(4).

[69] 贾炜,彭海虹,贾红彬.开放大学服务学习型城市建设:角色、功能与展望——以上海开放大学为例[J].中国成人教育,2022(1).

[70] 常素梅.开放大学在学习型城市建设中的功能定位——以常州开放大学为例[J].广西广播电视大学学报,2017(4).

[71] 王燕枝.社区公共阅读空间:学习型城市建设的场景构建和机制保障[J].中国成人教育,2021(19).

[72] 王军辉.智慧型图书馆与学习型城市建设[J].图书情报导刊,2016(10).

[73] 李进生.数字化学习与学习型城市建设初探[J].武汉冶金管理干部学院学报,2013(1).

[74] 刘丽娜,陈立勇.数字化学习服务于学习型城市建设案例分析与对策研究[J].广东广播电视大学学报,2013(5).

[75] 黄霞.互联网时代的学习型城市建设[J].中国成人教育,2014(4).

[76] 欧阳忠明,韩晶晶.现代学习技术:学习型城市建设的助推器[J].高等继续教育,2014(2).

[77] 鲁德艳.大数据下学习型城市的建设[J].智库时代,2019(40).

[78] 陈立勇,平凡.数字化超市服务学习型城市建设的实践研究[J].天津电大学报,2016(1).

[79] 辛宪章.基于“互联网+”的学习型城市建设研究[J].哈尔滨职业技术学院学报,2019(6).

[80] 殷炳山,韩世梅,董昭岭.互联网+学习型城市建设:北京行动与反思[J].开放

学习研究,2019(1):20-27.

[81] 欧阳忠明,韩晶晶.现代学习技术在学习型城市建设中的应用研究——基于上海市与南昌市实证比较研究[J].职业技术教育,2014(28):64-69.

[82] 刘延东.促进全民终身学习创造城市美好未来——在首届国际学习型城市大会开幕式上的讲话[J].职业技术教育,2013(11).

[83] 博科娃 E.加强每个城市建设 实现一个全民尊严的未来——在首届国际学习型城市大会开幕式上的致辞[J].李玉静,译.职业技术教育,2013(11).

[84] 庄俭.全民学习:城市的包容、繁荣与可持续发展——联合国教科文组织“首届国际学习型城市大会”综述[J].当代继续教育,2013(12).

[85] 黄建.第二届国际学习型城市大会综述[J].世界教育信息,2016(9).

[86] 黄健.学习型城市建设:全球目标与地方行动——第三届国际学习型城市大会回溯[J].终身教育研究,2018(1).

[87] 杨树雨.“第四届国际学习型城市大会”评述[J].高等继续教育学报,2019(6).

[88] 朱敏.通过终身学习建设健康而富有韧性的城市——UNESCO 第五届国际学习型城市大会要旨解读[J].终身教育研究,2022(2).

[89] 饶丽,卢德生.改革开放 40 年我国老年教育的发展历程[J].中国成人教育,2019(1):10.

[90] 本书编委会.中国老年教育发展研究报告(2018—2020)[M].北京:当代中国出版社,2021:2-3.

[91] 田诗晴.近十年我国老年教育研究述评[J].西北成人教育学院学报,2019(4):26-28.

[92] 叶忠海,马丽华.中国老年教育 40 年:成就、特点和规律性[J].当代继续教育,2018(6):6-7.

[93] 安旺国,蔡淑梅.国内老年教育研究及可视化分析[J].成人教育,2018(6):51-53.

[94] 汪娟,许丽英.近十年我国社区老年教育研究综述[J].高等继续教育学报,2017(5):74.

[95] 吴晓川.学习型城市建设指标体系研究[M].北京:北京出版社,2014.

[96] 史枫.北京建设可持续发展学习型城市:行动、模式与展望[J].开放学习研究,2018(3):44-49.

[97] 张翠珠. 追寻学习型城市建设路径:北京模式的探索[J]. 开放学习研究,2017(2):41-46.

[98] 桂敏. 后示范区评估时期学习型城市建设的实践探索——以北京市为例[J]. 高等继续教育学报,2017(1):8-13.

[99] 北京教育科学研究院. 城教融合,加快推进首都学习型社会[R]. 北京教科院终身学习与可持续发展教育研究所内部资料汇编,2019.

[100] 中国教育发展战略学会全国学习型城市建设咨询指导小组,终身教育工作委员会. 中国学习型城市建设案例(第一辑)[M]. 北京:高等教育出版社,2013:117-132.

[101] 完利梅. 把"常有优学"名片擦得更亮[J]. 群众,2022,680(10):21-22.

[102] 联合国教科文组织国际学习型大会. 建设学习型城市北京宣言 全民终身学习:城市的包容、繁荣与可持续发展[J]. 职业技术教育,2013(33):41-43.

[103] 陈乃林. 国际视野下学习型城市建设的中国特色探析——以中国四个国际获奖的学习型城市为样本[J]. 广州城市职业学院学报,2022,16(4):1-8.

[104] 蒋亦璐. 学习型城市建设十年回溯与本土反思——基于联合国教科文组织的重要举措[J]. 职教论坛,2023,39(4):95-103.

[105] 国卉男,秦一鸣,高晓晓. 国际学习型城市建设的目标转向与新关注——基于四次学习型城市宣言的文本分析[J]. 福建广播电视大学学报,2020,141(3):24-29.

[106] 陈金虎. 建设国际化智造名城 打造长三角中轴枢纽 奋力走在社会主义现代化建设前列——在中国共产党常州市第十三次代表大会上的报告[EB/OL]. 常州政府网. (2021-09-23).

[107] 盛蕾. 2023 年常州市人民政府工作报告[EB/OL]. 常州政府网. (2023-01-07).

[108] 范炎培. 中吴风情[M]. 南京:江苏凤凰美术出版社,2016.

[109] 常州市政协学习与文史委. 书香常州[M]. 北京:中国文史出版社,2007.

后　记

为了总结2013—2023年中国学习型城市建设的成果和经验，为建设全民终身学习的学习型社会、学习型大国提供理论支撑和实践指导，我们编写了这部《中国学习型城市建设发展报告（2013—2023）》。

在本书的写作过程中，编委会统一思想，明确要求。一是保持政治上的坚定性。本书撰写始终坚持以习近平新时代中国特色社会主义思想为指导，深入贯彻党的二十大精神，落实“推进教育数字化，建设全民终身学习的学习型社会、学习型大国”要求，坚持正确的政治方向，始终以高度的理论清醒保持全书的政治意识、理论思维和政治定力。二是注重全书的权威性，邀请国内学习型城市建设领域的相关专家、知名学者参加撰写，研究成果能体现本领域的最新进展。三是注重内容的科学性，尽可能汇集国内外学习型城市建设的重要文献和相关资料，按照创建学习型城市的内在逻辑和规律组织结构和内容。四是注重学术成果的规范性，在数据来源与处理、引文注释与规范、学术诚信与道德等诸方面严格加以规范。应该说，撰写本书的过程也是一个不断学习和提高的过程，通过总结经验，有所发现，有所创新，有所前进。

本书全面梳理了2013年以来中国学习型城市建设的发展历程，对未来进行展望。在撰写过程中，我们力图从宏观背景、相关法律与政策、重要举措、主要进展、成效与经验、学习型城市建设面临的挑战与展望等多个维度，全面、客观地展现中国学习型城市建设的发展全貌。书中还收录了中国11个已加入联合国教科文组织全球学习型城市网络的城市发展报告，以及14个城市的学习型城市建设典型案例，以具体呈现学习型城市建设的成果，总结他们的有效做法和成功经验。

本书的编写得到教育部职业教育与成人教育司、联合国教科文组织全国委员会秘书处的大力指导，得到北京、上海、杭州、成都、太原、常州、武汉、广州、深圳、南京、苏州、天津、沈阳、大连、宁波等城市教育局(教委)、相关教育机构的大力支持和帮助,在此谨致衷心的感谢。

感谢中国常驻联合国教科文组织原代表杨进先生拨冗为本书作序。杨进先生曾任联合国教科文组织终身学习研究所高级项目专家,并任该所终身学习政策与策略研究部主任,对国际学习型城市建设有深入的研究。

中国学习型城市建设发展总报告部分(按内容顺序)由张竺鹏、蒋亦璐、张翠珠、彭海虹、史枫、王琰、林世员、杨淑珺、杜若、周延军、杨树雨、陈雨潋、赖立、庄俭、国卉男负责撰写。

城市发展报告和典型案例部分由所在城市教育部门组织专家、学者撰写和审稿,这些专家、学者在繁重的社会工作和学术研究之余,为按时完成各自的著述付出了辛勤的劳动,作出了重要贡献。

全书由高文兵、崔邦焱、赵跃进、张竺鹏负责框架设计;张竺鹏、赵跃进负责总统稿,赖立、国卉男、蒋亦璐完成第一部分总报告的统稿,彭海虹、丁海珍完成第二、三部分城市发展报告和典型案例统稿。秘书由洪婷婷担任。

本书的出版得到了高等教育出版社的积极支持,在此表示衷心的谢忱!

中国成人教育协会
2024年6月

郑重声明